国家社科基金后期资助项目

# 清至民国婺源县村落契约文书辑录

Contracts and Other Documents in Wuyuan County:
Qing Dynasty and Beyond

## 拾陆

### 大鄣山乡(一)

鄣山·鄣山村·鄣山通元村

黄志繁 邵 鸿 彭志军 编

2014 年·北京

# 大 郭 山 乡

# 大郭山乡郭山 A 1—57

大郭山乡郭山 A 25-1 · 乾隆四十九年 · 分关文书 · 德镑、德银兄弟

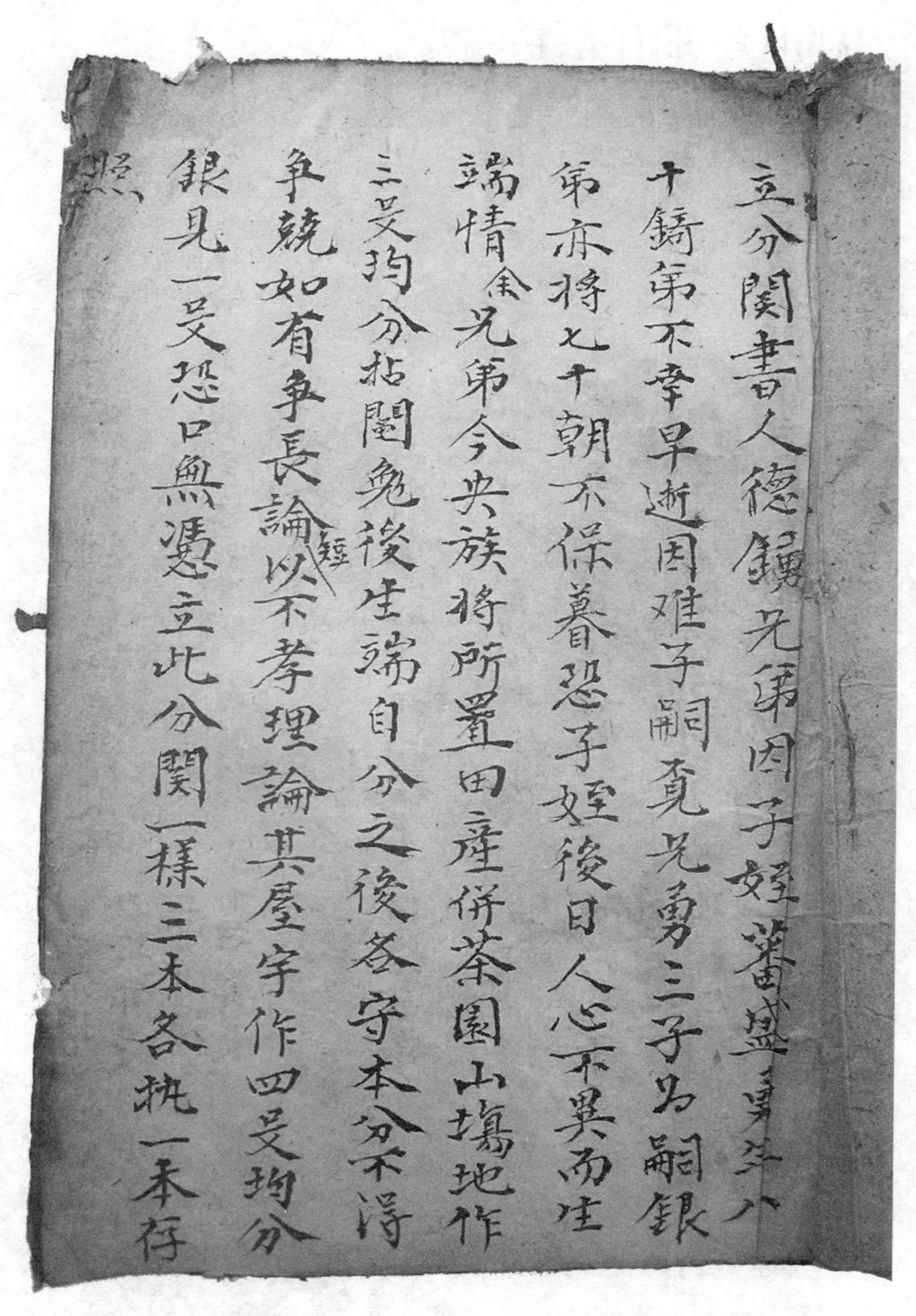
立分関書人德鎊兄弟因子姪蕃盛第之八十錡弟不幸早逝因难子嗣覔兄勇三子爲嗣銀弟亦將七十朝不保暮恐子姪後日人心不異而生端情余兄弟今央族將所置田產併茶園山塢地作三股均分拈鬮免後生端自分之後各守本分不得爭競如有爭長論短以不孝理論其屋宇作四股均分銀見一股恐口無憑立此分関一樣二本各執一本存照

大鄣山乡鄣山 A 25-2 · 乾隆四十九年 · 分关文书 · 德镑、德银兄弟

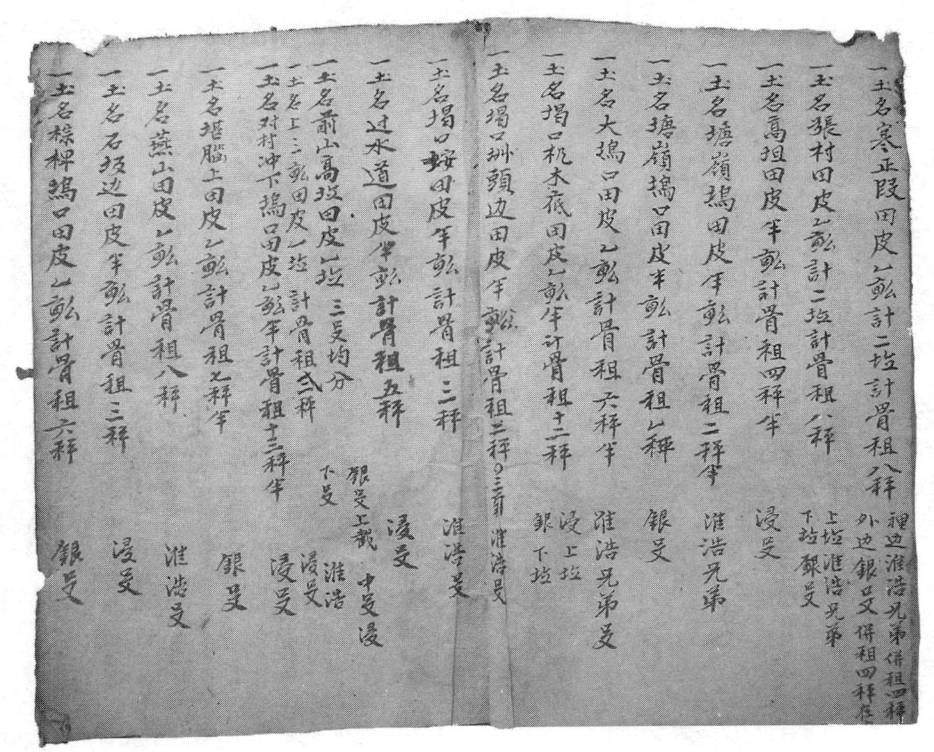

大鄣山乡鄣山 A 25-3 · 乾隆四十九年 · 分关文书 · 德镑、德银兄弟

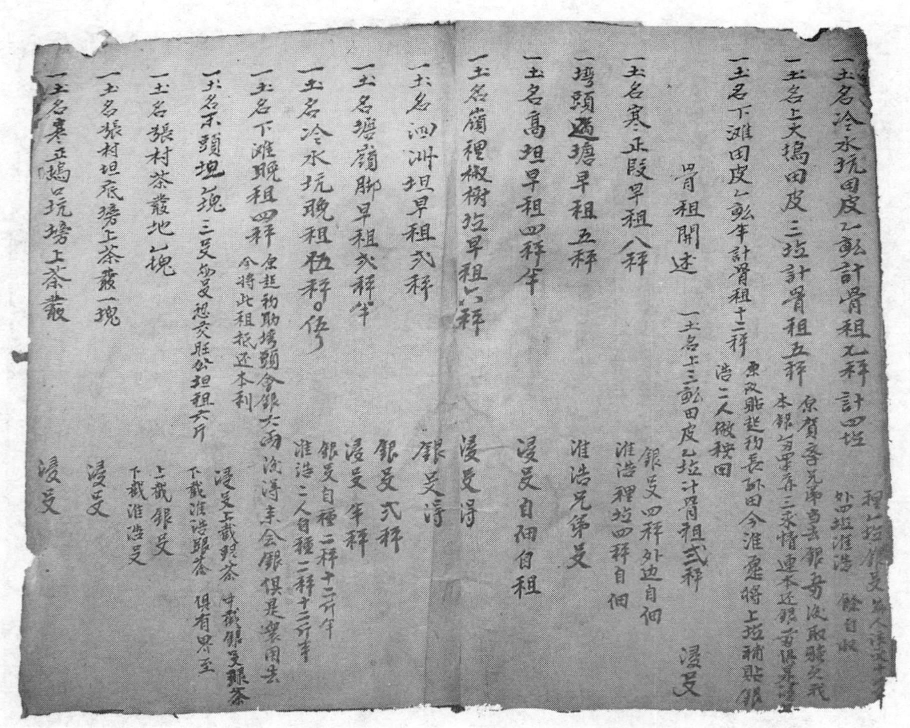

一土名冷水坑田皮乙畝計骨租九秤 計四坵 外四坵淮浩 餘自收

一土名上天塢田皮三坵計骨租五秤

一土名下灘田皮乙畝半計骨租十二秤 浩二人做秧田

骨租開述 一土名上三畝田皮乙坵計骨租式秤 浸旻

銀旻四秤外边自佃

淮浩裡坵四秤自佃

一土名寒正段早租八秤 淮浩兄弟旻

一塆頭過塘早租五秤 浸旻自佃自租

一土名高坦早租四秤半 浸旻得

一土名嶺裡椒樹坵早租六秤 銀旻得

一土名四洲坦早租弍秤 銀旻式秤

一土名塆嶺脚早租弍秤半 浸旻半秤

一土名冷水坑晚租伍秤。佰 銀旻自種二秤十二斤半 淮浩二人自種二秤十二斤半

一土名下灘晚租四秤 原挺初將此租抵還本利 涴淂來会銀俱是眾用去

一土名木頭坦塊 三旻… 浸旻上截銀茶 中截銀旻 下截淮浩… 俱有界至

一土名張村茶叢地乙塊 上截銀旻 下截淮浩旻

一土名張村坦底塝上茶叢一塊 浸旻

一土名寒正塢口坑塝上茶叢 浸旻

大鄣山乡鄣山 A 25-4 · 乾隆四十九年 · 分关文书 · 德镑、德银兄弟

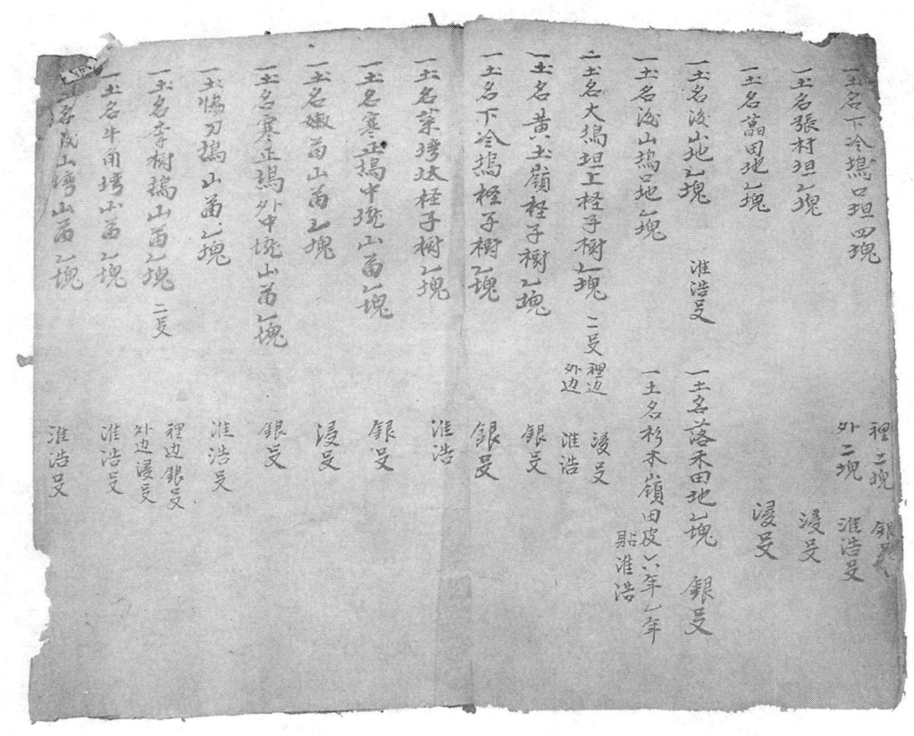

一土名下冷塢口坦四塊 裡二塊 銀受 外二塊 淮浩受
一土名張村坦一塊 淩受
一土名菖田地一塊 淩受
一土名汶山地一塊 淮浩受
一土名落禾田地一塊 銀受
一土名汾山塢口地一塊
一土名杉木嶺田皮六年一年 貼淮浩
二土名大塢坦上柽子樹一塊 二受 裡边淩受 外边淮浩
一土名黄土嶺柽子樹一塊 銀受
一土名下冷塢柽子樹一塊 銀受
一土名茱塆坎柽子樹一塊 淮浩
一土名寒土塢中坞山苗一塊 銀受
一土名嫩苗山苗一塊 淩受
一土名寒土塢外中坞山苗一塊 銀受
一土名協刀塢山苗一塊 淮浩受
一土名李樹塢山苗一塊 二受 裡边銀受 外边淩受
一土名牛角塆山苗一塊 淮浩受
一土名茂山塆山苗一塊 淮浩受

大鄣山乡鄣山 A 25-5 · 乾隆四十九年 · 分关文书 · 德镈、德银兄弟

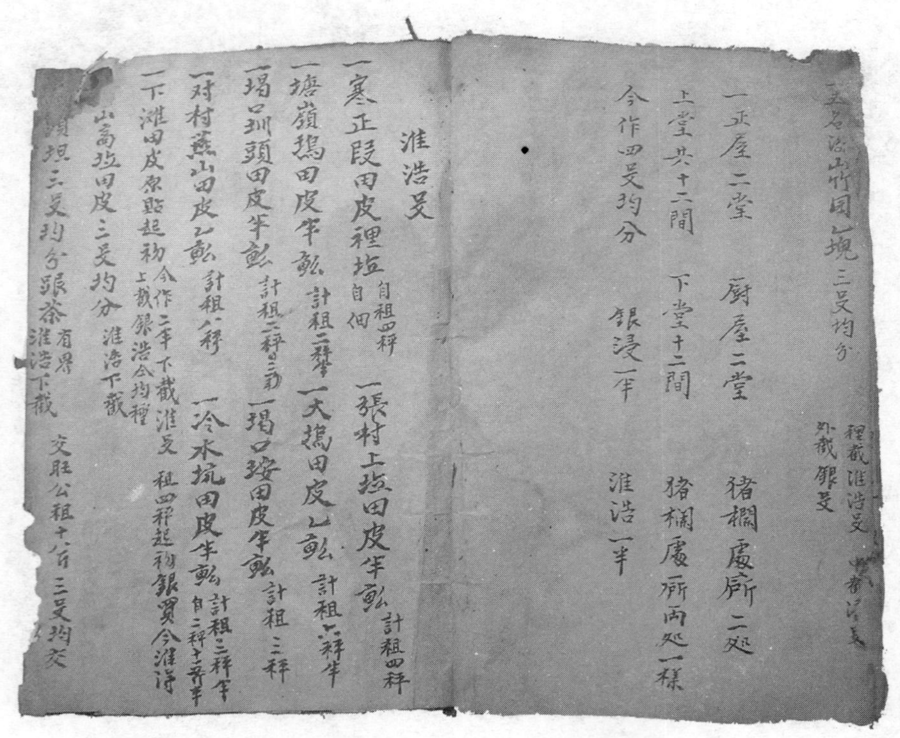

大鄣山乡鄣山 A 25-6 · 乾隆四十九年 · 分关文书 · 德镛、德银兄弟

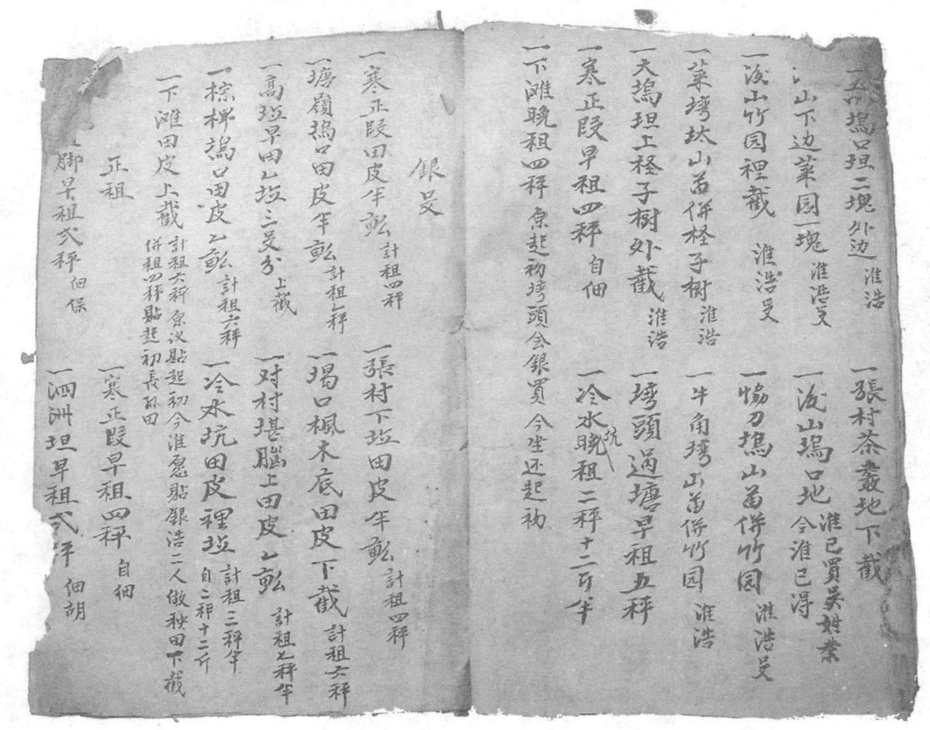

大鄣山乡鄣山 A 25-7 · 乾隆四十九年 · 分关文书 · 德镑、德银兄弟

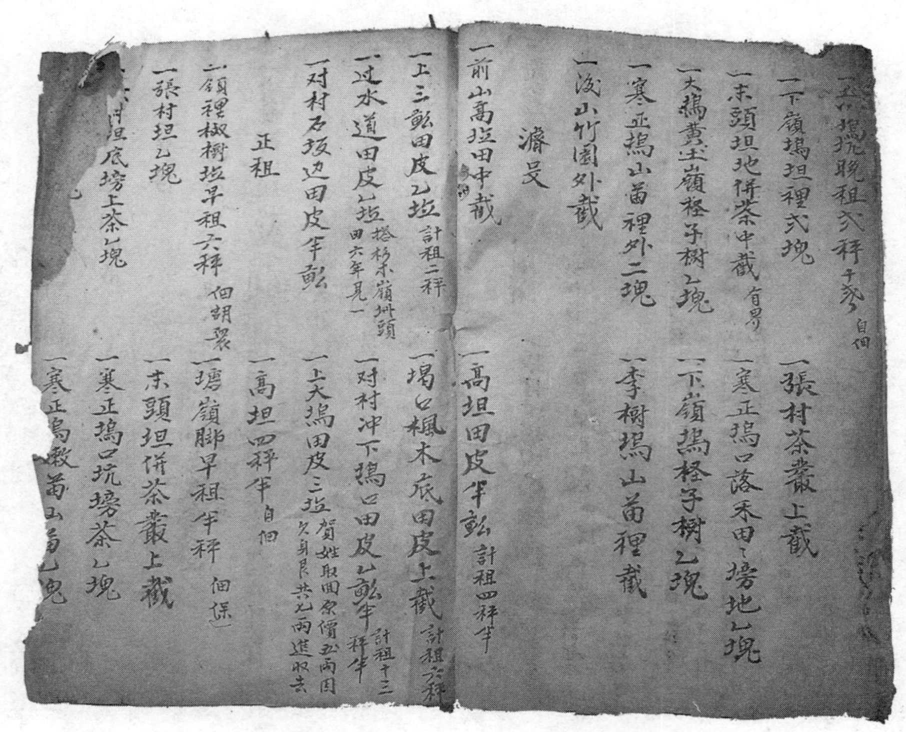

大鄣山乡鄣山 A 25-8 · 乾隆四十九年 · 分关文书 · 德镑、德银兄弟

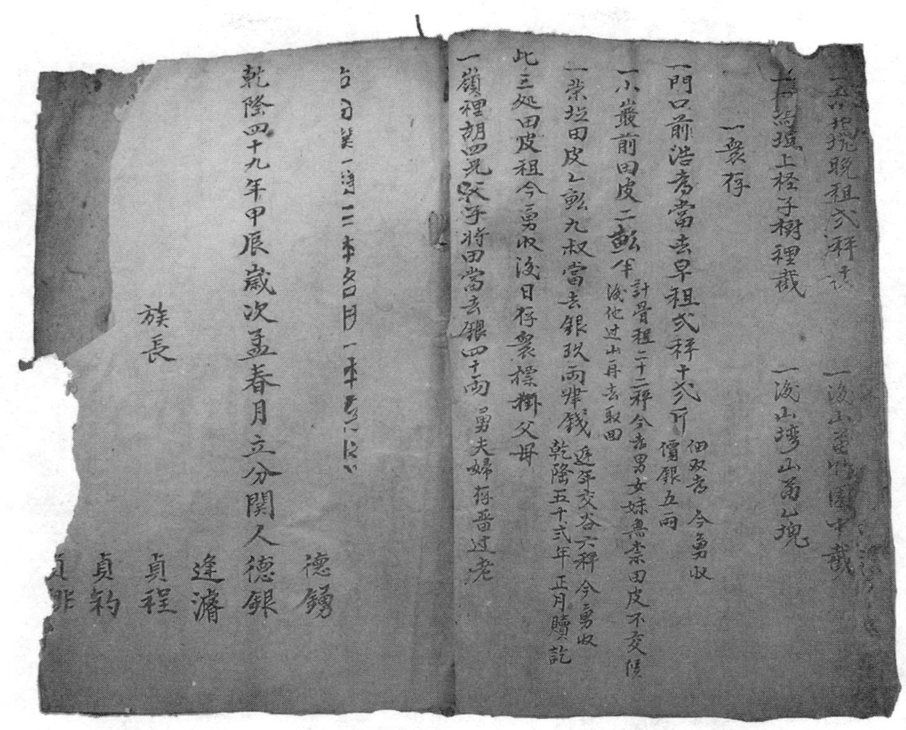

大鄣山乡鄣山 A 25-9 · 乾隆四十九年 · 分关文书 · 德锡、德银兄弟

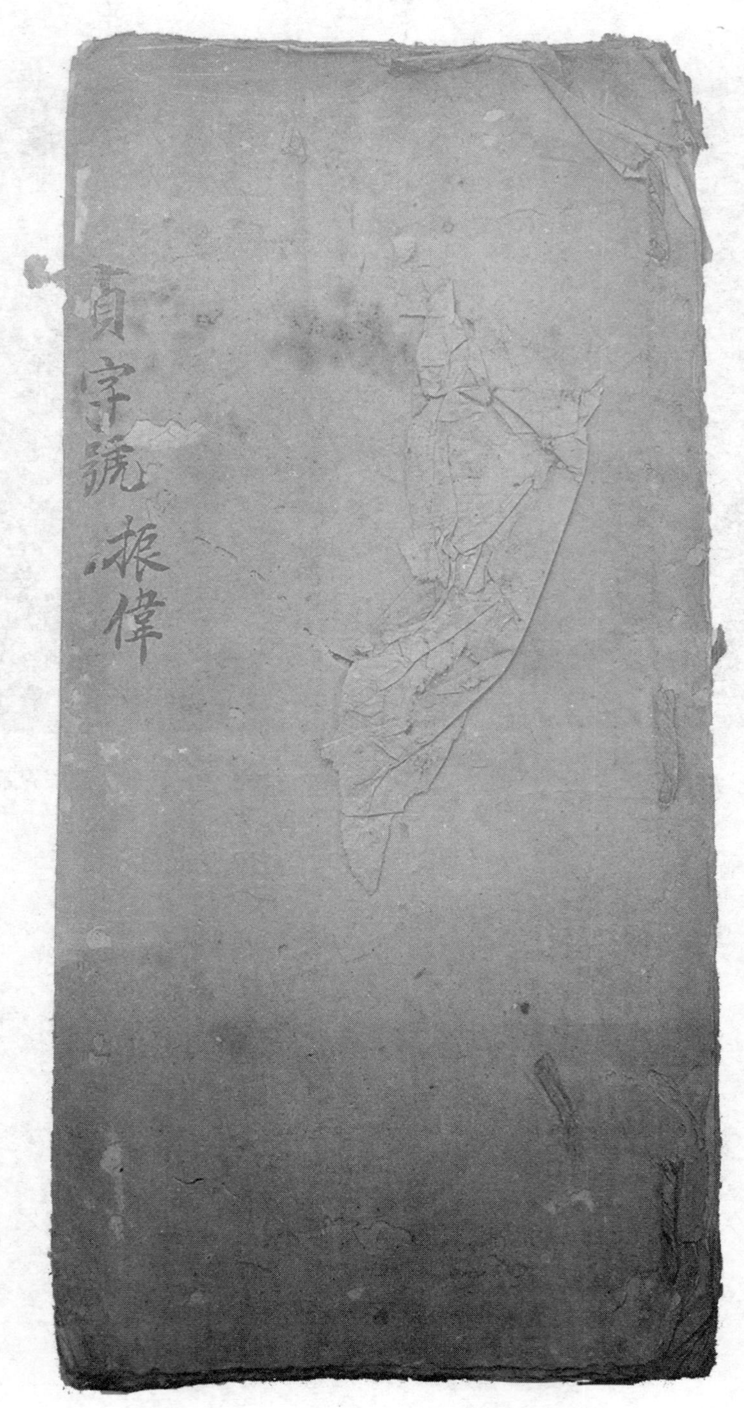


大鄣山乡鄣山 A 26-1 · 嘉庆二年 · 分关文书（贞字号振伟）·
戴淮同男振仁、振伟、振杰、振何

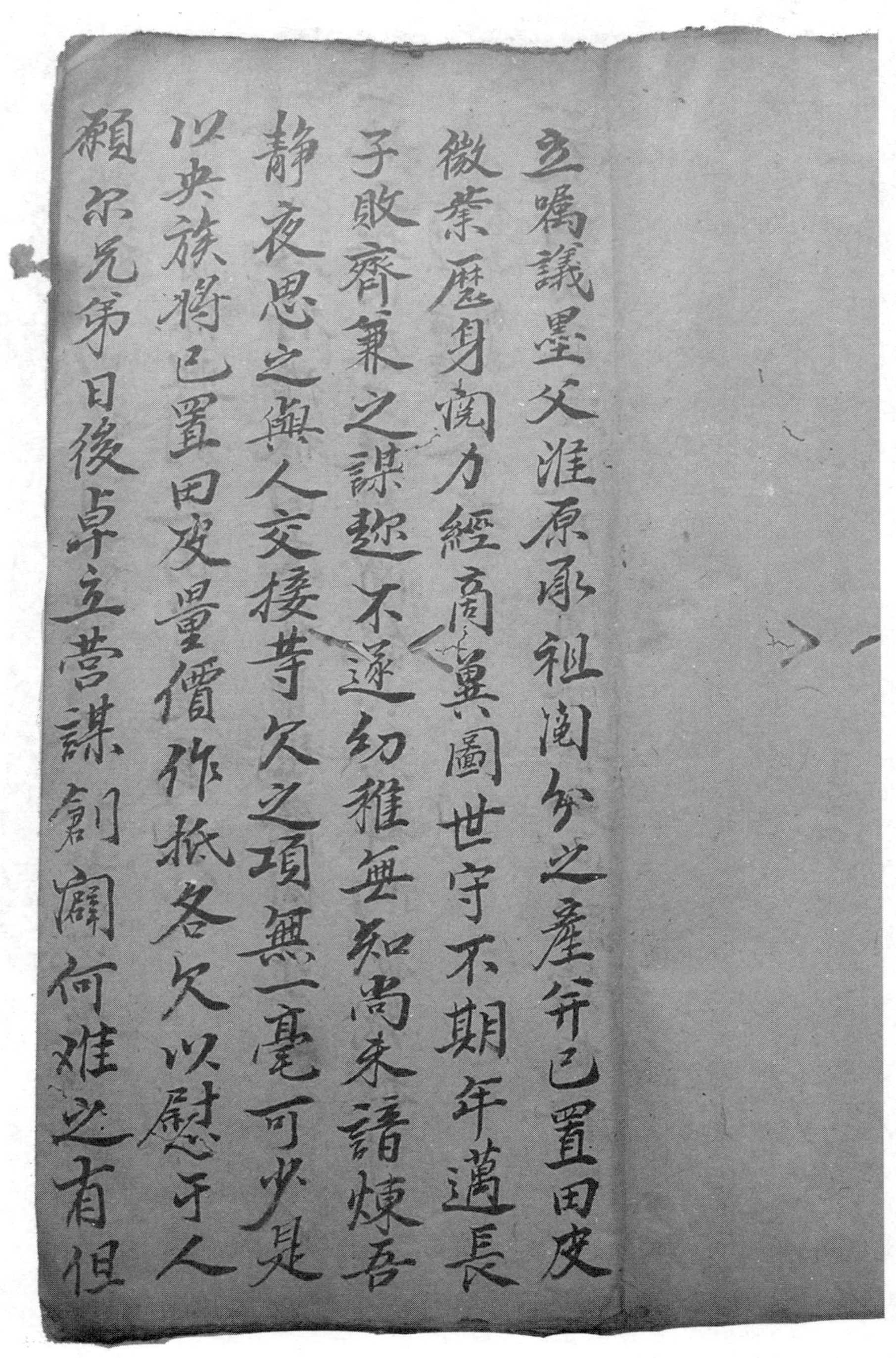

立囑議墨父淮原承祖閹分之產并己置田皮
微業歷身閱力經商冀圖世守不期年邁長
子敗齊兼之謀趑不遂幼稚無知尚未諳煉吾
靜夜思之與人交接等欠之項無一毫可少是
以央族將己置田皮量價作抵各欠以慰于人
願尔兄弟日後卓立營謀創闢何难之有但

大鄣山乡鄣山 A 26-2 · 嘉庆二年 · 分关文书（贞字号振伟）·
戴淮同男振仁、振伟、振杰、振何

所暫抵之田儘可取贖自今抵楚之後非惟不累
于人實係興創之由者是爲序
今將作抵田皮并骨租條例于左
一姚二坵田皮弍段作價銀弍拾肆兩捌钱抵押
桶公 唐喜 冬喜 加喜 會項
一張村田皮壹段作價銀拾□兩肆钱抵押
德鐫借項
一大塢口田皮一段作價銀拾陸兩正抵押
元松公清明銀八并旺公 唐喜 借項
一下灘上截田皮一段作價銀九兩柒钱捌分抵押
新閑會々項 係浩當之業
一冷水坑田皮三坵骨租弍秤十弍觔并寒正硍骨租

大鄣山乡鄣山 A 26-3 · 嘉庆二年 · 分关文书（贞字号振伟）·
戴淮同男振仁、振伟、振杰、振何

弍秤作價銀弍拾兩正壹抵逢湖借項
贏餘晉祖田皮產業除存貼之外議作四足均分
一存七分田皮一段作價銀弍拾兩正抵還橋会戲会
日後取贖議作祀田有創造之日作銀弍拾兩以為
祀典
一存湖田吳倉田皮一段
一補貼弍華下灘骨租肆秤
一存下灘下截田皮一段分作上中下三足鬮分各執 上截裡边振偉管業 上截外边弍華管業 下截田皮振傑管業
一存寒正段田皮一處作一足拈鬮管業 振何管業
一存碣口田皮一處 與浩弟相共 補貼振何
一存菜園茶叢議作四足均分拈鬮管業

大鄣山乡鄣山 A 26-4 · 嘉庆二年 · 分关文书（贞字号振伟）·
戴淮同男振仁、振伟、振杰、振何

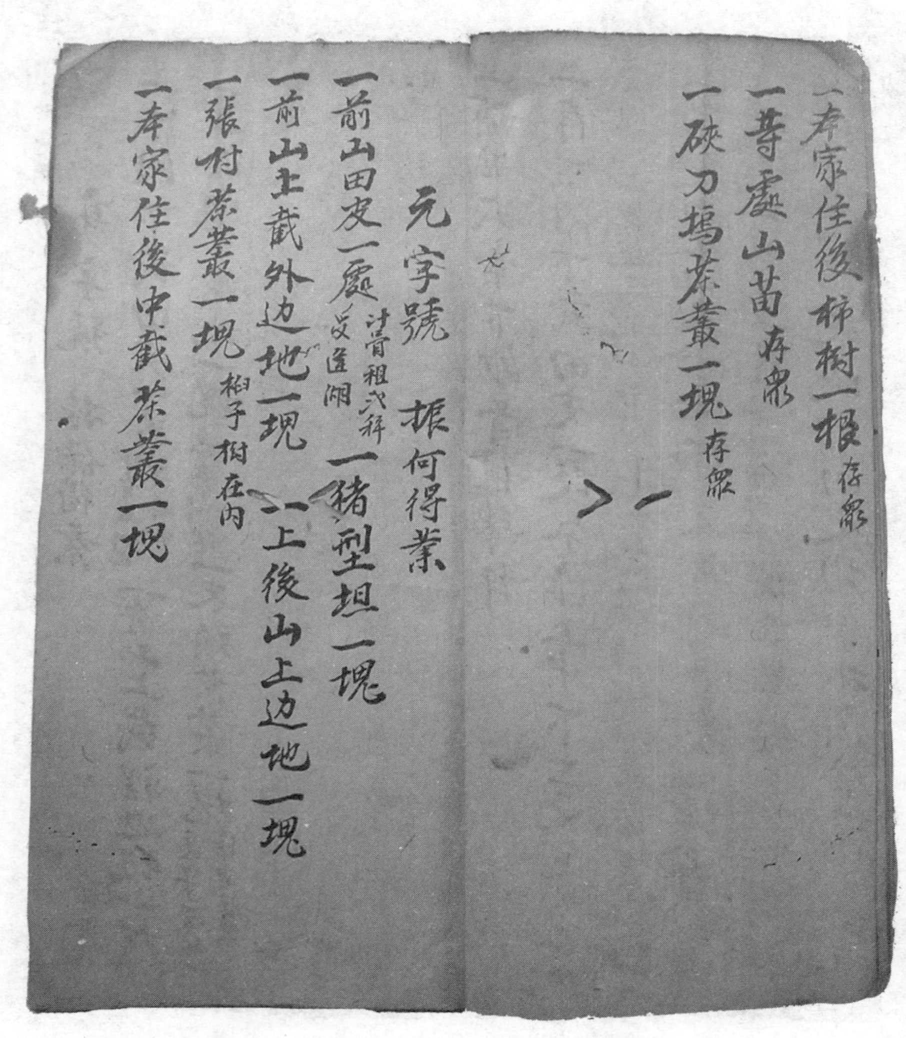

大鄣山乡鄣山 A 26-5 · 嘉庆二年 · 分关文书（贞字号振伟）·
戴淮同男振仁、振伟、振杰、振何

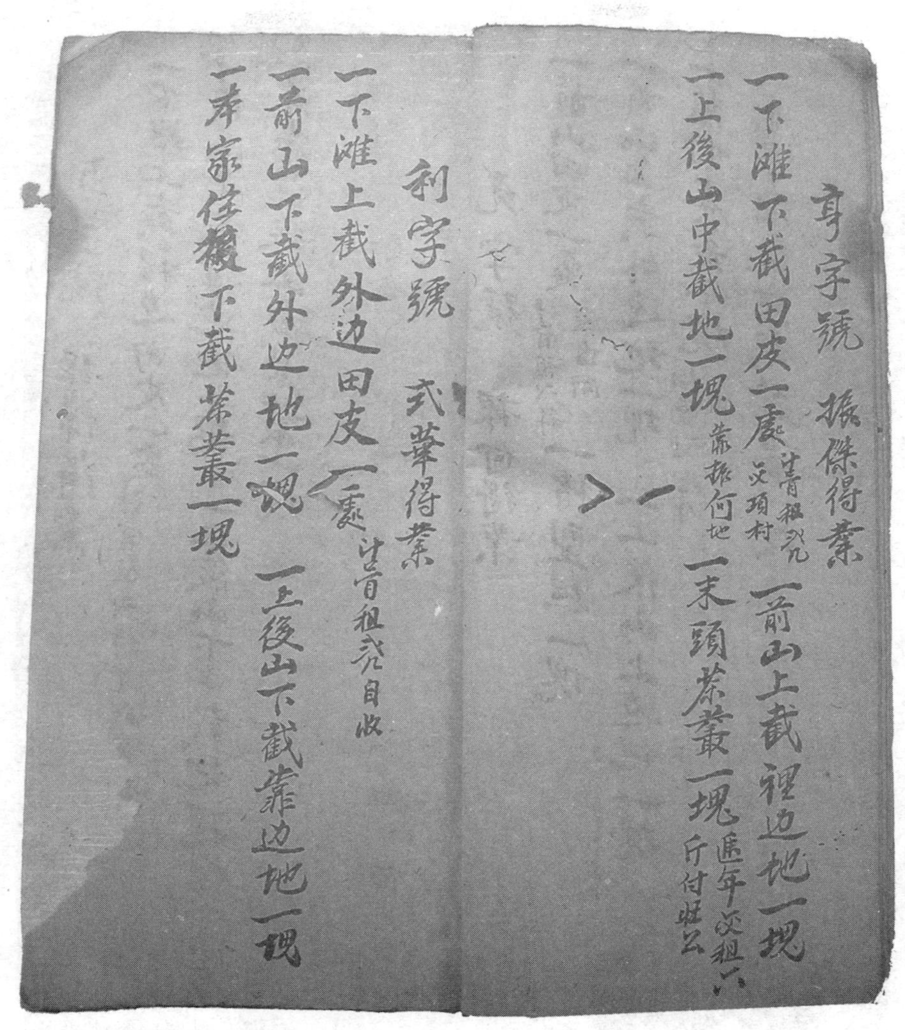

大鄣山乡鄣山 A 26-6 · 嘉庆二年 · 分关文书（贞字号振伟）·
戴淮同男振仁、振伟、振杰、振何

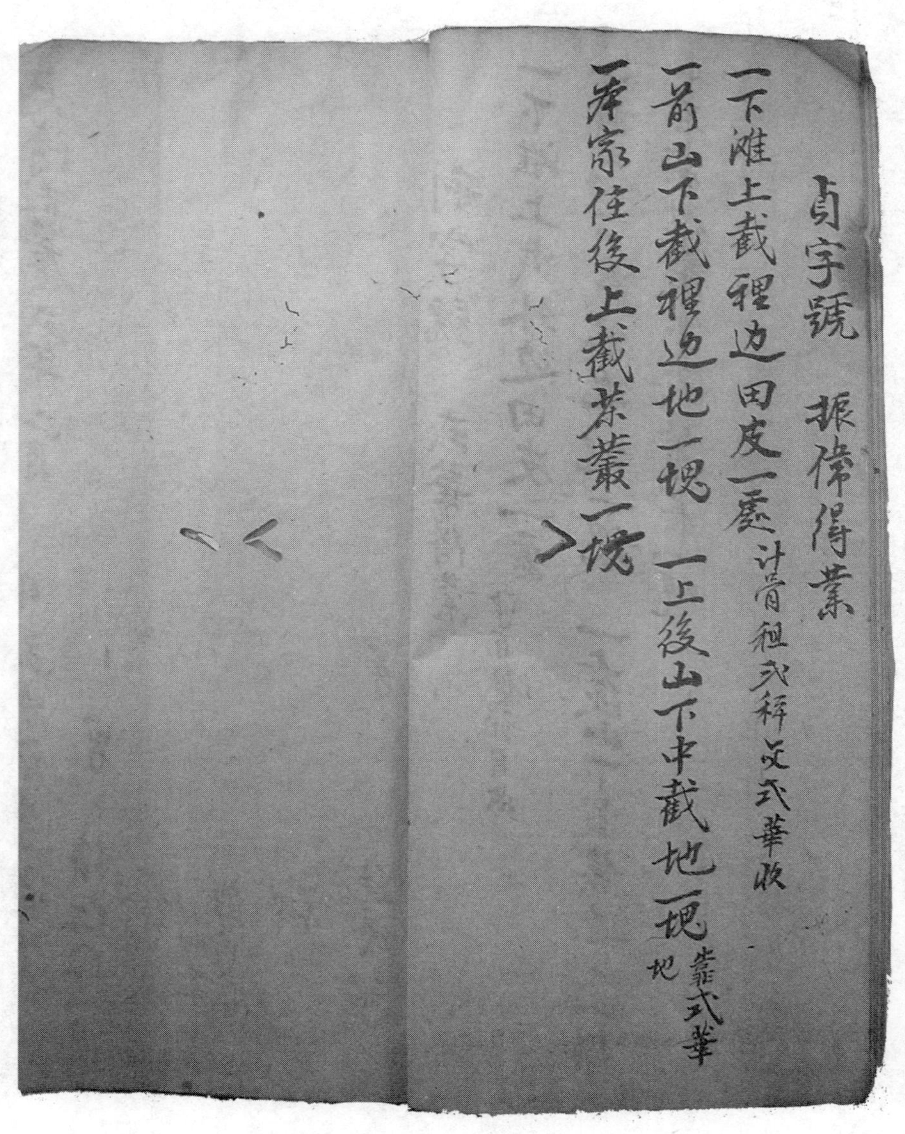


大鄣山乡鄣山 A 26-7 · 嘉庆二年 · 分关文书（贞字号振伟）·
戴淮同男振仁、振伟、振杰、振何

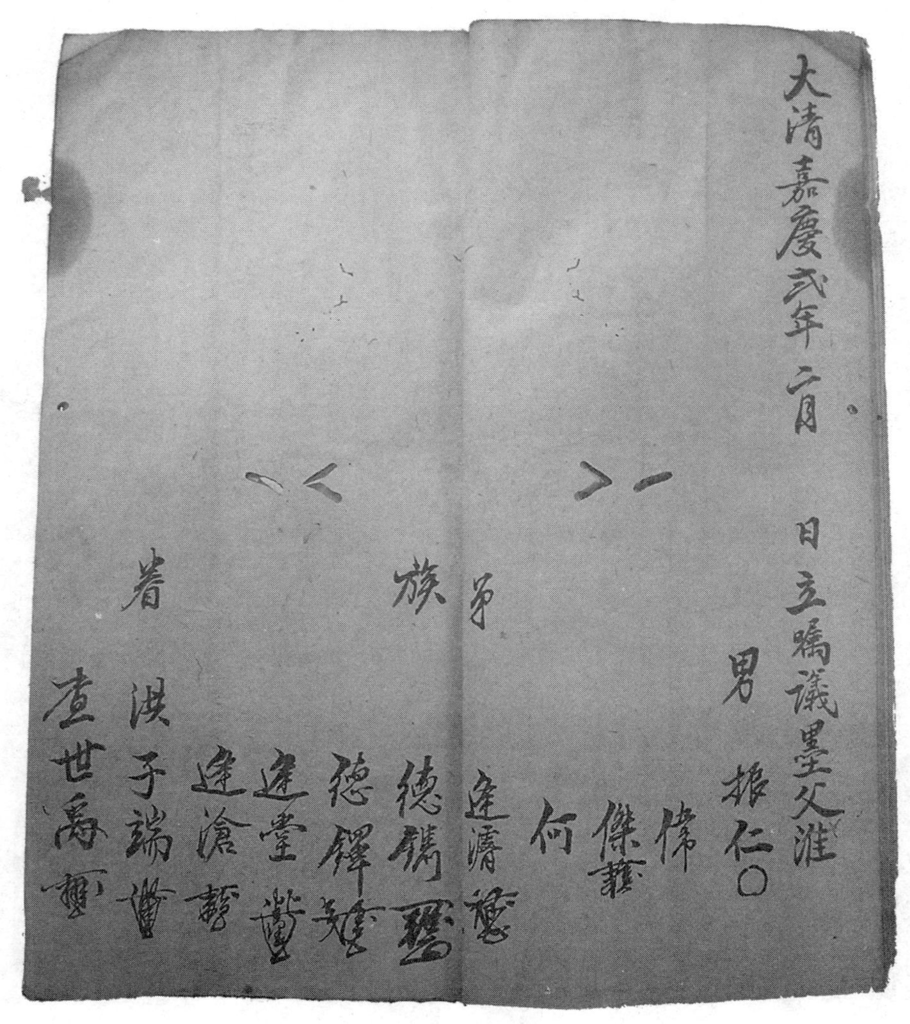

大鄣山乡鄣山 A 26-8 · 嘉庆二年 · 分关文书（贞字号振伟）·
戴淮同男振仁、振伟、振杰、振何

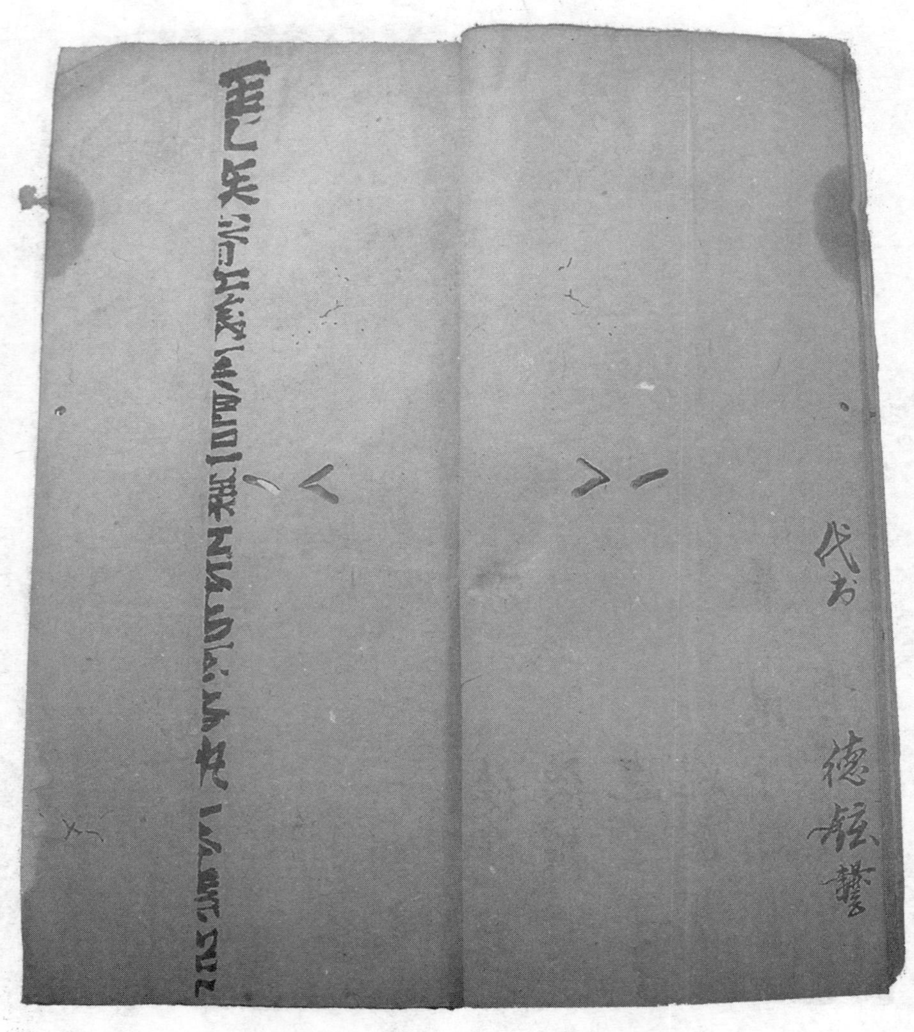

大郭山乡郭山 A 26-9 · 嘉庆二年 · 分关文书（贞字号振伟）·
戴淮同男振仁、振伟、振杰、振何

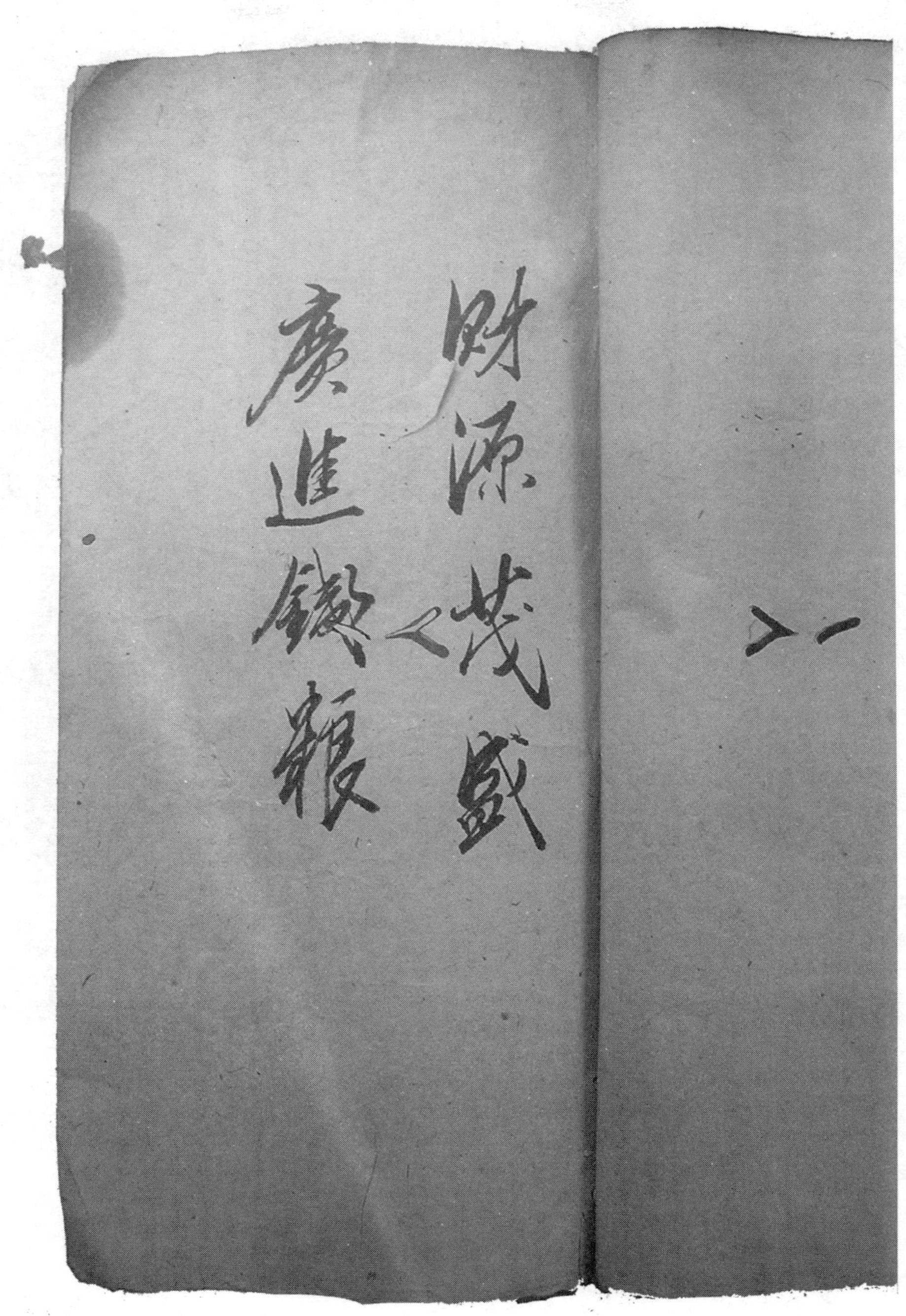


大鄣山乡鄣山 A 26-10 · 嘉庆二年 · 分关文书（贞字号振伟）·
戴淮同男振仁、振伟、振杰、振何

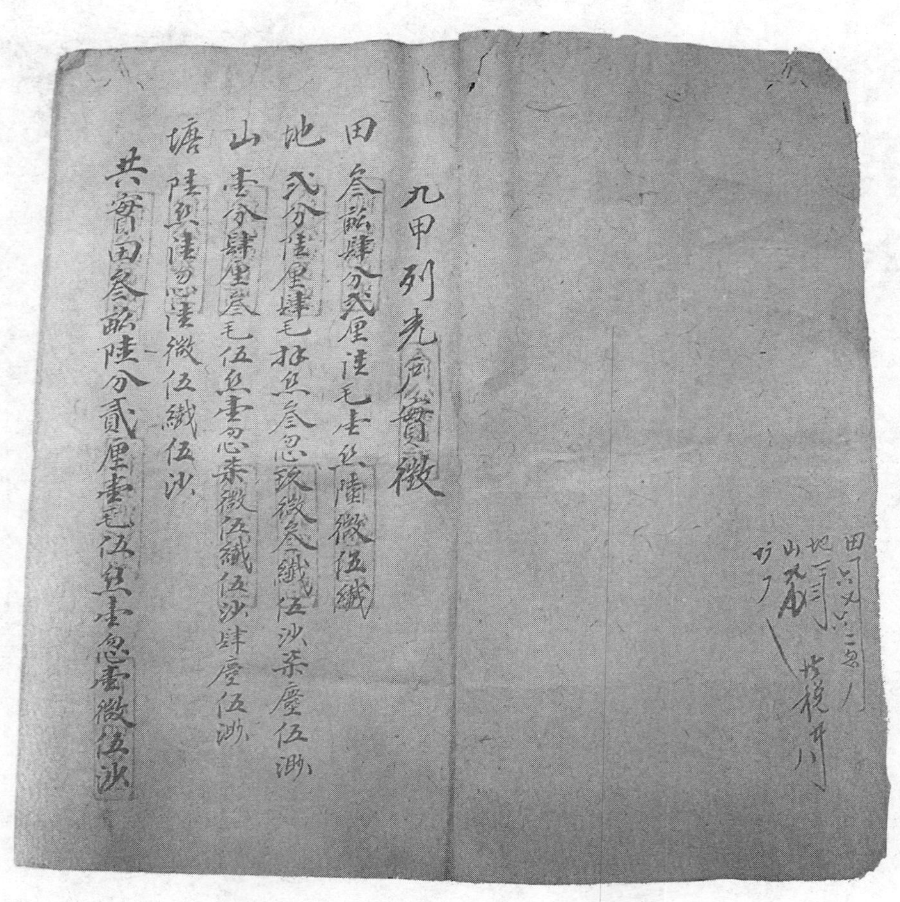
九甲列光戶實徵
田叁畝肆分貳厘陸毛壹絲陸微伍纖
地貳分陸厘肆毛捌絲叁忽玖微叁纖伍沙柒塵伍渺
山壹分肆厘叁毛伍絲壹忽柒微伍纖伍沙肆塵伍渺
塘陸絲陸忽陸微伍纖伍沙
共實田叁畝陸分貳厘壹毛伍絲壹忽壹微伍沙

大鄣山乡鄣山 A 12-1 · 嘉庆五年 · 税粮实征册 · 列光户

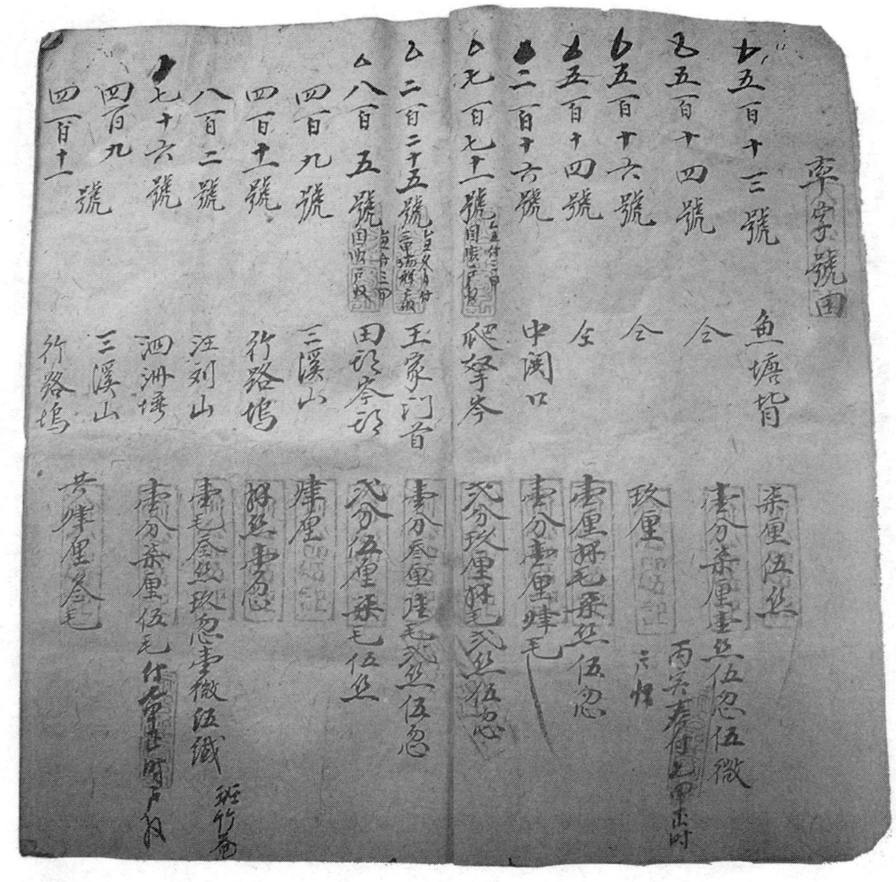

大鄣山乡鄣山 A 12-2 · 嘉庆五年 · 税粮实征册 · 列光户

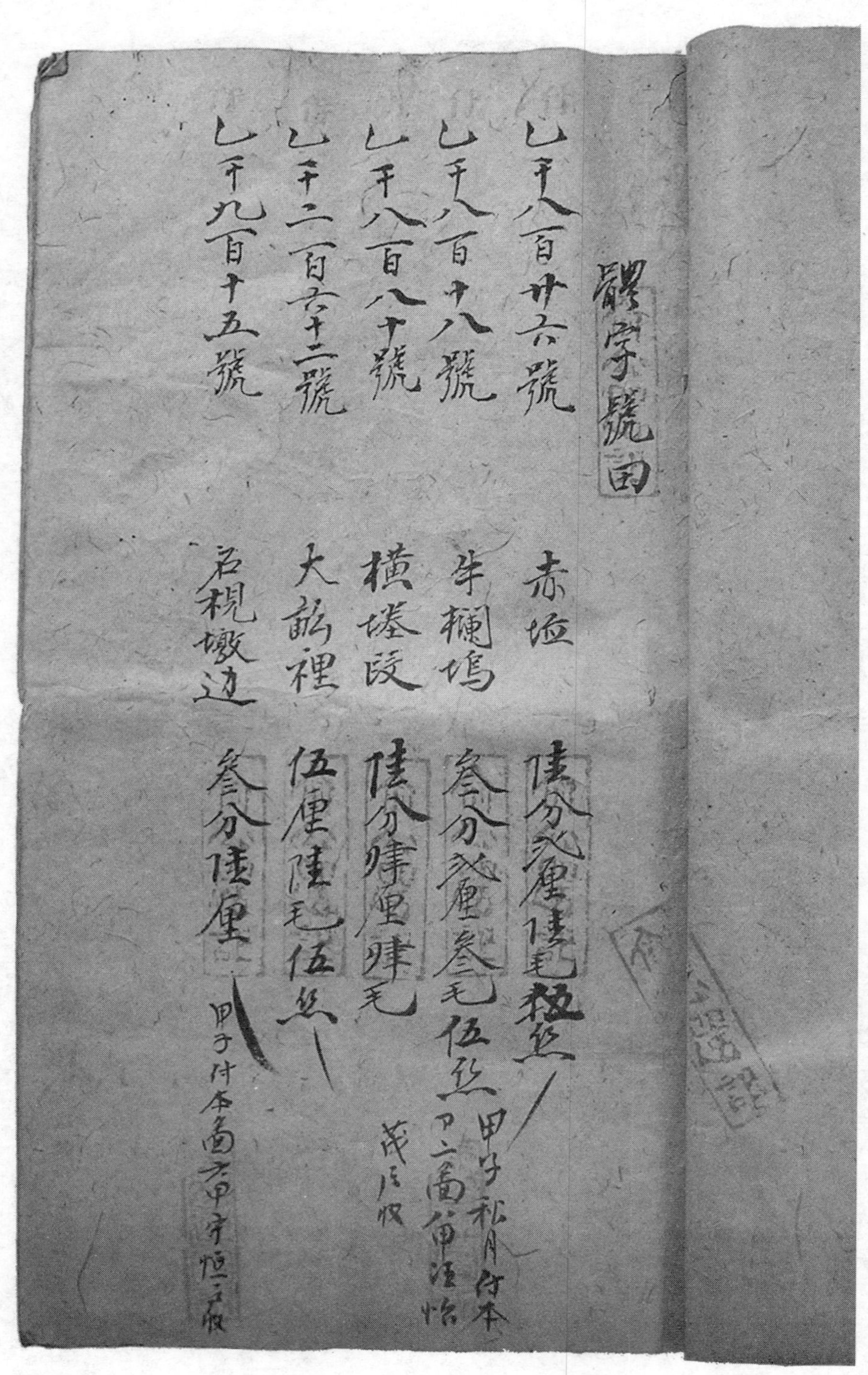

大鄣山乡鄣山 A 12-3 · 嘉庆五年 · 税粮实征册 · 列光户

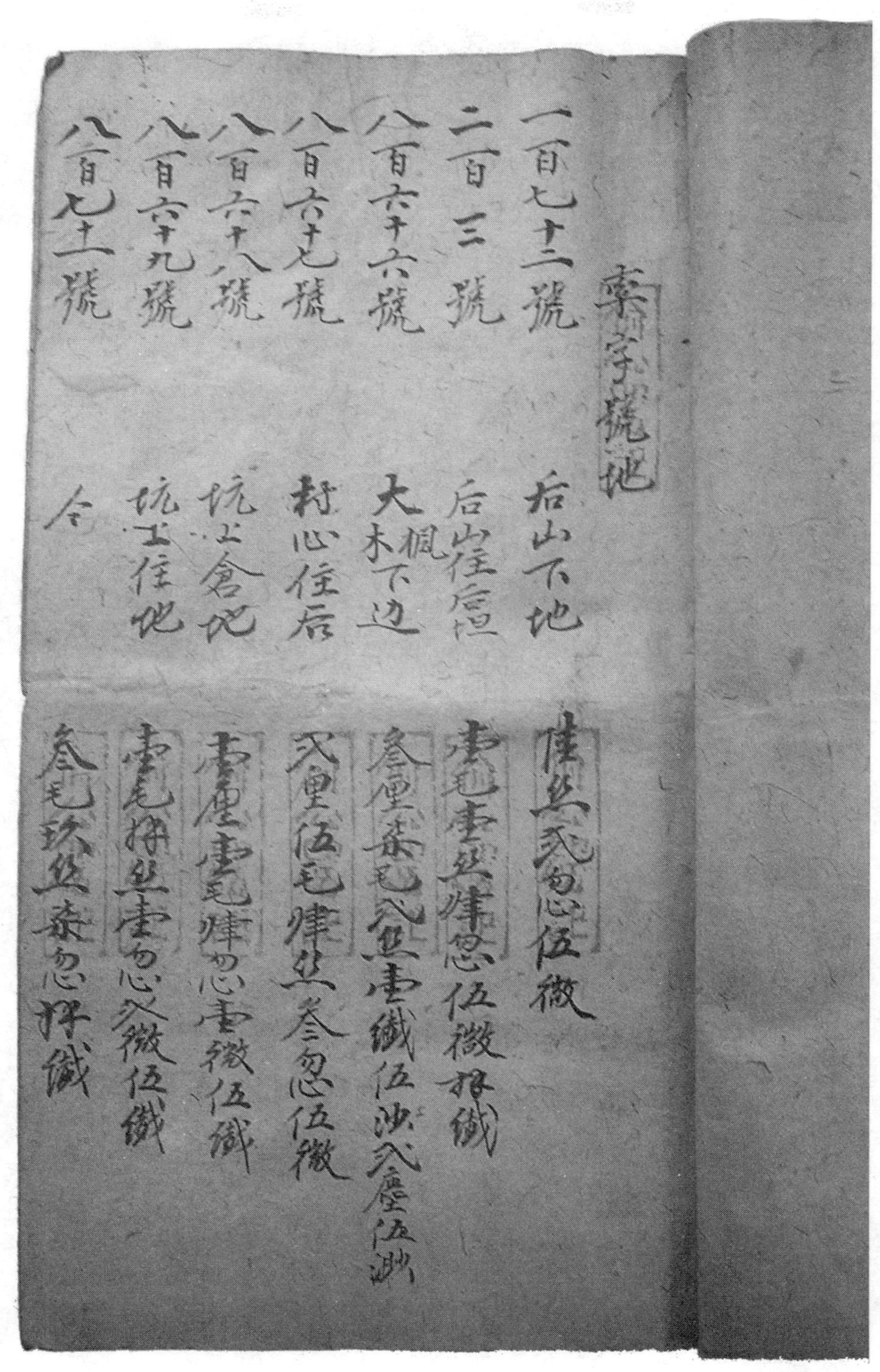

大鄣山乡鄣山 A 12-4 · 嘉庆五年 · 税粮实征册 · 列光户

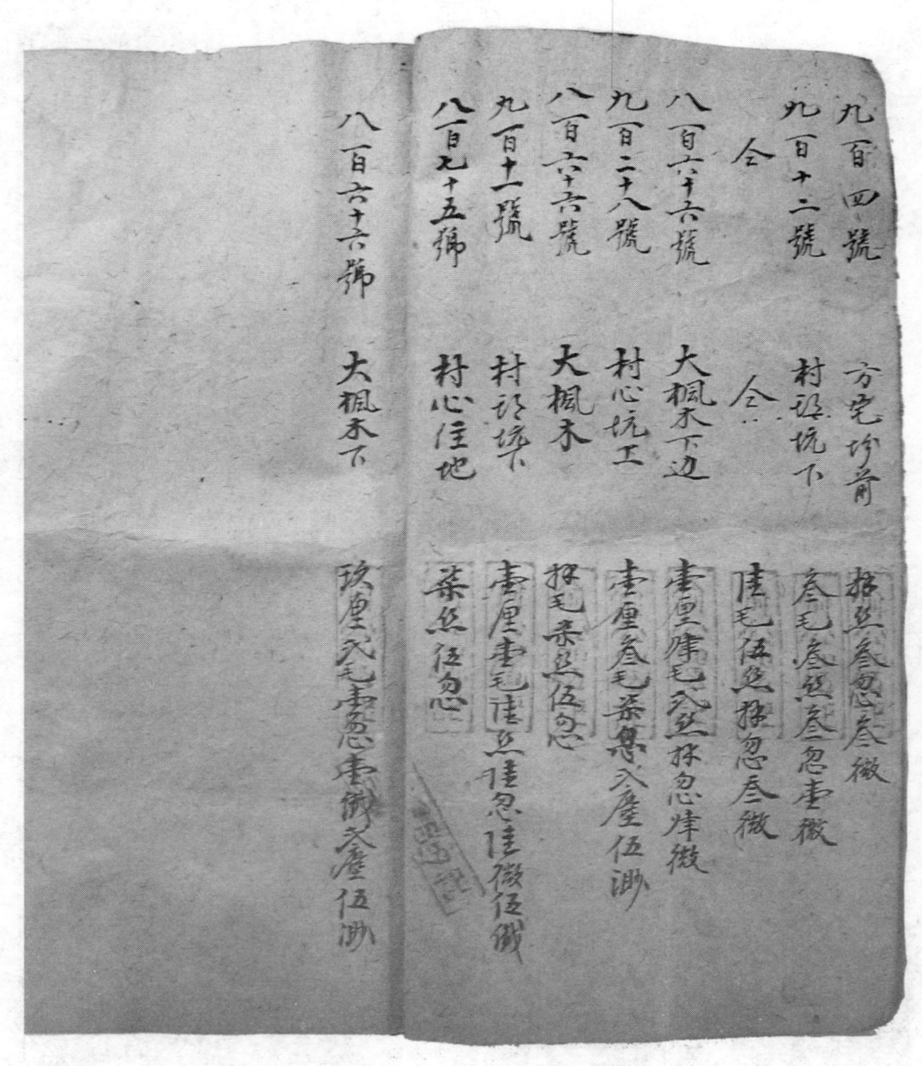

大鄣山乡鄣山 A 12-5 · 嘉庆五年 · 税粮实征册 · 列光户

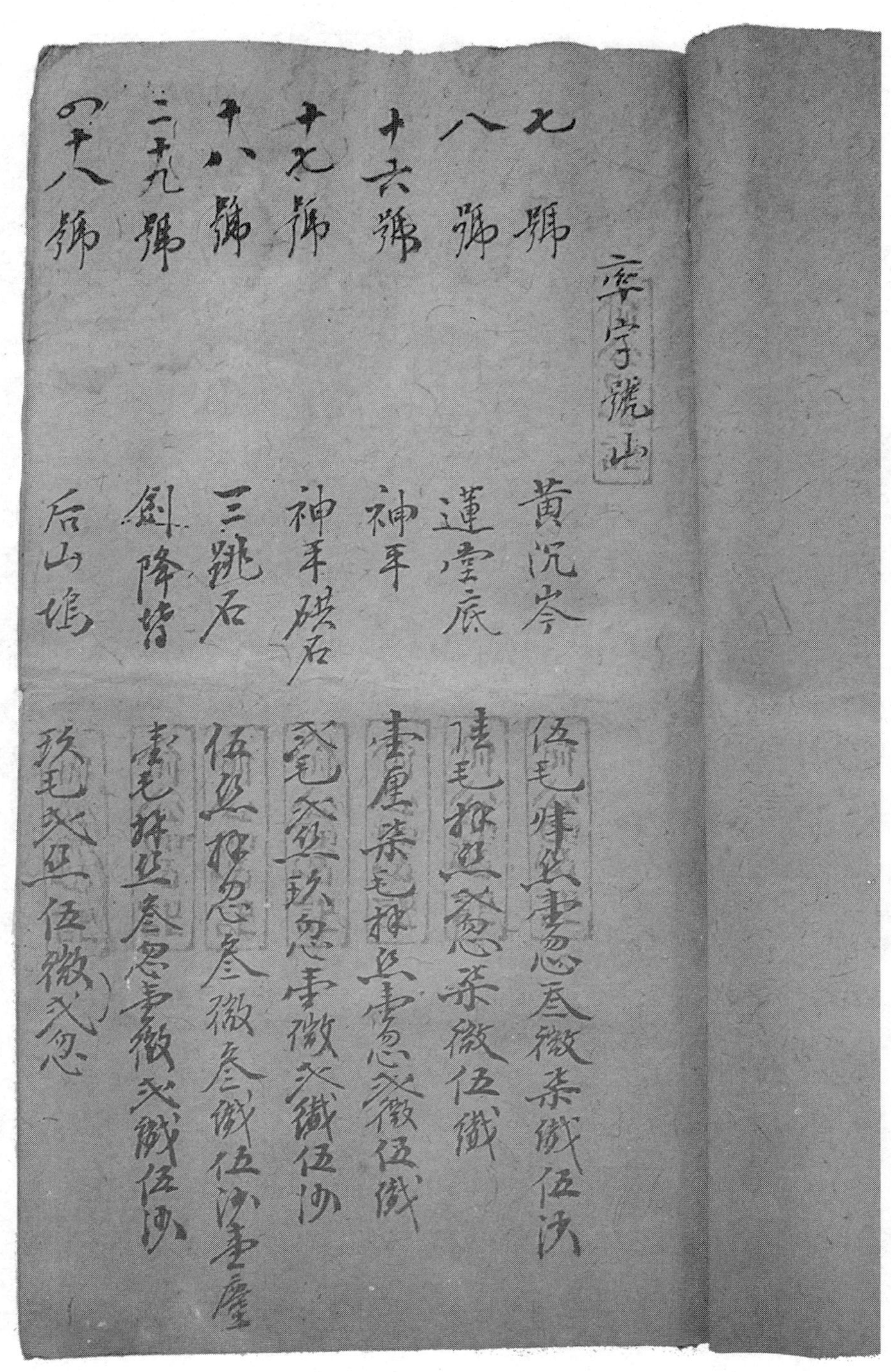

大鄣山乡鄣山 A 12-6 · 嘉庆五年 · 税粮实征册 · 列光户

五十二號　任后　伍毛六絲捌微叁纖伍沙六塵伍渺

六十六號　后方　貳毛柒忽柒微伍纖

七十一號　漆樹塢　捌毛玖絲叁忽柒微伍纖

八十三號　禾斛木　壹毛柒絲陸微六纖伍沙

八十四號　吴祥坦　壹毛陸絲陸忽肆微伍纖

八十五號　安塢　叁毛叁絲

九十三號　魚塘山　玖毛陸絲柒忽陸微捌纖伍沙壹塵

四十一號　行路塢　壹毛六絲伍忽

六百九十二號　三门底　叁毛柒絲伍忽

六百九十六號　合掌石　伍毛伍絲

七百　貳號　神竿　肆毛陸絲捌忽柒微伍纖

七百　三號　高塘塢　叁厘伍毛

七百　四號　爬犁岑　叁毛柒絲伍忽

七百卅一號　豹基塢　壹毛六絲伍忽

七百卅三號　仝　捌絲柒忽伍微

七百　五六號　茶園塢　燕石坑　叁毛柒絲陸忽

大郭山乡郭山 A 12-7 · 嘉庆五年 · 税粮实征册 · 列光户

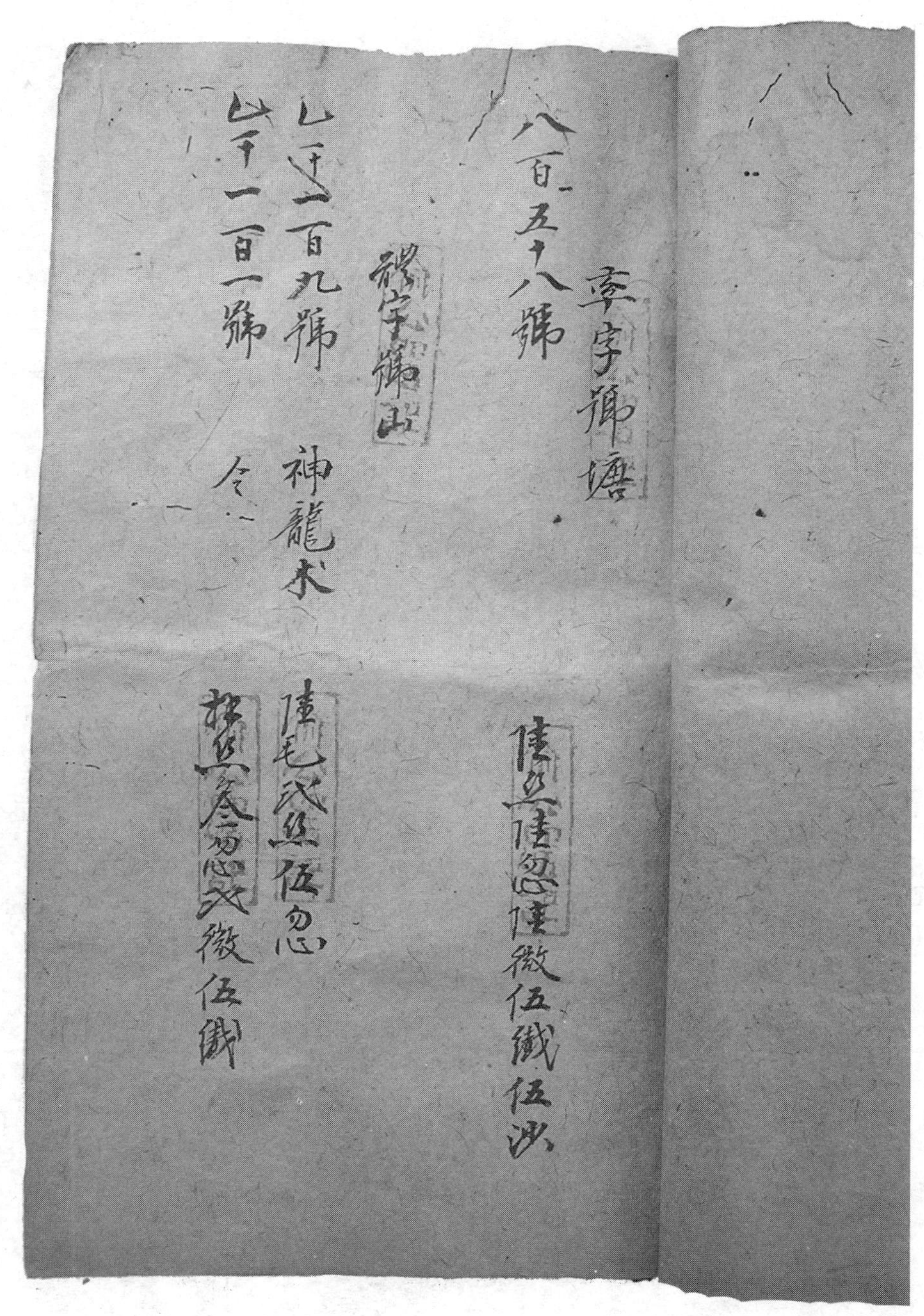

大鄣山乡鄣山 A 12-8 · 嘉庆五年 · 税粮实征册 · 列光户

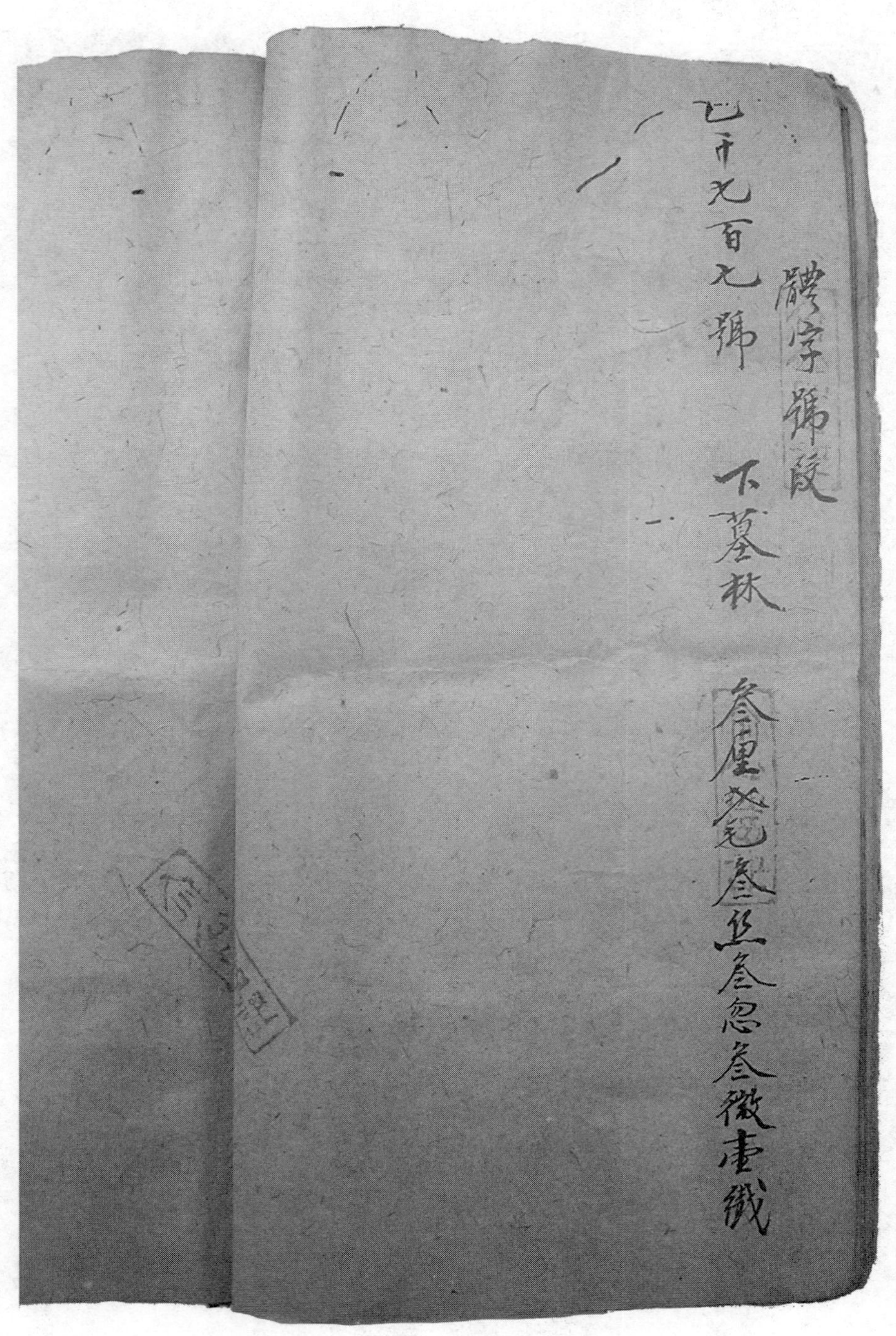

大鄣山乡鄣山 A 12-9 · 嘉庆五年 · 税粮实征册 · 列光户

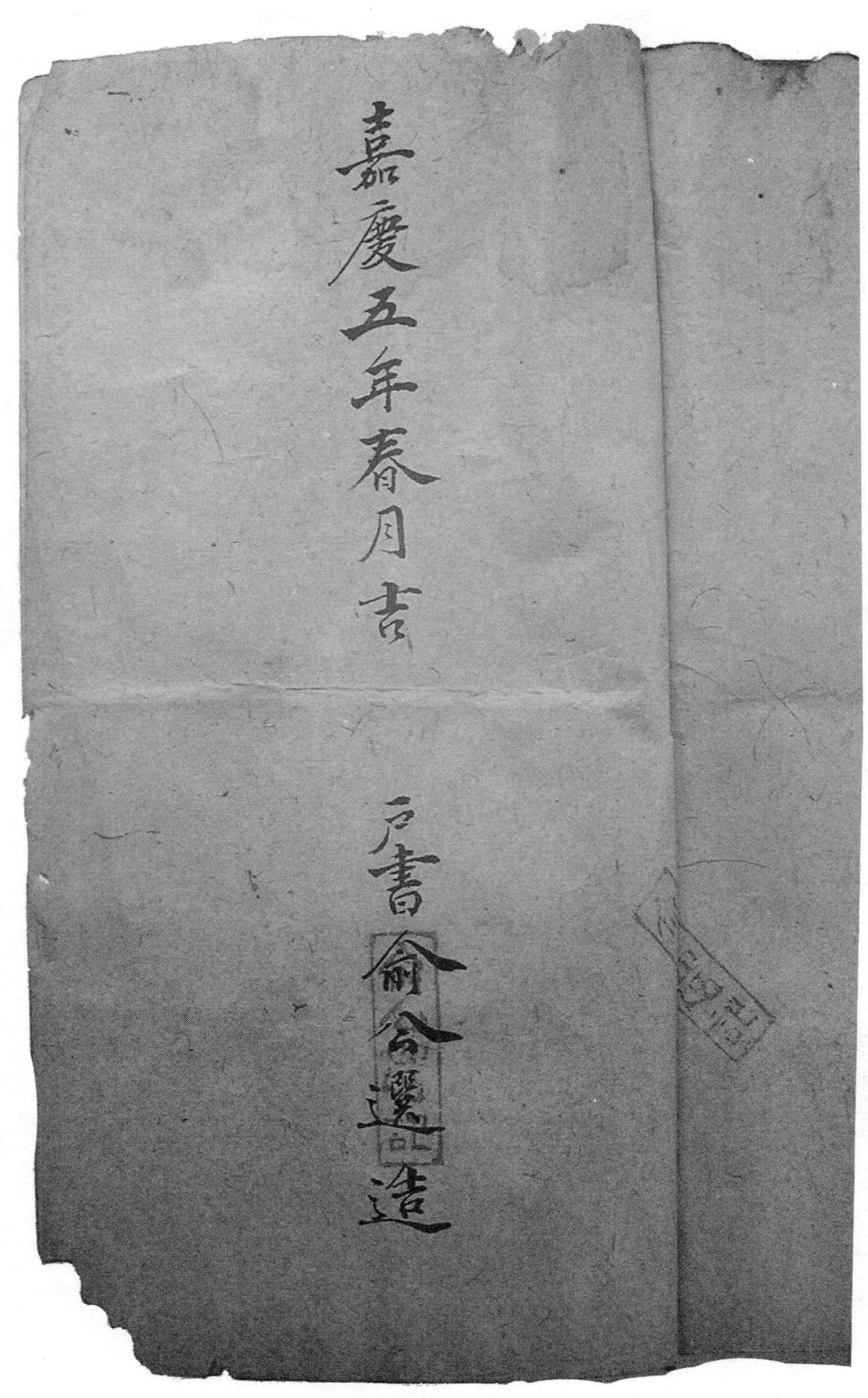


大鄣山乡鄣山 A 12-10 · 嘉庆五年 · 税粮实征册 · 列光户

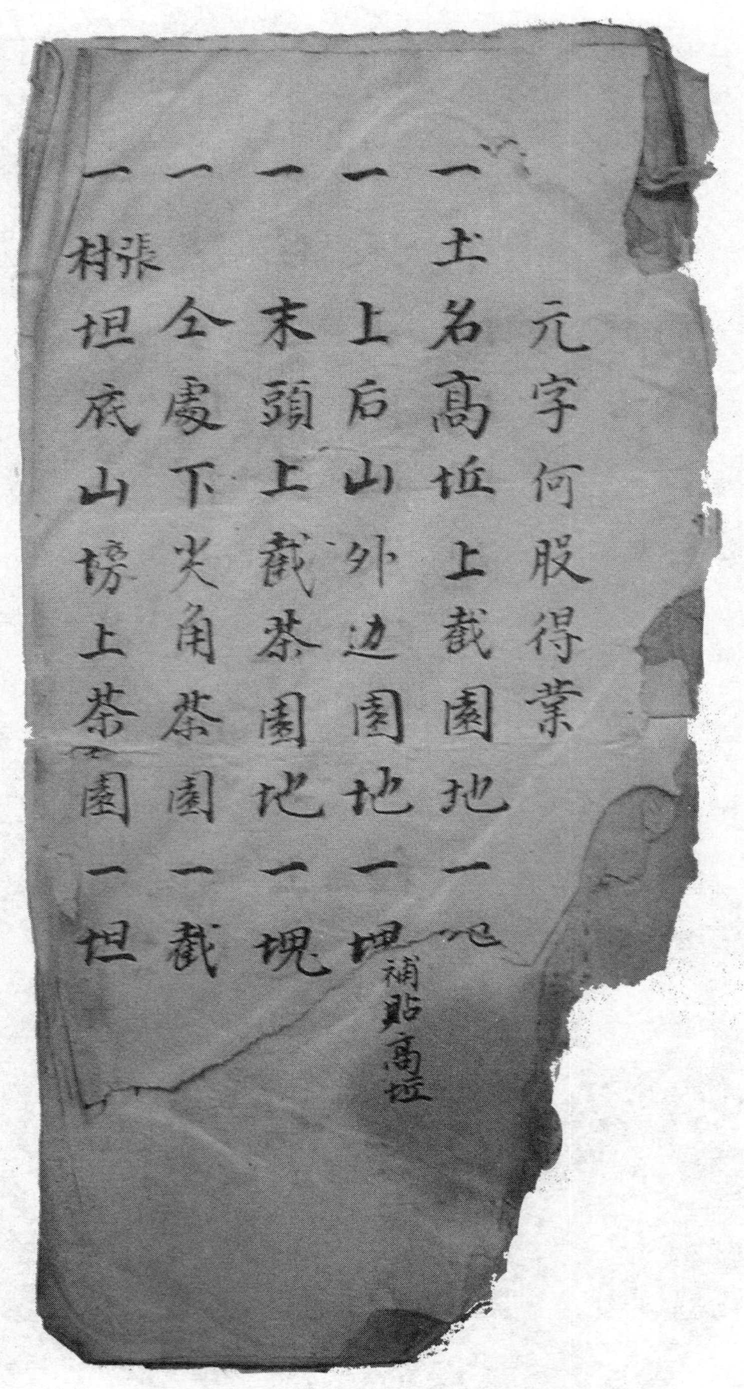

元字何股得業

一　土名高坵上截園地一[illegible]

一　上后山外边園地一坦

補貼高坵

一　末頭上截茶園地一塊

一　仝處下尖角茶園一截

一　張村坦底山塝上茶園一坦

大鄣山乡鄣山 A 8-1 · 嘉庆二十年 · 分关文书 · 戴洪氏等

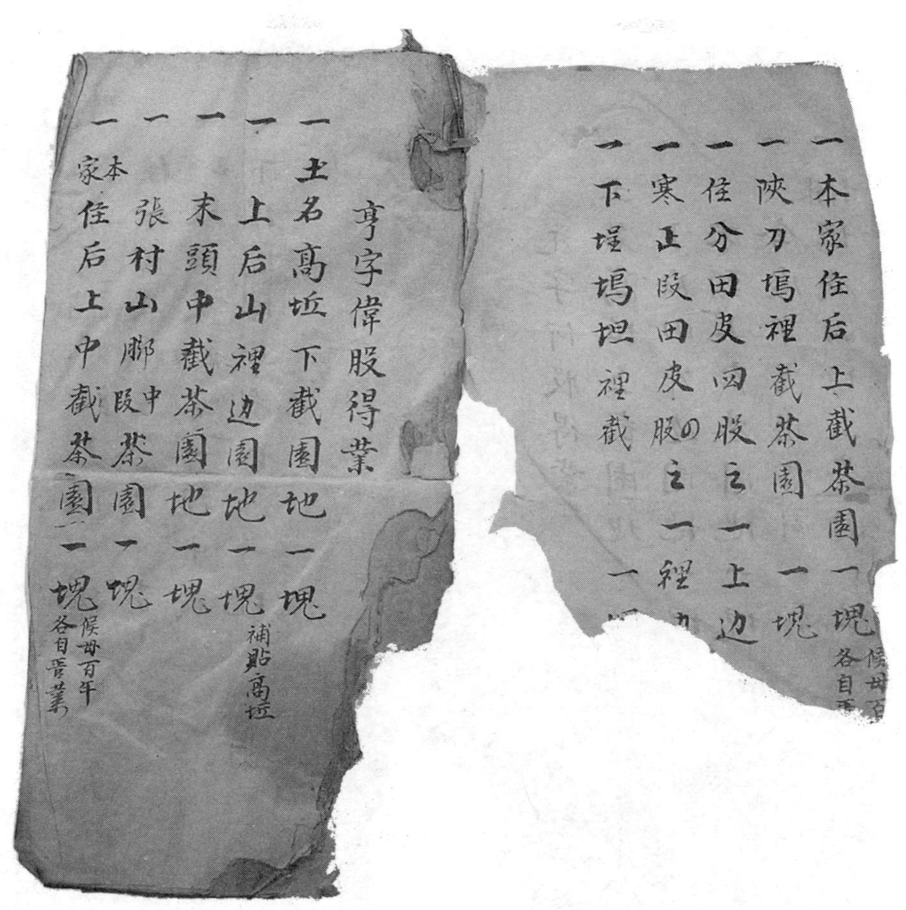
亨字偉股得業
一 土名高坵下截園地一塊
一 上后山裡边園地一塊 補貼高坵
一 末頭中截茶園地一塊
一 張村山𨛫中段茶園一塊
一 本家住后上中截茶園一塊 侯母百年各自晋業

一 本家住后上截茶園一塊 侯母百[illegible]各自晋[illegible]
一 陝刀塢裡截茶園一塊
一 住分田皮四股之一上边
一 寒正段田皮股之一裡[illegible]
一 下堨塢坦裡截[illegible]

大鄣山乡鄣山 A 8-2 · 嘉庆二十年 · 分关文书 · 戴洪氏等

一陜刀塢直出第二段茶園一塊

一住分田皮股四之一上中截

一正寒段田皮股四之一裡中截

一下埕塢坦中截坦一塊

利字傑股得業

一土名上后山截中園地一塊

一末頭下边茶園地一塊

一張村上边茶園地一塊

一本家住后下中截茶園一塊

一陜刀塢直出第三段茶園一塊

候母百年各自晋業

大鄣山乡鄣山 A 8-3 · 嘉庆二十年 · 分关文书 · 戴洪氏等

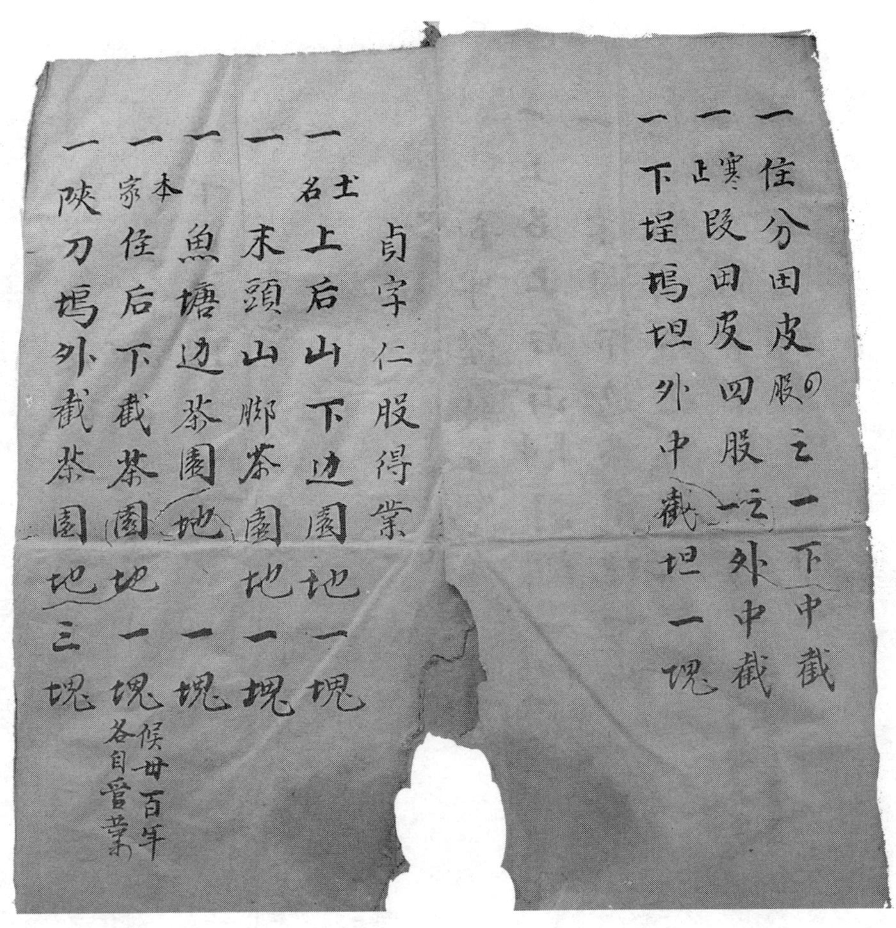

一住分田皮股之一下中截

一上寒段田皮四股一之外中截

一下堤塢坦外中截坦一塊

貞字仁股得業

一土名上后山下边園地一塊

一末頭山脚茶園地一塊

一魚塘边茶園地一塊

一本家住后下截茶園地一塊 侯母百年各自管業

一陜刀塢外截茶園地三塊

大鄣山乡鄣山 A 8-4 · 嘉庆二十年 · 分关文书 · 戴洪氏等

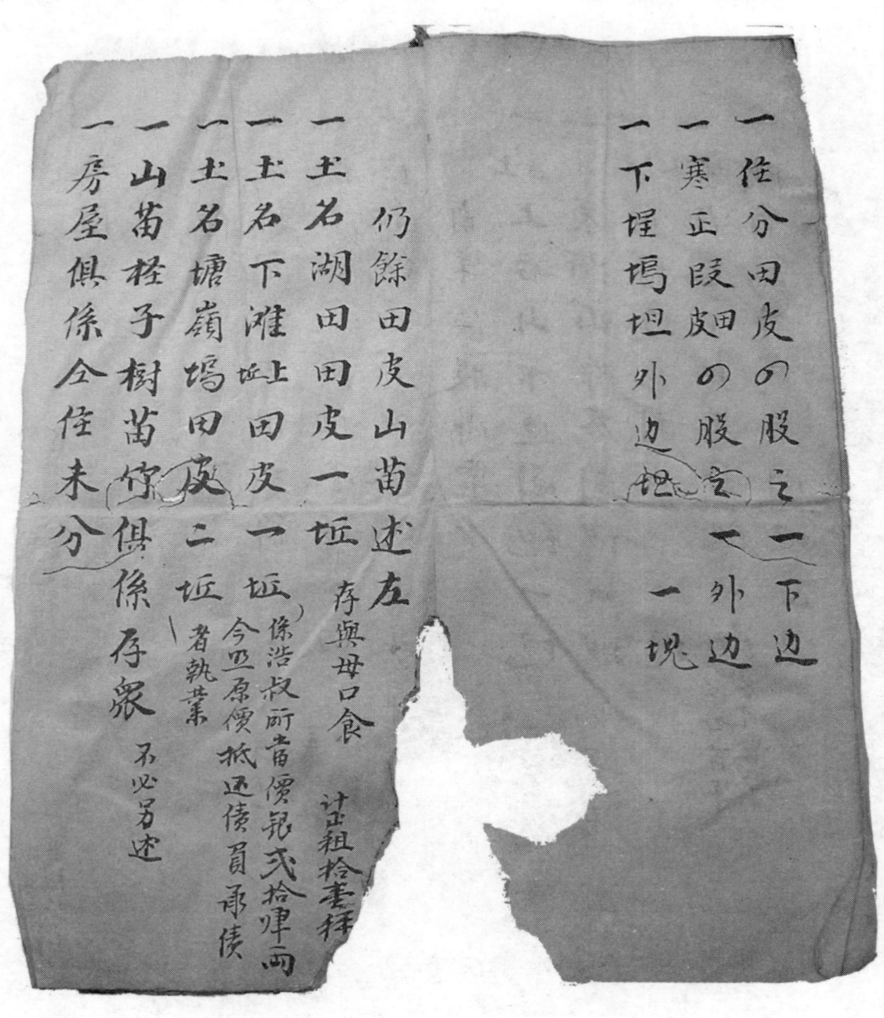

一住分田皮乙股之一下边
一寒正段田皮乙股之一外边
一下埕塢坦外边一垷

仍餘田皮山苗述左
一土名湖田田皮一坵 存與母口食 计田租拾叁秤
一土名下灘上坵田皮一坵 係浩叔所當價銀弍拾肆两 今照原價抵还债負承债
一土名塘嶺塢田皮二坵 者執業
一山苗杉子樹苗俱係存衆 不必另述
一房屋俱係仝住未分

大鄣山乡鄣山 A 8-5 · 嘉庆二十年 · 分关文书 · 戴洪氏等

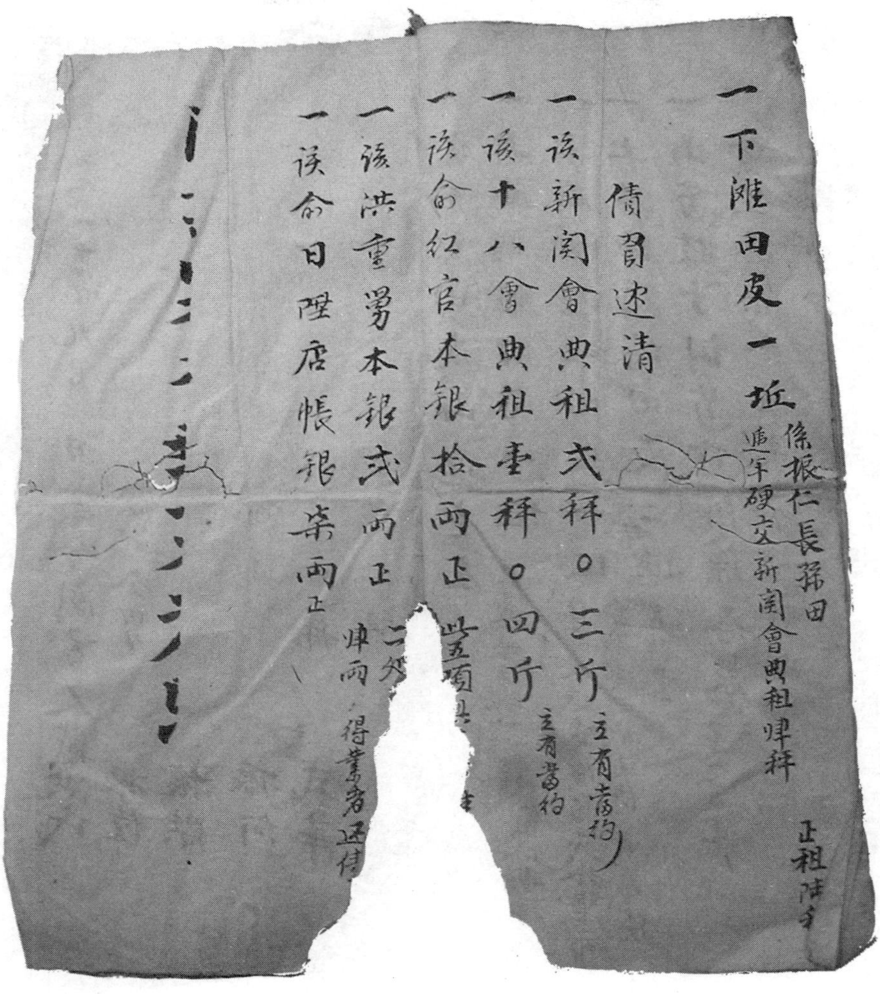

一下雕田皮一坵 係振仁長踩田 遞年硬交新閔會典租肆秤 正租陆斤

債負述清

一該新閔會典租弍秤○三斤 主有當約

一該十八會典租壹秤○四斤 主有當約

一該命紅官本銀拾兩正

一該洪重男本銀弍兩正 二契 肆兩 得業者还付

一該命日陞店帳銀柒兩正

大鄣山乡鄣山 A 8-6 · 嘉庆二十年 · 分关文书 · 戴洪氏等

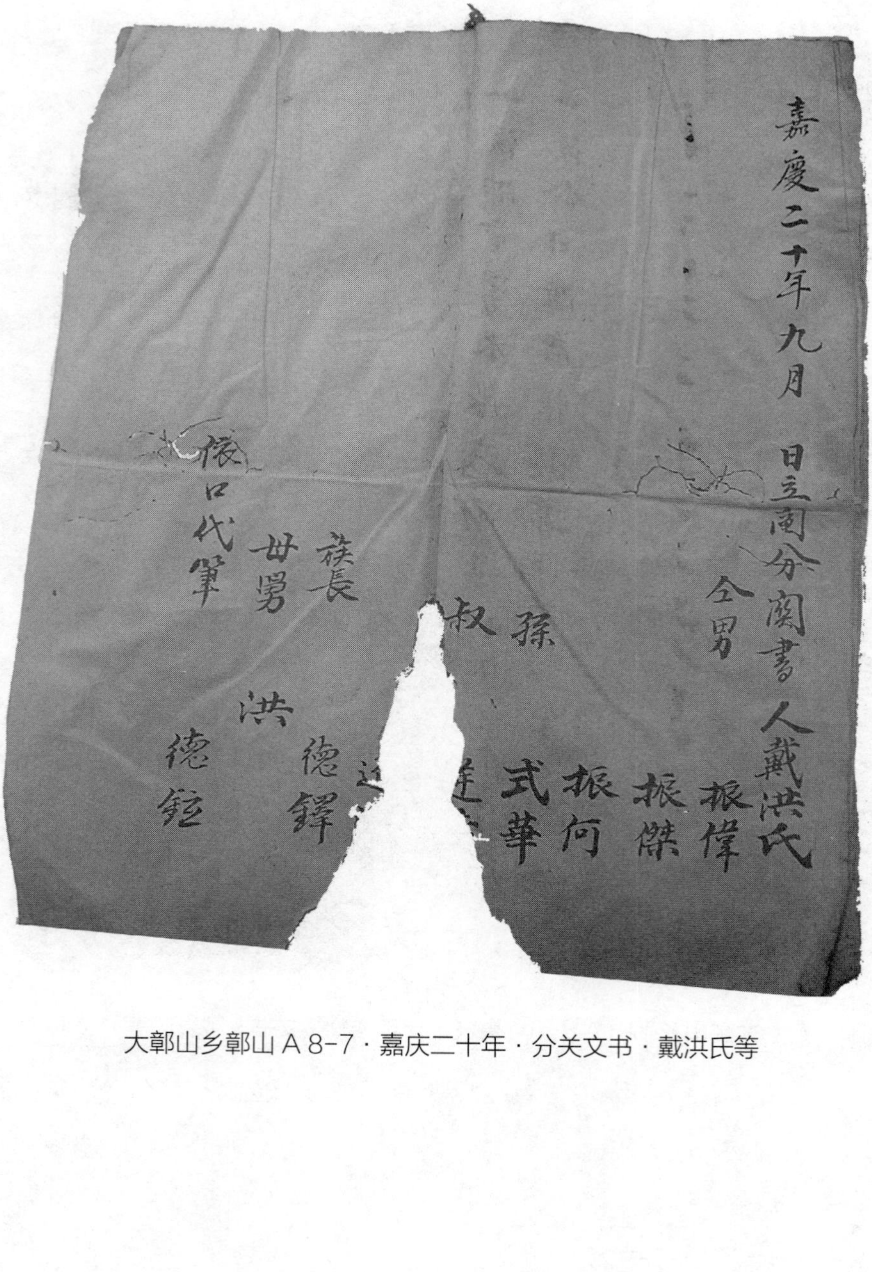

嘉慶二十年九月　日立閹分闗書人戴洪氏
仝男　振偉
振傑
振向
孫　式華
叔　進[illegible]
族長　德鐸
母舅　洪[illegible]
依口代筆　德鉉

大鄣山乡鄣山 A 8-7 · 嘉庆二十年 · 分关文书 · 戴洪氏等

大鄣山乡鄣山 A 27-1 · 嘉庆二十年 · 分关文书（利字阄书振杰）·
戴洪氏同男振仁、振伟、振杰、振何、孙式华

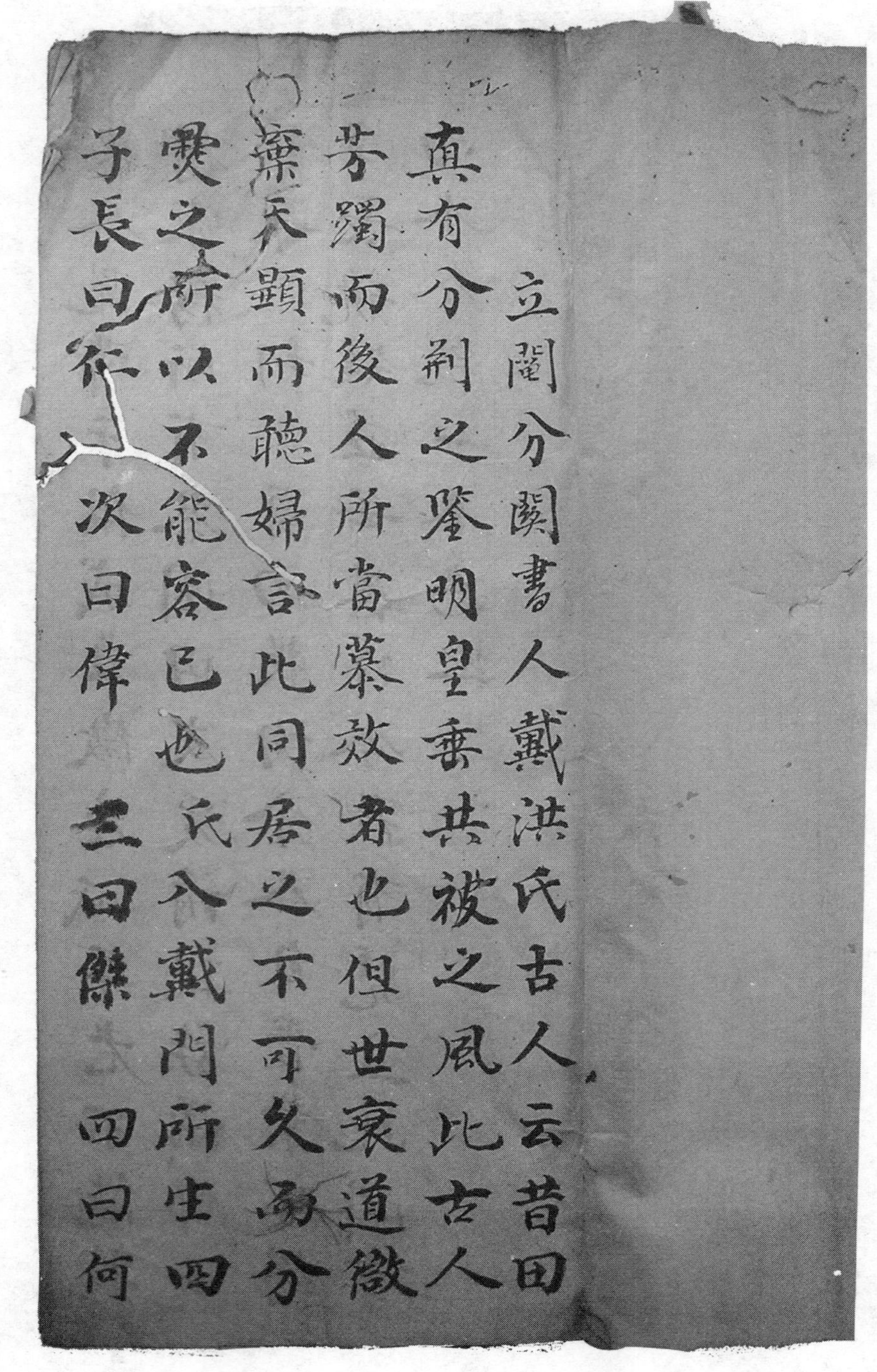
立閹分閹書人戴洪氏古人云昔田
真有分荊之鑒明皇垂共被之風此古人
芳躅而後人所當慕效者也但世衰道微
棄天顯而聽婦言此同居之不可久而分
爨之所以不能容已也氏入戴門所生四
子長曰仁次曰偉三曰傑四曰何

大鄣山乡鄣山 A 27-2 · 嘉庆二十年 · 分关文书（利字阄书振杰）· 戴洪氏同男振仁、振伟、振杰、振何、孙式华

良人見背手俱成立微産氏年老不能撑

持家務所有茶園田皮爰請親族議作元

亨利貞四股均分各自晉業不得

争長競短並無異説今欲有憑立此閹書

四本各執一本為照

元字何股得業

一土名高坵上截園地壹塊

一上后山外边園地壹塊　補貼高坵

一末頭上截茶園地壹塊

一仝處下尖角茶地一截

一張村坦園山塝上茶園一塊

大鄣山乡鄣山 A 27-3 · 嘉庆二十年 · 分关文书（利字阄书振杰）·
戴洪氏同男振仁、振伟、振杰、振何、孙式华

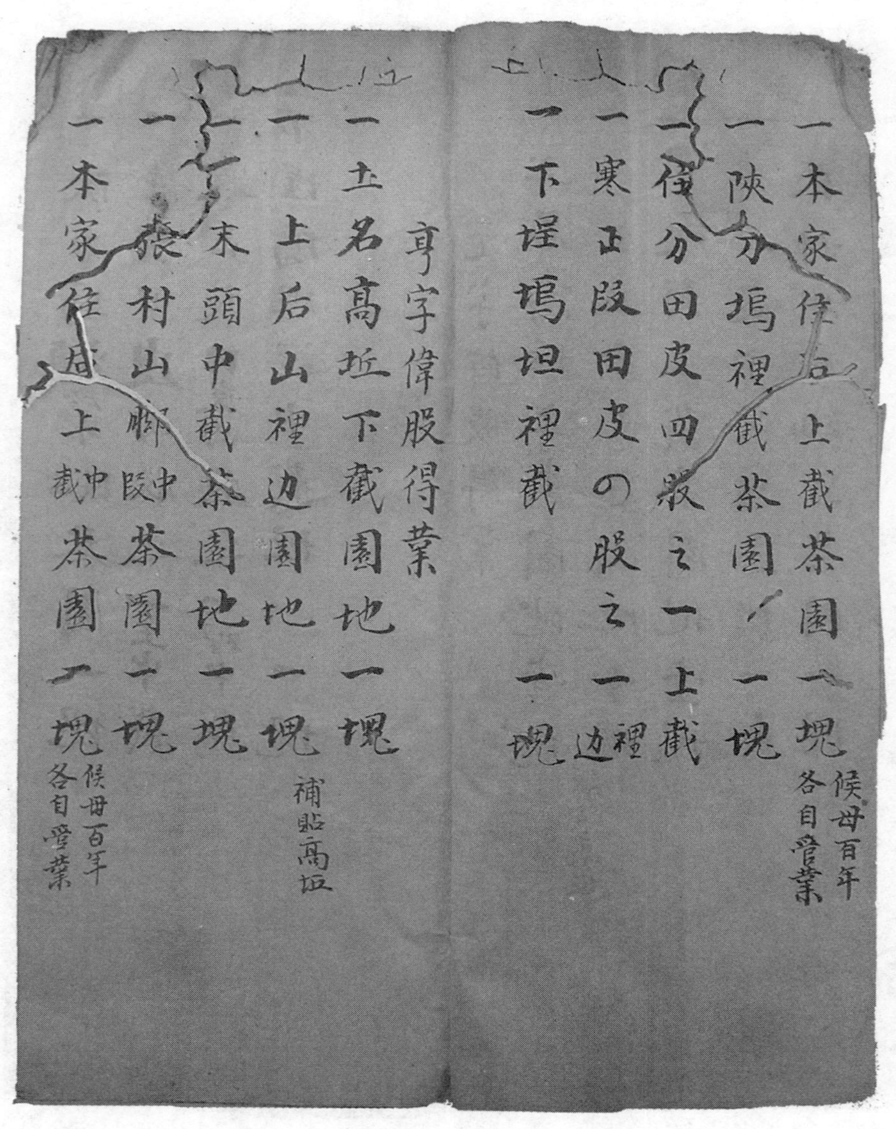

大鄣山乡鄣山 A 27-4 · 嘉庆二十年 · 分关文书（利字阄书振杰）·
戴洪氏同男振仁、振伟、振杰、振何、孙式华

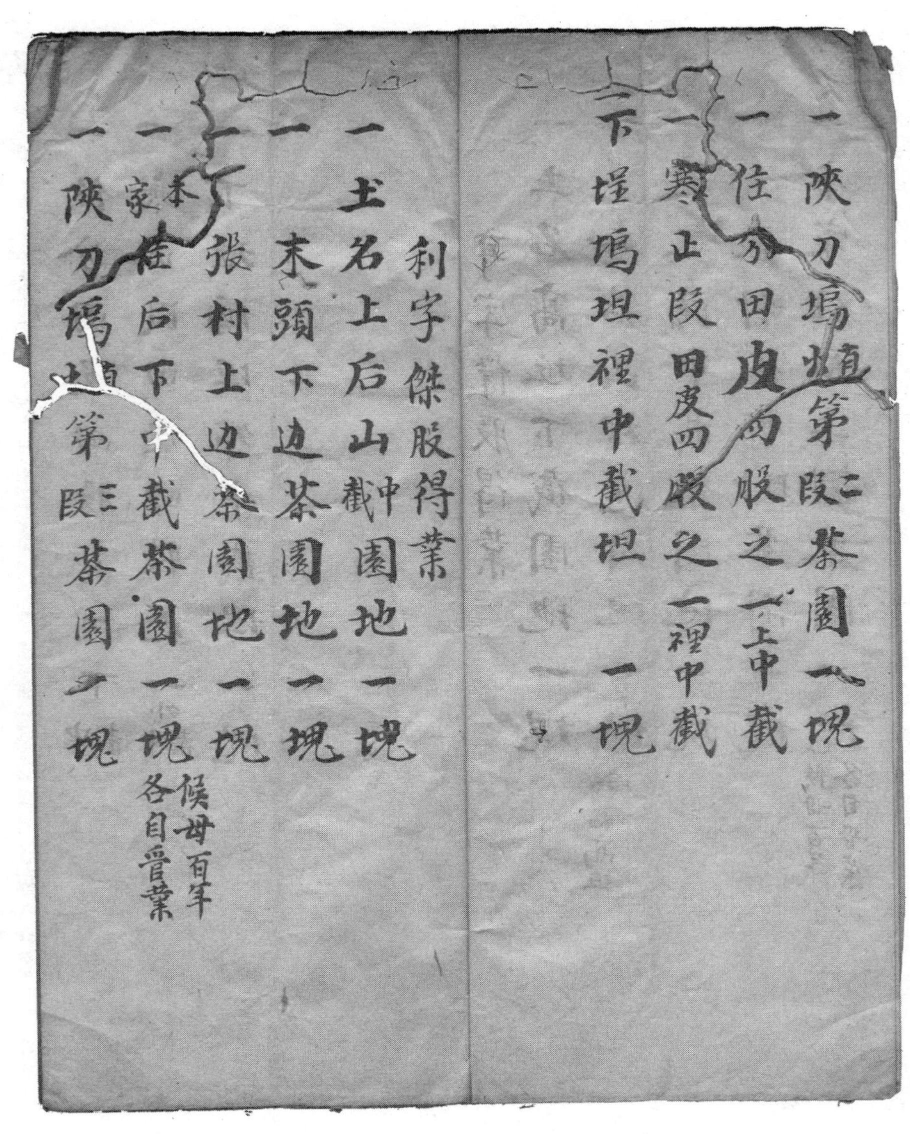

大鄣山乡鄣山 A 27-5 · 嘉庆二十年 · 分关文书（利字阄书振杰）·
戴洪氏同男振仁、振伟、振杰、振何、孙式华

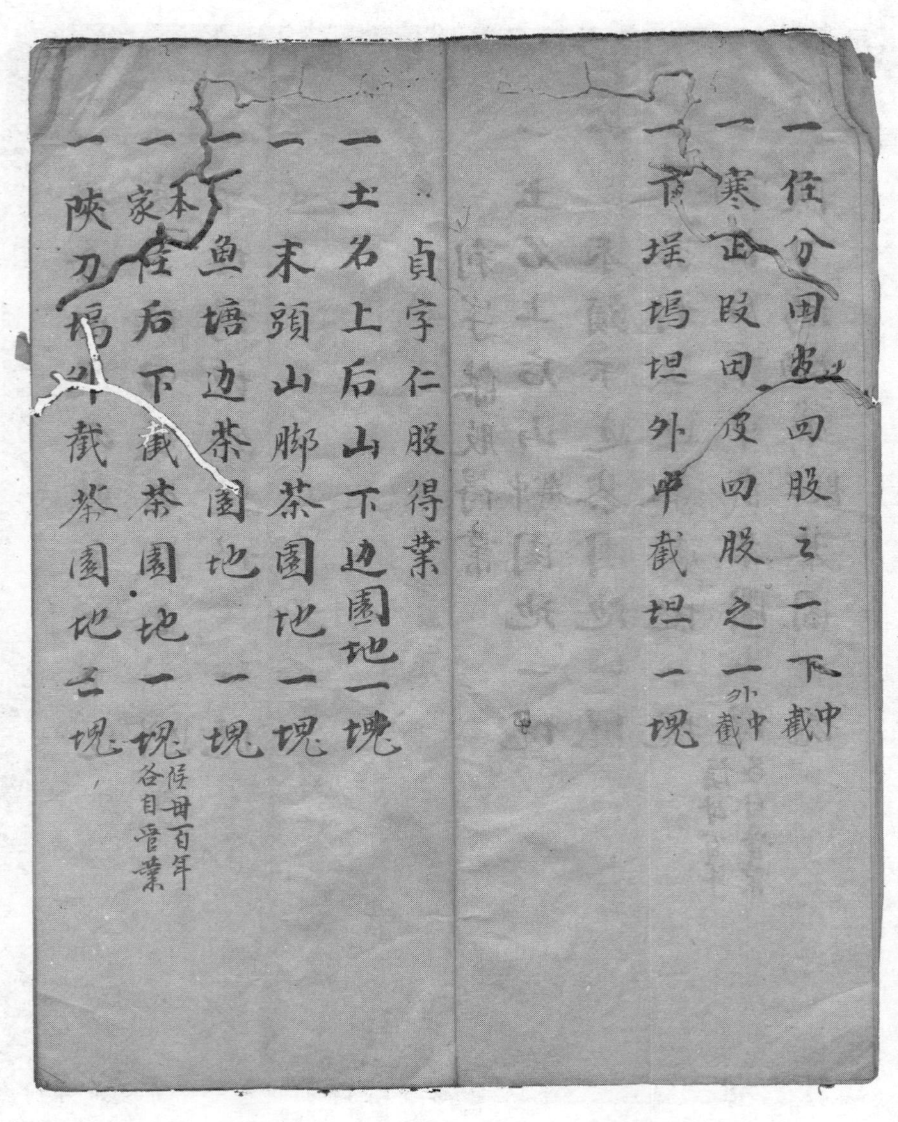
一住分田當四股之一下截中
一寒正段田皮四股之一外中截
一下塝塢坦外中截坦一塊

貞字仁股得業
一土名上后山下边園地一塊
一末頭山脚茶園地一塊
一魚塘边茶園地一塊
一本家住后下截茶園地一塊侄母百年各自管業
一陝刀塢外截茶園地乙塊

大郭山乡郭山 A 27-6 · 嘉庆二十年 · 分关文书（利字阄书振杰）·
戴洪氏同男振仁、振伟、振杰、振何、孙式华

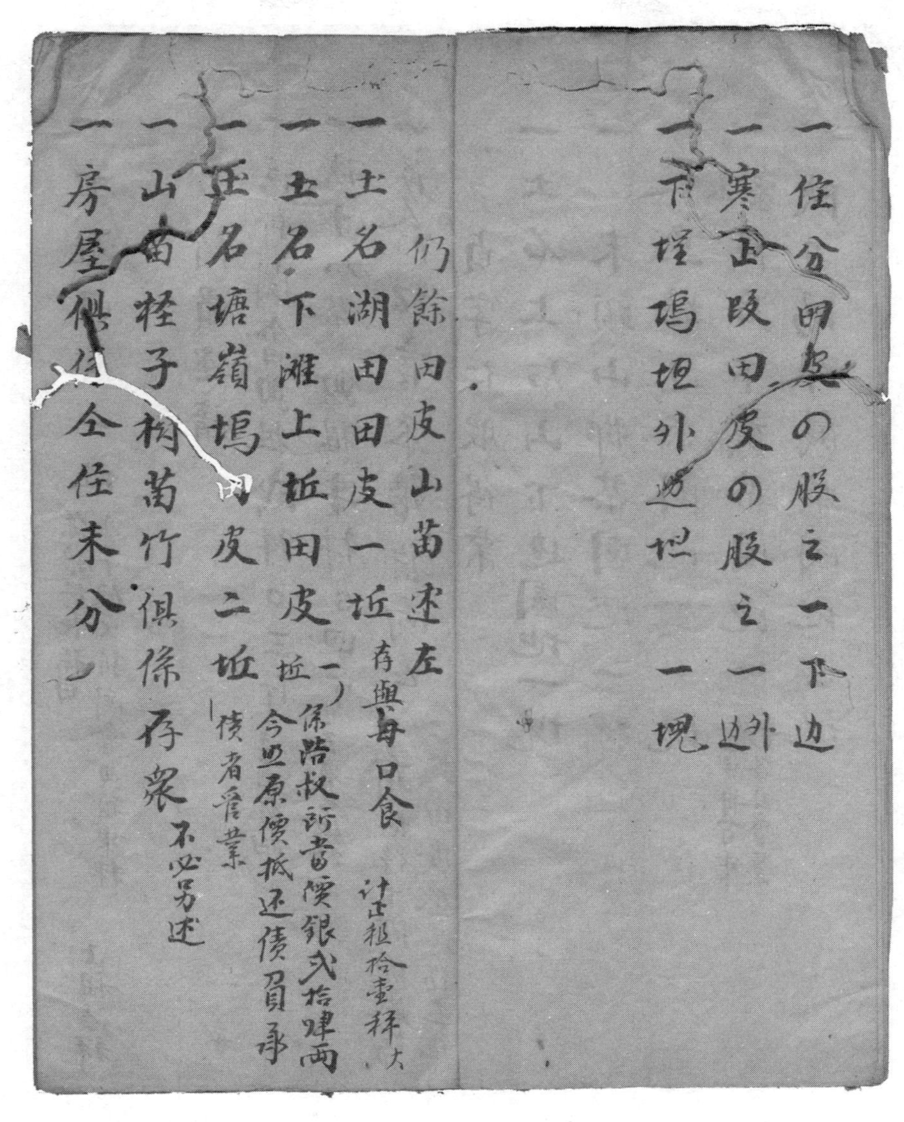

一住分田皮○股之一下边
一寒正段田皮○股之一外边
一下塍塢坦外边坦一塊

仍餘田皮山苗述左
一土名湖田田皮一坵 存與每口食 计正租拾壹秤大
一土名下滩上坵田皮坵 一）係踏叔所当價銀贰拾肆两 今照原價抵还債頁承
一土名塘嶺塢田皮二坵 債者管業
一山苗柽子树苗竹俱係存衆 不必另述
一房屋俱係全住未分

大鄣山乡鄣山 A 27-7 · 嘉庆二十年 · 分关文书（利字阄书振杰）·
戴洪氏同男振仁、振伟、振杰、振何、孙式华

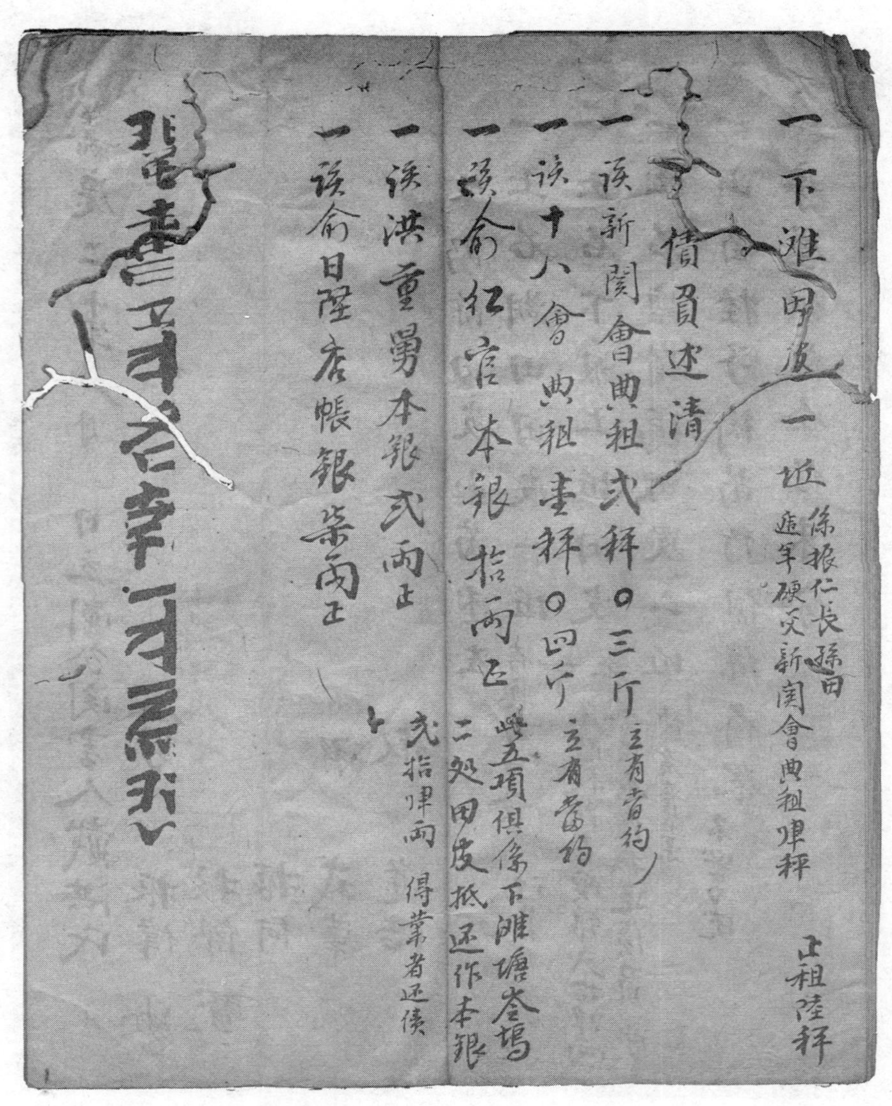

大鄣山乡鄣山 A 27-8 · 嘉庆二十年 · 分关文书（利字阄书振杰）·
戴洪氏同男振仁、振伟、振杰、振何、孙式华

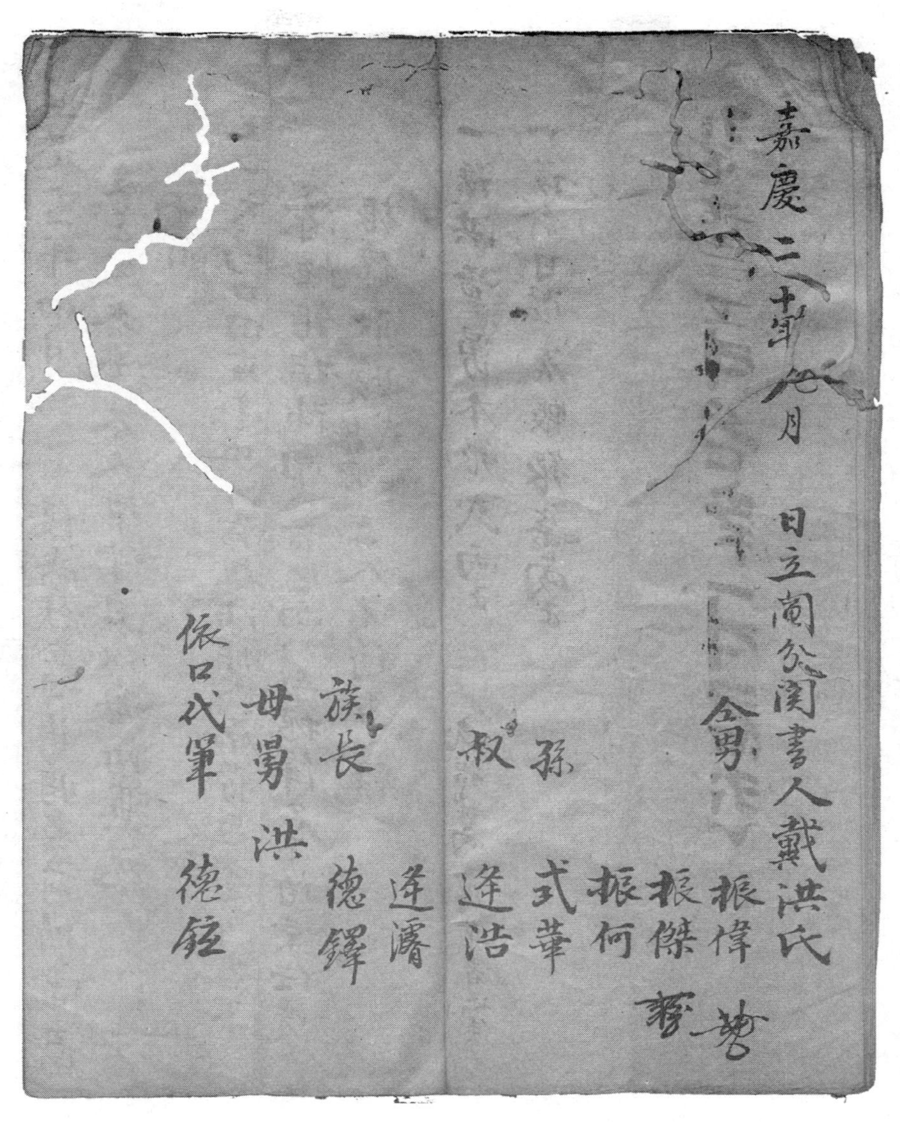

嘉慶二十年九月　日立阄分関書人戴洪氏
仝男　振偉　押
　　　振傑　押
　　　振何
孫　　式華
叔　　逢浩
　　　逢濬
族長　德鐸
母舅　洪
依口代筆　德銓

大鄣山乡鄣山 A 27-9 · 嘉庆二十年 · 分关文书（利字阄书振杰）·
戴洪氏同男振仁、振伟、振杰、振何、孙式华

道光十一年四月初二日復央族全母舅將原前所當之田皮三處各分各人管業日後毋得異説

一土名大塢口田皮壹坵計骨租陸秤大原當与逢河名下，得價銀拾陆兩正，當三面分与振偉名下得業，任凭振偉取贖，振傑、式華二人不得爭競。

一土名湖田田皮一坵計骨租拾壹秤大原當大埕山名下，當得價銀式拾捌兩正，當三面分与振傑名下得業，任凭振傑取贖，振偉、式華二人不得爭競。

一土名於樹田皮一坵計骨租肆秤大原當与逢湧名下，當得價銀拾兩正，當三面分与式華名下得業，任凭式華取贖，振傑、振偉二人不得爭競。

大鄣山乡鄣山 A 27-10 · 嘉庆二十年 · 分关文书（利字阄书振杰）·
戴洪氏同男振仁、振伟、振杰、振何、孙式华

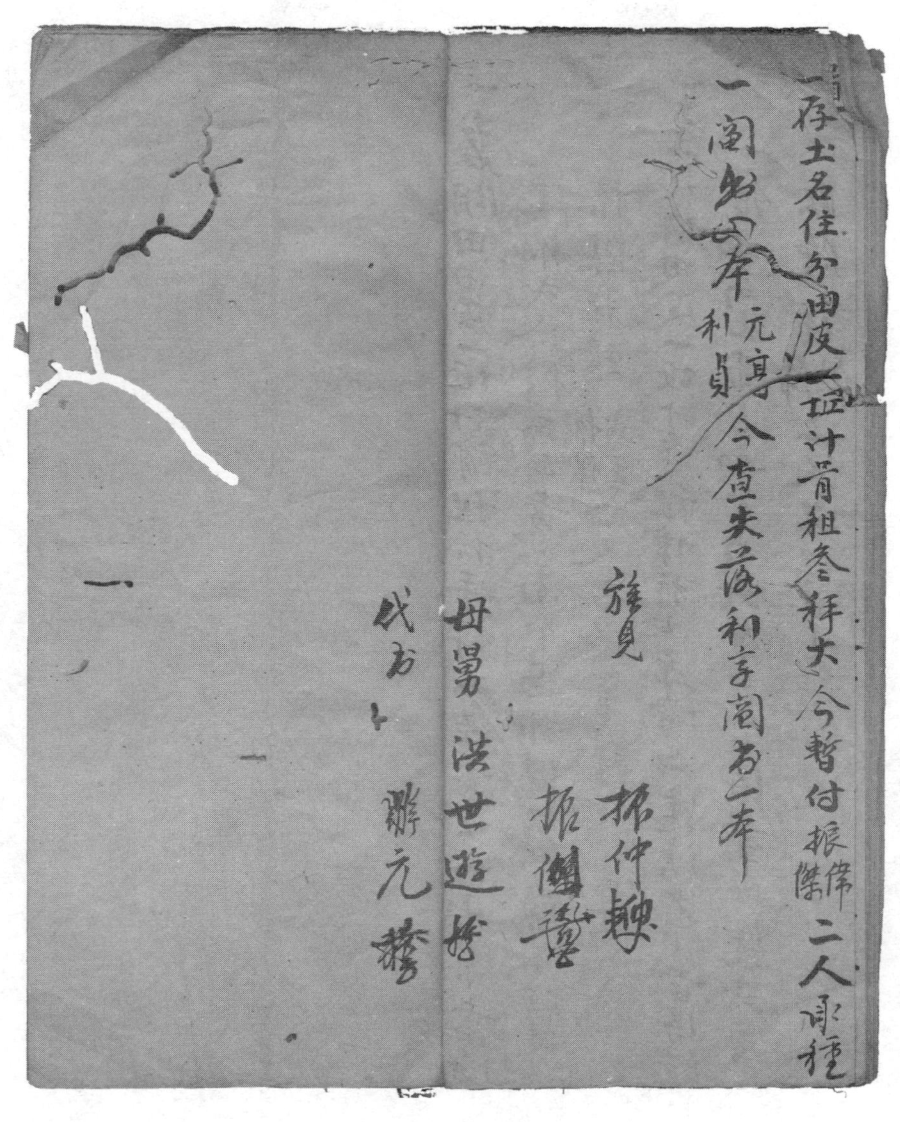

大鄣山乡鄣山 A 27-11 · 嘉庆二十年 · 分关文书（利字阄书振杰）·
戴洪氏同男振仁、振伟、振杰、振何、孙式华

禮字
佑股

大鄣山乡鄣山 A 30-1 · 道光十六年 · 分关文书
（礼字佑股）· 振佑（同弟振征等）

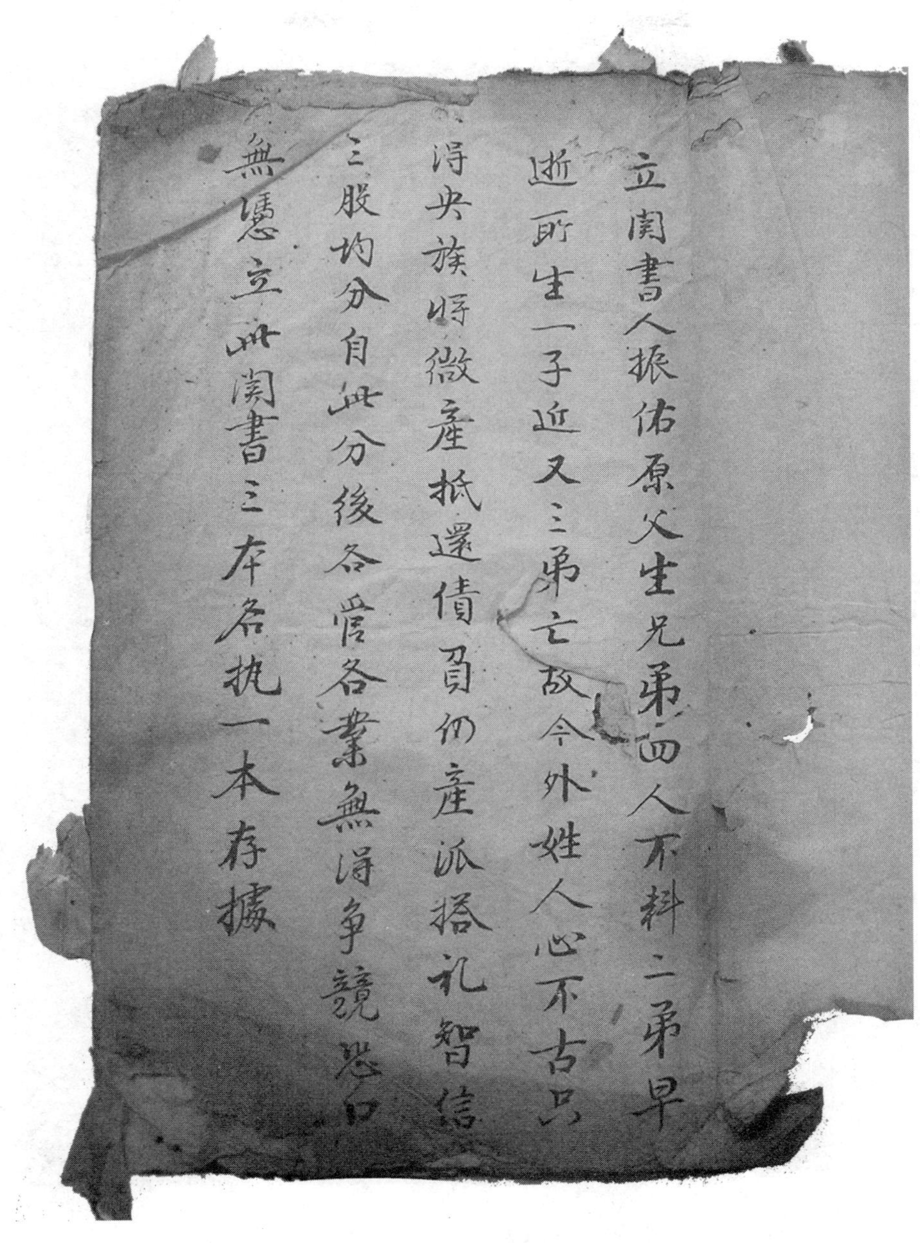

立阄書人振佑原父生兄弟四人不料二弟早逝所生一子近又三弟亡故今外姓人心不古只得央族將微產抵還債負仍產派搭礼智信三股均分自此分後各管各業無得爭競恐口無憑立此阄書三本各執一本存據

大鄣山乡鄣山 A 30-2 · 道光十六年 · 分关文书
（礼字佑股）· 振佑（同弟振征等）

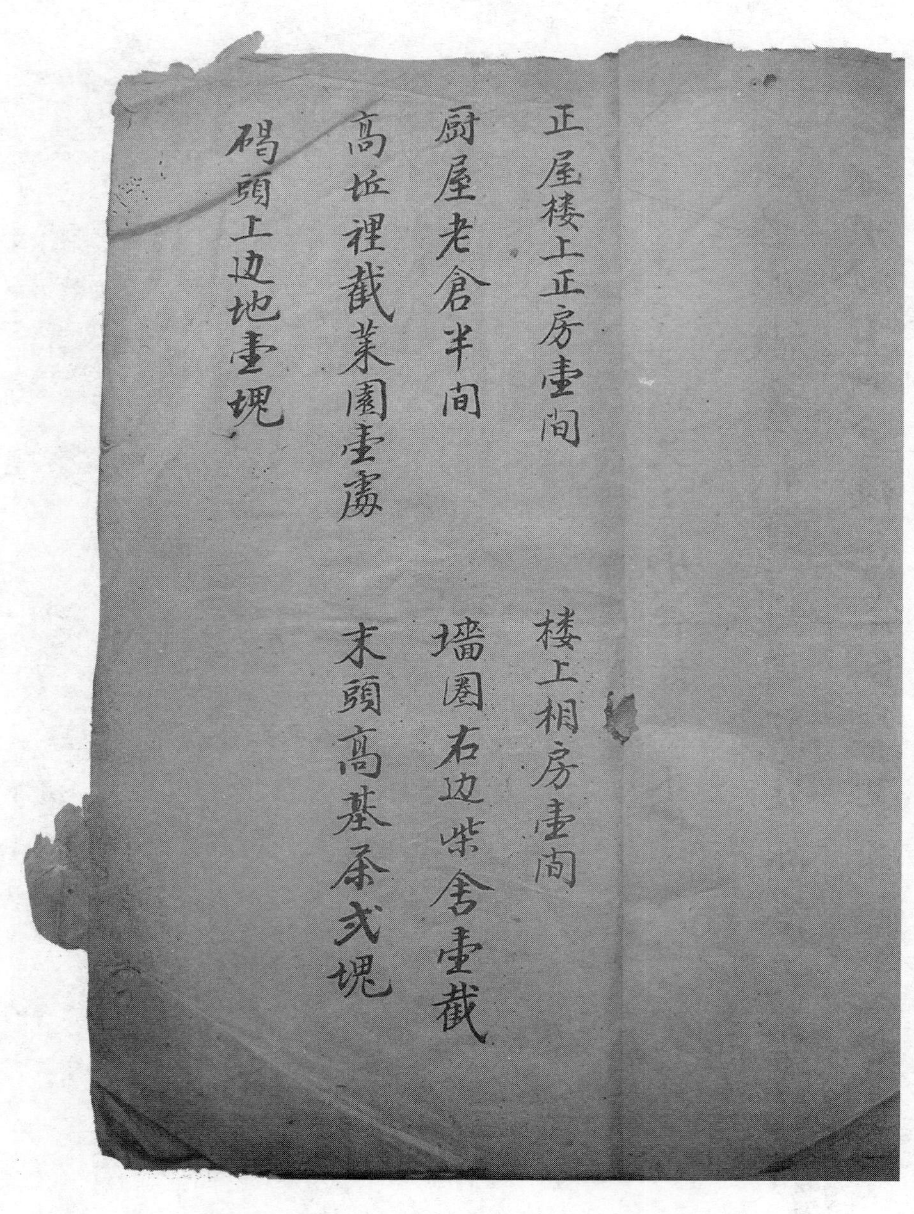

正屋楼上正房壹间
厨屋老倉半间
高坵裡截菜園壹處
碣頭上边地壹塊

楼上相房壹间
墻圈右边柴舍壹截
末頭高基条弍塊

大鄣山乡鄣山 A 30-3 · 道光十六年 · 分关文书
（礼字佑股）· 振佑（同弟振征等）

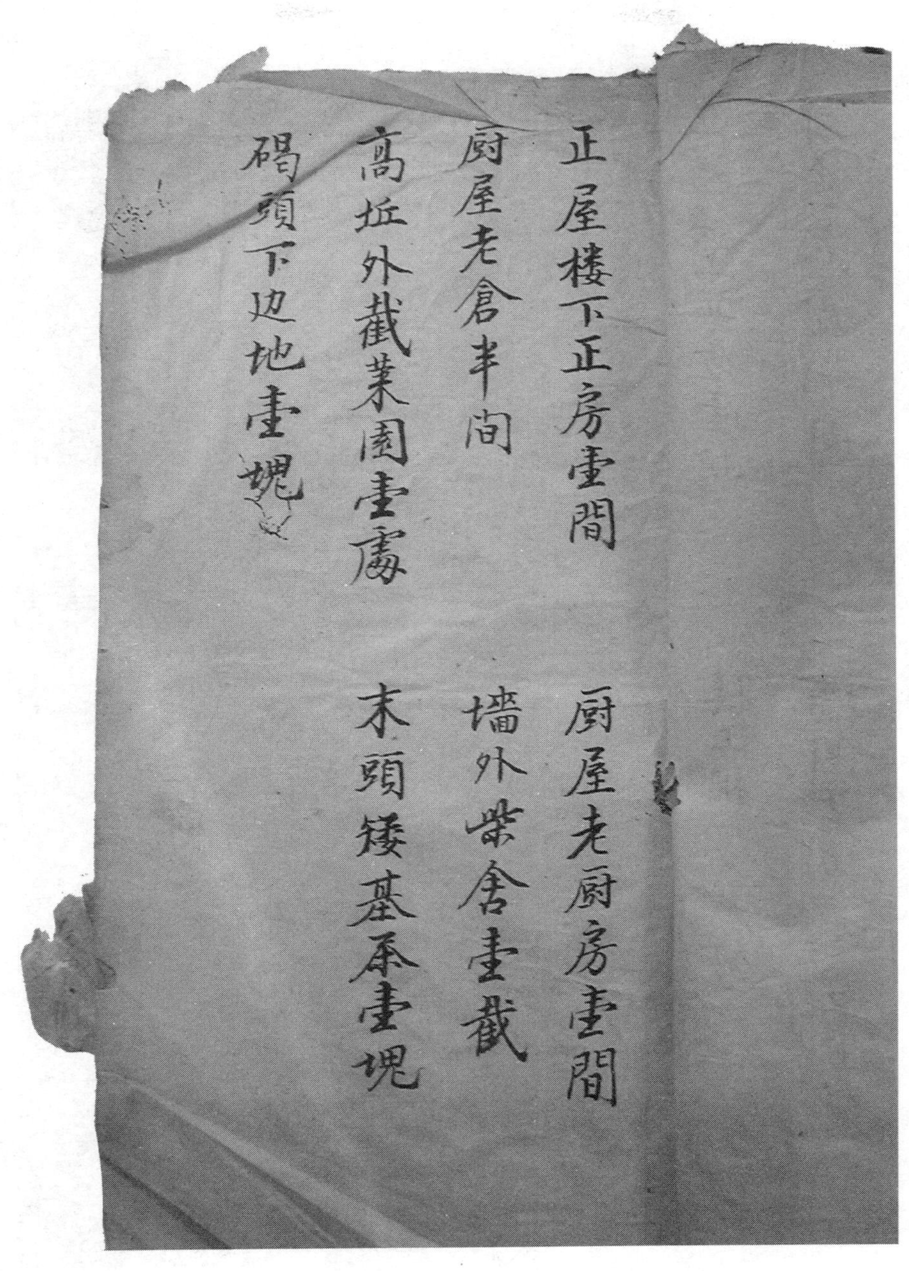

正屋樓下正房壹間
廚屋老倉半間
高坵外截菜園壹處
碣頭下边地壹塊
廚屋老廚房壹間
墙外柴舍壹截
末頭矮基厎壹塊

大鄣山乡鄣山 A 30-4 · 道光十六年 · 分关文书
（礼字佑股）· 振佑（同弟振征等）

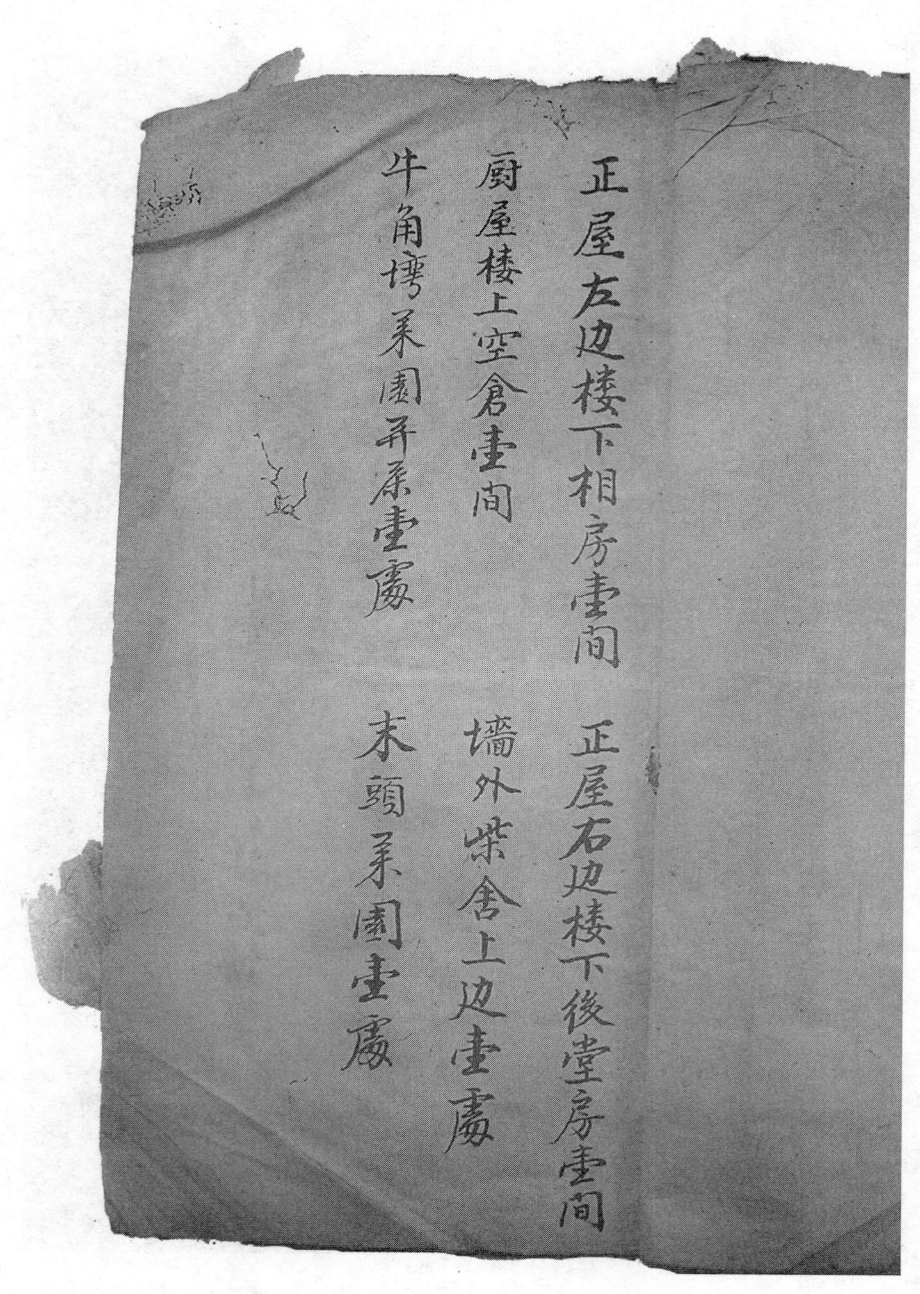

正屋左边楼下相房壹间　正屋右边楼下後堂房壹间

廚屋楼上空倉壹间　墻外柴舍上边壹處

牛角塆菜園并屎壹處　末頭菜園壹處

大鄣山乡鄣山 A 30-5 · 道光十六年 · 分关文书

（礼字佑股）· 振佑（同弟振征等）

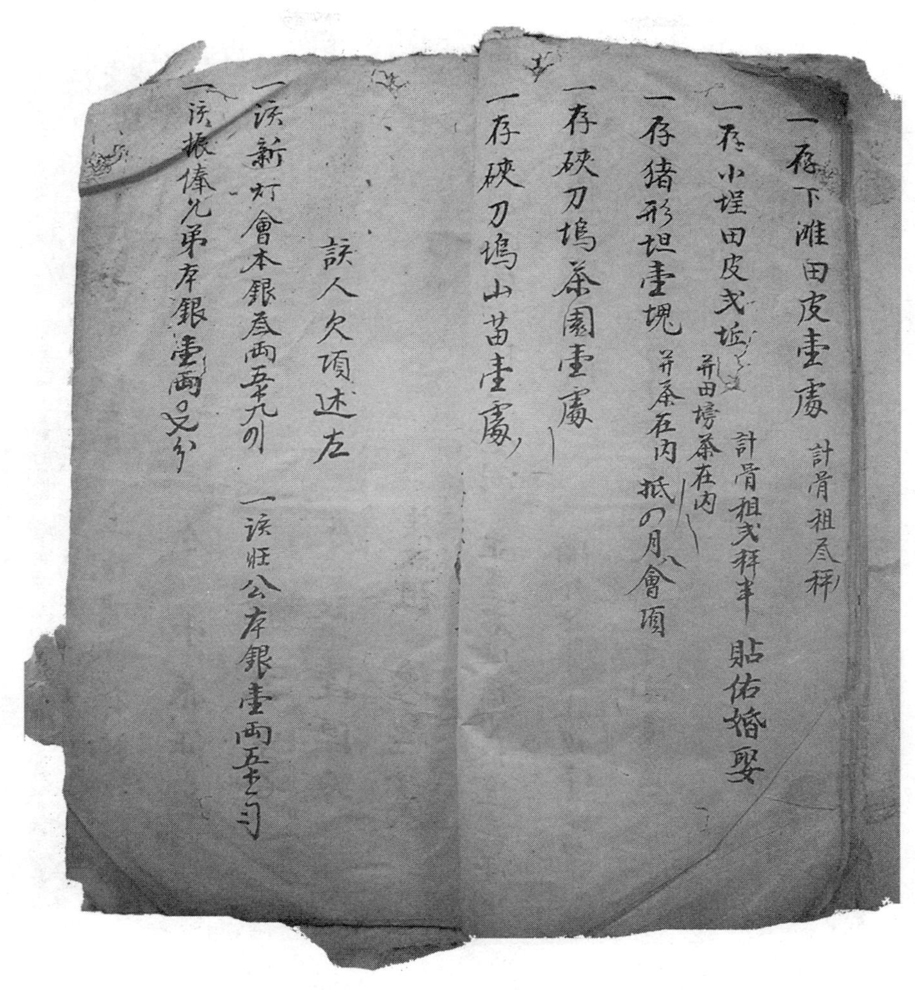

一存下滩田皮壹處　計骨租叁秤

一存小埕田皮弍坵　并田塝茶在内　計骨租弍秤半　貼佑婚娶

一存猪形坦壹塊　并茶在内　抵八月會項

一存硤刀坞茶園壹處

一存硤刀坞山苗壹處

該人欠項述左

一該新灯會本銀叁两五錢九分

一該旺公本銀壹两五錢三分

一該振倭兄弟本銀壹两足分

大鄣山乡鄣山 A 30-6 · 道光十六年 · 分关文书

（礼字佑股）· 振佑（同弟振征等）

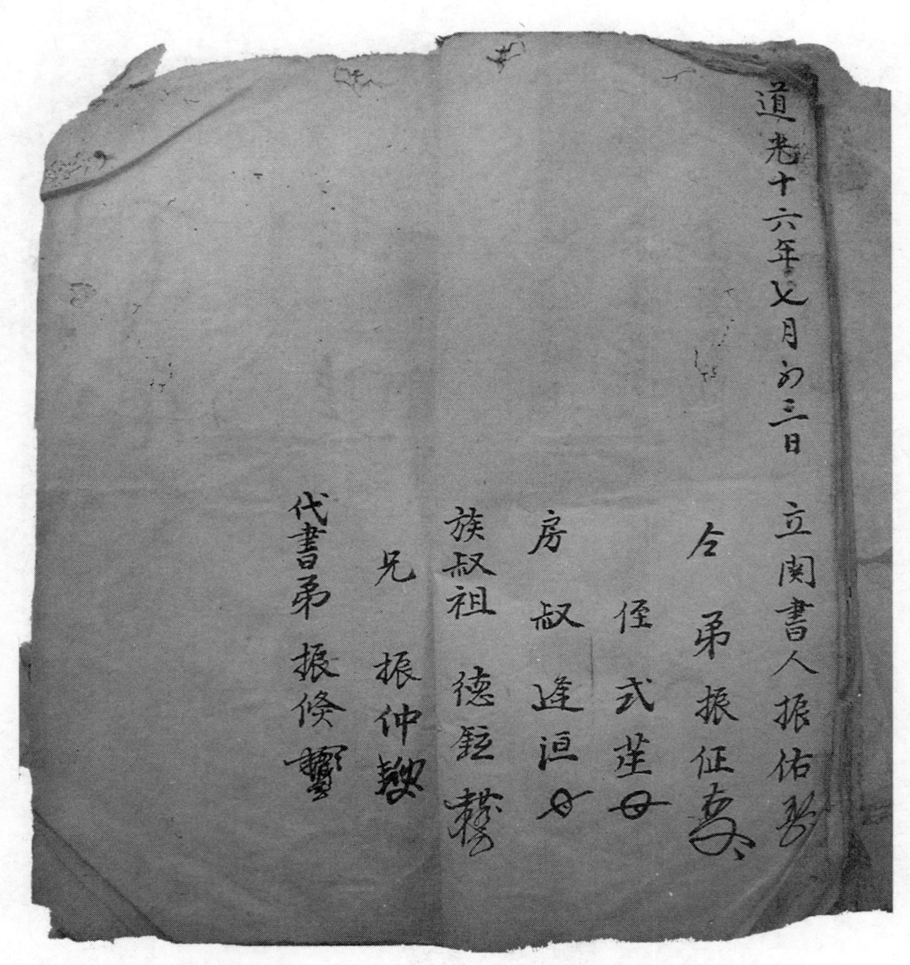

道光十六年乂月初三日 立阄書人 振佑

合 弟 振征

侄 式莲

房叔 逢亘

族叔祖 德銍

兄 振仲

代書弟 振倏

大鄣山乡鄣山 A 30-7 · 道光十六年 · 分关文书

（礼字佑股）· 振佑（同弟振征等）

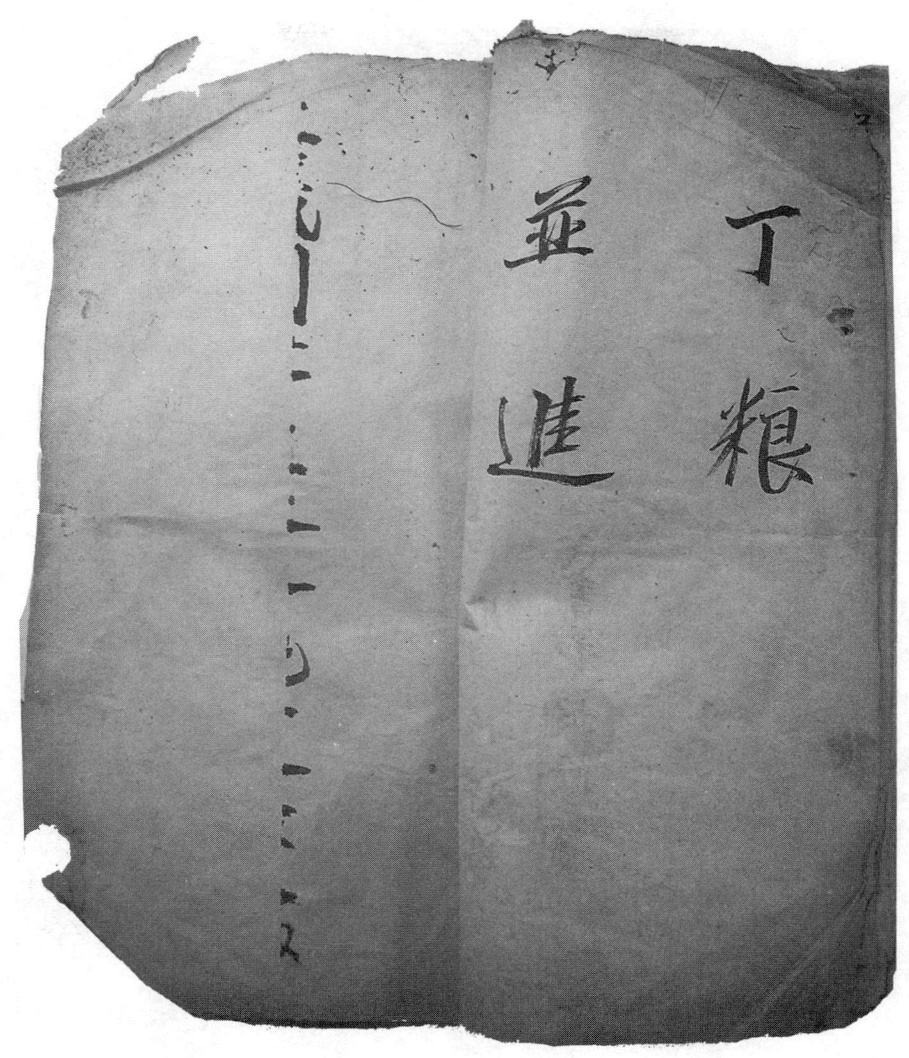


大鄣山乡鄣山 A 30-8 · 道光十六年 · 分关文书
（礼字佑股）· 振佑（同弟振征等）

大郭山乡郭山 A 33-1 · 道光十六年 · 分关文书（智字号）· 振佑同弟振征等

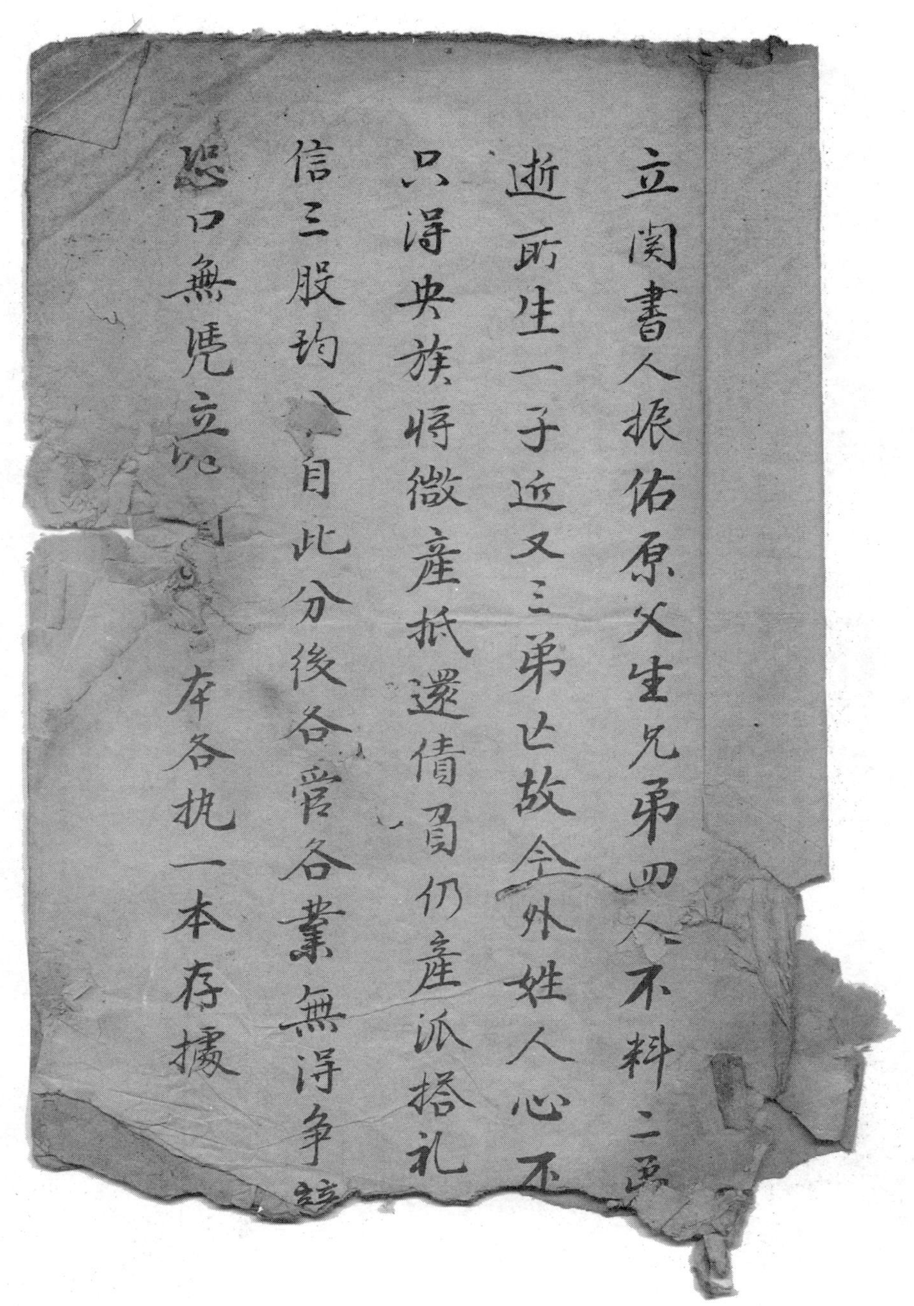

立阄書人振佑原父生兄弟四人，不料二爲
逝，所生一子，近又三弟亡故，全外姓人心不
只得央族將徽產抵還債負，仍產派搭礼
信三股均分，自此分後各管各業，無得争論
恐口無憑，立阄□□本，各執一本存據

大鄣山乡鄣山 A 33-2 · 道光十六年 · 分关文书（智字号）· 振佑同弟振征等

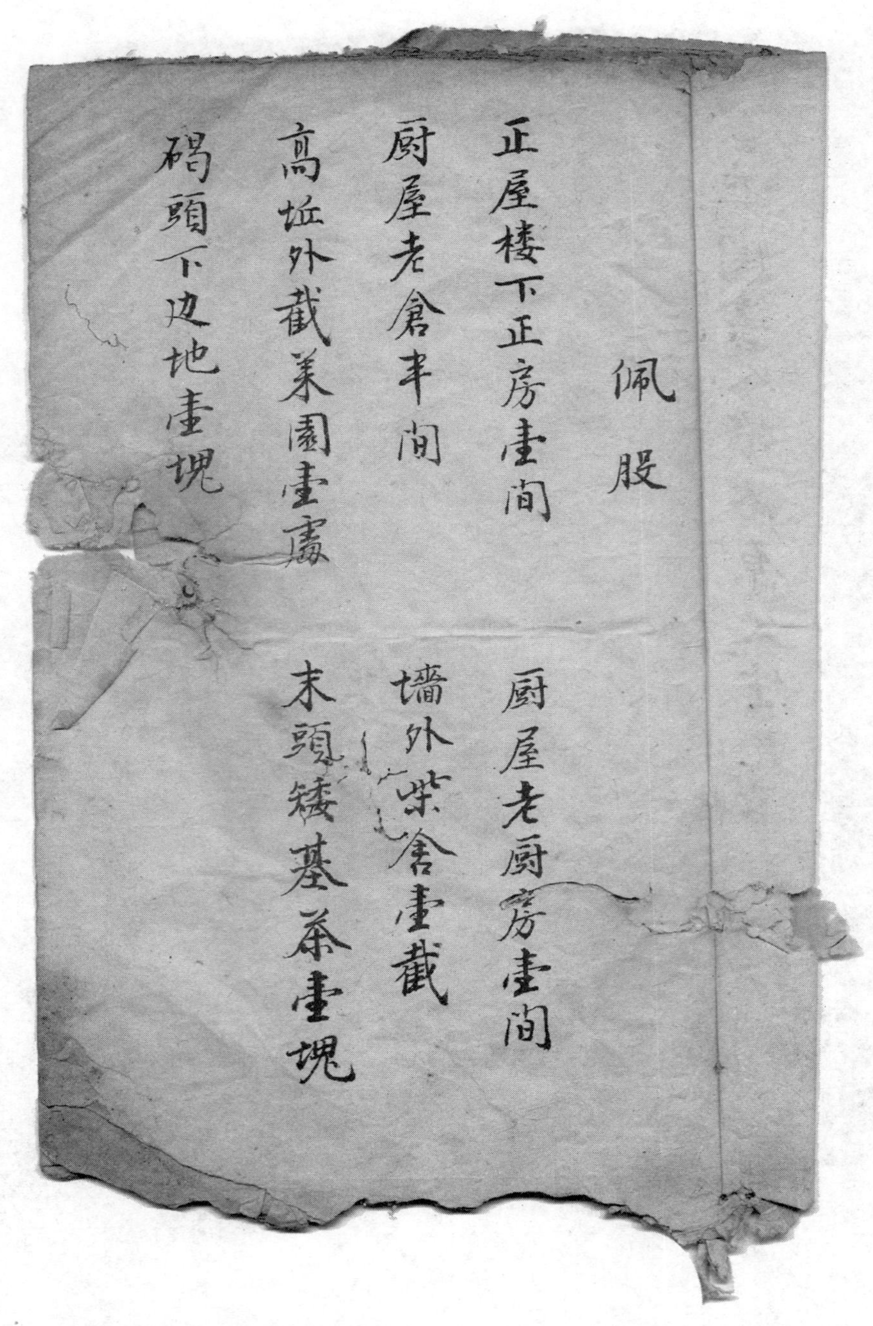

佩股

正屋楼下正房壹间

厨屋老仓半间

高坵外截菜園壹處

碣頭下边地壹塊

厨屋老厨房壹间

墻外柴仓壹截

末頭䅇基荼壹塊

大鄣山乡鄣山 A 33-3 · 道光十六年 · 分关文书（智字号） · 振佑同弟振征等

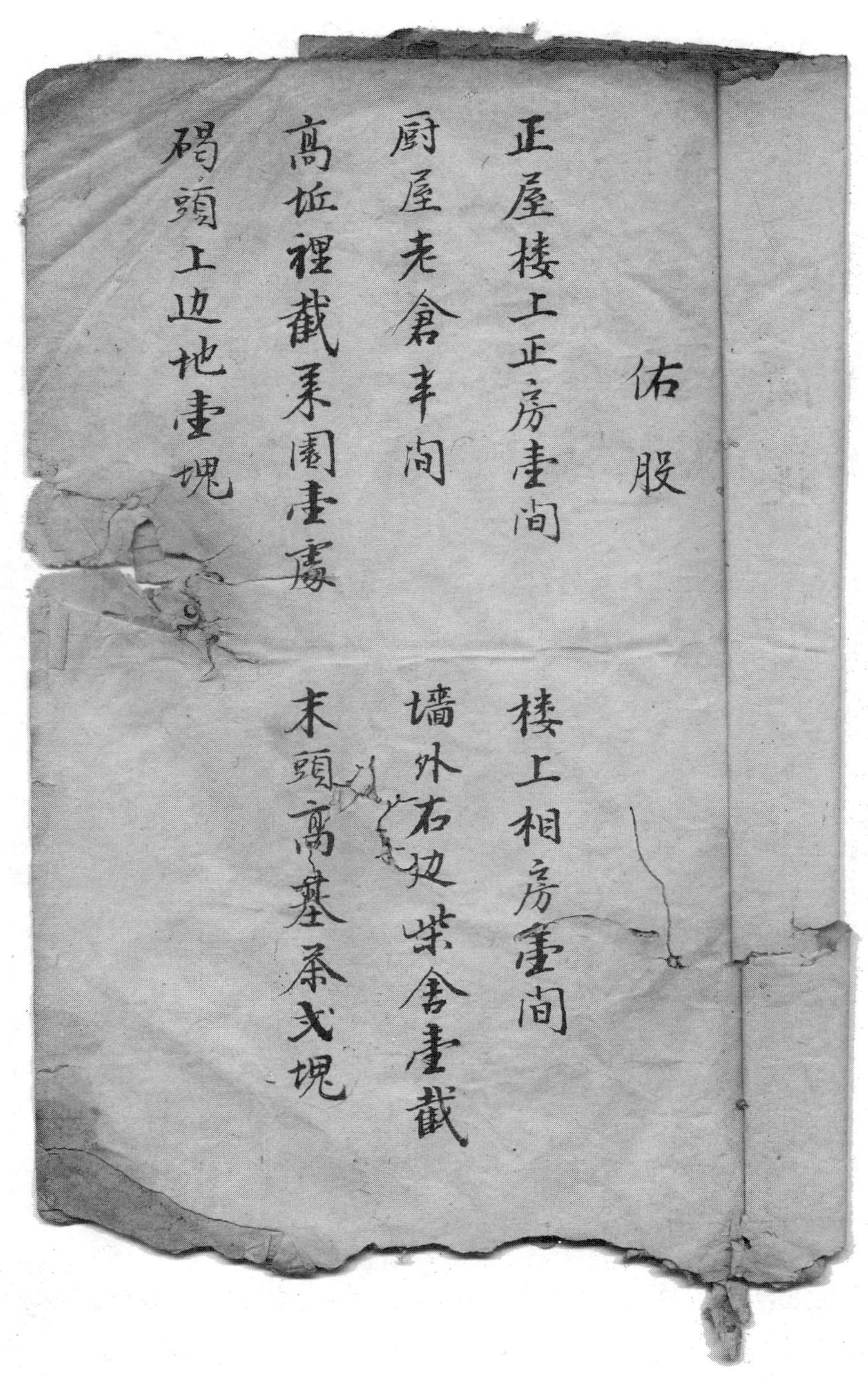

佑股

正屋楼上正房壹间
厨屋老倉半间
高坵裡截菜園壹處
碣頭上边地壹塊

楼上相房壹间
墙外右边柴舍壹截
末頭高基参弍塊

大鄣山乡鄣山 A 33-4 · 道光十六年 · 分关文书（智字号）· 振佑同弟振征等

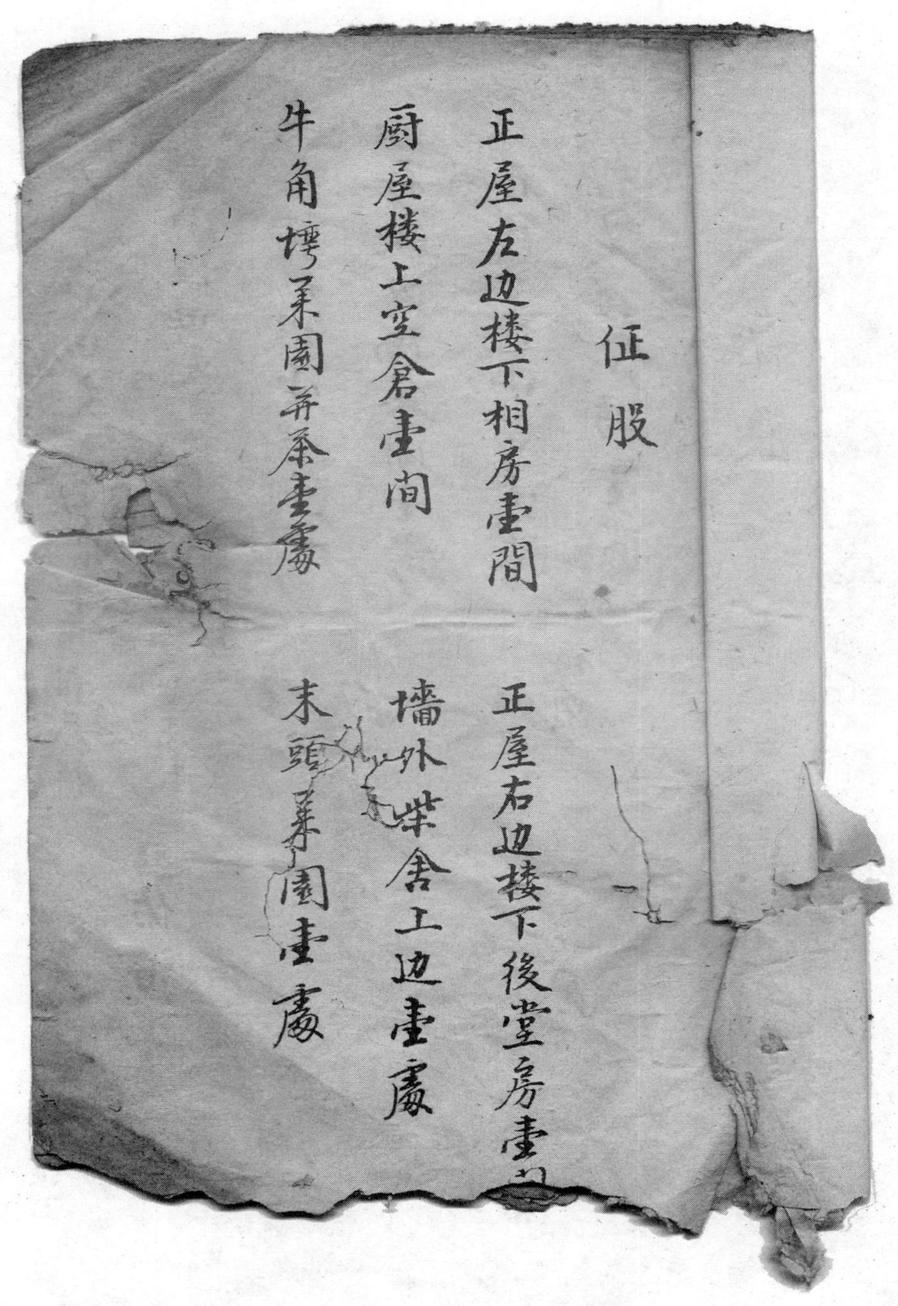

征股

正屋右边楼下相房壹間

廚屋楼上空倉壹間

牛角塆菜園并茶壹處

正屋右边楼下後堂房壹間

墙外柴舍上边壹處

末頭菜園壹處

大郭山乡郭山 A 33-5 · 道光十六年 · 分关文书（智字号）· 振佑同弟振征等

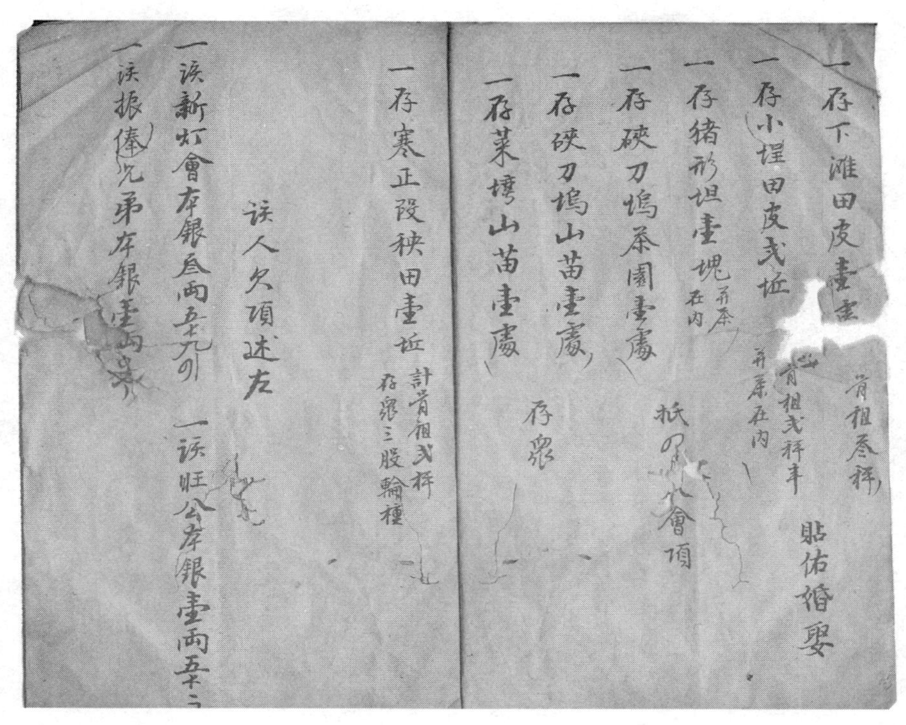

大鄣山乡鄣山 A 33-6 · 道光十六年 · 分关文书（智字号）· 振佑同弟振征等

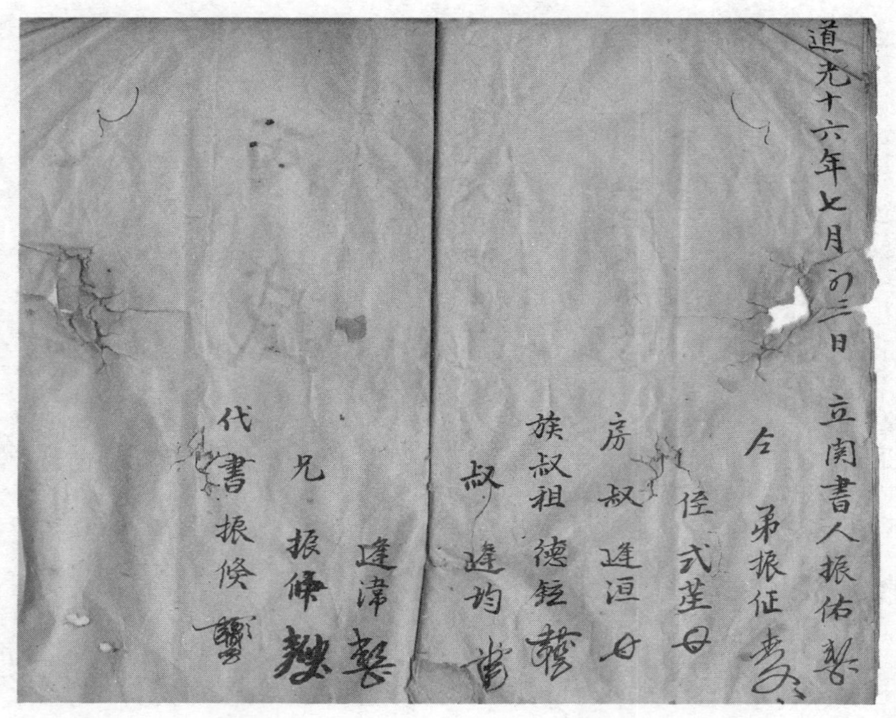

道光十六年七月初三日 立阄書人振佑

合 弟振征

侄 式莛

房叔 逢洹

族叔祖 德鉦

叔 逢均

逢漳

兄 振佛

代書 振倓

大郭山乡郭山 A 33-7 · 道光十六年 · 分关文书（智字号）· 振佑同弟振征等

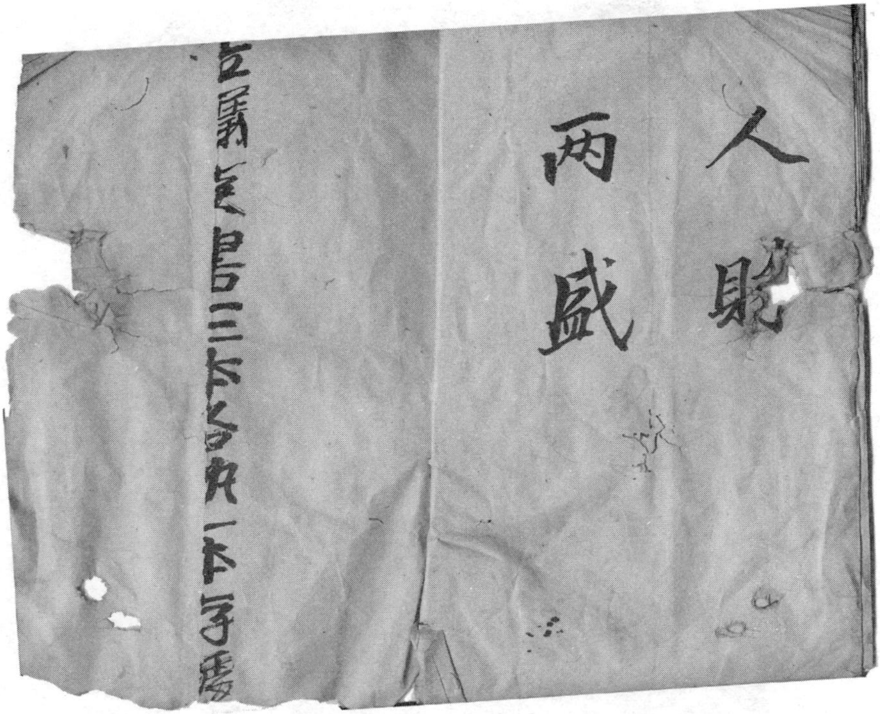

大鄣山乡鄣山 A 33-8 · 道光十六年 · 分关文书（智字号）· 振佑同弟振征等

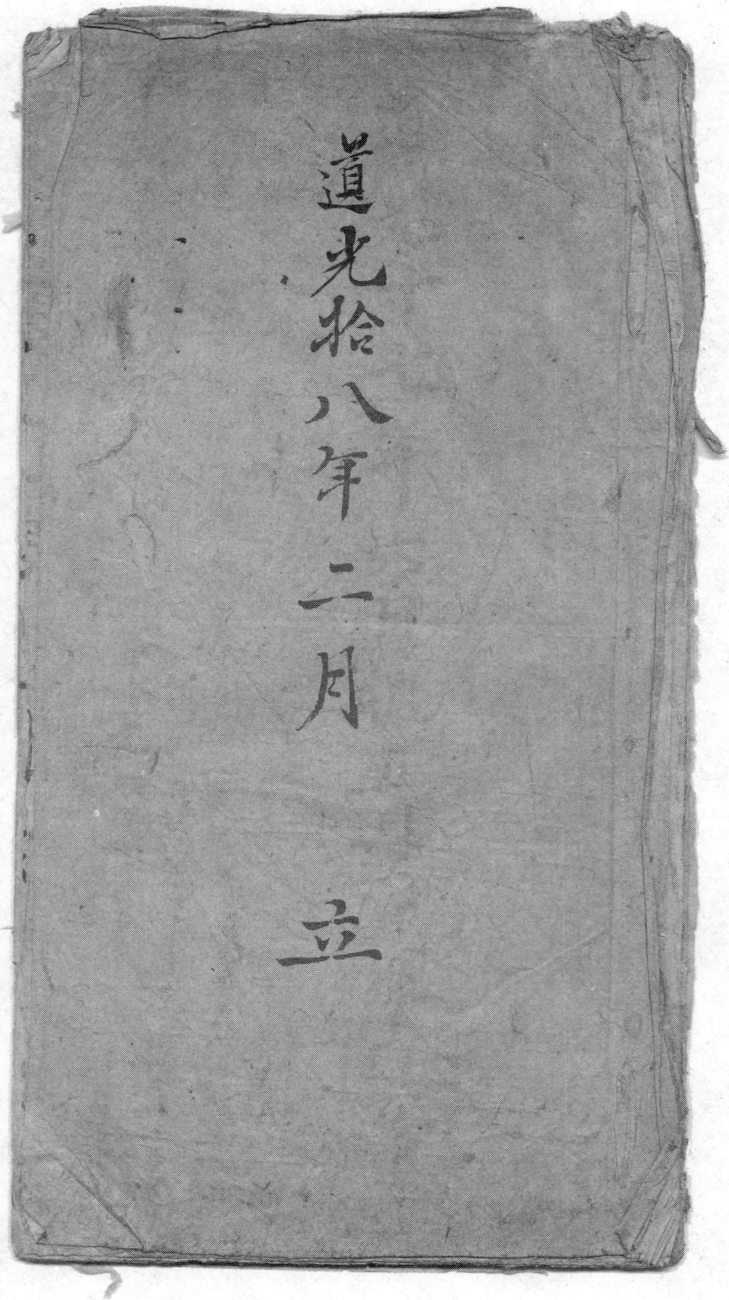

道光拾八年二月 立

大鄣山乡鄣山 A 24-1 · 道光十八年 · 账本

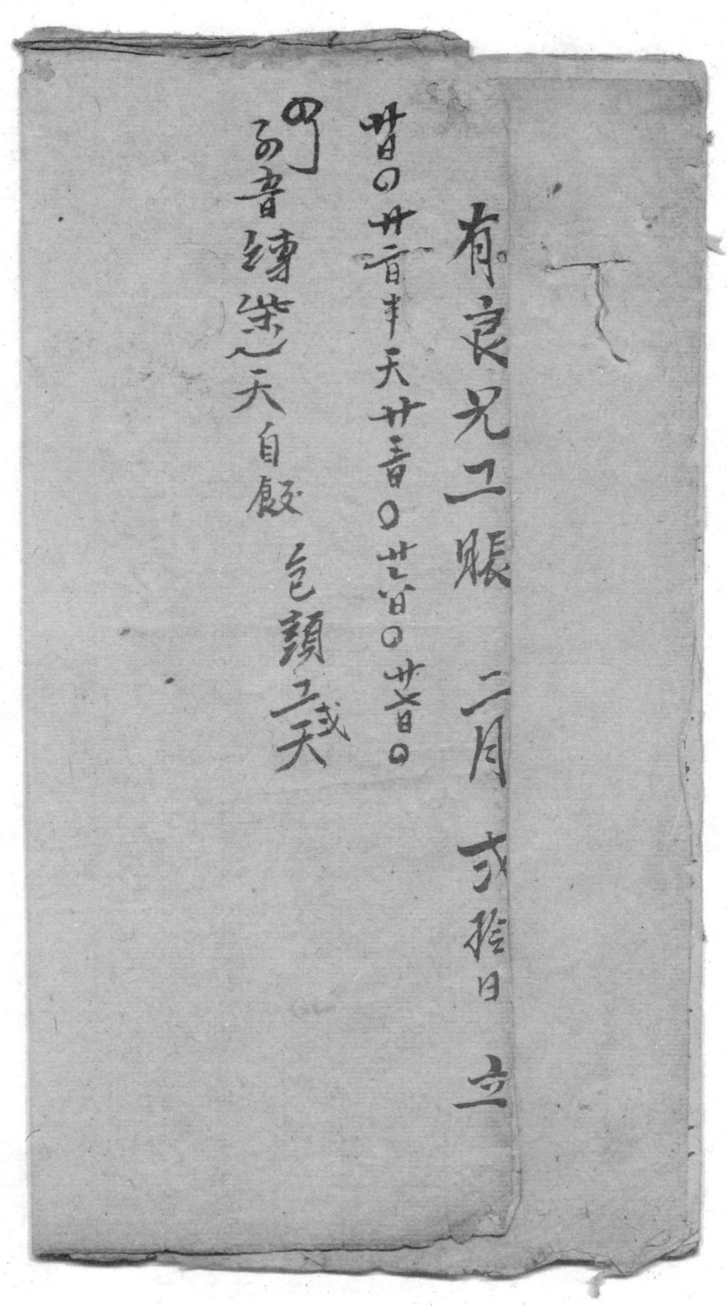

大鄣山乡鄣山 A 24-2 · 道光十八年 · 账本

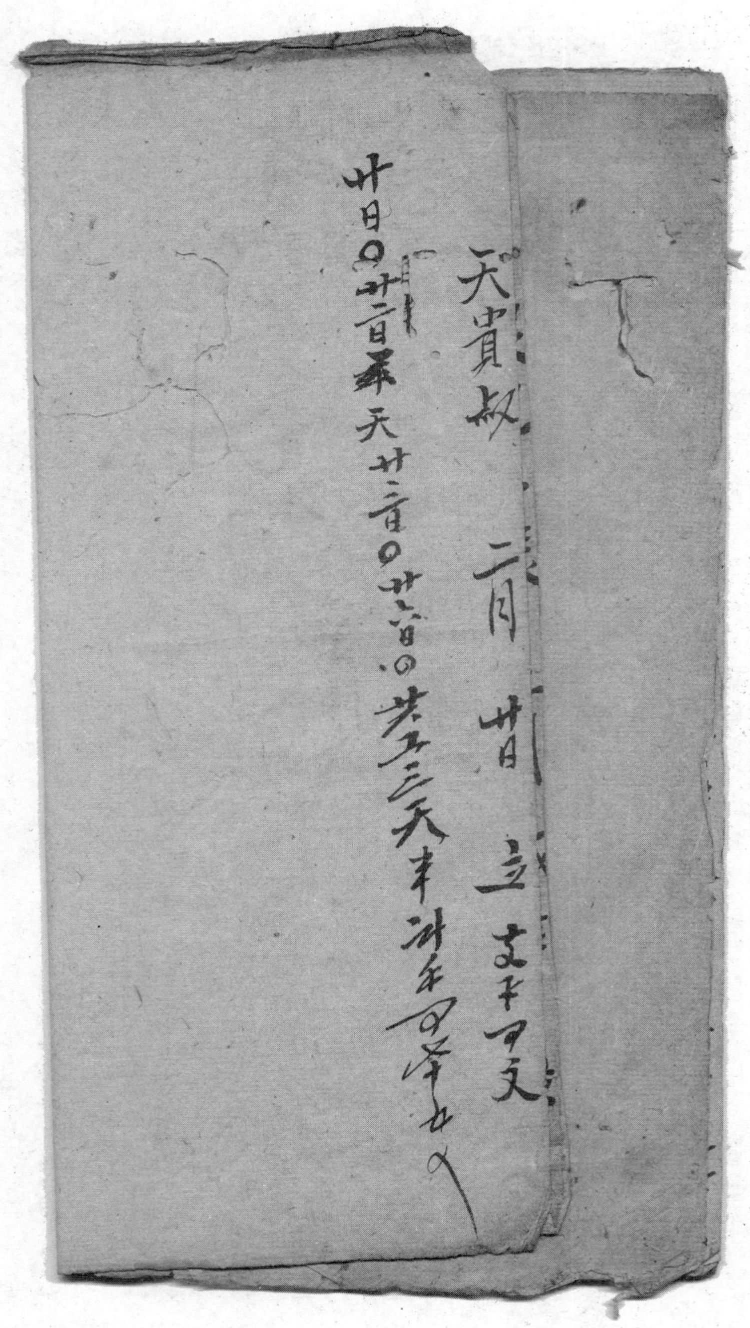

大郭山乡郭山 A 24-3 · 道光十八年 · 账本

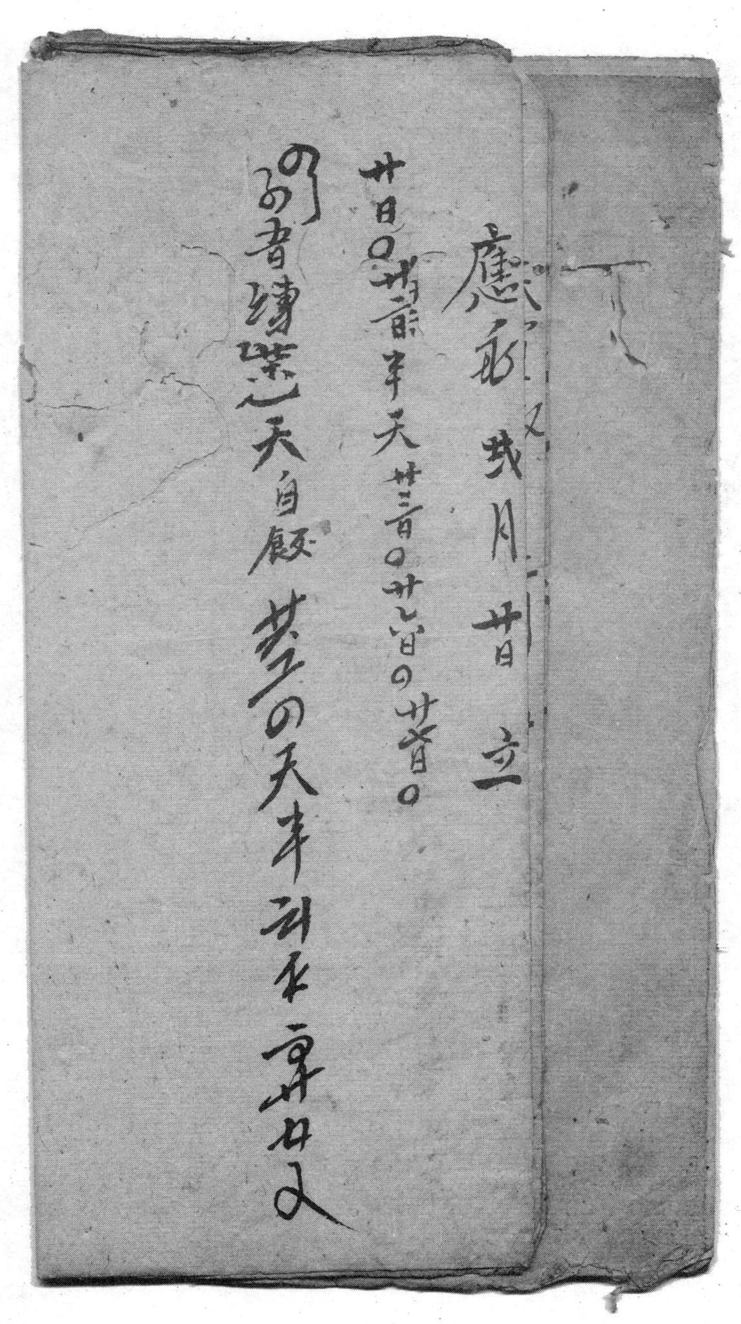

大鄣山乡鄣山 A 24-4 · 道光十八年 · 账本

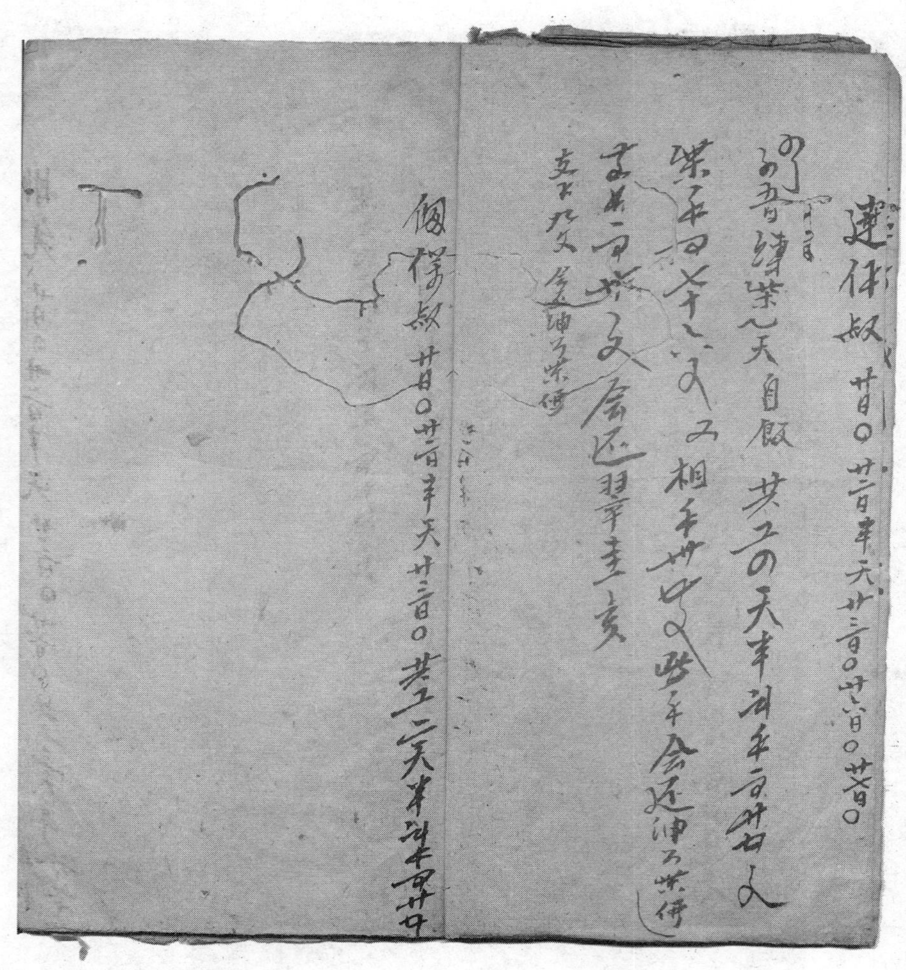

大郭山乡郭山 A 24-5 · 道光十八年 · 账本

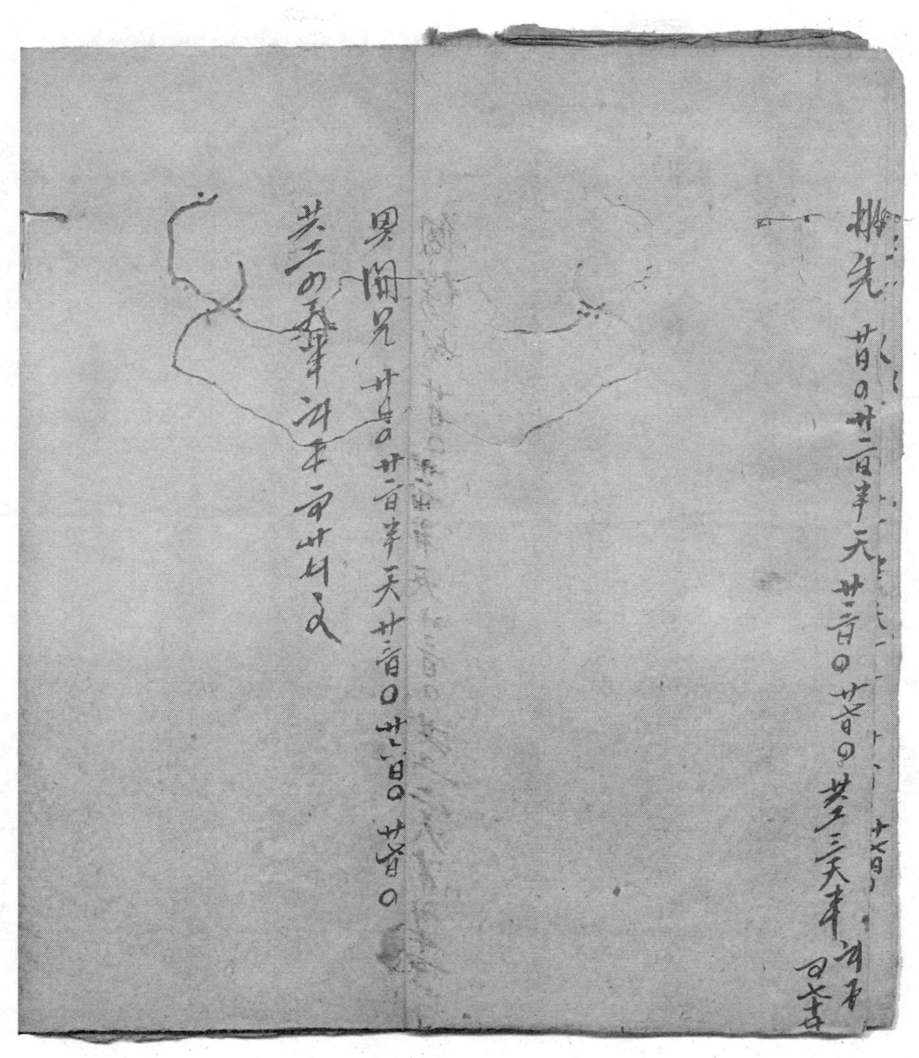

大郭山乡郭山 A 24-6 · 道光十八年 · 账本

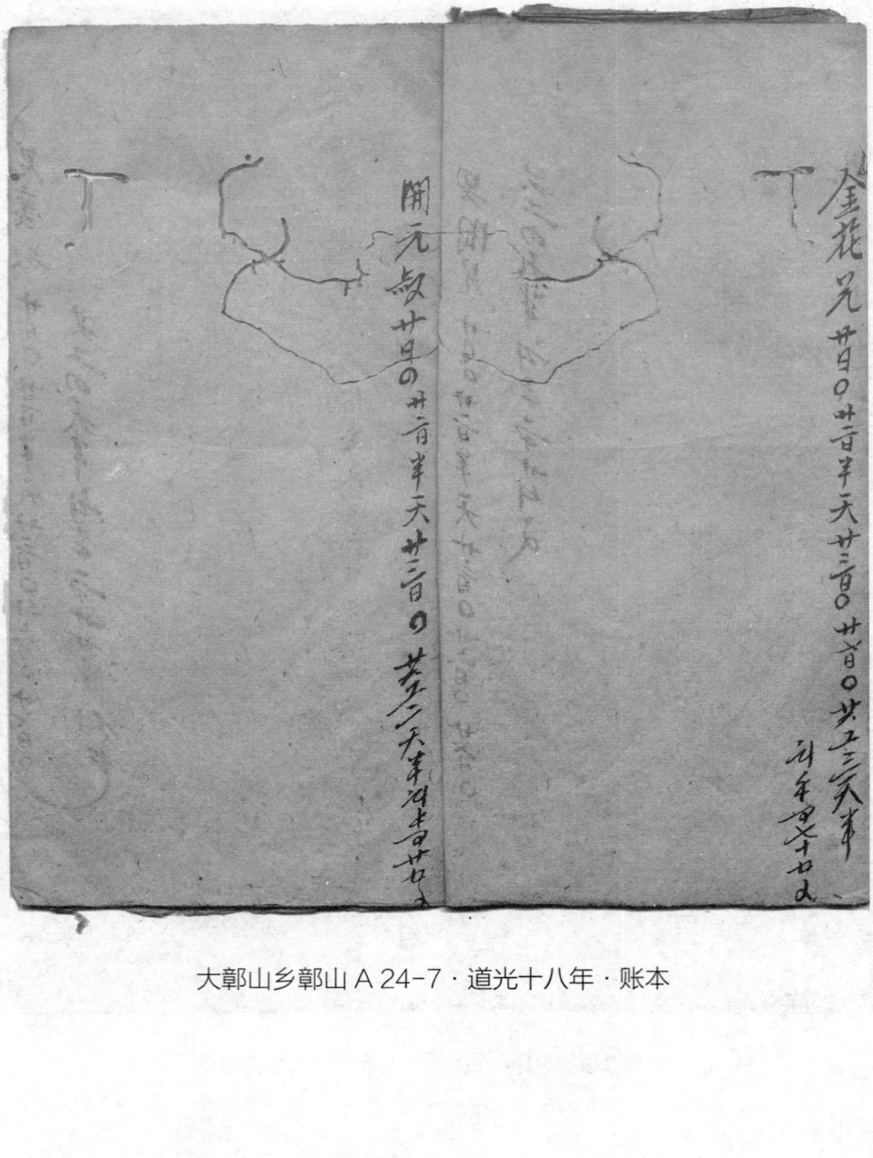
金花兄
開元叔

大鄣山乡鄣山 A 24-7 · 道光十八年 · 账本

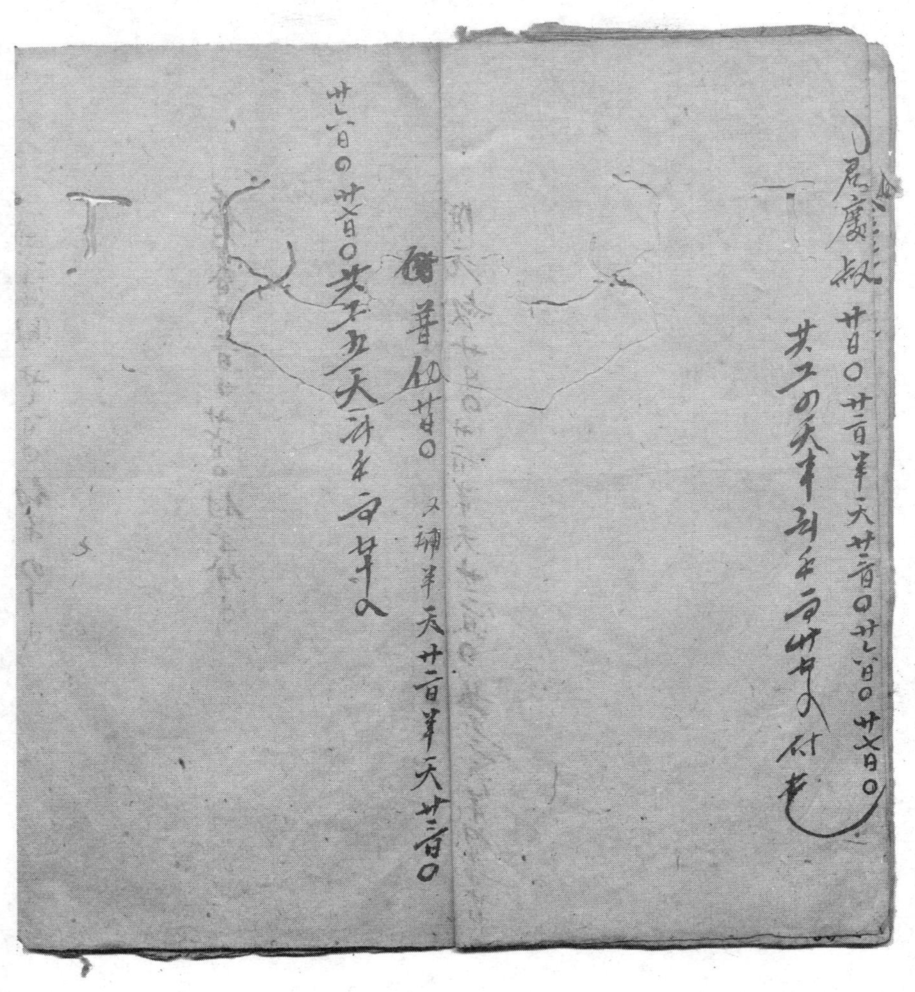

大鄣山乡鄣山 A 24-8 · 道光十八年 · 账本

大郭山乡郭山 A 24-9 · 道光十八年 · 账本

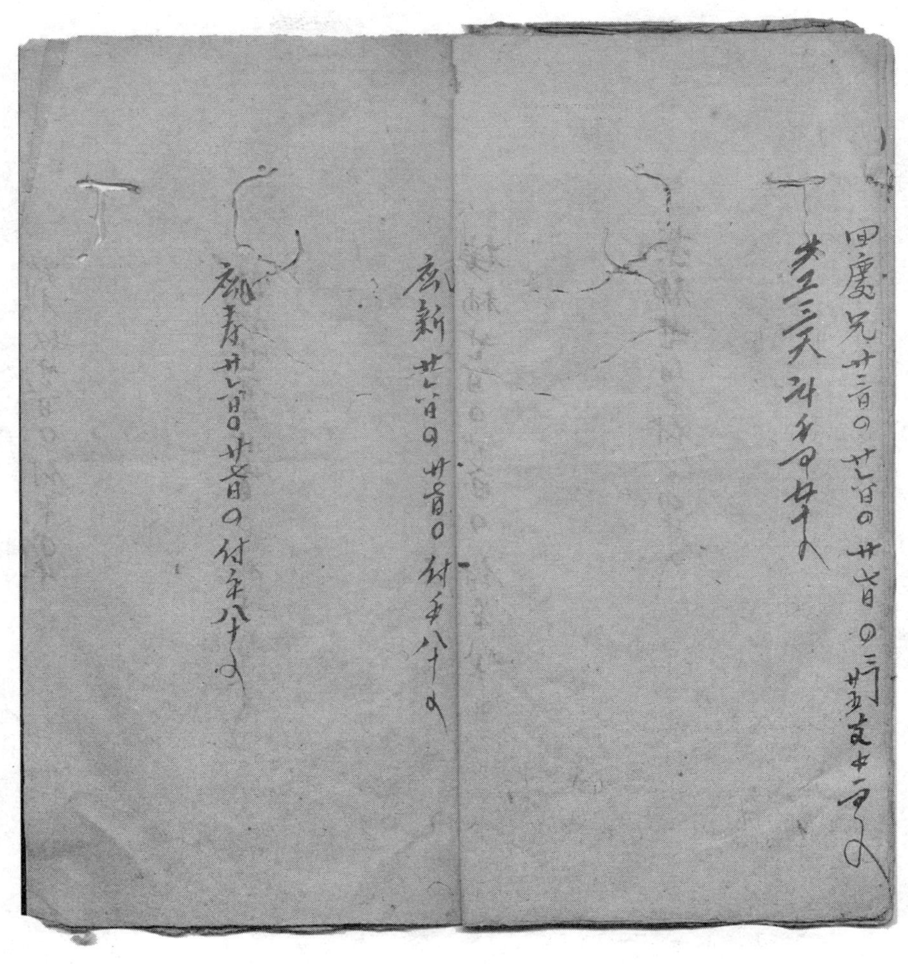

大郭山乡郭山 A 24-10 · 道光十八年 · 账本

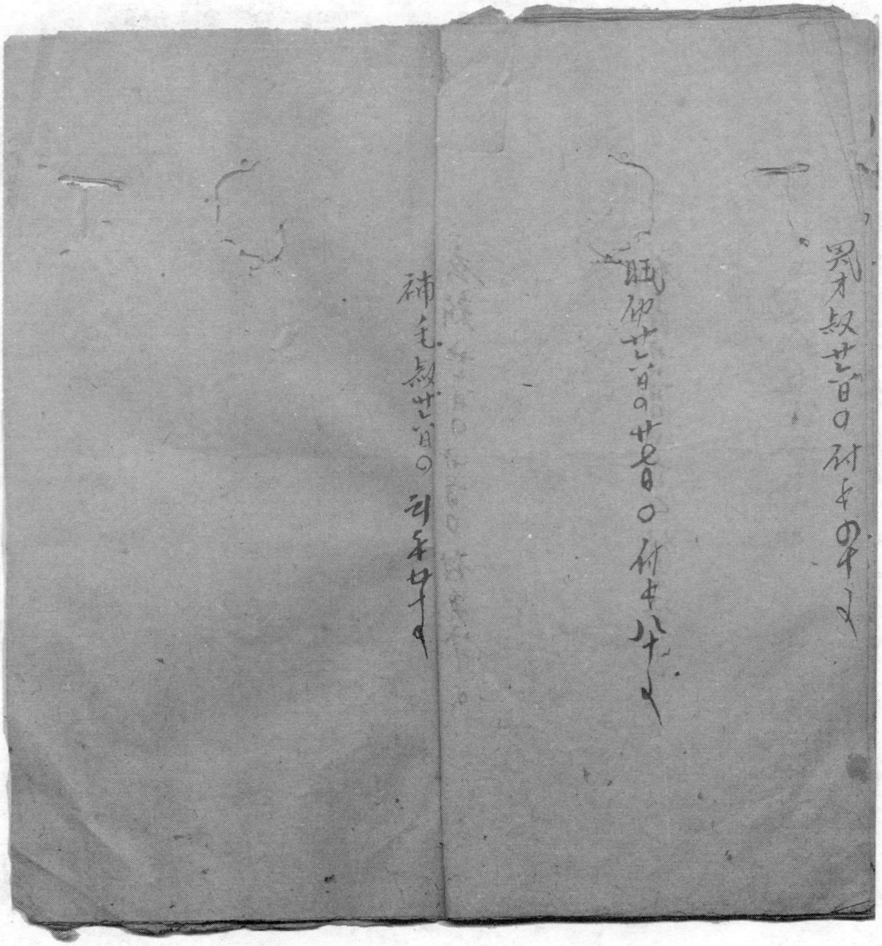

大郭山乡郭山 A 24-11 · 道光十八年 · 账本

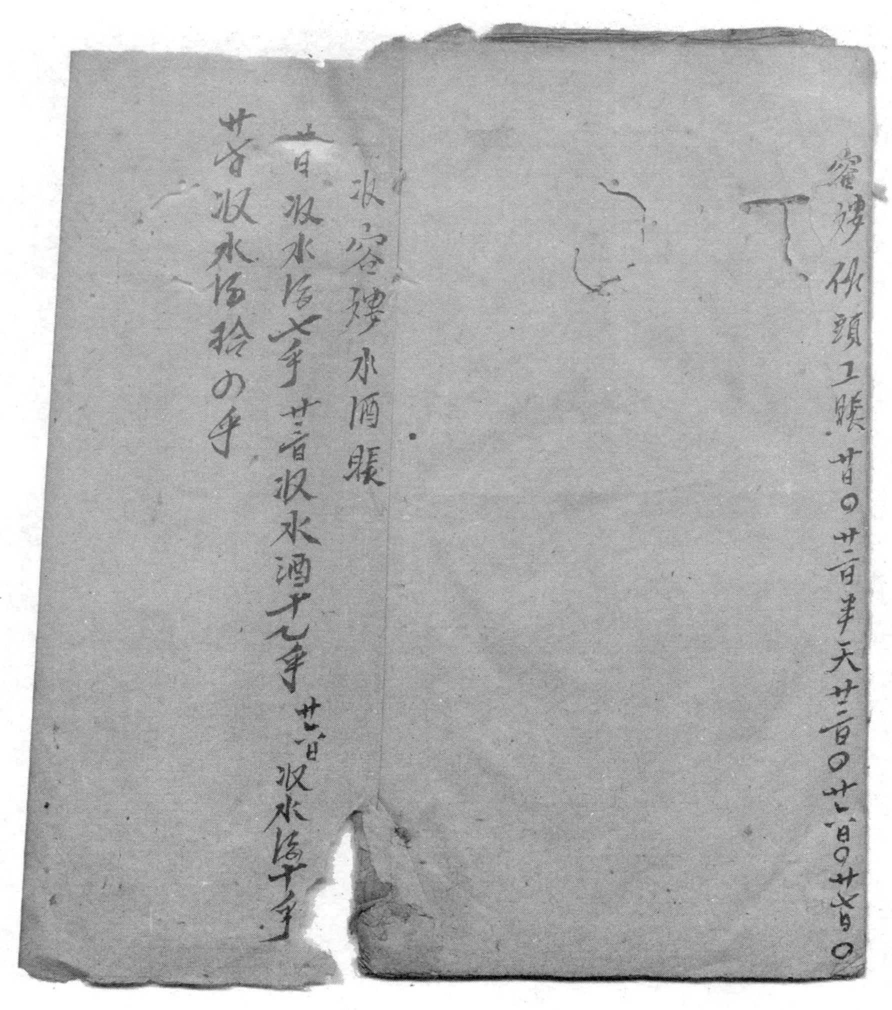

窖塝伙頭工賬 廿日〇 廿一日半天 廿三日〇 廿六日〇 廿七日〇

收窖塝水酒賬

廿一日收水酒七斤 廿三日收水酒十七斤 廿四日收水酒十斤

廿六日收水酒拾〇斤

大鄣山乡鄣山 A 24-12 · 道光十八年 · 账本

大鄣山乡鄣山 A 13-1 · 咸丰元年至四年 · 誊契簿

立出當茶坦契人振僕、振御兄弟，原身開有
茶坦壹處，坐落土名大塢，今因正用，自情
願托中將此茶坦出當與
弍蓉姪名下為業，當得價九五色實元銀
拾兩正，其銀即日是身收領足訖，其茶坦
當經中言明是身兄弟承種摘茶，逐年硬上
利銀弍兩正，不得拖欠短少分文，如恐利不上
清，聽憑蓉侄過手摘茶，無得異說。未當之先
與內外人等並無重張交易，不明情弊，是身
自理，與蓉侄無干。今欲有憑，立此當茶坦
契為據。
咸豐元年七月初一日立出當茶坦契人振僕
同弟振御 中見 弍蓉 代筆 振偲

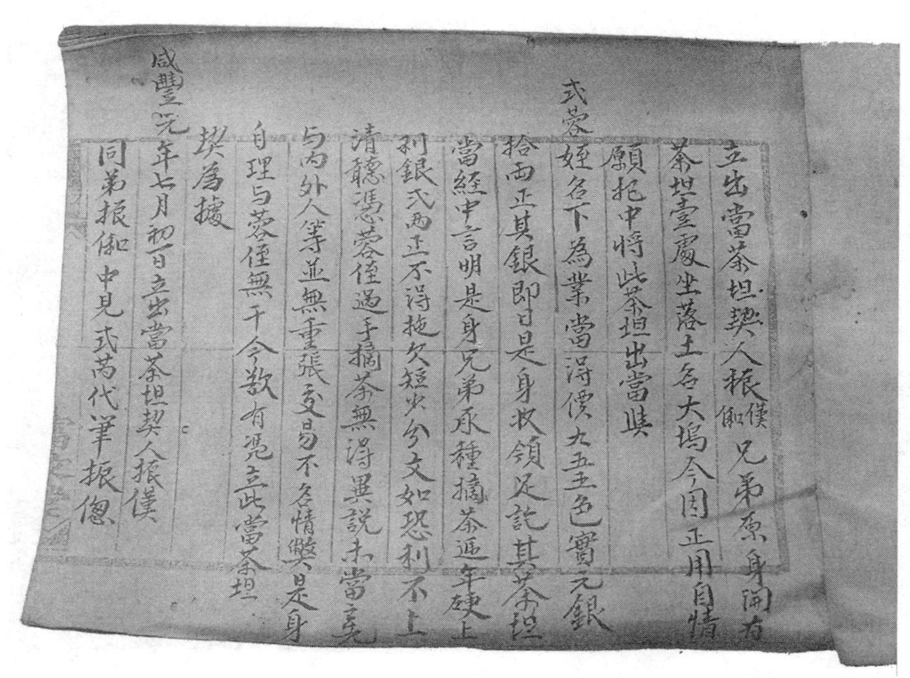

大郭山乡郭山 A 13-2 · 咸丰元年至四年 · 誊契簿

自情愿斷骨茶叢地出賣契人振俠兄弟
等原承新開茶叢地在落土名寨止塢裡外
兩處今因父喪殯費缺用情愿托中將茶
叢地出賣 族姪茂蓉名下為業三面言定
光洋弍元正當其銀是身兄弟收領足訖
其茶叢地即听買人管業無阻未賣之先
與內外人等並無重張交易如有不明是
身自理不干買人之事恐口無憑立此賣
契為照
咸豐四年六月十六日立自情愿斷骨出賣契人振俠
仝弟振佚 中見叔逢汰弍菱
代書侄孫崇時

大鄣山乡鄣山 A 13-3 · 咸丰元年至四年 · 誊契簿

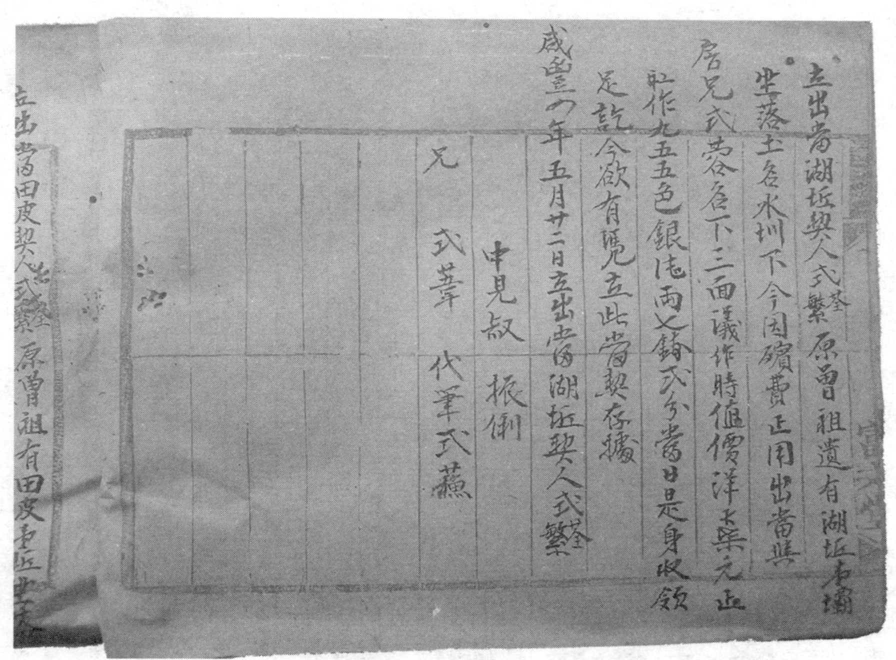
立出当湖垢契人武鋈繁，原曾祖遗有湖垢壹墻，坐落土名水圳下，今因缺费，正用，出当与房兄武春名下，三面议作时值价洋大吉元正，即作九五五色银陆两七钱武分，当日是身收领足讫。今欲有凭，立此当契存据。
咸丰四年五月廿二日立出当湖垢契人武鋈繁
中见叔 振俐
兄 武华 代笔武蘸

大鄣山乡鄣山 A 13-4 · 咸丰元年至四年 · 誊契簿

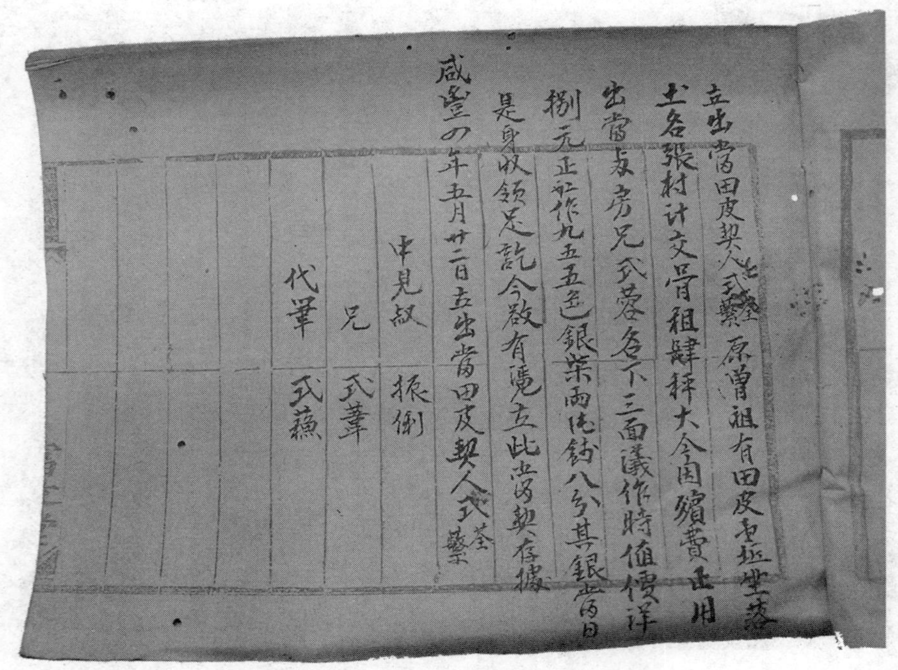

立出當田皮契人武鑾原曾祖有田皮壹坵坐落
土名張村計交骨租肆拜大今因缺費正用
出當與房兄武蓉名下三面議作時值價洋
捌元正扣作九五五色銀柒兩陆錢八分其銀當日
是身收領足訖今欲有憑立此出當契存據
咸豐四年五月廿二日立出當田皮契人武鑾
中見叔　振衡
兄　武華
代筆　武蘇

大鄣山乡鄣山 A 13-5 · 咸丰元年至四年 · 誊契簿

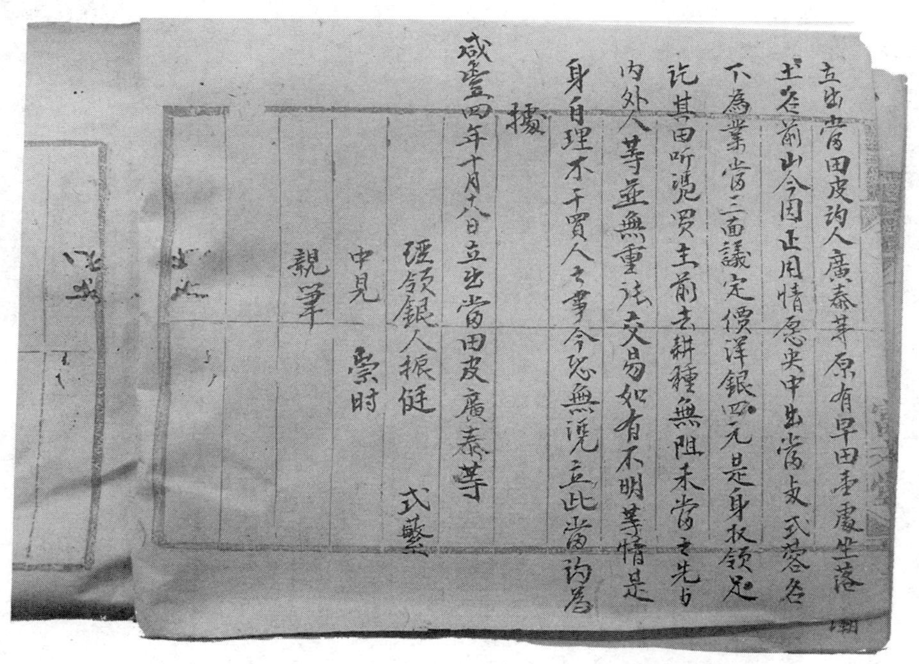

立出當田皮約人廣泰等原有早田壹處坐落
土名前山今因正用情愿央中出當與式藝名
下為業當三面議定價洋銀四元是身收領足
訖其田听憑買主前去耕種無阻未當之先与
内外人等並無重張交易如有不明等情是
身自理不干買人之事今恐無憑立此當約為
據
咸豐四年十月大八日立出當田皮廣泰等
經領銀人振涏　式藝
中見　崇时
親筆

大鄣山乡鄣山 A 13-6 · 咸丰元年至四年 · 誊契簿

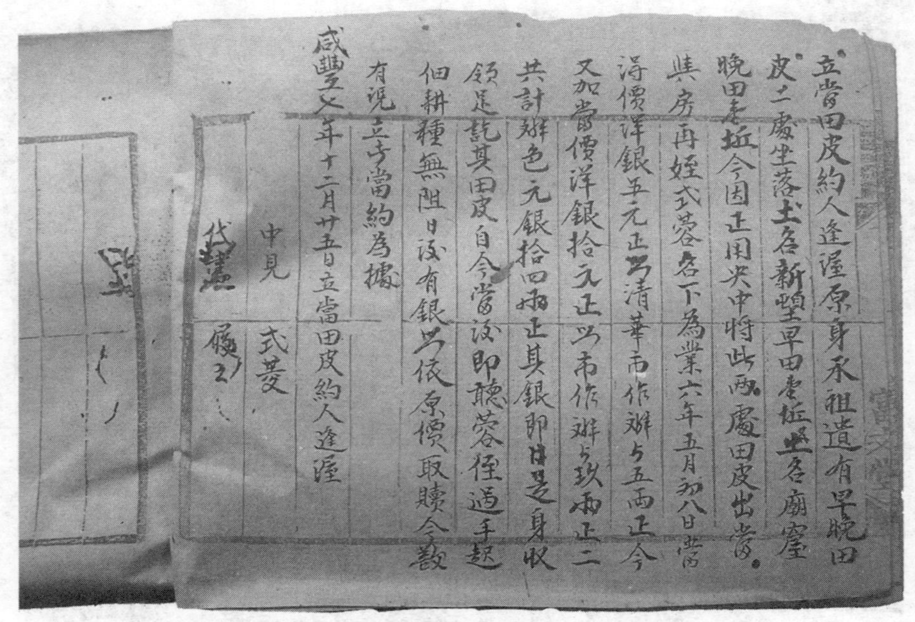

立當田皮約人逢渥原身承祖遺有早晚田
皮二處坐落土名新塘早田壹坵坐名廟窪
晚田壹坵今因正用央中將此兩處田皮出當
與房再姪式蓉名下為業六年五月初八日當
得價洋銀五元正以清華市作辦与五兩正今
又加當價洋銀拾元正以市作辦与玖兩正二
共計辦色元銀拾四兩正其銀即日是身收
領足訖其田皮自今當後即聽蓉侄過手起
佃耕種無阻日後有銀照依原價取贖今欲
有憑立此當約為據
咸豐元年十二月廿五日立當田皮約人逢渥
中見　式菱
代筆　優之

大鄣山乡鄣山 A 13–7 · 咸丰元年至四年 · 誊契簿

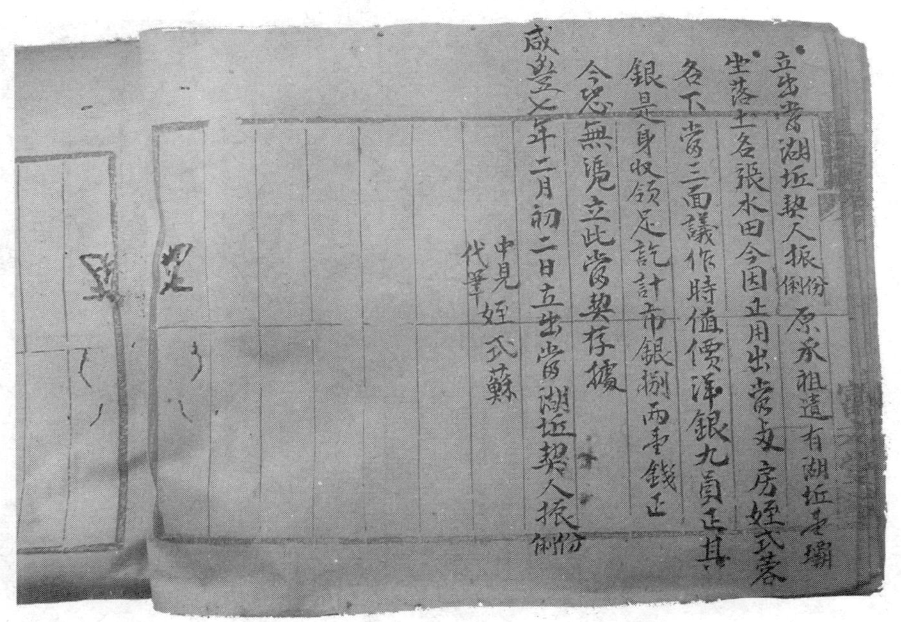
立出當湖坵契人振俐 原承祖遺有湖坵壹坵
坐落土名張水田今因乏用出當與房姪式蓉
名下當三面議作時值價洋銀九員正其
銀是身收領足訖計市銀捌两壹錢正
今恐無憑立此當契存據
中見代筆 姪式蘇
咸豐元年二月初二日立出當湖坵契人振俐

大鄣山乡鄣山 A 13-8 · 咸丰元年至四年 · 誊契簿

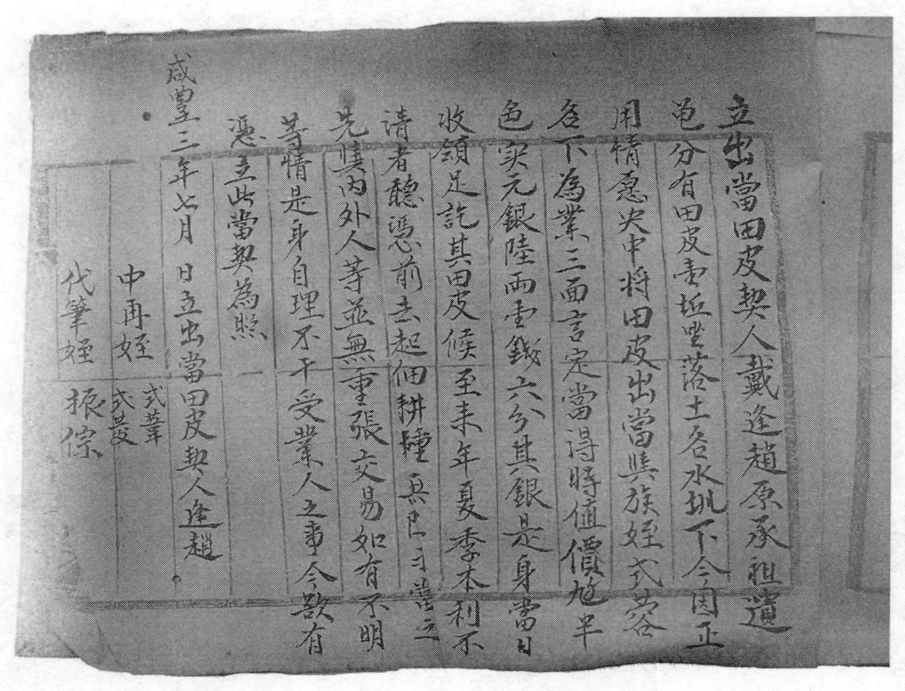

立出當田皮契人戴逢趙原承祖遺
笣分有田皮壹坵坐落土名水圳下今因正
用情愿央中將田皮出當與族姪式荅
名下為業三面言定當得時值價紋平
色实元銀陸兩壹錢六分其銀是身當日
收領足訖其田皮候至来年夏季本利不
清者聽憑前去起佃耕種，身不異言
先儘內外人等並無重張交易如有不明
等情是身自理不干受業人之事今欲有
憑立此當契為照
咸豐三年七月　日立出當田皮契人逢趙
中再姪　式葦　式芨
代筆姪　振倧

大鄣山乡鄣山 A 13-9 · 咸丰元年至四年 · 誊契簿

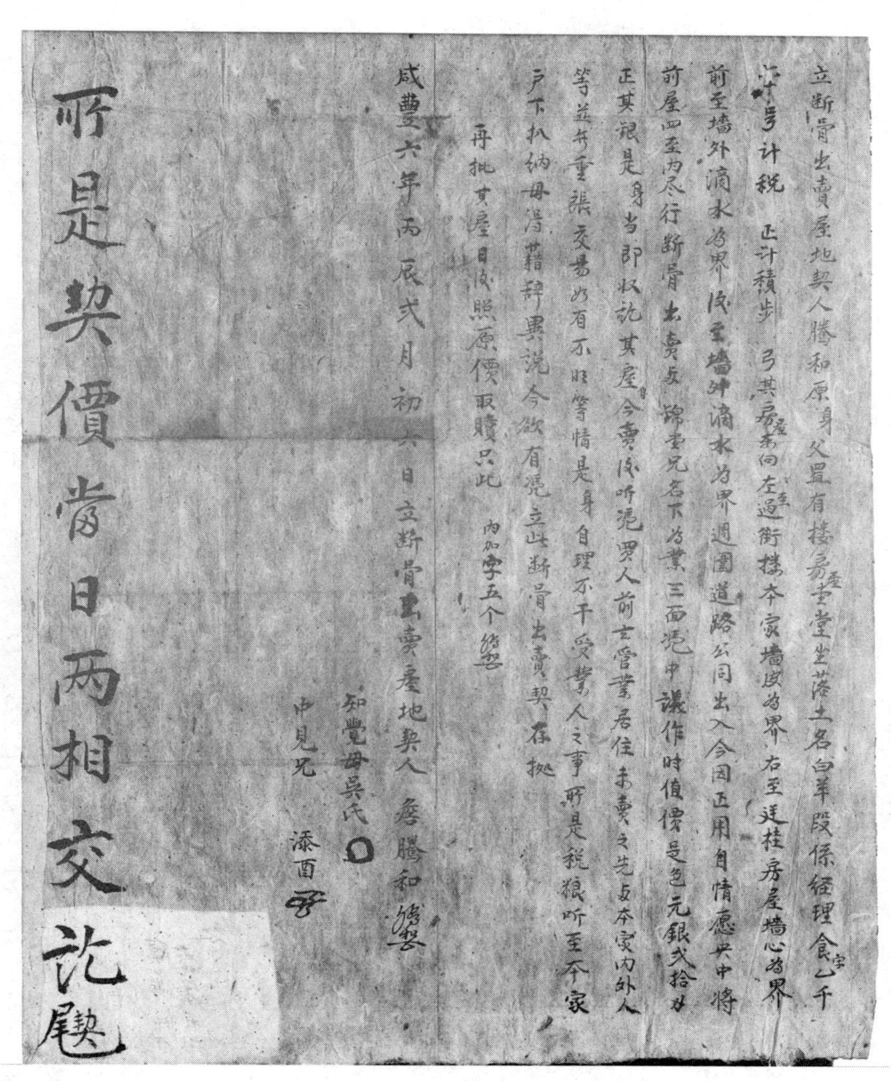

立断骨出賣屋地契人膳和原身父置有楼房屋壹堂坐落土名白羊段係经理食字山千
六十号计税 正计積步 弓 其房屋东向左至過衢楼本家墙皮为界 右至廷桂房屋墙心为界
前至墙外滴水为界 后至墙外滴水为界 週圍道路公同出入 今因正用自情愿央中将
前屋四至内尽行断骨出賣与锦堂兄名下为業 三面凭中議作时值價足色元銀弍拾兩
正 其銀是身当即收讫 其屋今賣後听凭買人前去管業居住 未賣之先与本家内外人
等並無重張交易 如有不明等情 是身自理 不干受業人之事 所是税粮听至本家
户下扒纳 毋得藉辞異说 今欲有凭 立此断骨出賣契存拠

再批 其屋日後照原價取贖 只此 内加字五个 照

咸豐六年丙辰弍月初六日立断骨出賣屋地契人 詹膳和 照

知覺母 吳氏 〇

中見兄 添酉 押

所是契價當日兩相交訖 契

大郭山乡郭山 A 48 · 咸丰六年 · 断骨出卖屋地契 · 詹腾和卖与锦堂

立出拚田皮契人詹渭濱、再起原承祖遺有田皮壹號坐落土名乾壟葦係經理塲字七百〇八號計田大小六坵計皮租叁拜其骨租買主清業其田四至自有鱗册為憑不必細述今因正用愿自央中將前述之田皮尽行賣与敬甫宗台名下為業三面憑中議作時值價紋銀九兩正其銀当即是身等收足訖其田皮自今出拚之後听憑買主起佃耕種無限未賣之先与本家外人等並無重張交易不明等情如有是身等自理不干承買人之事恐口無憑立此断骨出拚田皮契存據

同治四年拾一月吉日立出拚田皮契人詹渭濱（押）、再起（押）

中見　起丁（押）　定科（押）

所是契價当日兩相交足訖　再批（押）

大鄣山乡鄣山 A 52 · 同治四年 · 出拼田皮契 · 詹渭滨、詹再起卖与敬甫宗台

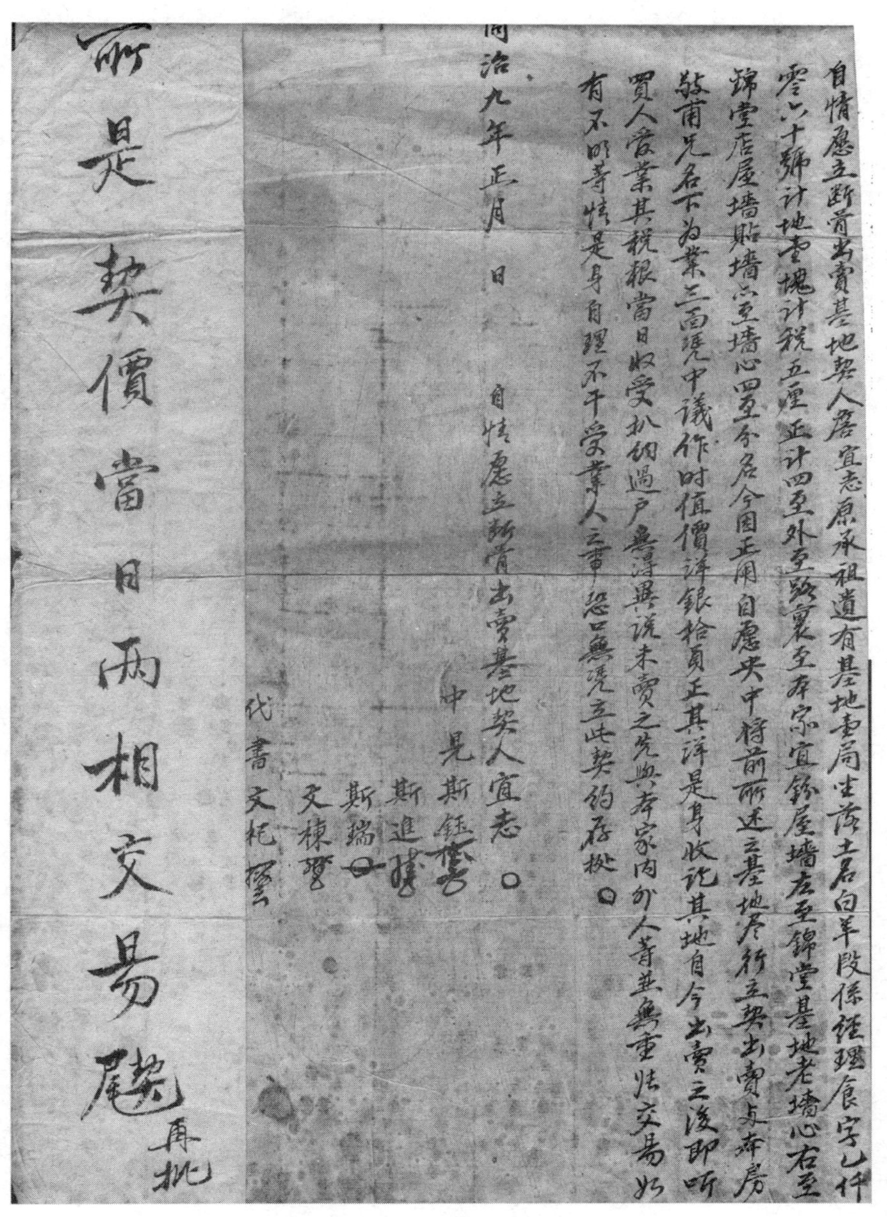

自情愿立断骨出賣基地契人詹宜志，原承祖遺有基地壹局，坐落土名白羊段，係經理食字乙仟零六十號，計地壹塊，計税五厘正，計四至：外至路，裏至本家宜銘屋墻，左至錦堂基地老墻心，右至錦堂店屋墻貼墻以至墻心。四至分明。今因正用，自愿央中將前所述之基地盡行立契出賣與本房敬甫兄名下為業。三面凴中議作時值價洋銀拾員正，其洋是身收訖。其地自今出賣之後，即听買人管業。其税粮當日收受扒納過户，無得異說。未賣之先，與本家內外人等並無重複交易。如有不明等情，是身自理，不干受業人之事。恐口無凴，立此契約存據。

同治九年正月　日　自情愿立断骨出賣基地契人宜志（押）

中見　斯鈺（押）　斯進（押）　斯瑞（押）　文棟（押）

代書　文枇（押）

所是契價當日兩相交易訖（契）

再批

大鄣山乡鄣山 A 51 · 同治九年 · 断骨出卖基地契 · 詹宜志卖与本房敬甫

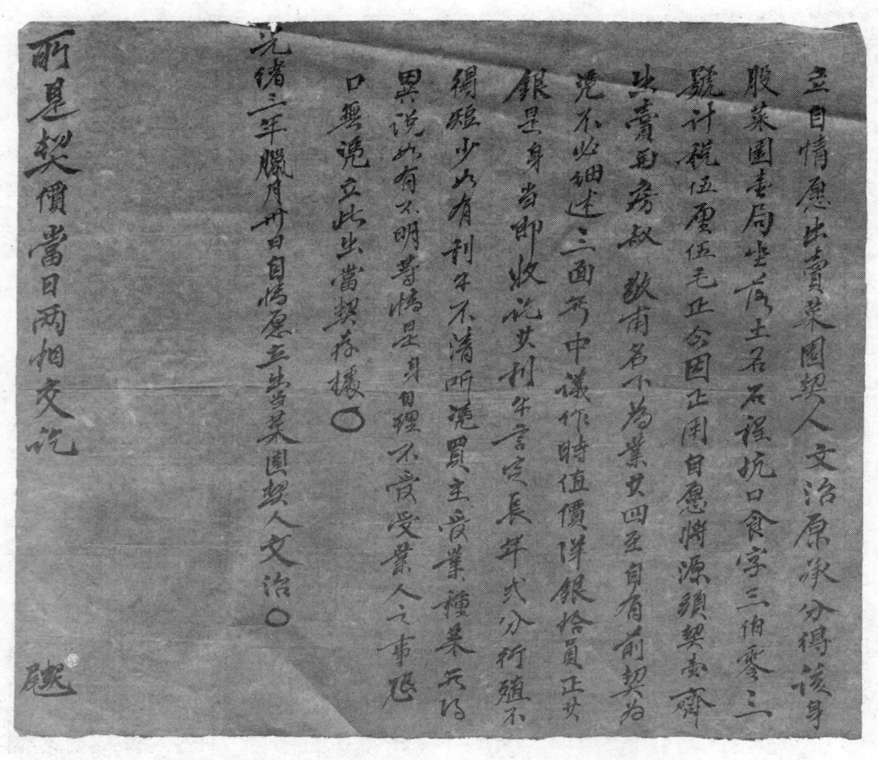
立自情愿出賣菜園契人文治原承分得該身股菜園壹局坐落土名石碣坑口食字三佰零三號計稅伍厘伍毛正今因正用自愿將源頭契壹齊出賣與房叔 敬甫名下為業其四至自有前契為憑不必細述三面言中議作時值價洋銀拾員正其銀是身當即收訖其利午言定長年式分行殖不得短少如有利午不清所憑買主受業種菜無得異說如有不明等情是身自理不干受業人之事恐口無憑立此出當契存據○

光緒三年臘月卅日自情愿立出當菜園契人文治○

所是契價當日兩相交訖

親筆

大鄣山乡鄣山 A 46 · 光绪三年 · 情愿出卖菜园契 · 文治当与房叔敬甫

立自愿断骨出拚田皮契人斯炤原承祖遗退中期田壹号坐落土名官
亭前计田壹坵计田皮全业係经理食字九百九十四号其田四至自有鳞
册为凭不必细述今因正用自愿央中将前所述之田皮并田塍茶丛
尽行断骨出卖与房兄敬甫名下为业三面凭中议作时价纹
银拾四两正其银是身当即收讫其皮租茶丛自今出拚之后
即听受业人起佃耕种摘茶管业永无得异说未卖之先与本家内外
人等并无重张交易如有不明等情是身自理不干受业人之事
恐口无凭立此断骨出拚田皮契为据 ○

内係经公清明骨租壹秤递年硬交本田谷壹秤 再批（押）

光绪三年腊月 日 立自愿断骨出拚田皮茶丛契人斯炤 ○

中见 元开（押）

观宁 ●

代书 玉庭（押）

所是契价当日两相交讫

契

大鄣山乡鄣山 A 49 · 光绪三年 · 断骨出拚田皮茶丛契 · 斯炤卖与房兄敬甫

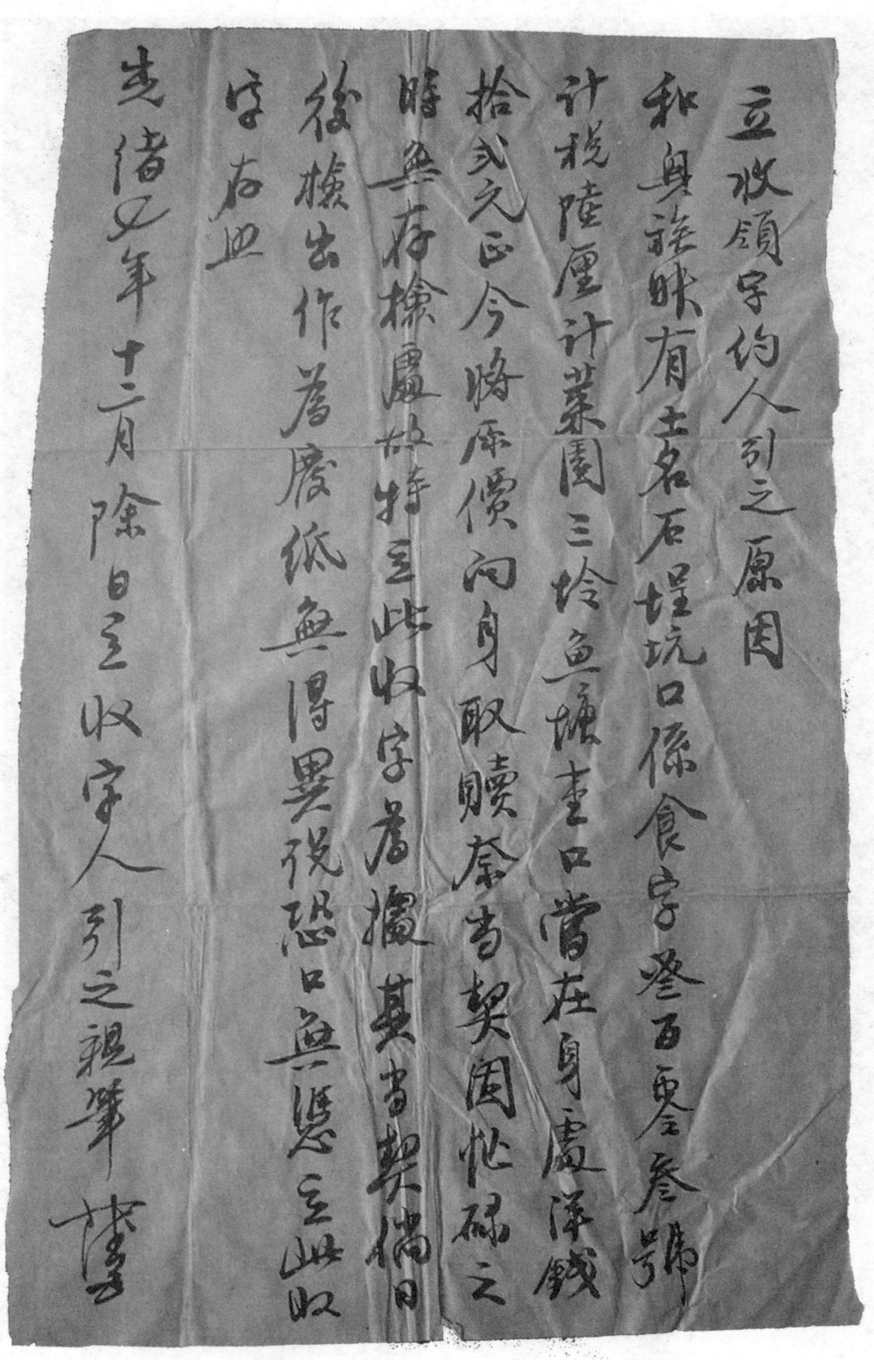

立收領字约人引之原因
私與族眯有土名石埕坑口係食字叁百叁拾叁號
計税陸厘計菜園三坵魚塘壹口當在身處洋錢
拾弍元正今將原價向身取贖奈書契因忙碌之
時無存檢處故特立此收字為據其書契倘日
後檢出作為廢紙無得異説恐口無憑立此收
字存照
光緒七年十二月除日立收字人引之親筆

大鄣山乡鄣山 A 41 · 光绪七年 · 收领字约 · 引之收和兴

自情愿立斷骨出賣菜園魚塘契人斯瑞 緣承祖遺
菜園地叁坽魚塘壹口坐落土名石埕坑口字三伯
零三號計税陸厘其四至東至水圳南至暢庭園
墻滴水為界西至溪塝北至宜鋒菜地為界四
分明今因正用將前所述盡行出賣與
敬甫弟名下為業三面憑中議作時值洋銀弍拾元
正其洋當即是身收訖其菜園魚塘自今出賣
之後即聽買人管業毋阻未賣之先與本家內
外人等並無重張交易如有不明是身自理不
干受業人之事恐口無憑立此斷骨出賣契存照
光緒七年拾弍月念八日自情愿立斷骨出賣菜園魚塘契人斯瑞

中見 文治

日後原價取贖再批
契內加食至兩字又批

代書 文堅

所是契價當日兩相交訖

大郭山乡郭山 A 50 · 光绪七年 · 断骨出卖菜园鱼塘契 · 斯瑞卖与敬甫

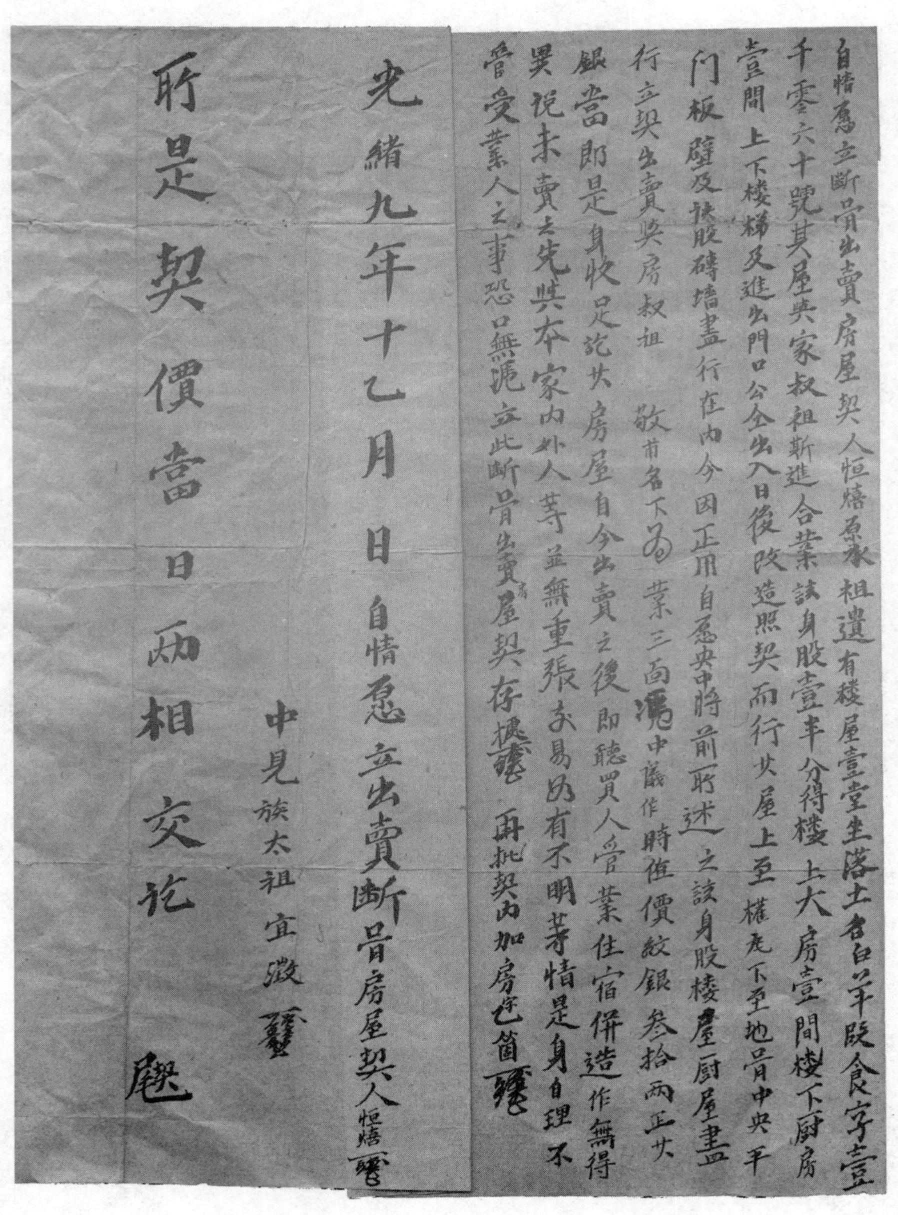
自情愿立断骨出卖房屋契人恒熺，原承祖遗有楼屋壹堂，坐落土名白羊陂，食字壹千零六十号。其屋与家叔祖斯进合业，该身股壹半，分得楼上大房壹间、楼下厨房壹间，上下楼梯及进出门口公仝出入。日后改造，照契而行。其屋上至椽瓦，下至地骨，中央平门板壁及该股砖墙尽行在内。今因正用，自愿央中将前所述之该身股楼屋、厨屋尽行立契出卖与房叔祖敬甫名下为业。三面凭中议作时值价纹银叁拾两正。其银当即是身收足讫。其房屋自今出卖之后，即听买人管业住宿、併造作，无得异说。未卖之先，与本家内外人等并无重张交易。如有不明等情，是身自理，不晋受业人之事。恐口无凭，立此断骨出卖房屋契存据。

再批：契内加"房"字一个。

光绪九年十乙月　日自情愿立出卖断骨房屋契人恒熺（押）

中见族太祖宜溦（押）

所是契价当日两相交讫（押）

大鄣山乡鄣山 A 47 · 光绪九年 · 断骨出卖房屋契 · 恒熺卖与房叔祖敬甫

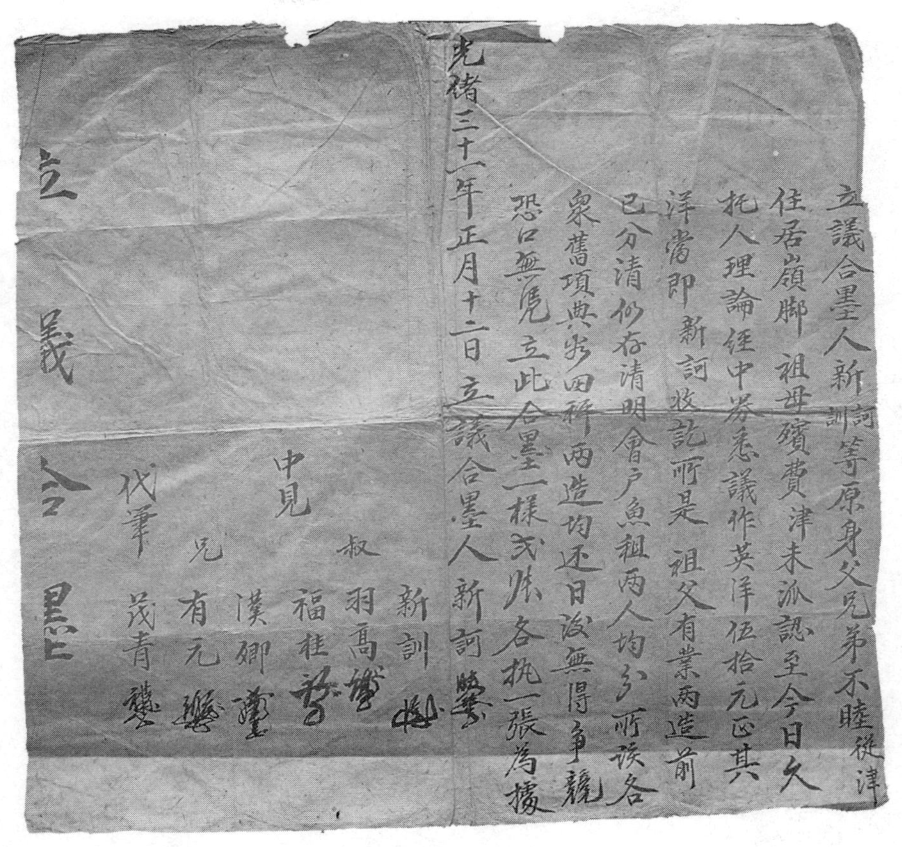

立議合墨人新訶、訓等原身父兄弟不睦從津
任居嶺腳祖母殯費津未派認至今日久
托人理論經中劝息議作英洋伍拾元正其
洋當即新訶收訖所是祖父有業兩造前
已分清仍存清明會户魚祖兩人均分所該各
衆舊項典当田稞兩造均还日後無得争競
恐口無凭立此合墨一樣式紙各執一張為據
光緒三十一年正月十二日立議合墨人新訶（押）
新訓（押）
中見 叔 羽高（押） 福桂（押）
兄 漢卿（押） 有元（押）
代筆 茂青（押）

立議合墨

大鄣山乡鄣山 A 36 · 光绪三十一年 · 合墨 · 新诃、新训等

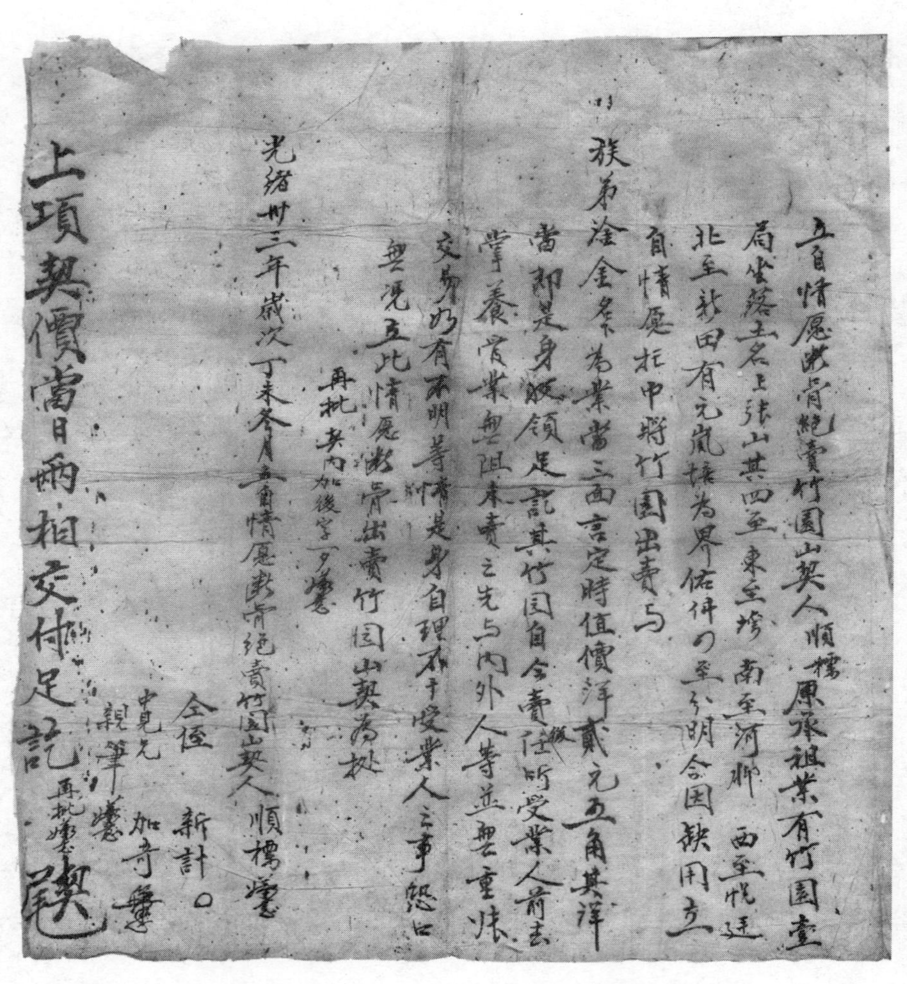

立自情愿断骨絕賣竹園山契人順標，原承祖業有竹園壹
局，坐落土名上張山，其四至：東至塝，南至河鄉，西至悅廷，
北至新田有元嵐塝為界，俱件四至分明。今因缺用，立
自情愿托中將竹園出賣与
族弟淦金名下為業。當三面言定時值價洋貳元五角，其洋
當即是身親領足訖。其竹园自今賣后，听受業人前去
掌養管業無阻。未賣之先，与内外人等並無重張
交易。如有不明等情，是身自理，不干受業人之事。恐口
無凭，立此情愿断骨出賣竹园山契為据。
再批：契内加後字一个。標（押）
光緒卅三年歲次丁未冬月　立自情愿断骨絕賣竹園山契人　順標（押）
仝侄　新計（押）
中見兄　加奇（押）
親筆　標（押）
上項契價當日兩相交付足訖。再批　標（押）　契

大鄣山乡鄣山 A 54 · 光绪三十三年 · 断骨绝卖竹园山契 ·
顺标卖与族弟淦金

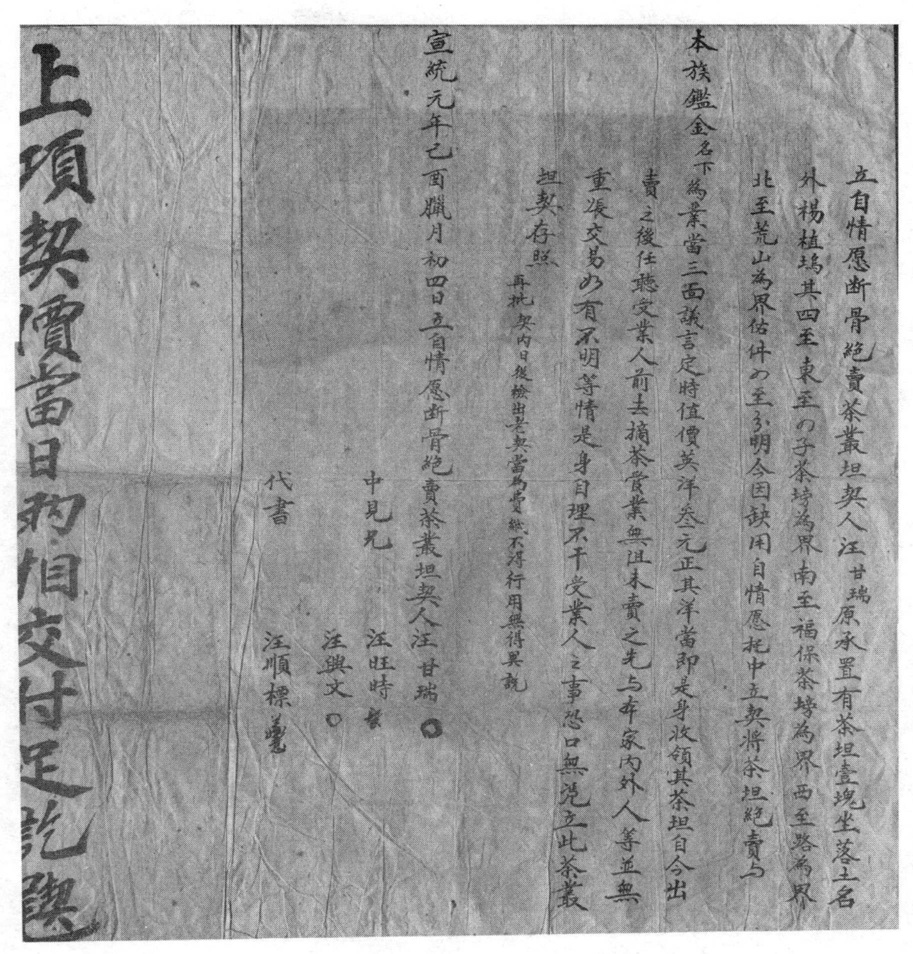

立自情愿断骨絶賣茶叢坦契人汪甘瑞原承置有茶坦壹塊坐落土名
外楊植塢其四至東至の子茶埗為界南至福保茶埗為界西至路為界
北至荒山為界估件の至分明今因缺用自情愿托中立契將茶坦絶賣与
本族鑑金名下為業當三面議言定時值價英洋叁元正其洋當即是身收領其茶坦自今出
賣之後任聽受業人前去摘茶管業無阻未賣之先与本家内外人等並無
重褁交易如有不明等情是身自理不干受業人之事恐口無凭立此茶叢
坦契存照
再批契内日後檢出老契當為廢紙不得行用無得異説
宣統元年己酉臘月初四日立自情愿断骨絶賣茶叢坦契人汪甘瑞
中見兄汪旺時
汪興文
代書汪順標

上項契價當日一並相交付足訖 

大鄣山乡鄣山 A 57 · 宣统元年 · 断骨绝卖茶丛坦契 · 汪甘瑞卖与鉴金

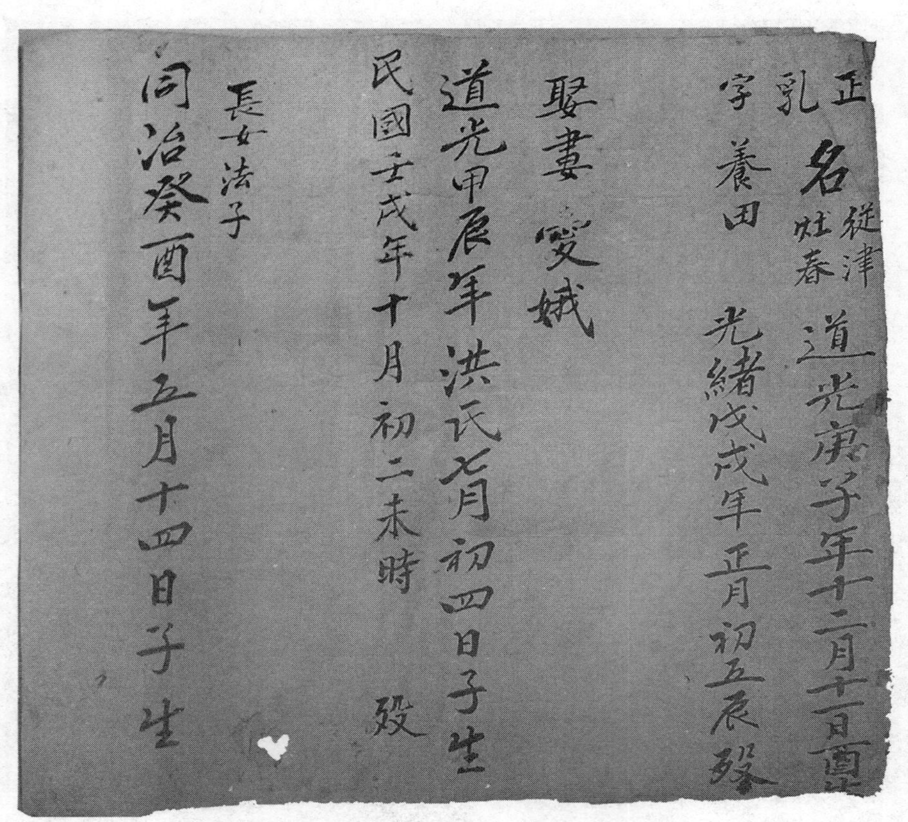

正名從津　道光庚子年十二月十一日酉[illegible]
乳名灶春
字養田　光緒戊戌年正月初五辰殁
娶妻愛娥
道光甲辰年洪氏七月初四日子生
民國壬戌年十月初二未時　殁
長女法子
同治癸酉年五月十四日子生

大鄣山乡鄣山 A 10-1 · 生殁册与会书等

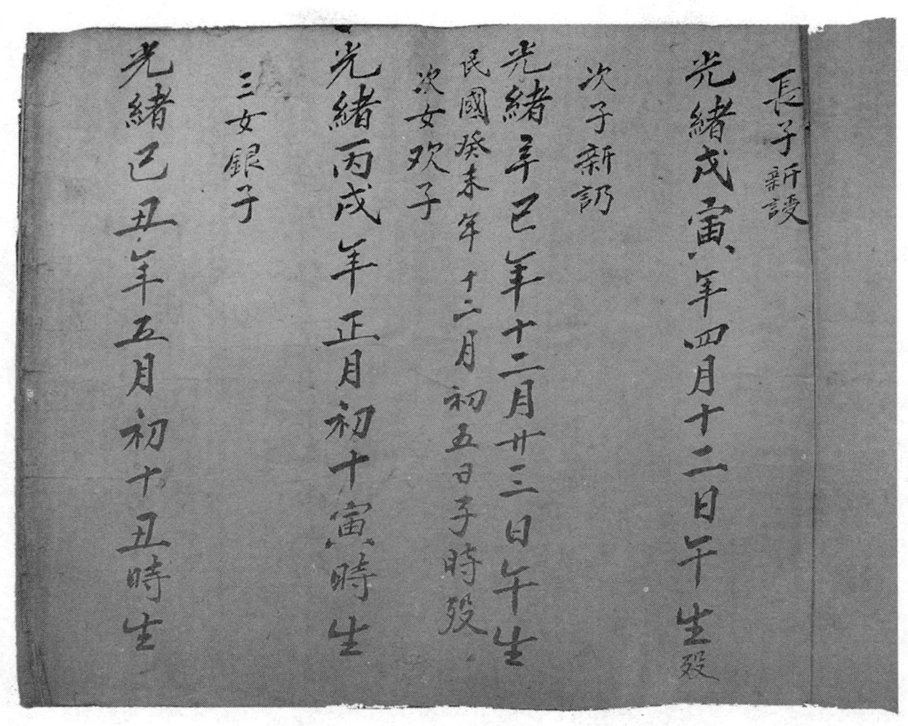

長子新讀
光緒戊寅年四月十二日午生歿
次子新訪
光緒辛巳年十二月廿三日午生
民國癸未年十二月初五日子時歿
次女欢子
光緒丙戌年正月初十寅時生
三女銀子
光緒己丑年五月初十丑時生

大鄣山乡鄣山 A 10-2 · 生殁册与会书等

正名新讀淦金 光緒戊寅年四月十二日午生
乳字潤鴻 民國庚申年七月廿八酉時 歿
娶妻余氏招子
光緒壬午年正月十二日亥時生
長子正名復積 乳名輝欽
光緒己亥年十壹月十壹日申時生 殤幼
次子正名復棧 乳名肇欣 字海清 長子正名忠紡 連生 壬申年[illegible]傷
光緒乙巳年正月初三日辰時生
光緒丙午年新讀妻 九月廿日將余氏改息白圩
民國壬子年新讀 繼妻時氏秋弟
光緒甲申年七月十五 午生
三子正名復稿 乳名洲欣
民國八年己未正月廿二日巳時生
娶妻洪氏 [illegible]
辛酉年正月念玖日卯時生 己巳年上丁
長子正名復程 乳名進先
民國拾三年九月十一日巳時生

大鄣山乡鄣山 A 10-3 · 生殁册与会书等

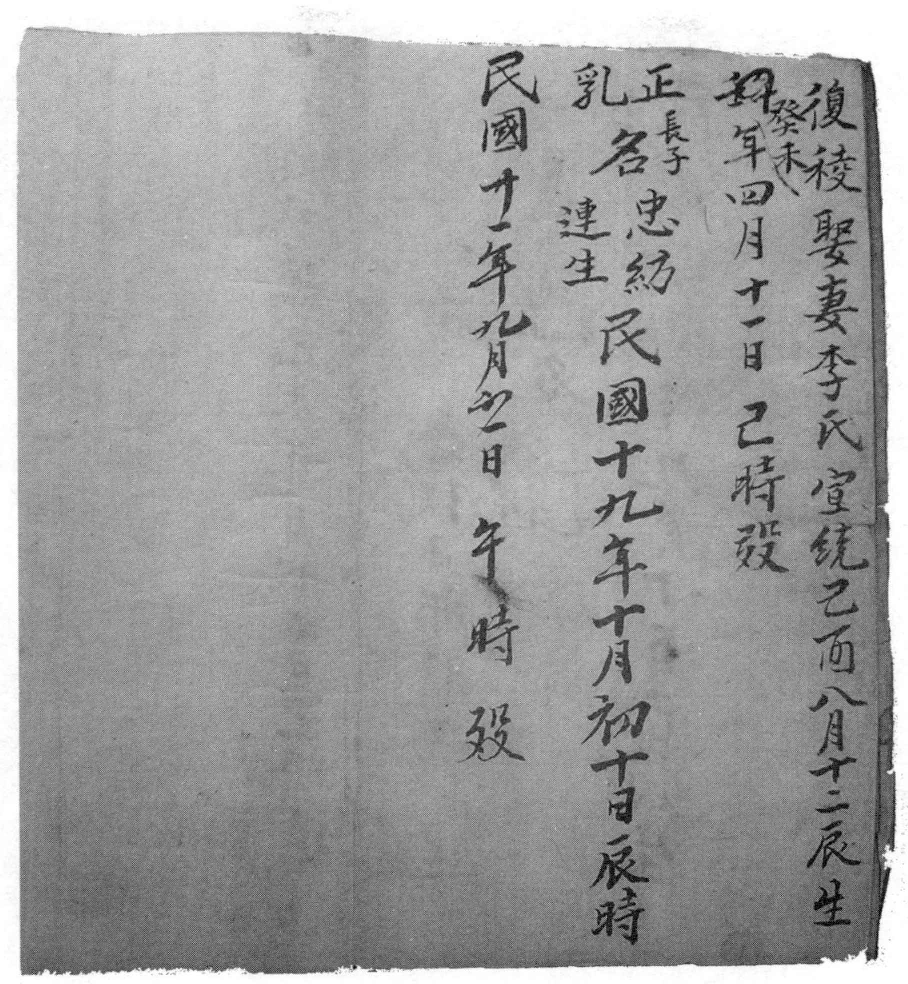
復稜娶妻李氏宣统己酉八月十二辰生
癸未年四月十一日巳時殁
正長子名忠紡民國十九年十月初十日辰時
乳名連生
民國廿二年九月廿二日午時殁

大郭山乡郭山 A 10-4 · 生殁册与会书等

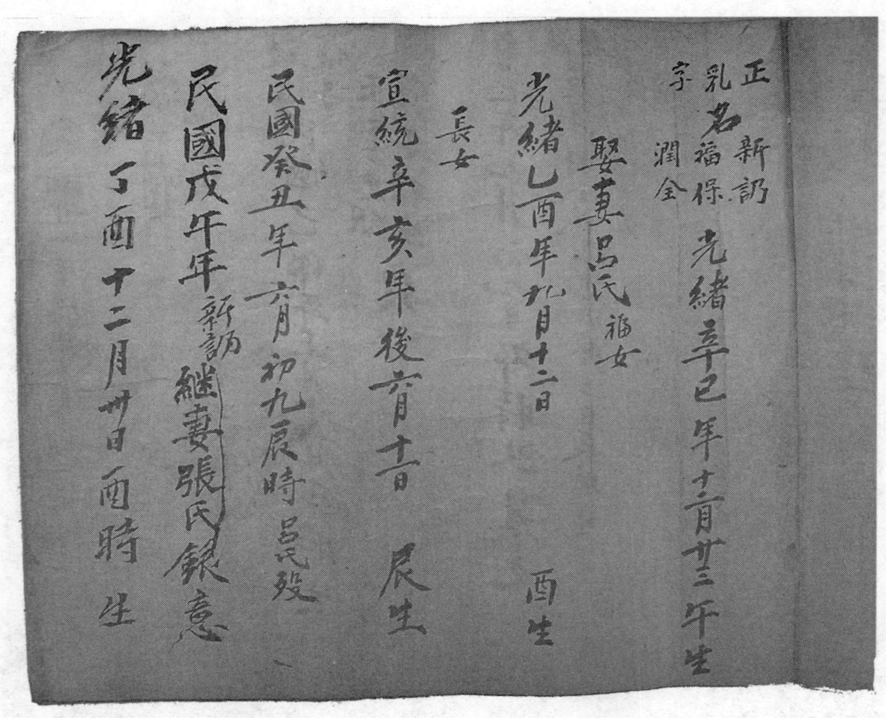

正 新訪
乳名福保 光緒辛巳年十一月廿三午生
字潤全
娶妻呂氏 福女
光緒乙酉年九月十二日 酉生
長女
宣統辛亥年後六月十一日 辰生
民國癸丑年六月初九辰時 呂氏歿
民國戊午年 新訪 繼妻張氏銀意
光緒丁酉十二月廿日酉時 生

大鄣山乡鄣山 A 10-5 · 生殁册与会书等

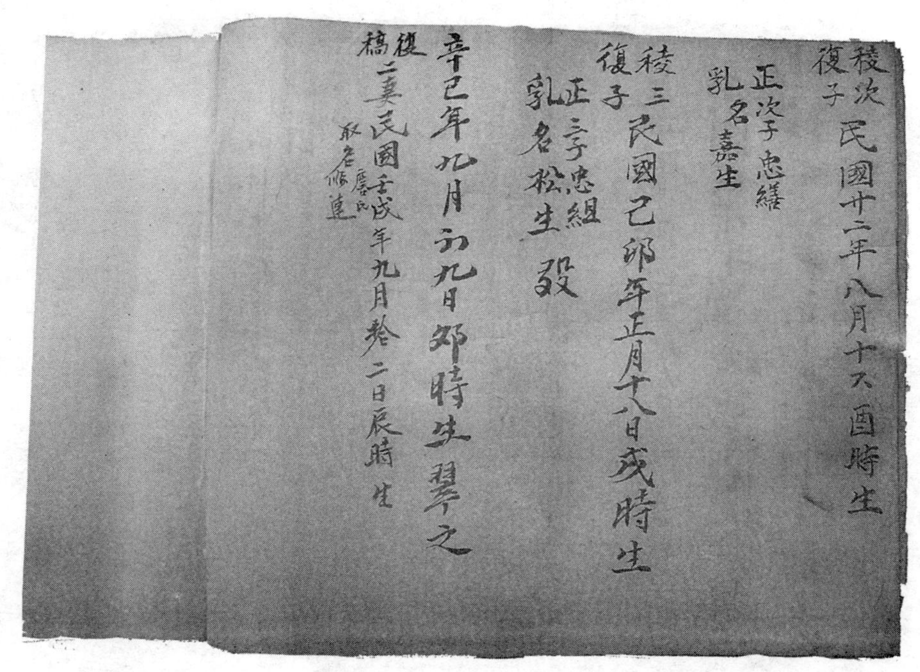

大鄣山乡鄣山 A 10-6 · 生殁册与会书等

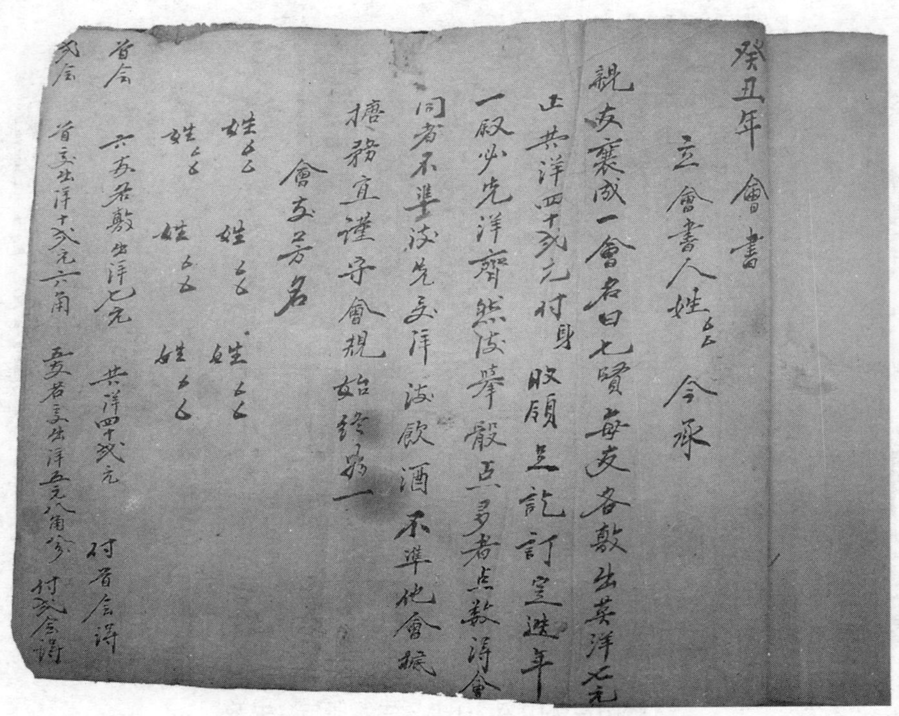

癸丑年會書

立會書人姓ㄥㄥ 今承

親友襄成一會名曰七賢每友各敷出英洋七元

止共洋四十弍元付身 收領 足訖 訂定逐年

一叙少先洋齊然後拳骰點多者点數得會

同者不準後先交洋 後飲酒 不準他會抵

擔務宜謹守會規始終如一

會友芳名

姓ㄥㄥ 姓ㄥㄥ 姓ㄥㄥ

姓ㄥㄥ 姓ㄥㄥ 姓ㄥㄥ

首會 六友各敷出洋七元 共洋四十弍元 付首會得

弍會 首交出洋十弍元六角 五友各交出洋五元八角分 付弍會得

大鄣山乡鄣山 A 10-7 · 生殁册与会书等

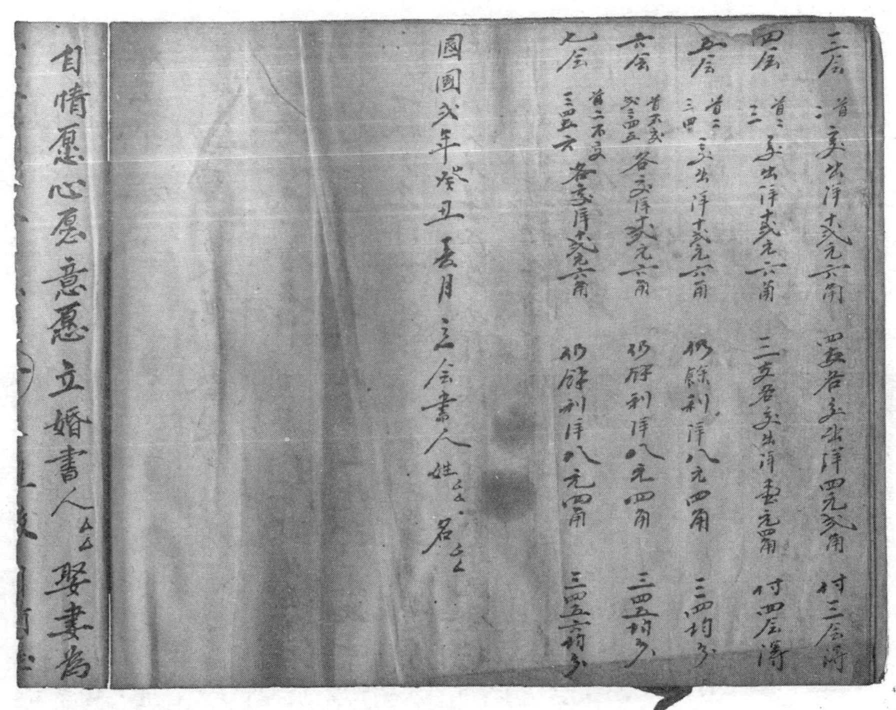

大鄣山乡鄣山 A 10-8 · 生殁册与会书等

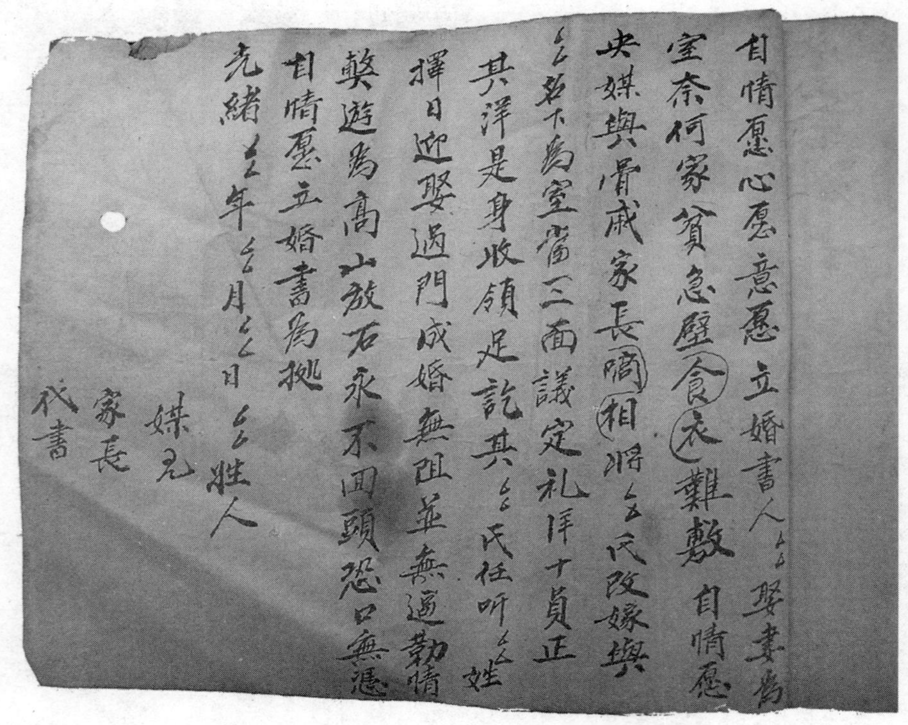

甘情愿心愿意愿立婚書人〻〻娶妻為室奈何家貧急壓食衣難敷自情愿央媒與骨戚家長商相將〻〻氏改嫁與〻〻名下為室當三面議定礼洋十員正其洋是身收領足訖其〻〻氏任听〻〻姓擇日迎娶過門成婚無阻並無逼勒情弊遊為高山放石永不回頭恐口無憑甘情愿立婚書為拠

光緒〻〻年〻〻月〻〻日 〻〻姓人

媒孔

家長

代書

大鄣山乡鄣山 A 10-9 · 生殁册与会书等

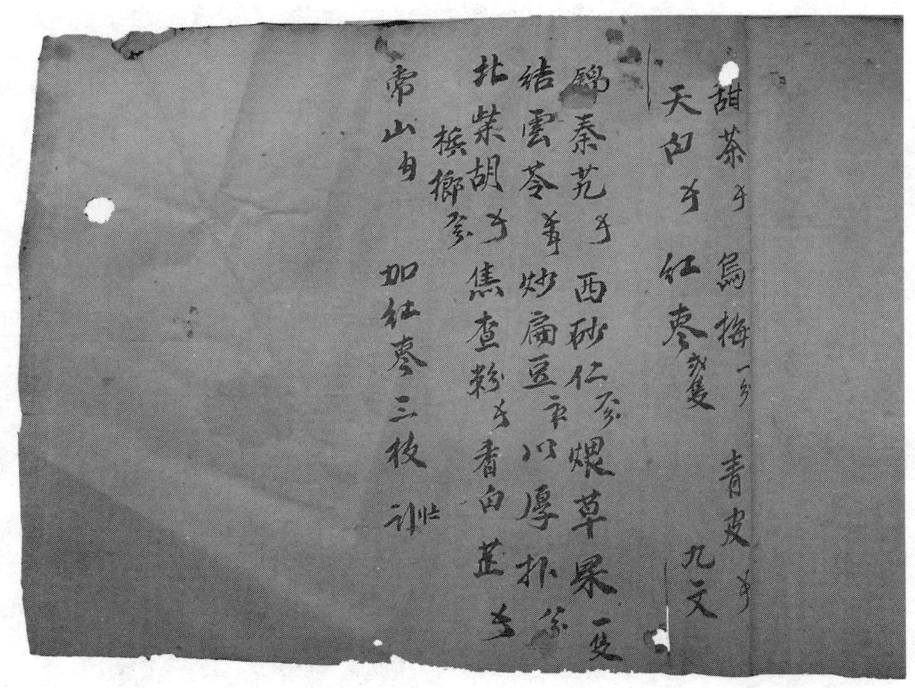
甜茶钱 烏梅一分 青皮钱
天由钱 紅棗二隻 九文
鉤秦艽钱 西砂仁八分 煨草果一隻
結雲苓三钱 炒扁豆三钱 川厚朴八分
北柴胡钱 焦查粉钱 香白芷钱
梹榔八分
常山甘 加紅棗三枚 計

大鄣山乡鄣山 A 10-10 · 生殁册与会书等

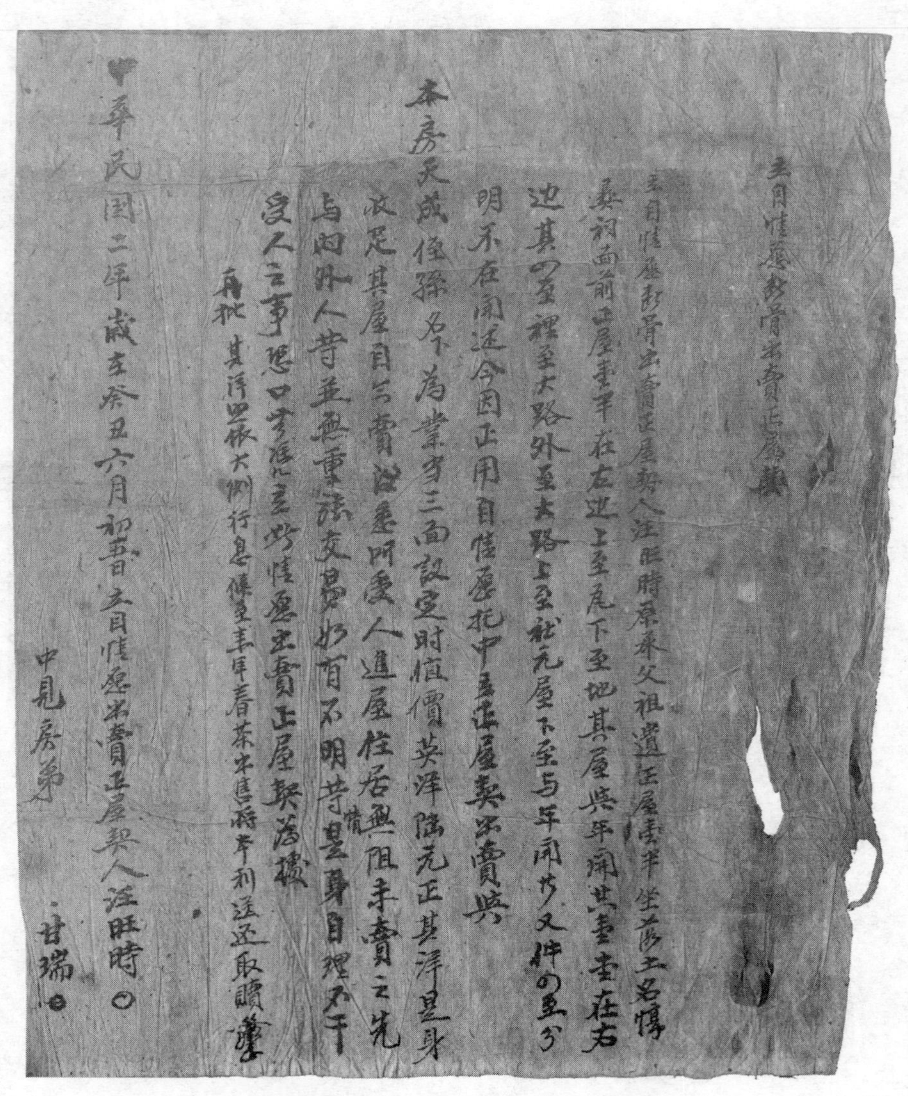

立自情愿断骨出賣正屋契

立自情愿断骨出賣正屋契人汪旺時原承父祖遺正屋壹半坐落土名塆
头祠面前正屋壹半在左边上至瓦下至地其屋与年開共壹堂在右
边其四至裡至大路外至大路上至社元屋下至与年開分文件四至分
明不在開述今因正用自情愿托中立屋契出賣与
本房天成侄孫名下為業當三面議定時值價英洋陆元正其洋是身
收足其屋自今賣後悉听受人進屋住居無阻未賣之先
与内外人等並無重複交易如有不明等情是身自理不干
受人之事恐口無憑立此自情愿出賣正屋契為據
再批 其洋照依大例行息俟至来年春茶出售將本利送還取贖（押）

中華民國二年歲在癸丑六月初五日 立自情愿出賣正屋契人汪旺時（押）

中見房弟 甘瑞（押）

大鄣山乡鄣山 A 55 · 民国二年 · 断骨出卖正屋契 ·
汪旺时卖与本房天成侄孙

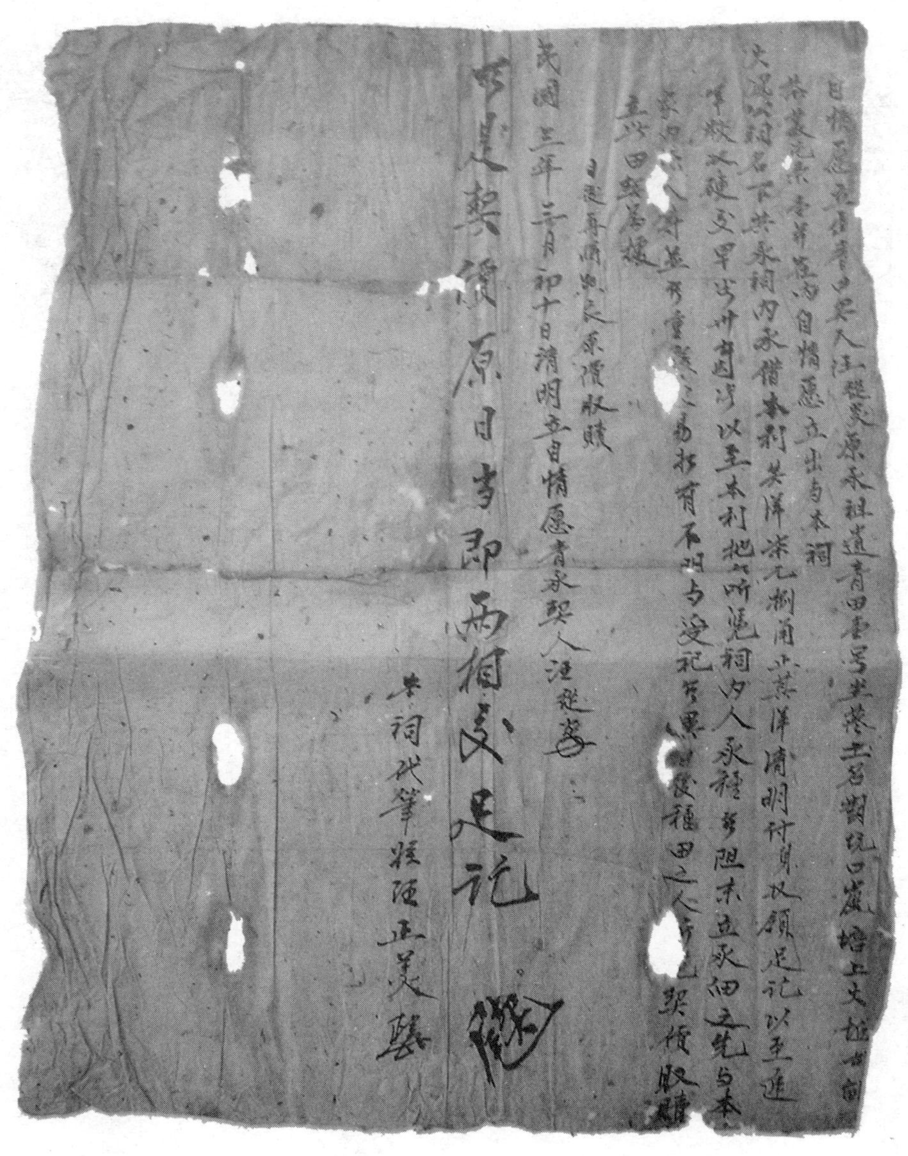

自情愿立出卖田契人汪从炎，原承祖遗青田壹号，坐落土名鹊(?)坑口岭塝上丈坵壹亩(?)

[illegible]自情愿立出与本祠

火凤公祠名下，共承祠内承借本利英洋柒元捌角，又英洋清明付身收领足讫，以至连

年(?)欠交，[illegible]以至本利[illegible]祠内人承种，[illegible]阻来立承佃之凭与本

[illegible]人[illegible]之事，如有不明，与受祀[illegible]种田之人[illegible]契价取赎

[illegible]田[illegible]

日后(?)[illegible]原价取赎

民国三年三月初十日清明立自情愿青承契人汪从炎（押）

所是契价原日当即两相交足讫（押）

本祠代笔经理汪正美（押）

大郭山乡郭山 A 11 · 民国三年 · 出卖田契 · 汪从炎出与火凤公祠

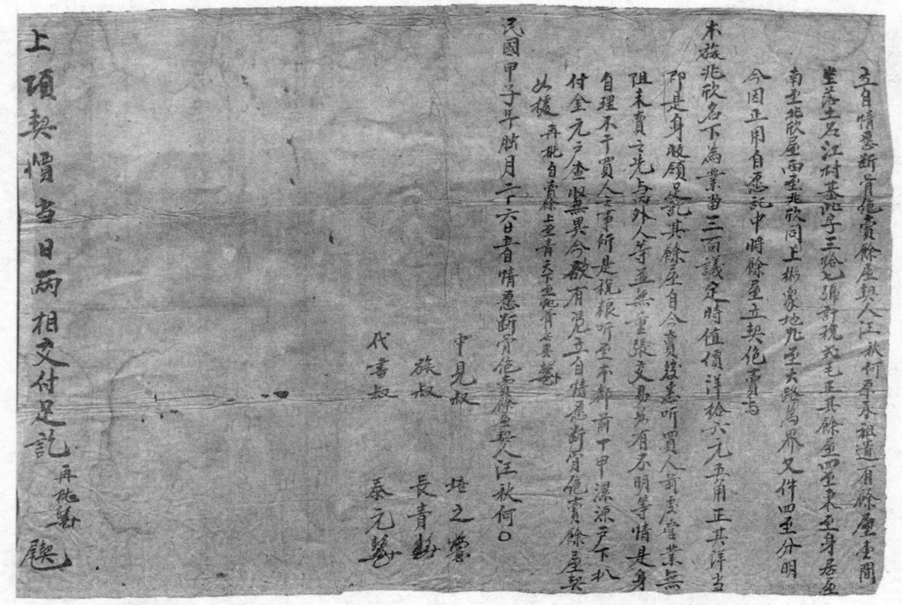

立自情愿斷骨絶賣餘屋契人汪秋何承祖遺有餘屋壹間
坐落土名江村基地字三拾[illegible]號計稅[illegible]毛正其餘屋四至東至身居屋
南至兆欣屋西至兆欣同上[illegible]家地北至大路為界又件四至分明
今因正用自愿托中將餘屋立契絶賣与
本族兆欣名下為業當三面議定時值價洋拾六元五角正其洋当
即是身收領足訖其餘屋自今賣後悉听買人前去管業無
阻未賣之先与內外人等並無重張交易如有不明等情是身
自理不干買人之事所是稅根听至本都前十甲潔源戶下扒
付全元戶查收無異今欲有憑立自情愿斷骨絶賣餘屋契
為據　再批自賣餘上至青天下至泥骨[illegible]
民國甲子年臘月二十六日立自情愿斷骨絶賣餘屋契人汪秋何〇
中見叔　培之
族叔　長青
代書叔　泰元
上項契價當日兩相交付足訖　再批

大鄣山乡鄣山 A 44 · 民国十三年 · 断骨绝卖余屋契 · 汪秋何卖与本族兆欣

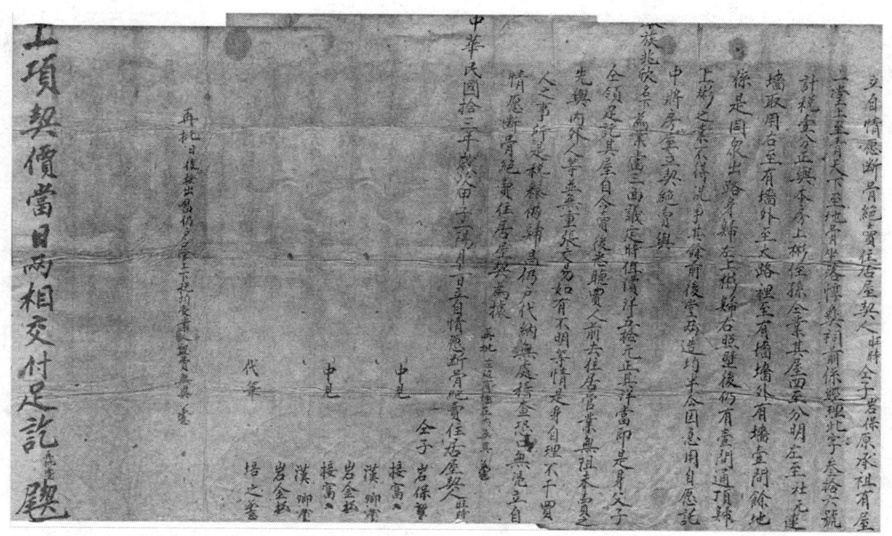

大鄣山乡鄣山 A 53 · 民国十三年 · 断骨绝卖住居屋契 ·
旺时同子岩保卖与本族兆欣

立字据人汪秋和原身老屋壹堂因甲

子年被遭回禄两方共墙倒壞今經

地欧修理用洋四十餘元身未派費候

後豎造之日應認洋弍十元正恐口難

憑立此字约交地欧收執為据

民國十五年丙寅八十二月初一日立字据人汪秋和〇

中見叔杰丁〇

代筆公社元樂

大鄣山乡鄣山 A 38 · 民国十五年 · 字据 · 汪秋和

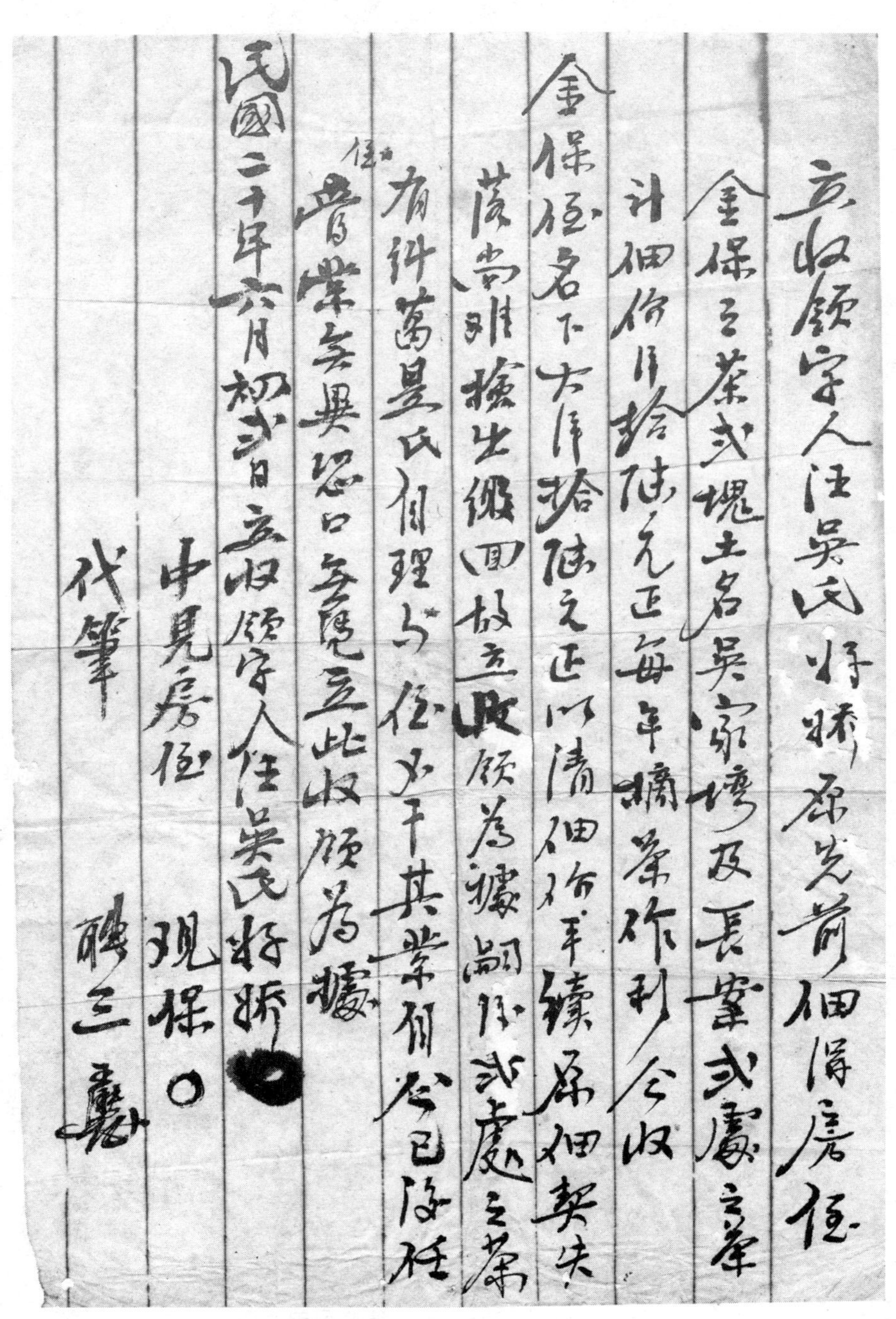

立收领字人汪吴氏好娇，原先前佃得房侄
金保之茶弍块，土名吴家坞及长坞弍处之茶，
计佃价洋拾陆元正，每年摘茶作利。今收
金保侄名下大洋拾陆元正，以清佃价。手续原佃契失
落，尚难检出缴回，故立收领为据。嗣后弍处之茶
有升荫吴氏自理，与侄不干。其业佃人已没，任
侄管业无异。恐口无凭，立此收领为据。
民国二十年六月初弍日立收领字人汪吴氏好娇（押）
中见房侄 观保〇
代笔 聪三

大鄣山乡鄣山 A 37 · 民国二十年 · 收领字 · 汪吴氏好娇收金保侄

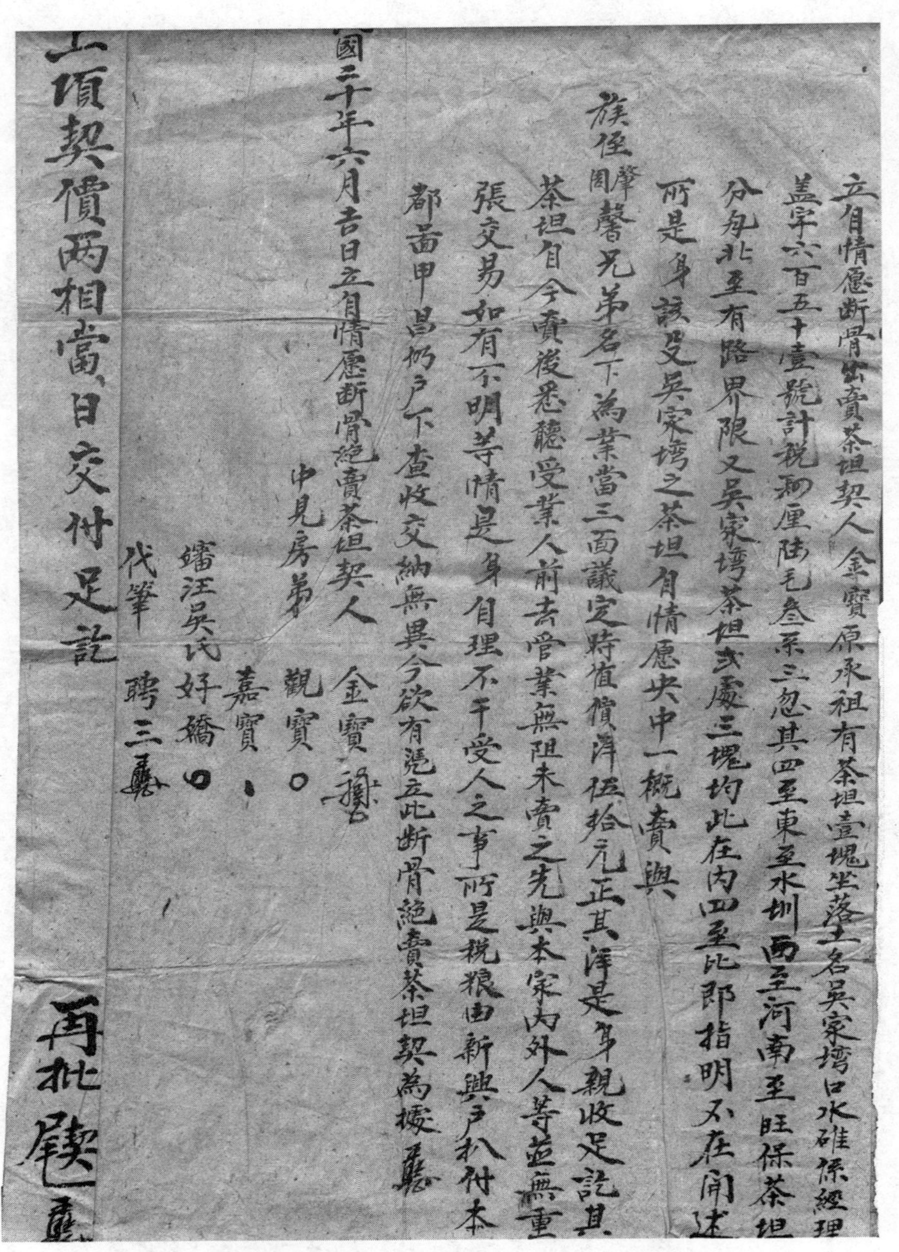

立自情愿断骨出賣茶坦契人金寶原承祖有茶坦壹塊坐落土名吳家塆口水碓保經理
盖字六百五十壹號計稅捌厘陆毛叁系三忽其四至東至水圳西至河南至旺保茶坦
分身北至有路界限又吳家塆茶坦弍處三塊均此在內四至比郎指明不在開述
所是身該受吳家塆之茶坦自情愿央中一概賣與
族侄肇馨
周馨兄弟名下為業當三面議定時值價洋伍拾元正其洋是身親收足訖其
茶坦自今賣後悉聽受業人前去管業無阻未賣之先與本家內外人等並無重
張交易如有不明等情是身自理不干受人之事所是稅粮由新興戶扒付本
都畝甲昌炳戶下查收交納無異今欲有憑立此断骨絕賣茶坦契為據 押
民國二十年六月吉日立自情愿断骨絕賣茶坦契人 金寶 押
中見房弟 觀寶 〇
嘉寶 、
嬸汪吳氏 好嬌 〇
代筆 聘三 押
上項契價兩相當日交付足訖
再批 押

大鄣山乡鄣山 A 56 · 民国二十年 · 断骨绝卖茶坦契 ·
金宝卖与族侄肇馨、周馨兄弟

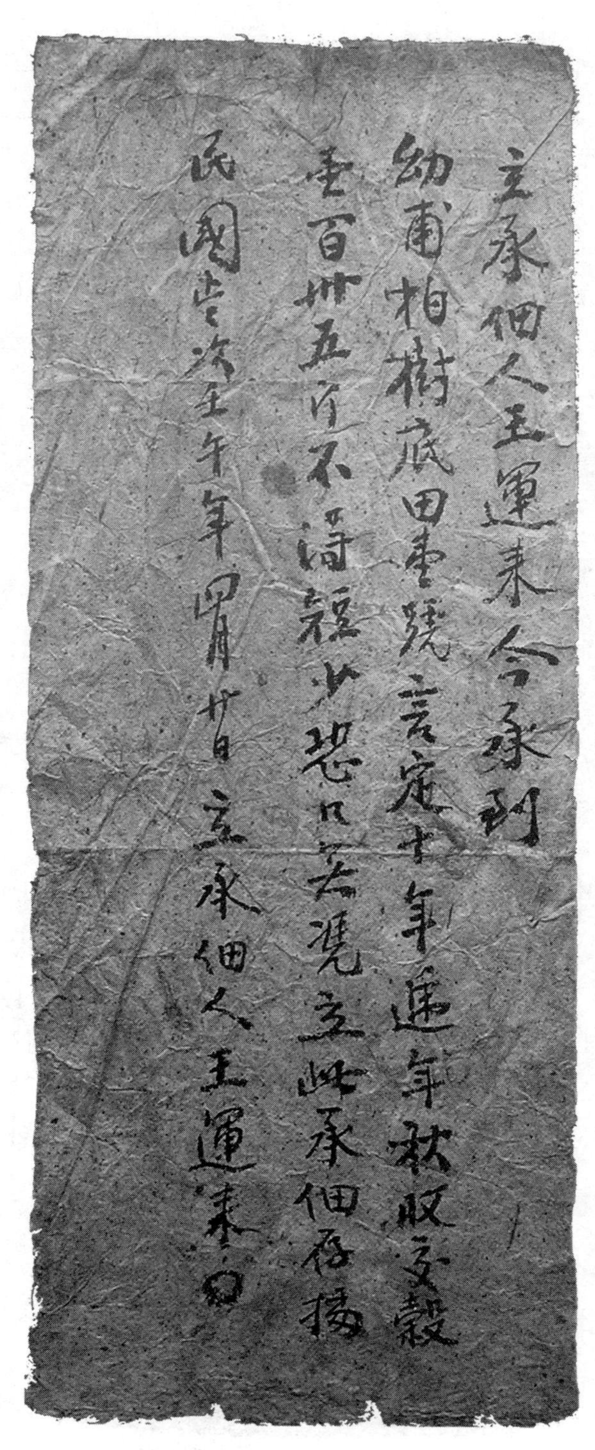
立承佃人王運来今承到
幼甫柏樹底田壹號言定十年還年秋收交穀
壹百卅五斤不得短少恐口無憑立此承佃存據
民國卅壹次壬午年冐月廿日 立承佃人王運来

大鄣山乡鄣山 A 34 · 民国三十一年 · 承佃约 · 王运来承到幼甫

1171

# 婺源縣

## 民國三十六年度

## 田賦征實折征法幣通知單

業戶姓名：秉绳

畝分：贰三八

歸戶冊號次

住址：鄉 十八 都 四 圖 十 甲 戶

| 征收標準 | | | | 應收糧額 | | | |
|---|---|---|---|---|---|---|---|
| 征實 | 征借 | 公糧 | 合計 | 征實 | 征借 | 公糧 | 合計 |
| 石 斗 升 合 | 石 斗 升 合 | 石 斗 升 合 | 石 斗 升 合 | 石 斗 升 合 | 石 斗 升 合 | 石 斗 升 合 | 石 斗 升 合 |

畝分 屬賦 額 元 角 分

災歉減免應准抵數 石 斗 升 合

實征糧額 石 斗 升 合

每石折價 元 角 分

折幣總額 元 角 分

逾期月數及加罰率：逾期 月 應加罰百分之

罰額 元 角 分

注意事項

一、本年田賦奉准改征法幣務須即早[illegible]逾限二個月[illegible]照章[illegible]分

二、本通知單為完賦之依據業戶應於完賦時繳呈倘有遺失繳費二百元請補發

三、發通知單不取分文如有不肖[illegible]查究

中華民國三十六年 月 日 字第 號

此聯[illegible]征前一月散發業戶

業戶完納後即作征收機關通知[illegible]

大鄣山乡鄣山 A 2 · 民国三十六年 · 田赋征实折征法币通知单 · 秉绳

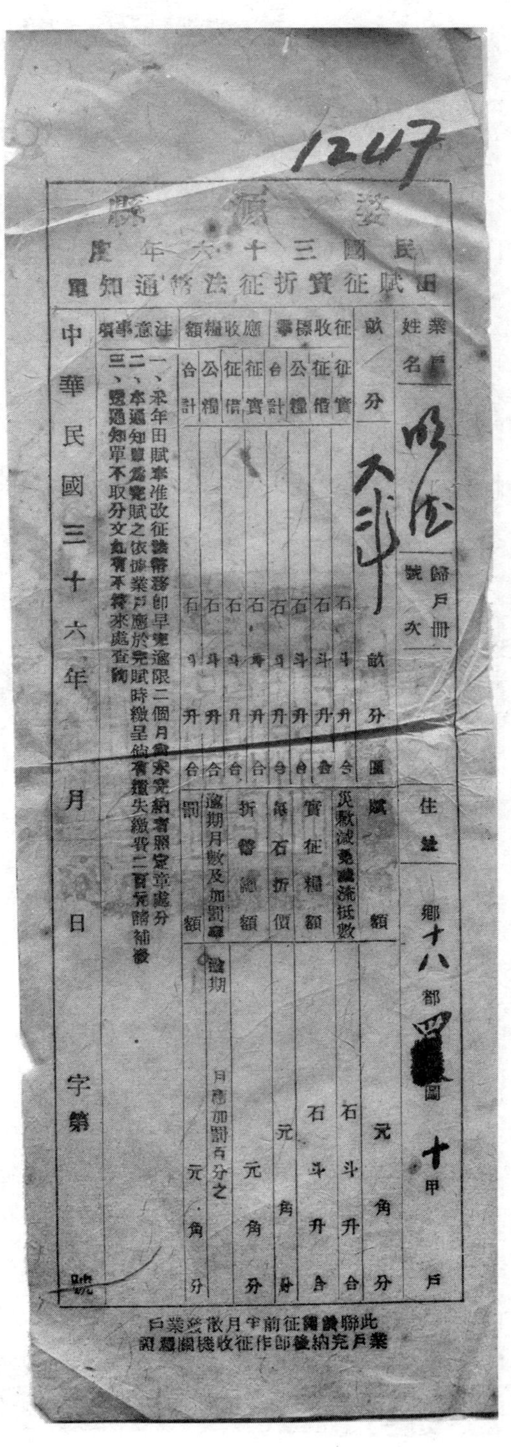

1247

婺源縣

民國三十六年度

田賦征實折征法幣通知單

業戶姓名：明德

歸戶冊號次

畝分：大洲

住址：鄉十八都　圖十甲　戶

征收標準：征實　征借　公糧　合計　石斗升合

應收糧額：征實　征借　公糧　合計　石斗升合

畝分　畝分　區

賦額　元角分

災歉減免暨流抵數　石斗升合

實征糧額　石斗升合

每石折價　元角分

折幣總額　元角分

逾期月數及加罰率　逾期　月應加罰百分之

罰額　元角分

注意事項

一、本年田賦奉准改征法幣務即早完逾限二個月尚未完納者照定章處分

二、本通知單為完賦之依據業戶應於完賦時繳呈倘有遺失繳費二百元請補發

三、照通知單不取分文如有不符來處查詢

中華民國三十六年　月　日　字第　號

此聯應於開征前半月散發業戶

業戶完納後即作征收機關繳銷

大鄣山乡鄣山Ａ３·民国三十六年·田赋征实折征法币通知单·明德

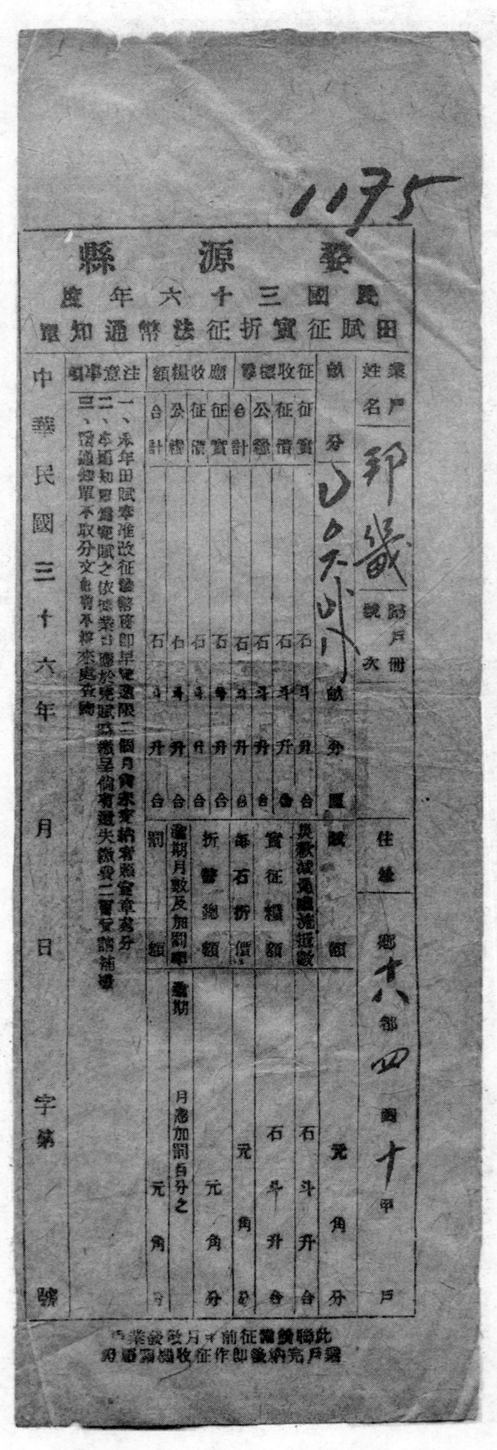

1175

# 婺源縣

民國三十六年度

田賦征實折征法幣通知單

| 業戶姓名 | 邦畿 |
|---|---|
| 歸戶冊次號 | |
| 住址 | 鄉 十八 都 四 圖 十 甲 戶 |
| 畝分 | 山 [illegible] 畝 分 釐 |
| 畝額 | 元 角 分 |

| 征收標準 | | 應收糧額 | |
|---|---|---|---|
| 征實 | 石 斗 升 合 | 征實 | 石 斗 升 合 |
| 征借 | 石 斗 升 合 | 征借 | 石 斗 升 合 |
| 公糧 | 石 斗 升 合 | 公糧 | 石 斗 升 合 |
| 合計 | 石 斗 升 合 | 合計 | 石 斗 升 合 |

| 項目 | |
|---|---|
| [illegible]減免[illegible]數 | 石 斗 升 合 |
| 實征糧額 | 石 斗 升 合 |
| 每石折價 | 元 角 分 |
| 折幣總額 | 元 角 分 |
| 逾期月數及加罰率 | 逾期 月 應加罰百分之 |
| 罰額 | 元 角 分 |

注意事項

一、本年田賦奉准改征法幣[illegible]即早遵限二個月內來實納否則照章處分

二、本通知單為業戶完賦之依據業戶應於完賦時繳呈倘有遺失繳費二百元請補發

三、本通知單不取分文倘有需索准來處查[illegible]

中華民國三十六年　月　日　字第　號

此聯應於開征前一月發交業戶

業戶完納後即作征收機關留[illegible]

大鄣山乡鄣山Ａ４·民国三十六年·田赋征实折征法币通知单·邦畿

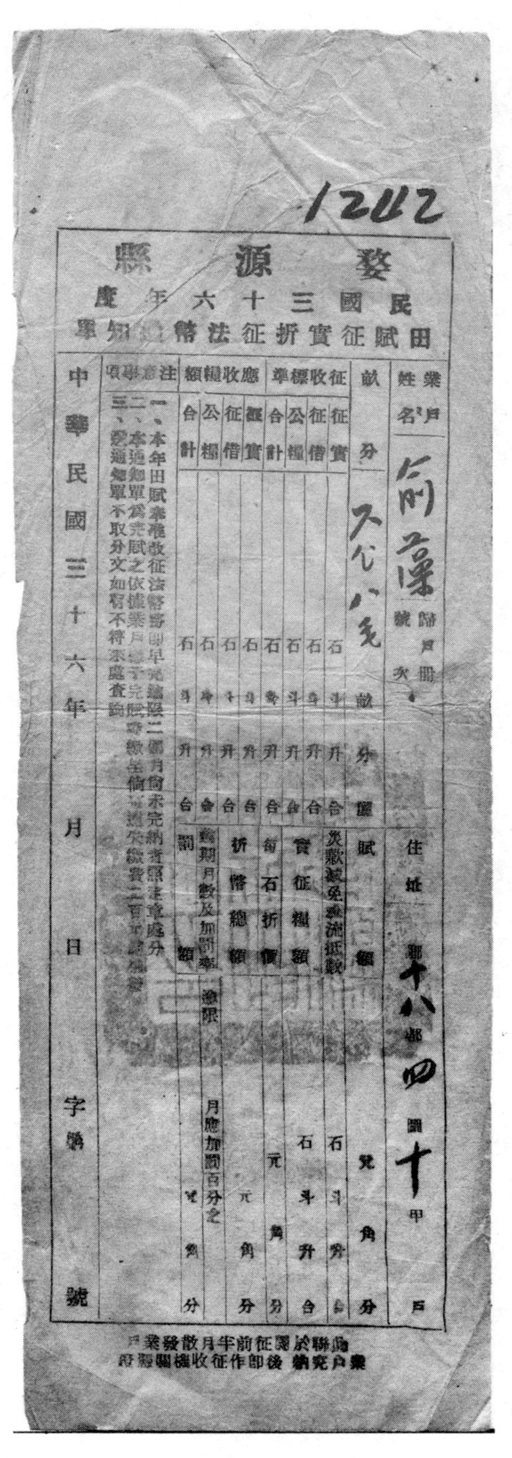

1212

婺源縣

民國三十六年度

田賦征實折征法幣通知單

業戶姓名 俞藻

歸戶冊號次

畝分 又0八毛 畝 分 釐

征收標準：征實 石 斗 升 合；征借 石 斗 升 合；公糧 石 斗 升 合；合計 石 斗 升 合

應收糧額：征實 石 斗 升 合；征借 石 斗 升 合；公糧 石 斗 升 合；合計 石 斗 升 合

住址 鄉 十八 都 四 圖 十 甲 戶

賦額 元 角 分

災歉減免蠲流征數 石 斗 升 合

實征糧額 石 斗 升 合

每石折價 元 角 分

折幣總額 元 角 分

逾期月數及加罰率 逾限 月應加罰百分之

罰額 元 角 分

注意事項

一、本年田賦奉准改征法幣[illegible]早完[illegible]限二個月倘未完納者照章處分

二、本通知單為完賦之依據業戶接到完賦時繳呈倘有遺失繳費二百元補發

三、此通知單不取分文如有不符來處查詢

中華民國三十六年 月 日 字第 號

鄉鎮公所於開征前半月散發業戶

業戶完納後即作征收機關存根

大鄣山乡鄣山Ａ5 · 民国三十六年 · 田赋征实折征法币通知单 · 俞藻

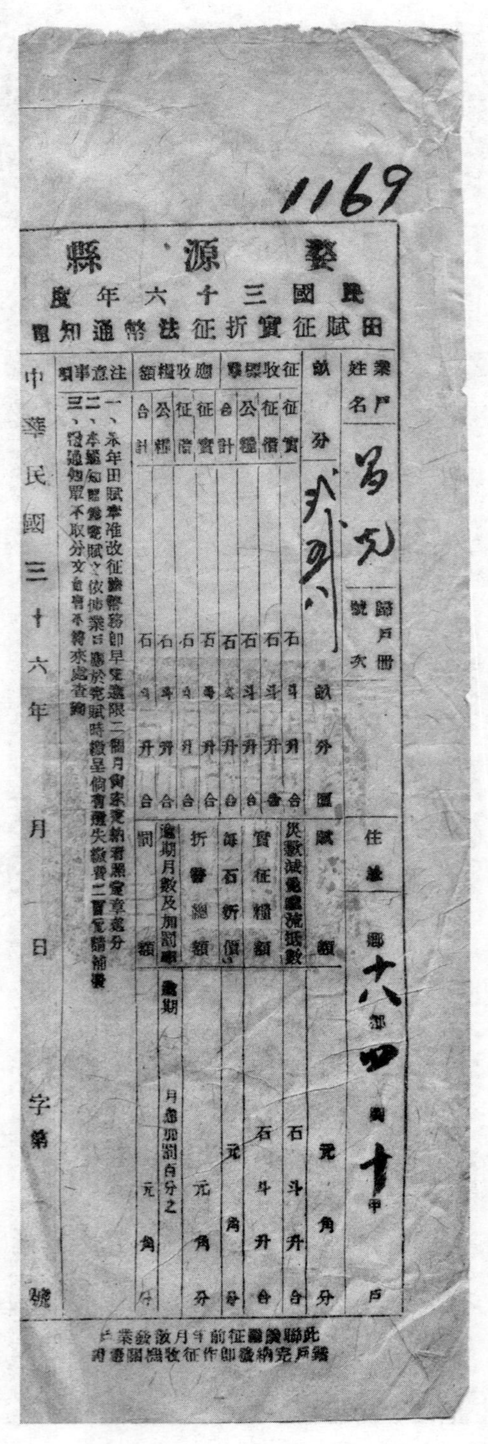

大鄣山乡鄣山 A 7 · 民国三十六年 · 田赋征实折征法币通知单 · 昌光

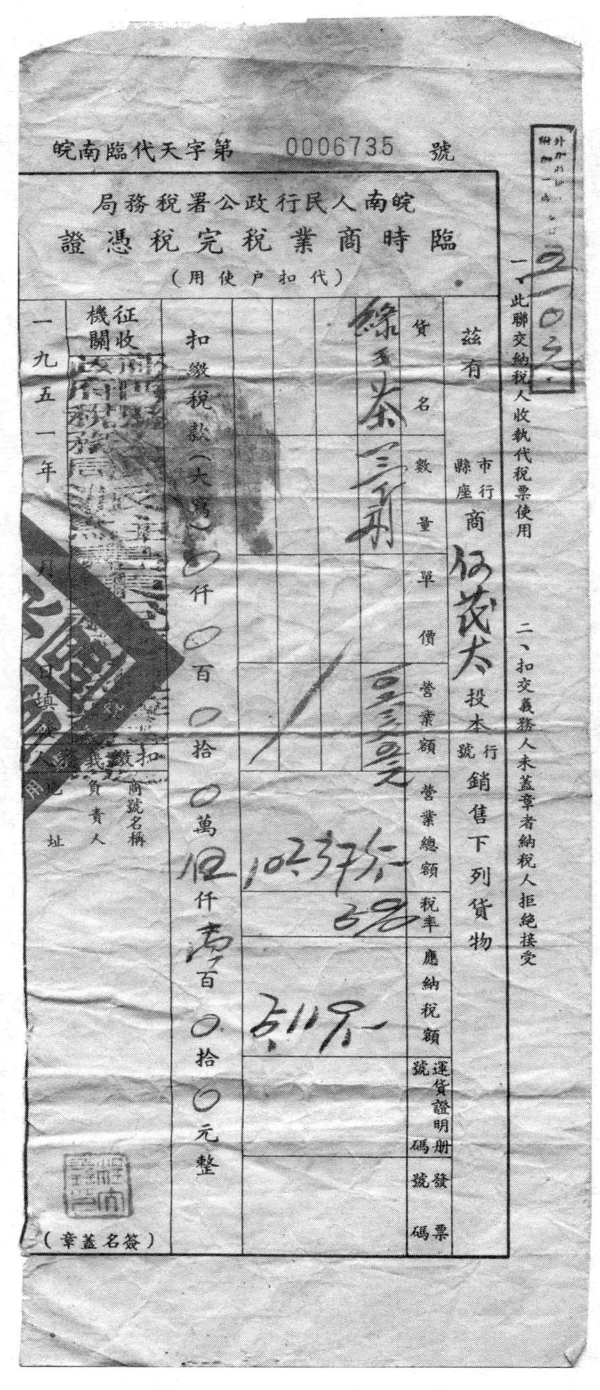

皖南臨代天字第 0006735 號

皖南人民行政公署稅務局

臨時商業稅完稅憑證

（代扣户使用）

茲有 市縣 行座 商 何茂太 行號 投本 銷售下列貨物

| 貨名 | 數量 | 單價 | 營業額 | 營業總額 | 稅率 | 應納稅額 | 運貨證明冊號碼 | 發票號碼 |
| --- | --- | --- | --- | --- | --- | --- | --- | --- |
| 綠茶 | | | | | | | | |

扣繳稅款（大寫） 〇仟〇百〇拾〇萬伍仟壹百〇拾〇元整

征收機關

扣繳義務人 商號名稱 負責人 地址

一九五一年 月 日填發

（簽名蓋章）

一、此聯交納稅人收執代稅票使用

二、扣交義務人未蓋章者納稅人拒絕接受

大鄣山乡鄣山 A 1 · 一九五一年 · 皖南人民行政公署税务局

临时商业税完税凭证 · 何茂太

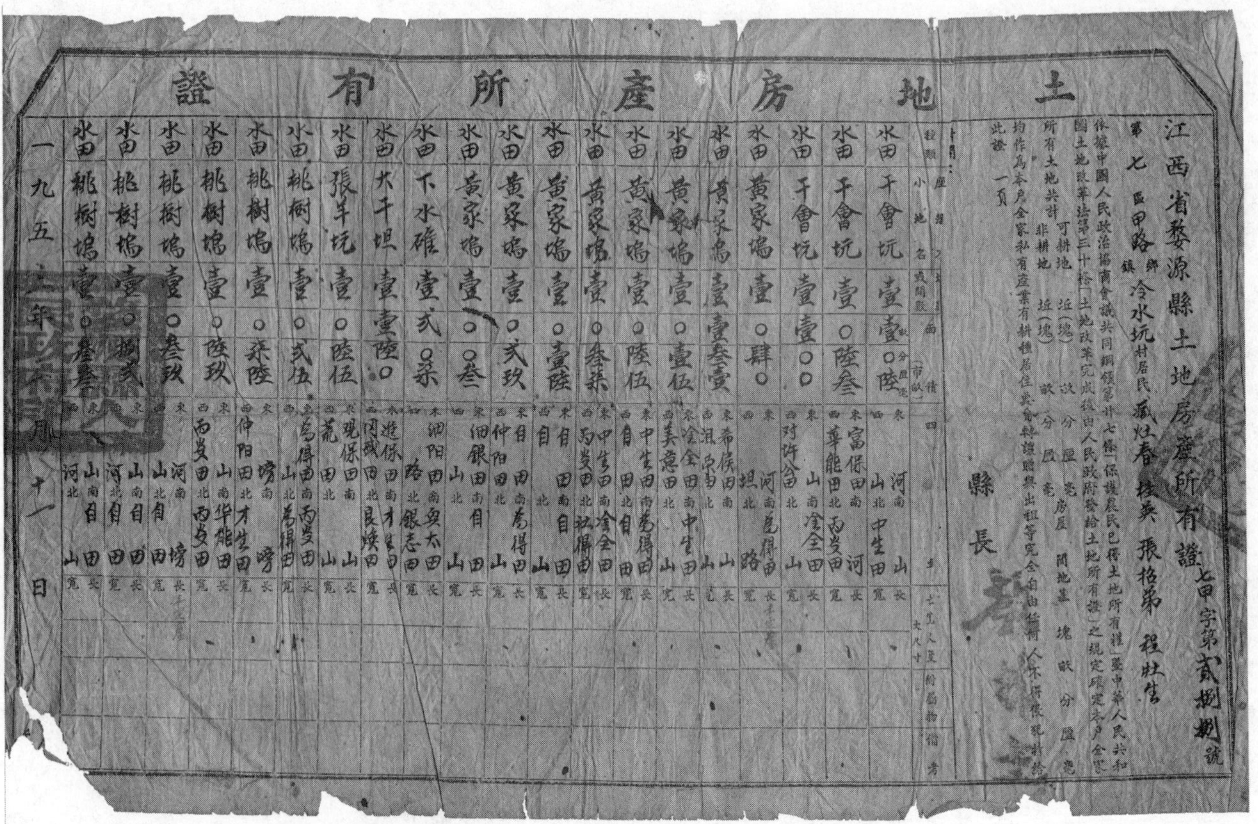

土地房產所有證

江西省婺源縣土地房產所有證七甲字第貳捌捌號

第七區甲路鄉冷水坑村居民臧灶春 桂英 張招弟 程灶生

縣長

一九五三年 月 十一 日

大鄣山乡鄣山 A 42 · 一九五三年 · 土地房产所有证 · 臧灶春、桂英、张招弟、程灶生

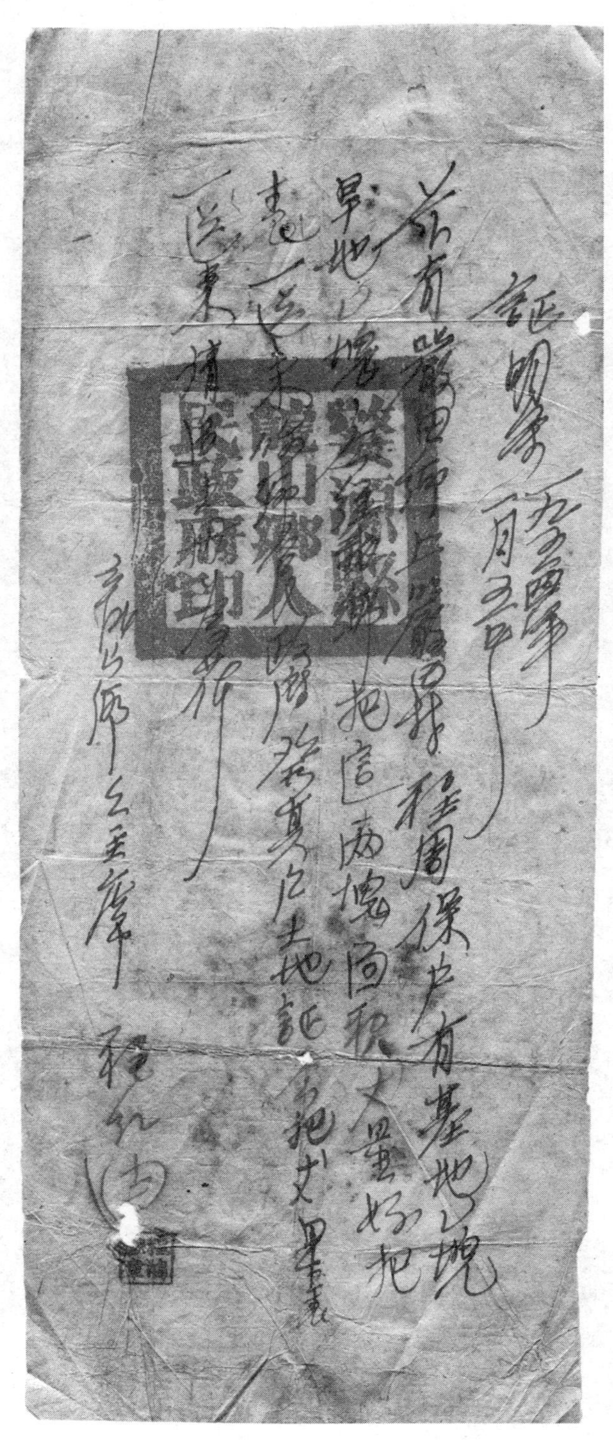
證明條 一九五四年一月五日

茲有[illegible]居民程周保户有基地二塊

旱地[illegible]把這兩塊面積丈量好把[illegible]

[illegible]土地証[illegible]丈量[illegible]

[illegible]

婺源縣鄣山鄉人民政府印

鄣山鄉[illegible]

大鄣山乡鄣山 A 6 · 一九五四年 · 证明条 · 程周保户

大鄣山乡鄣山 A 23-1 · 家庭成员年谱

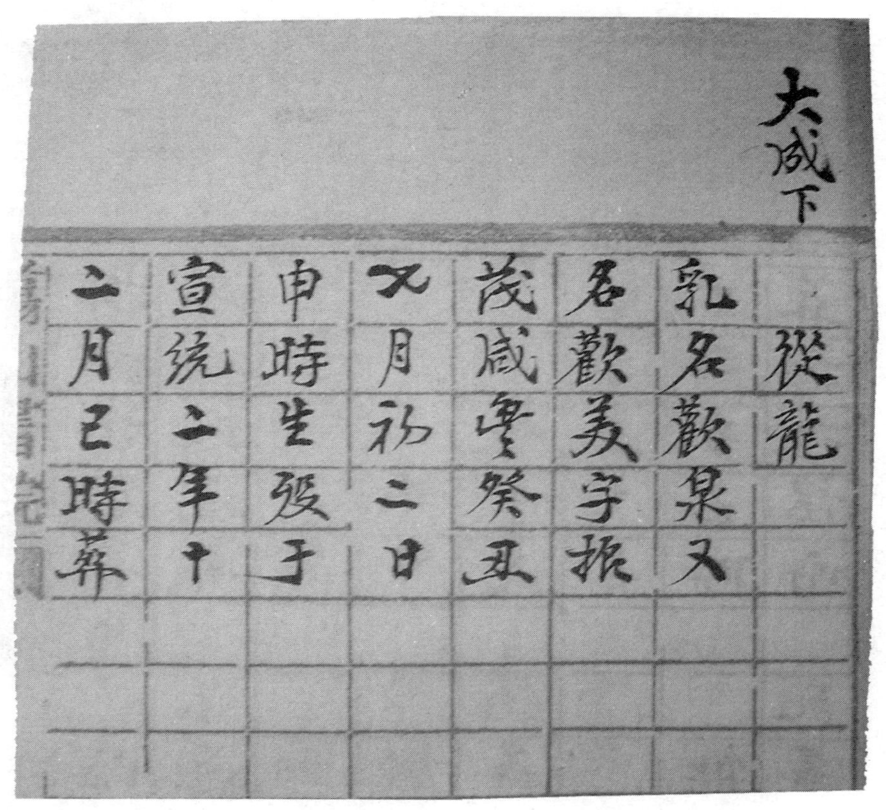
大咸下

從龍
乳名歡泉又
名歡美字振
茂咸豐癸丑
八月初二日
申時生殁于
宣統二年十
二月巳時葬

大鄣山乡鄣山 A 23-2 · 家庭成员年谱

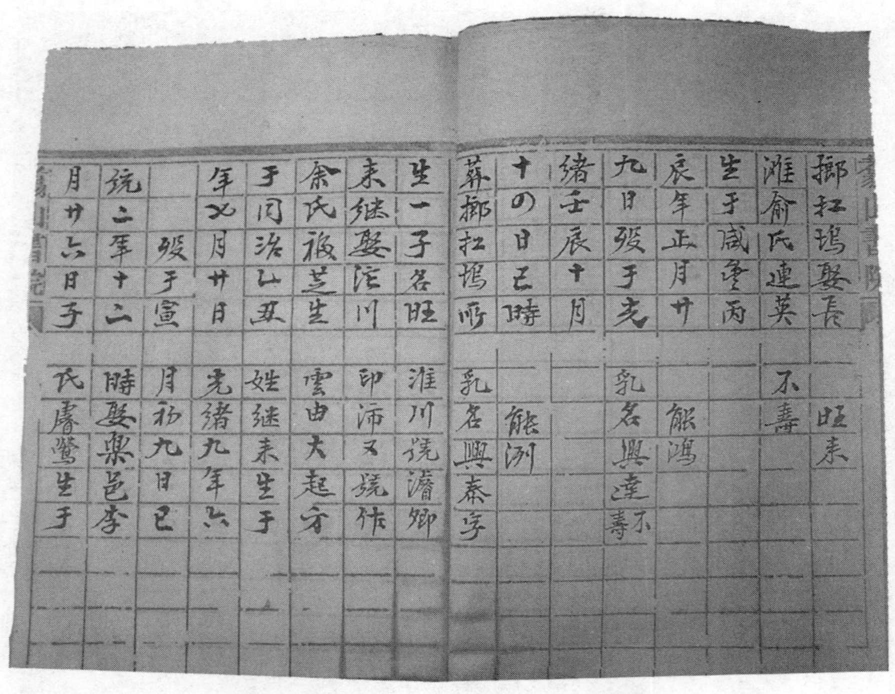

大鄣山乡鄣山 A 23-3 · 家庭成员年谱

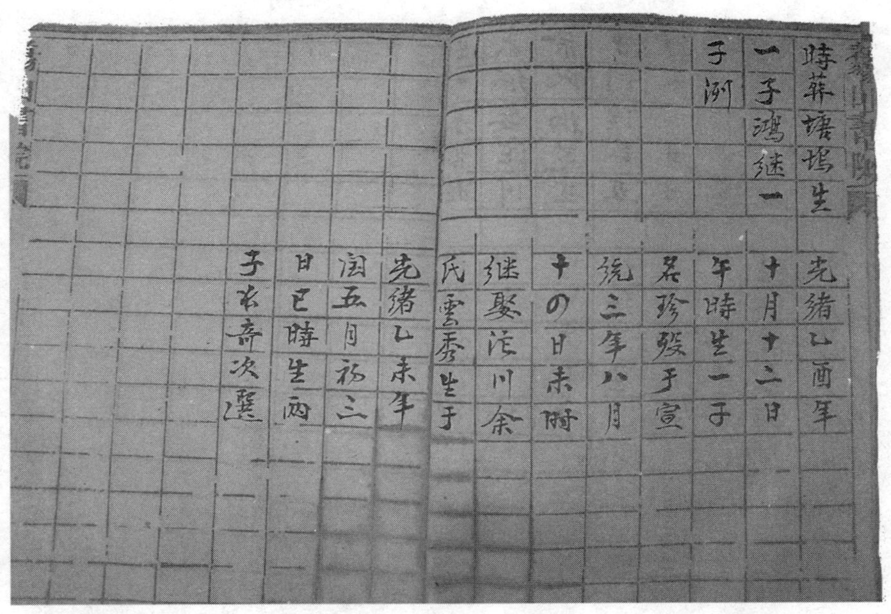
時葬塘塢生
一子鴻繼一
子洲

光緒乙酉年
十月十二日
午時生一子
名珍發于宣
統三年八月
十四日未時
繼娶滄川余
氏雲秀生于
光緒乙未年
閏五月初三
日巳時生兩
子长奇次選

大鄣山乡鄣山 A 23-4 · 家庭成员年谱

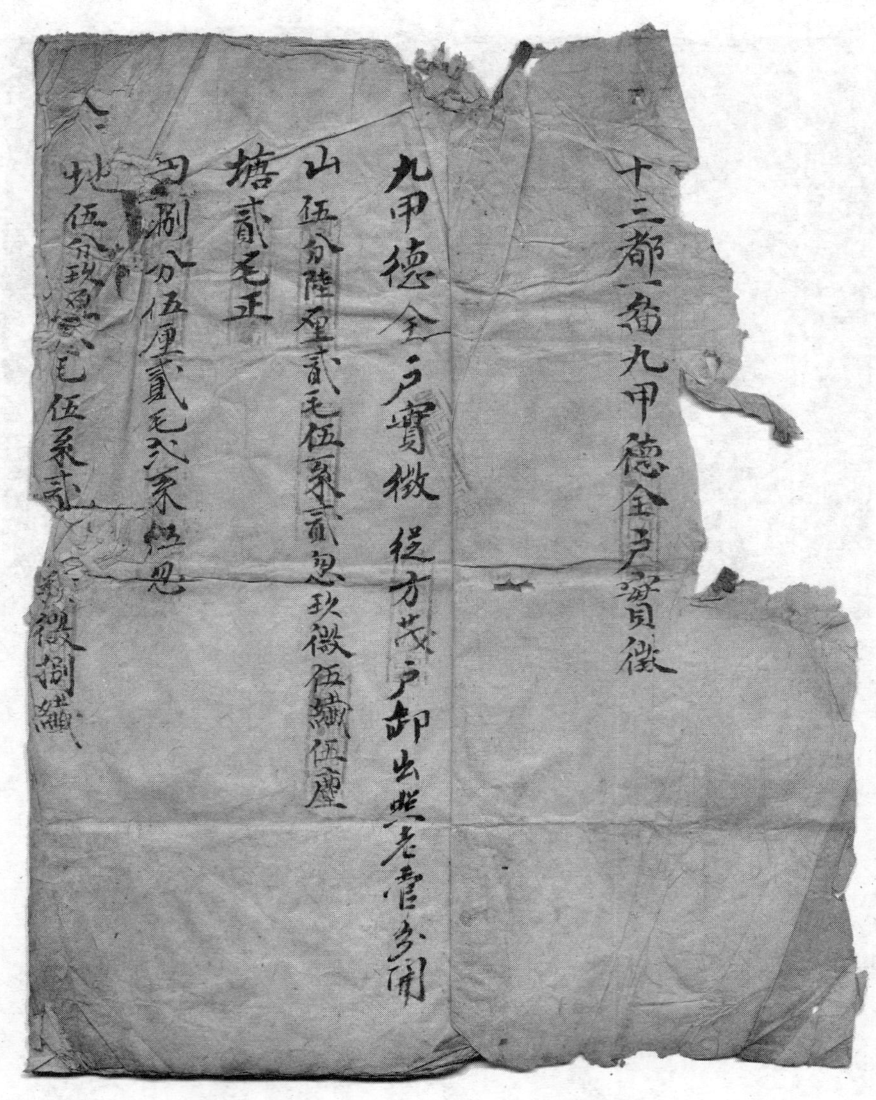

十三都一备九甲德全户实征

九甲德全户实徵　从方茂户却出与老（？）乡开

山伍分陆厘贰毛伍系贰忽玖微伍纤伍尘

塘贰毛正

田捌分伍厘贰毛八系红忽

地伍分玖厘（？）毛伍系贰

大鄣山乡鄣山 A 32-1 · 税粮实征册 · 德全户

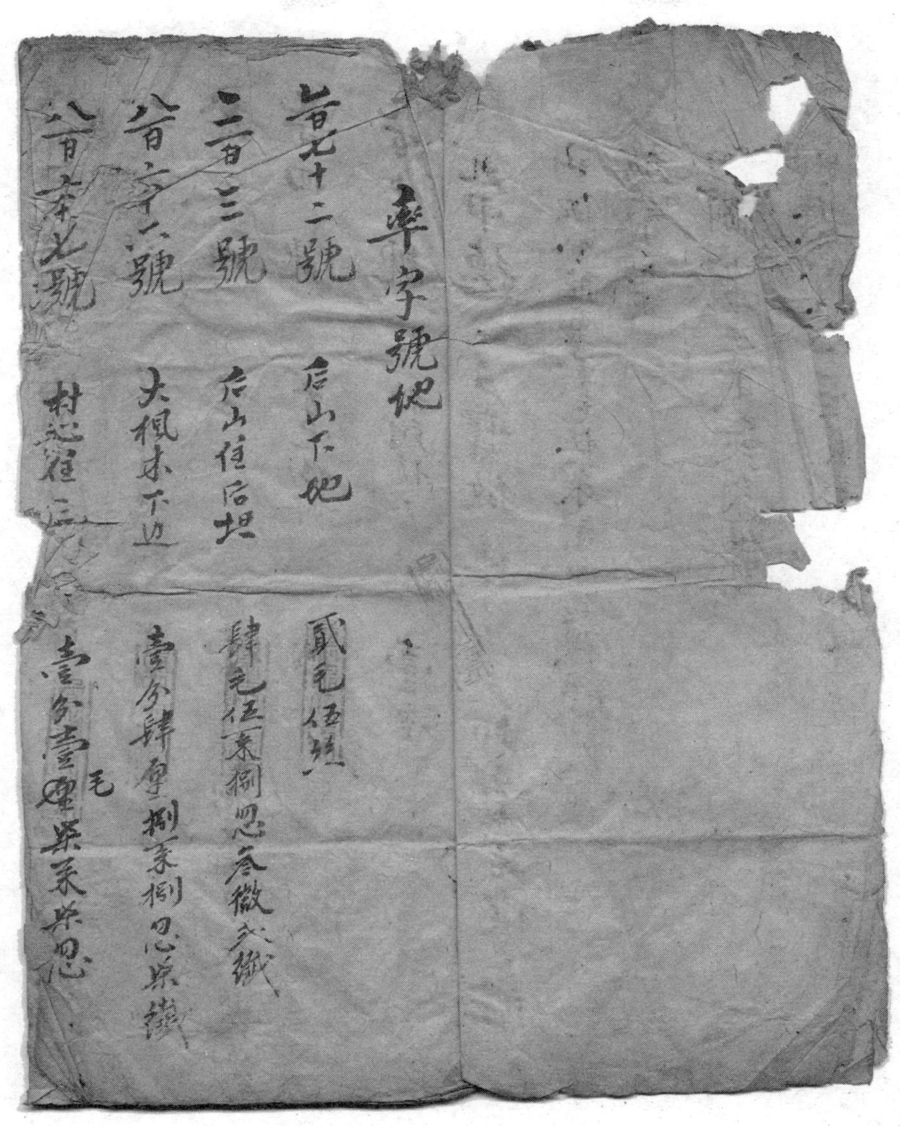

大鄣山乡鄣山 A 32-2 · 税粮实征册 · 德全户

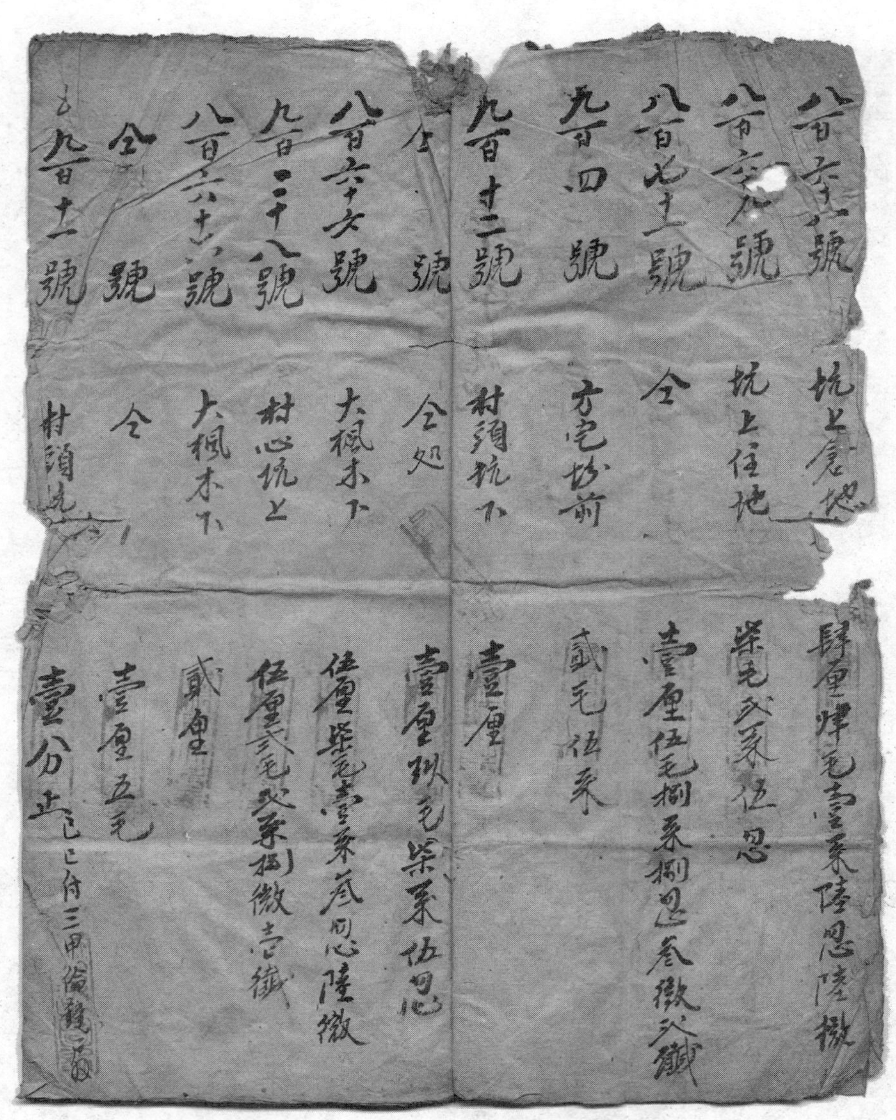

八百六十八號 坑上屋地 肆厘肆毛壹系陸忽陸微
八百六十六號 坑上住地 柒毛弍系伍忽
八百七十七號 仝 壹厘伍毛捌系捌忽叁微弍纖
九百四號 方宅坊前 貳毛伍系
九百十二號 村頭坑下 壹厘
仝號 仝處 壹厘玖毛柒系伍忽
八百六十六號 大楓木下 伍厘柒毛壹系貳忽陸微
九百二十八號 村心坑上 伍厘弍毛弍系捌微壹纖
八百六十八號 大楓木下 貳厘
仝號 仝 壹厘五毛
九百十一號 村頭坑 壹分正 已付三甲倫發户

大鄣山乡鄣山 A 32-3 · 税粮实征册 · 德全户

八百五十八號　幸字號塘
塘
貳毛正

大鄣山乡鄣山 A 32-4 · 税粮实征册 · 德全户

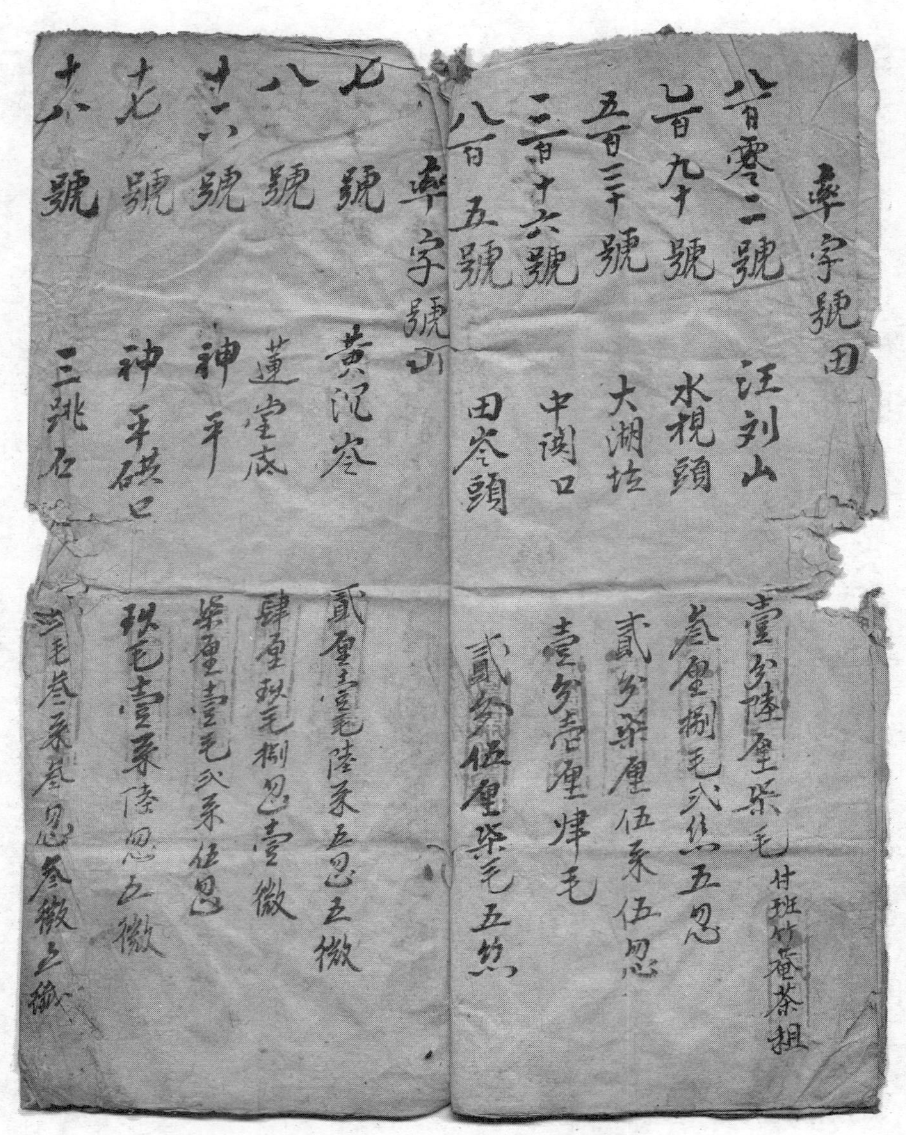

大鄣山乡鄣山 A 32-5 · 税粮实征册 · 德全户

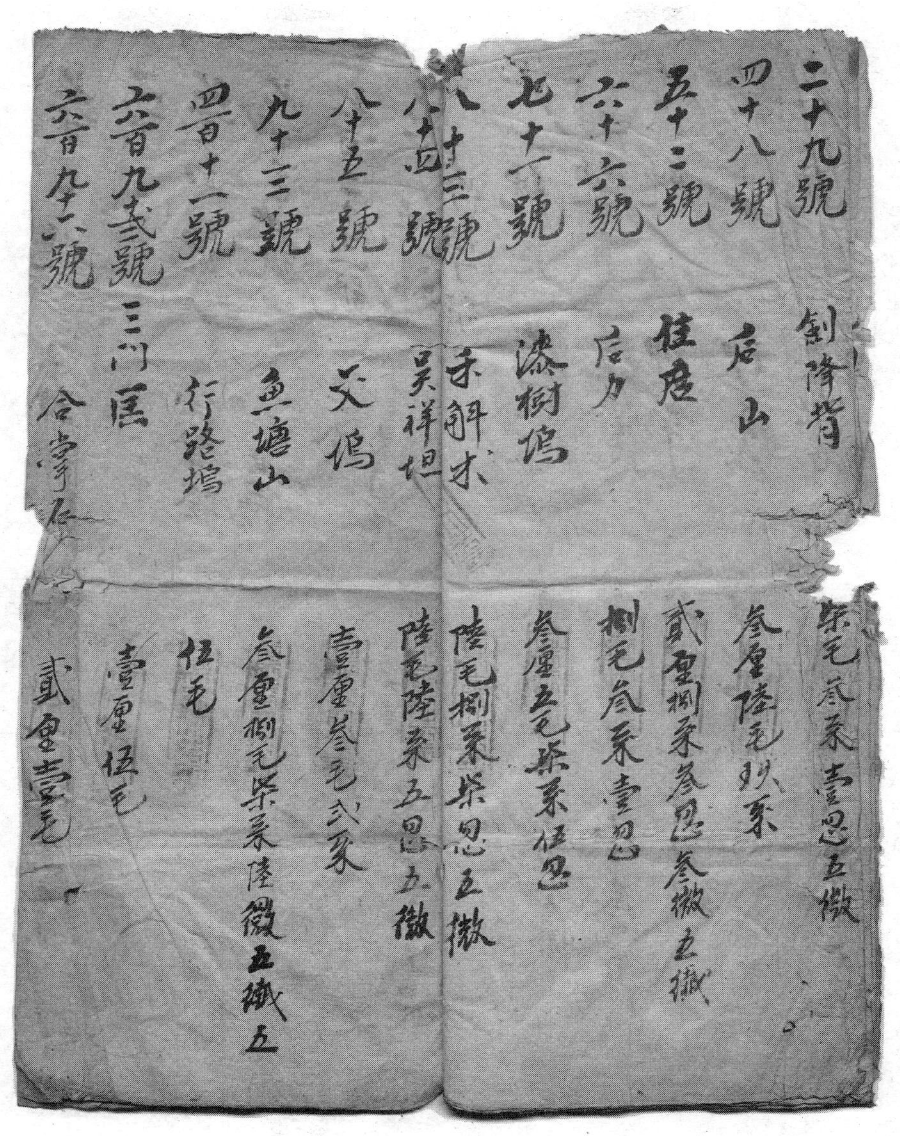

大鄣山乡鄣山 A 32-6 · 税粮实征册 · 德全户

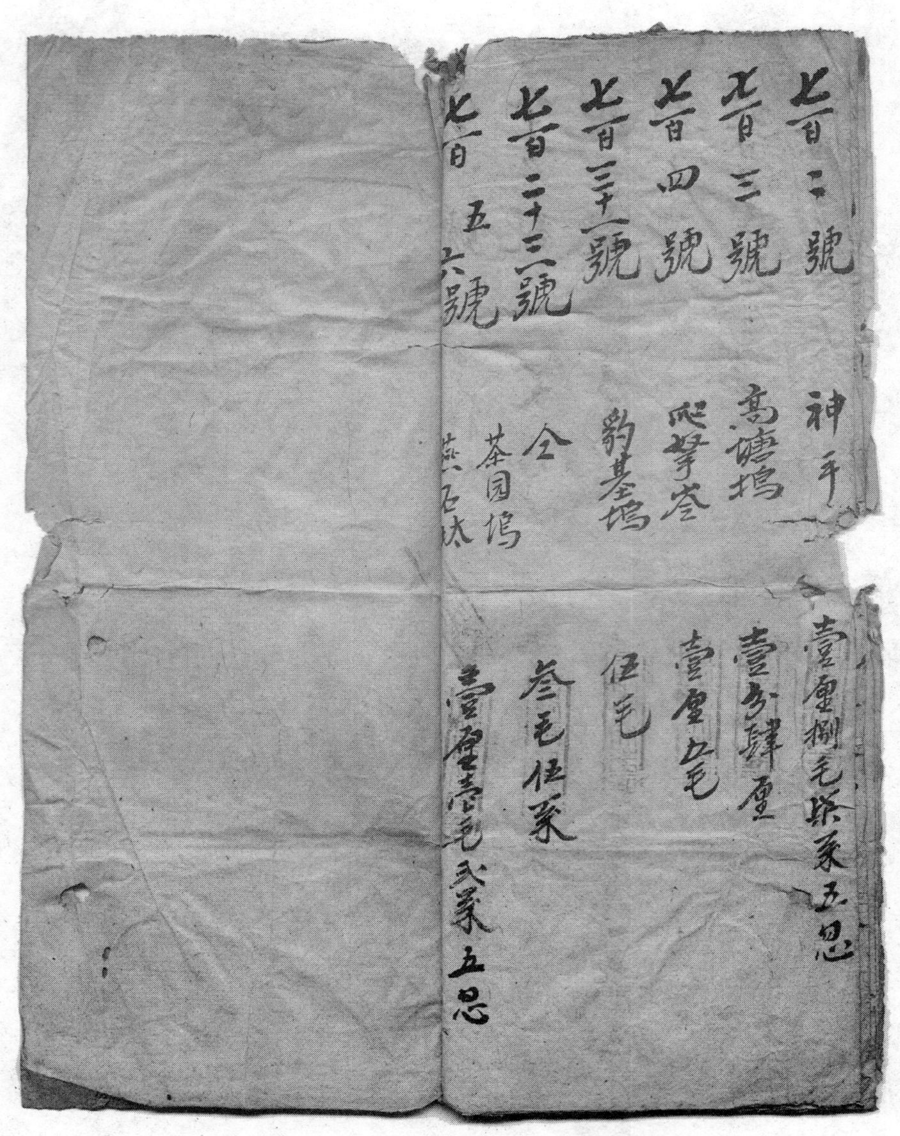

大鄣山乡鄣山 A 32-7 · 税粮实征册 · 德全户

# 大郭山乡郭山 B 1—24

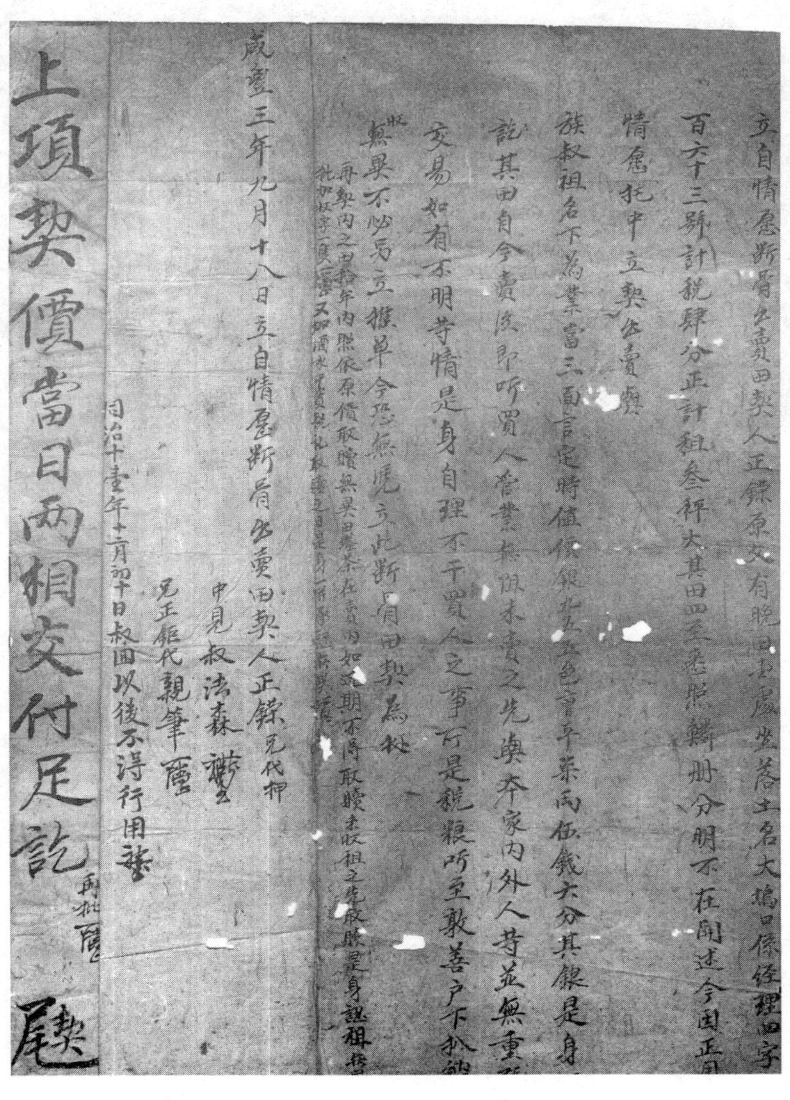

大郭山乡郭山 B 11 · 咸丰三年 · 正铢兄弟卖与族叔祖

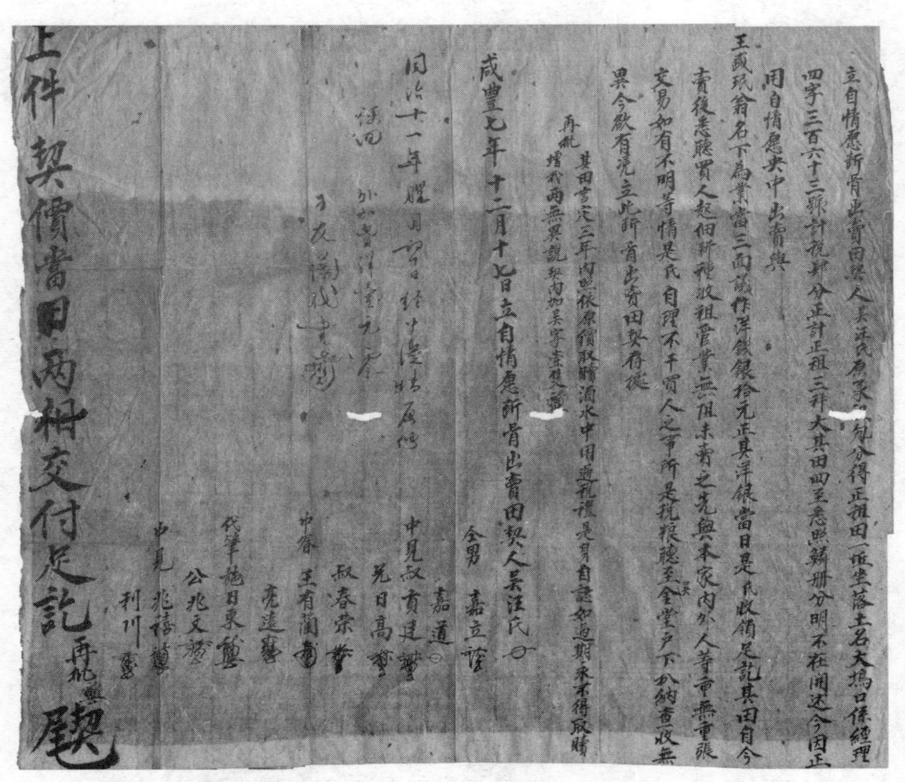

立自情愿断骨出賣田契人吴汪氏原承[illegible]夫分得正祖田一坵坐落土名大塢口係經理
四字三百六十三號計税　分正計正租三秤大其田四至悉照鱗册分明不在開述今因正
用自情愿央中出賣與
王盛珉翁名下為業當三面議作洋錢銀拾元正其洋銀當日是氏收領足訖其田自今
賣後悉聽買人起佃耕種收租管業無阻未賣之先與本家内外人等并無重張
交易如有不明等情是氏自理不干買人之事所是税粮聽至金堂户下扒納查收無
異今欲有凭立此断骨出賣田契存照

再批　其田言定三年内照依原價取贖酒水中田遵乳禮是身自認如過期永不得取贖
增[illegible]兩無異説契内加吴字壹個又照

咸豐七年十二月十七日立自情愿断骨出賣田契人吴汪氏
仝男　嘉立　嘉道
中見叔　貢建　兄日高　叔春崇
中资　王有蘭　堯遠
代筆　施日東　公兆文
中見　兆禧　利川

同治十一年臘月[illegible]日經中[illegible]
[illegible]

上件契價當日兩相交付足訖　再批

大鄣山乡鄣山 B 13 · 咸丰七年 · 断骨出卖田契 · 吴汪氏卖与王盛珉翁

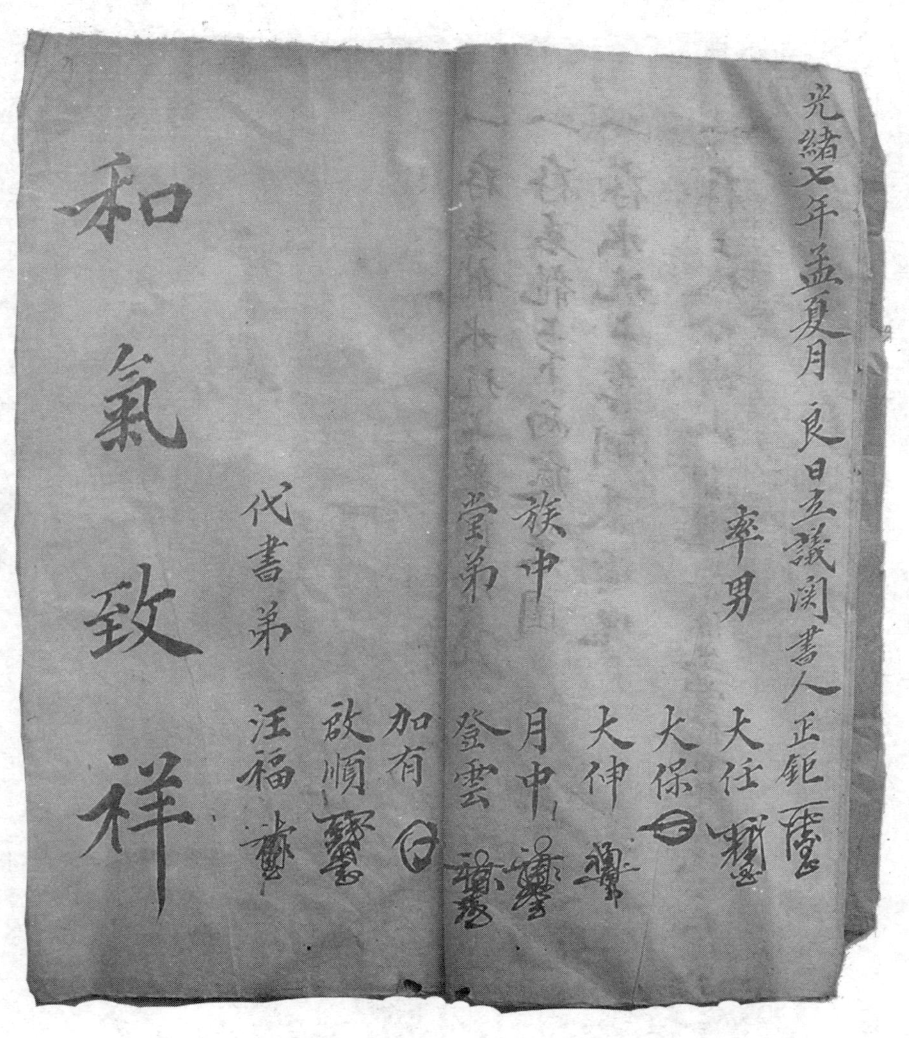

光緒七年孟夏月 良日立議閲書人 正鉅

率男 大任

大保

大伸

族中 月中

堂弟 登雲

加有

啟順

代書弟 汪福

和氣致祥

大鄣山乡鄣山 B 14-1 · 光绪七年 · 分关文书 · 正钜等

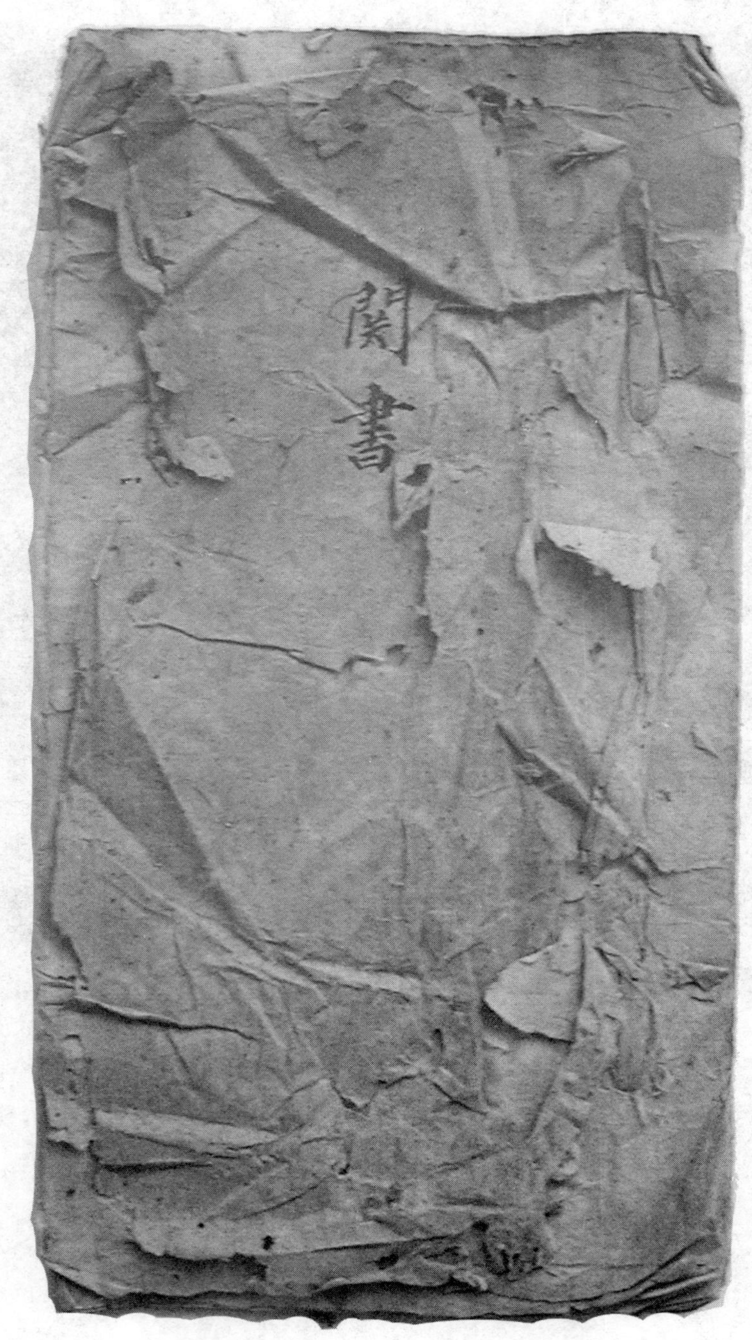


大郭山乡郭山 B 14-2 · 光绪七年 · 分关文书 · 正钜等

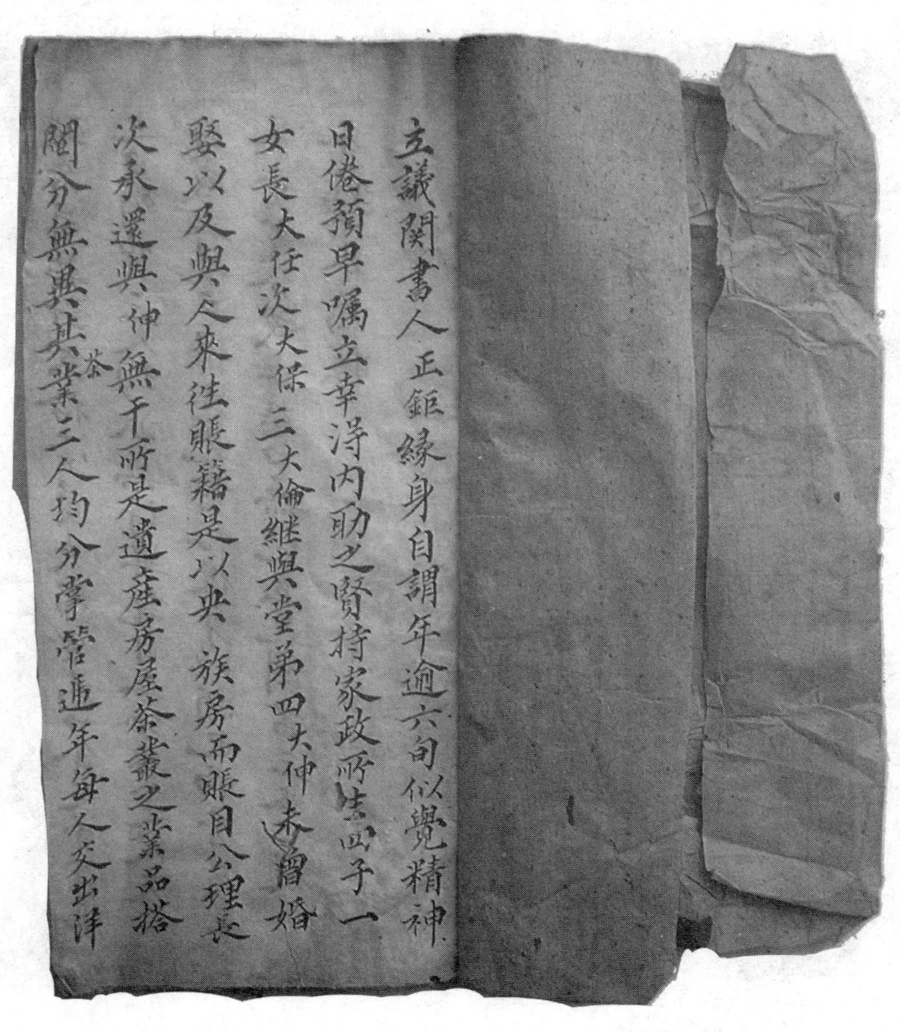

立議鬮書人正鉅緣身自謂年逾六旬似覺精神
日倦預早囑立幸得內助之賢持家政所生四子一
女長大任次大保三大倫繼與堂弟四大仲未曾婚
娶以及與人來往賬籍是以央 族房而賬目公理長
次承還與仲無干所是遺產房屋茶叢之業品搭
鬮分無異其茶業三人均分掌管遞年每人交出洋

大鄣山乡鄣山 B 14-3 · 光绪七年 · 分关文书 · 正钜等

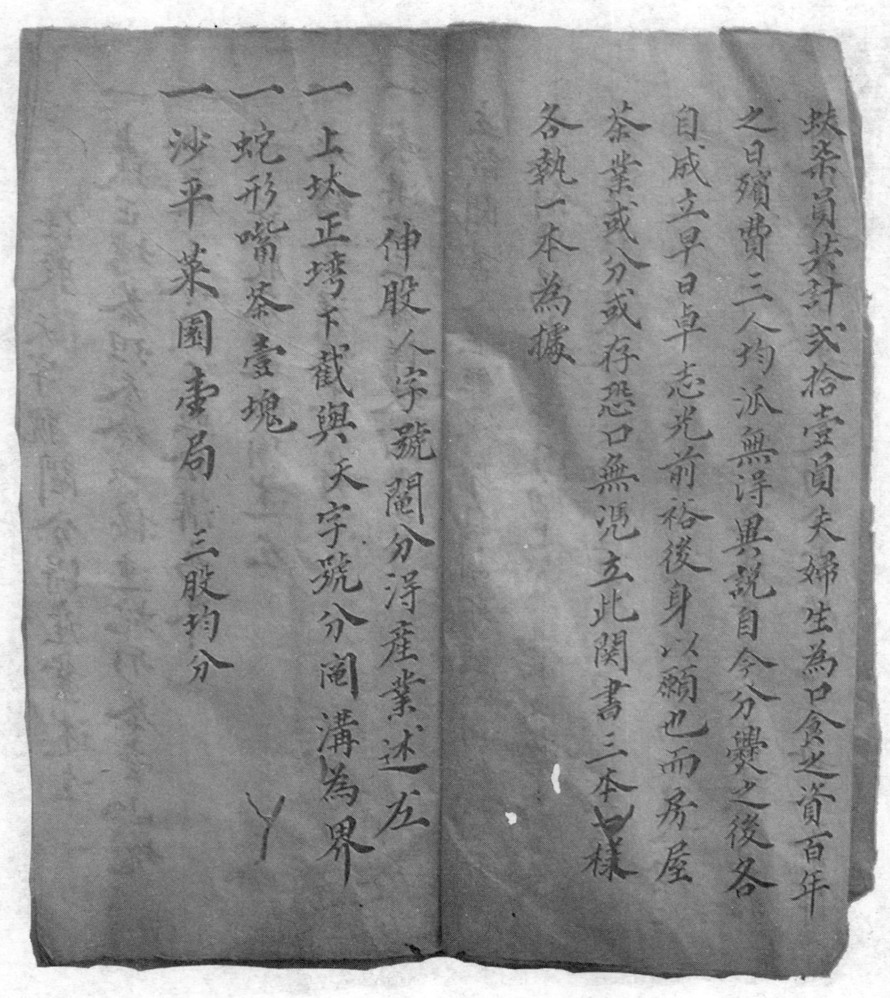

㚷条員共計貳拾壹員夫婦生為口食之資百年
之日殯費三人均派無得異說自今分爨之後各
自成立早日卓志光前裕後身以顧也而房屋
茶業貳分貳存恐口無憑立此閱書三本一樣
各執一本為據

伸股人字號閹分得產業述左
一上坟正塝下截與天字號分閹溝為界
一蛇形嘴茶壹塊
一沙平菜園壹局 三股均分

大鄣山乡鄣山 B 14-4 · 光绪七年 · 分关文书 · 正钜等

任股 天字號閹分得產業述左

一上垯正塆茶坦叁拾〻又接連蛇形茶壹小塊

一全處三坽底下照分溝為界

該股承還賬項述左

一承縉公 洋蚨十弍員

一承洪信三眷 洋蚨弍十員

一承元旦會 洋蚨陆員

一承社會 洋蚨六員

一承人和店 洋蚨拾壹員

一承通公 洋蚨叁員

一承春富叔 洋蚨叁員

一沙平菜園壹局 三股均分

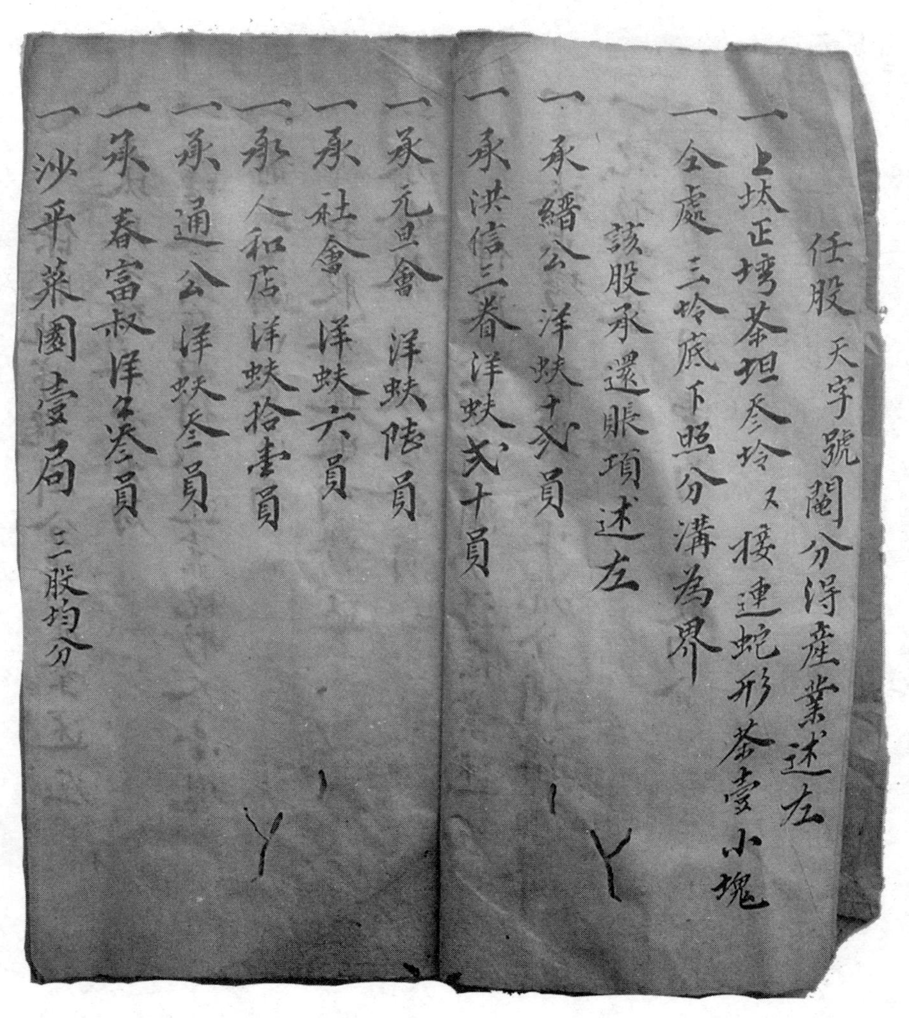

大鄣山乡鄣山 B 14-5 · 光绪七年 · 分关文书 · 正钜等

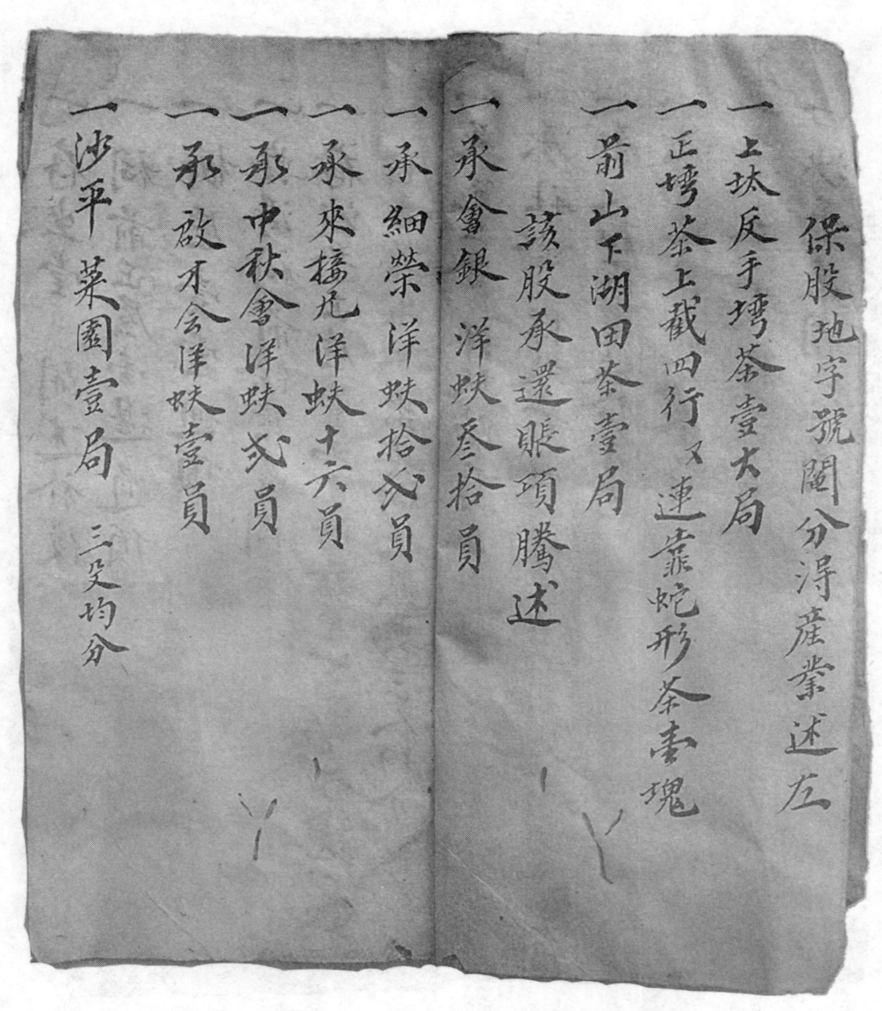

保股地字號閹分得產業述左
一上垯反手塆茶壹大局
一正塆茶上截四行又連靠蛇形茶壹塊
一前山下湖田茶壹局
該股承還賬項騰述
一承會銀 洋蚨叁拾員
一承細榮 洋蚨拾弍員
一承來據九洋蚨十六員
一承中秋會洋蚨弍員
一承啟才会洋蚨壹員
一沙平 菜園壹局 三叉均分

大鄣山乡鄣山 B 14-6 · 光绪七年 · 分关文书 · 正钜等

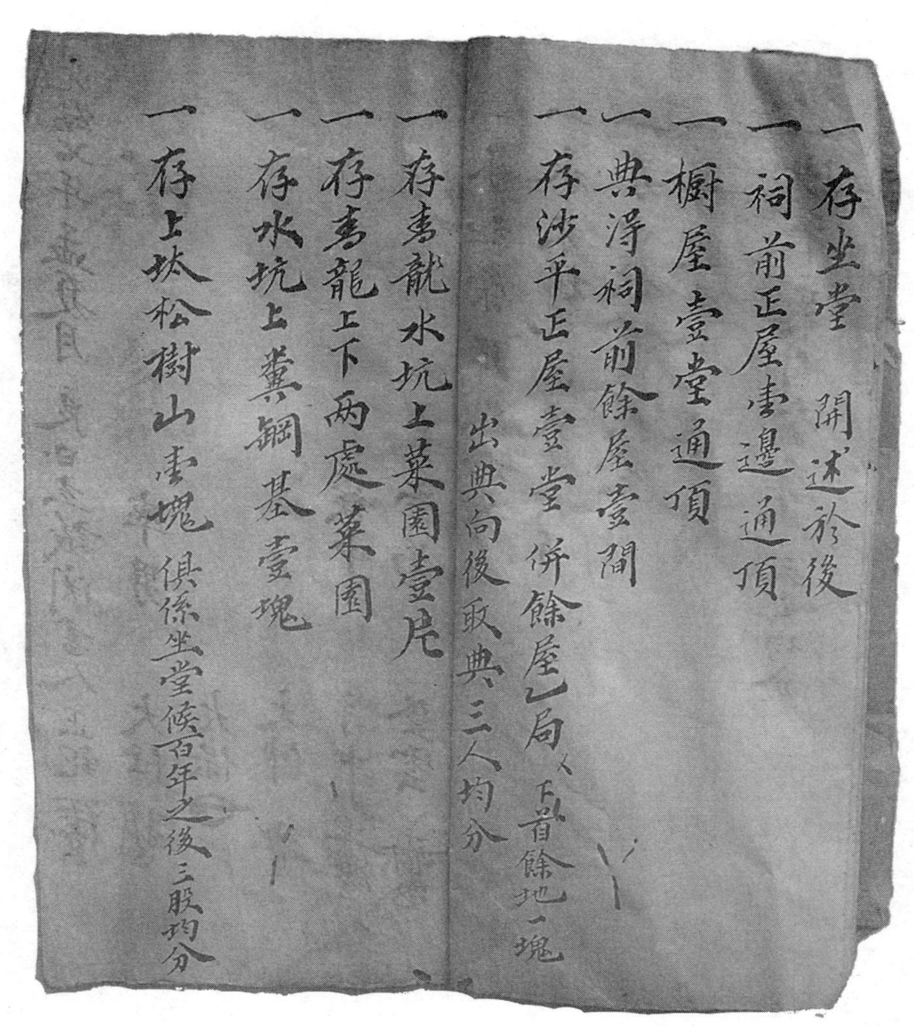
一存坐堂　開述於後
一祠前正屋壹邊通頂
一橱屋壹堂通頂
一典浮祠前餘屋壹間
一存沙平正屋壹堂　併餘屋一局　下首餘地一塊
出典向後取典三人均分
一存壹龍水坑上菜園壹片
一存壹龍上下兩處菜園
一存水坑上糞鋼基壹塊
一存上垅松樹山壹塊　俱係坐堂候百年之後三股均分

大鄣山乡鄣山 B 14-7 · 光绪七年 · 分关文书 · 正钜等

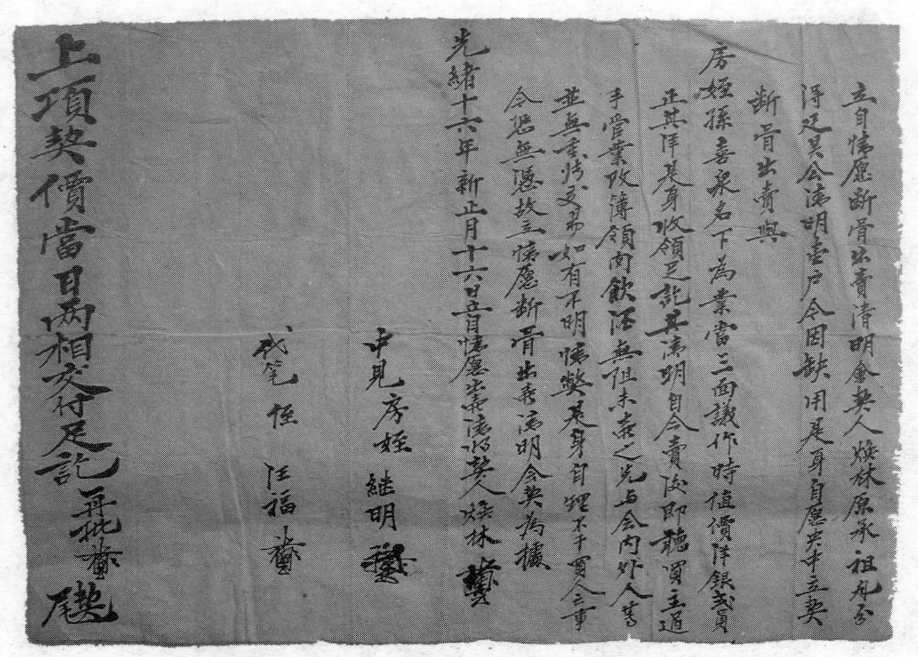

立自情愿断骨出賣清明會契人焕林，原承祖父分
得己名分清明壹戶。今因缺用，是身自愿央中立契
断骨出賣與
房姪孫喜泉名下為業，當三面議作時值價洋銀弍員
正。其洋是身收領足訖。其清明自今賣後，即聽買主遞
手嘗業收簿領內飲福，無阻。未賣之先，與会內外人等
並無重复交易。如有不明情弊，是身自理，不干買人之事。
今恐無憑，故立情愿断骨出賣清明會契為據。
光緒十六年新正月十六日立自情愿出賣清明契人焕林（押）
中見房姪 継明（押）
代笔姪 任福（押）
上項契價當日兩相交付足訖。再批（押）
尾（押）

大鄣山乡鄣山 B 5 · 光绪十六年 · 断骨出卖清明会契 · 焕林卖与房侄孙喜泉

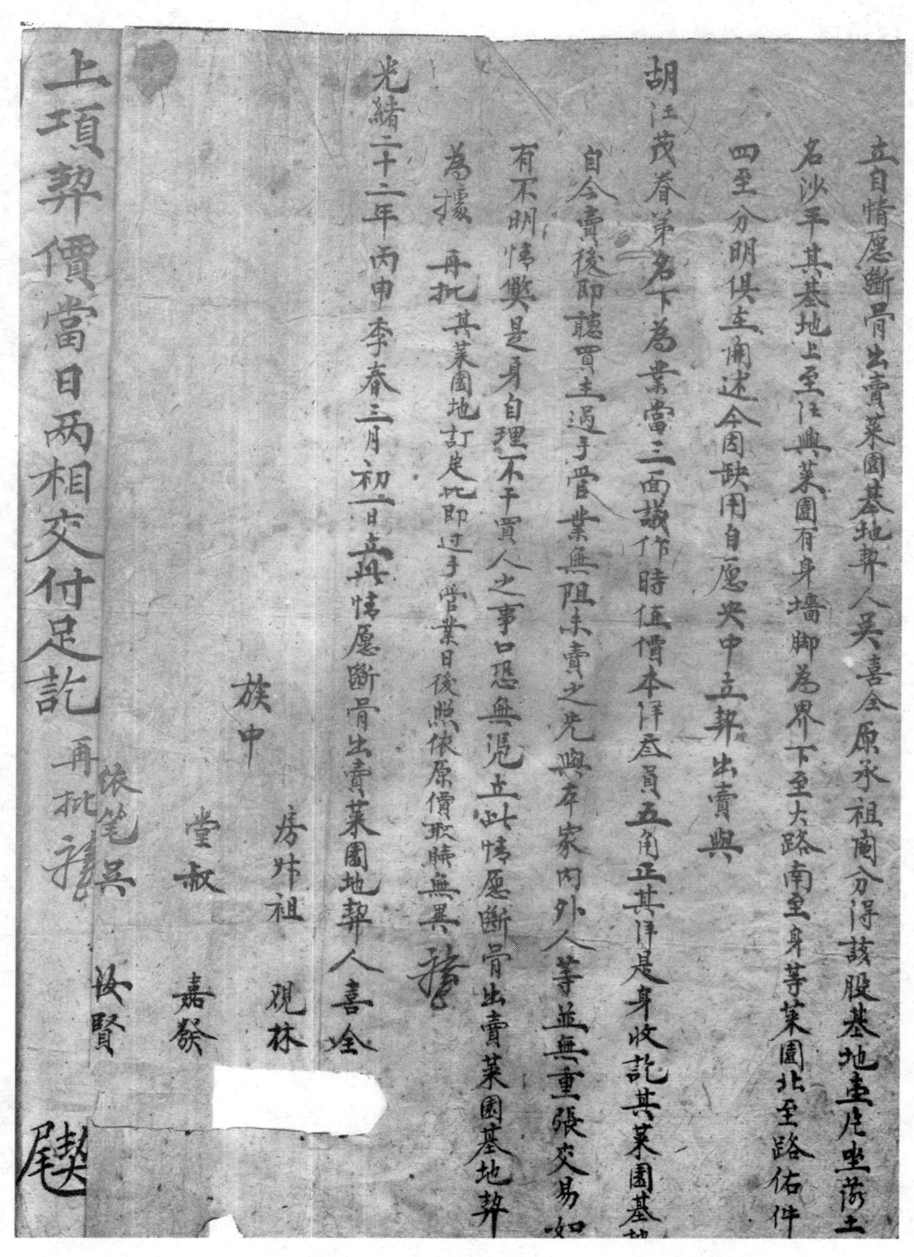

立自情愿断骨出賣菜園基地契人吴喜全原承祖阄分得該股基地壹片坐落土名沙平其基地上至汪典菜園有身墻脚為界下至大路南至身等菜園北至路佑件四至分明俱在阄述今因缺用自愿央中立契出賣與

胡汪茂眷弟名下為業當三面議作時值價本洋叁員五角正其洋是身收訖其菜園基地自今賣後即聽買主過手管業無阻未賣之先與本家内外人等並無重張交易如有不明情弊是身自理不干買人之事口恐無憑立此情愿断骨出賣菜園基地契為據

再批其菜園地訂定此即过手管業日後照依原價取贖無異 據

光緒二十二年丙申季春三月初一日立契情愿断骨出賣菜園地契人喜全

族中 房叔祖 觀林

堂叔 嘉發

依笔 吴汝賢

上項契價當日兩相交付足訖 再批 據

契

大鄣山乡鄣山 B 12 · 光绪二十二年 · 断骨出卖菜园基地契 ·

吴喜全卖与胡汪茂眷弟

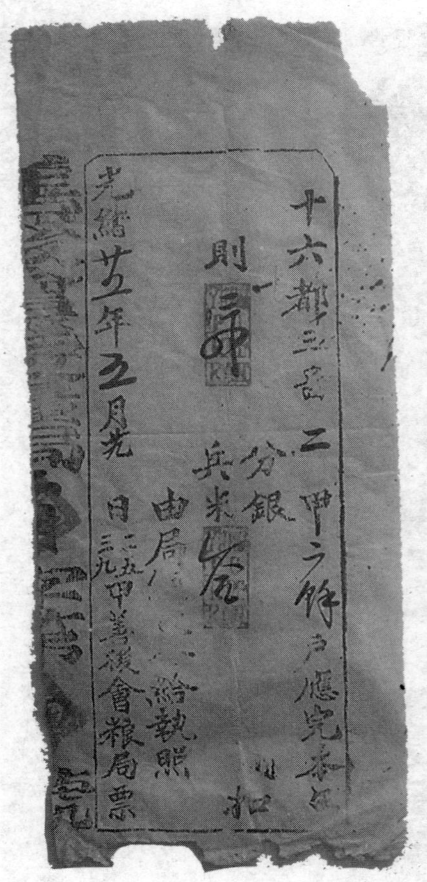

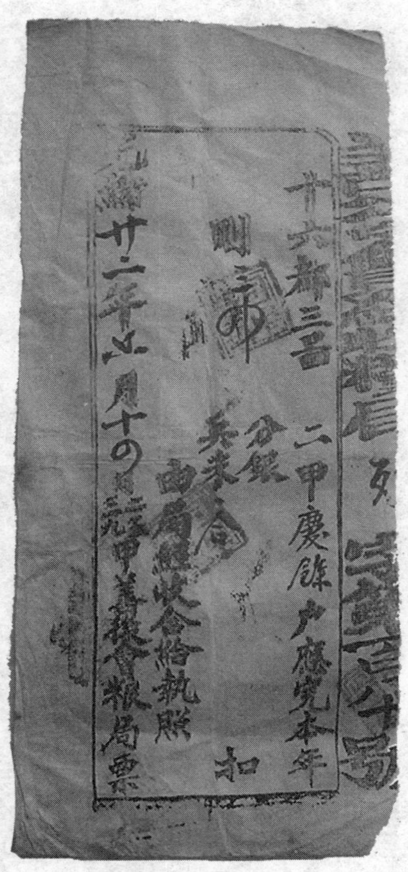

大鄣山乡鄣山 B 9 · 光绪二十五年 · 纳米执照 · 庆徐户、广徐户

立自情願下股字人＿＿，緣身兄弟六人，惟洪丰店五股平做，緣身幼氣手頭急用，無處張羅，今託中自願將身店內該股作押，抜用英洋＿元，其洋是身親手領足，開銷各賬，其店自今下股之後，米歸長兄、三兄、四兄、五兄列位管[illegible]開設，日後店內生意或落，照遞年摽簿為憑，身不得藉口生端，自此以後，今店錢一[illegible]身分文不得支用，今自願出店，至於店底若干[illegible]先考臨終遺囑，為此所押之洋任身[illegible]如數本利守還算清，將字繳回，毋異，恐口無憑，立此下股字存照

中 ＿＿ ＿＿

宣统元年十二月 日 立下股字人 ＿＿

大鄣山乡鄣山 B 4 · 宣统元年 · 立股字

十六都三啚 乙 甲慶餘户應完本年

兵米 一合

由局繳收合給執照

民國二年七月十六日

善後會粮局票

大鄣山乡鄣山 B 22 · 民国二年 · 善后会粮局票 · 庆馀户

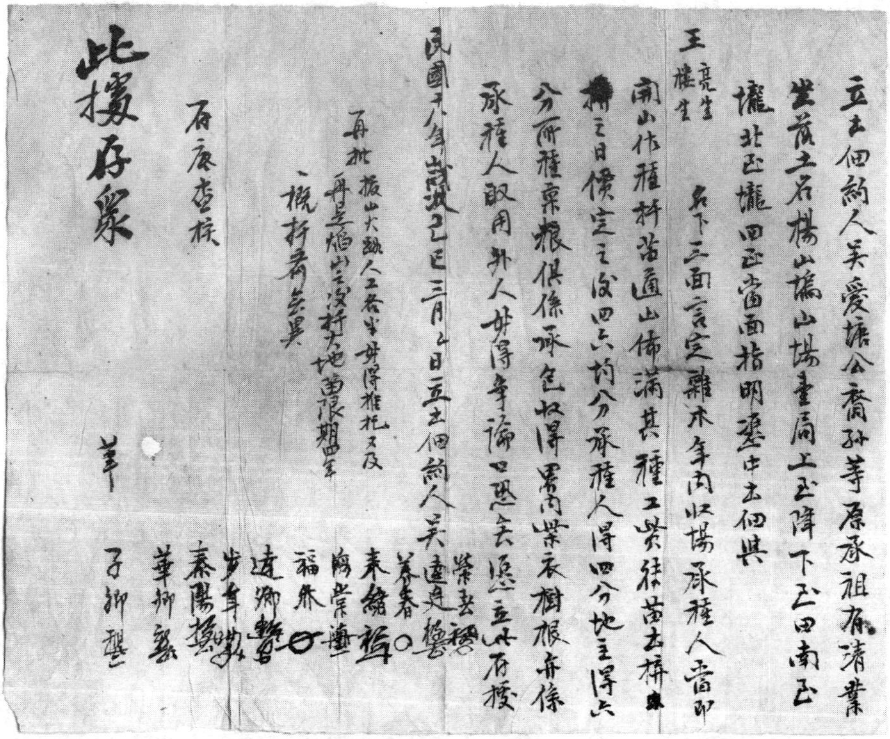

大鄣山乡鄣山 B 16 · 民国十八年 · 出佃约 · 吴爱塘公裔孙等佃与
王亮生、王楼生

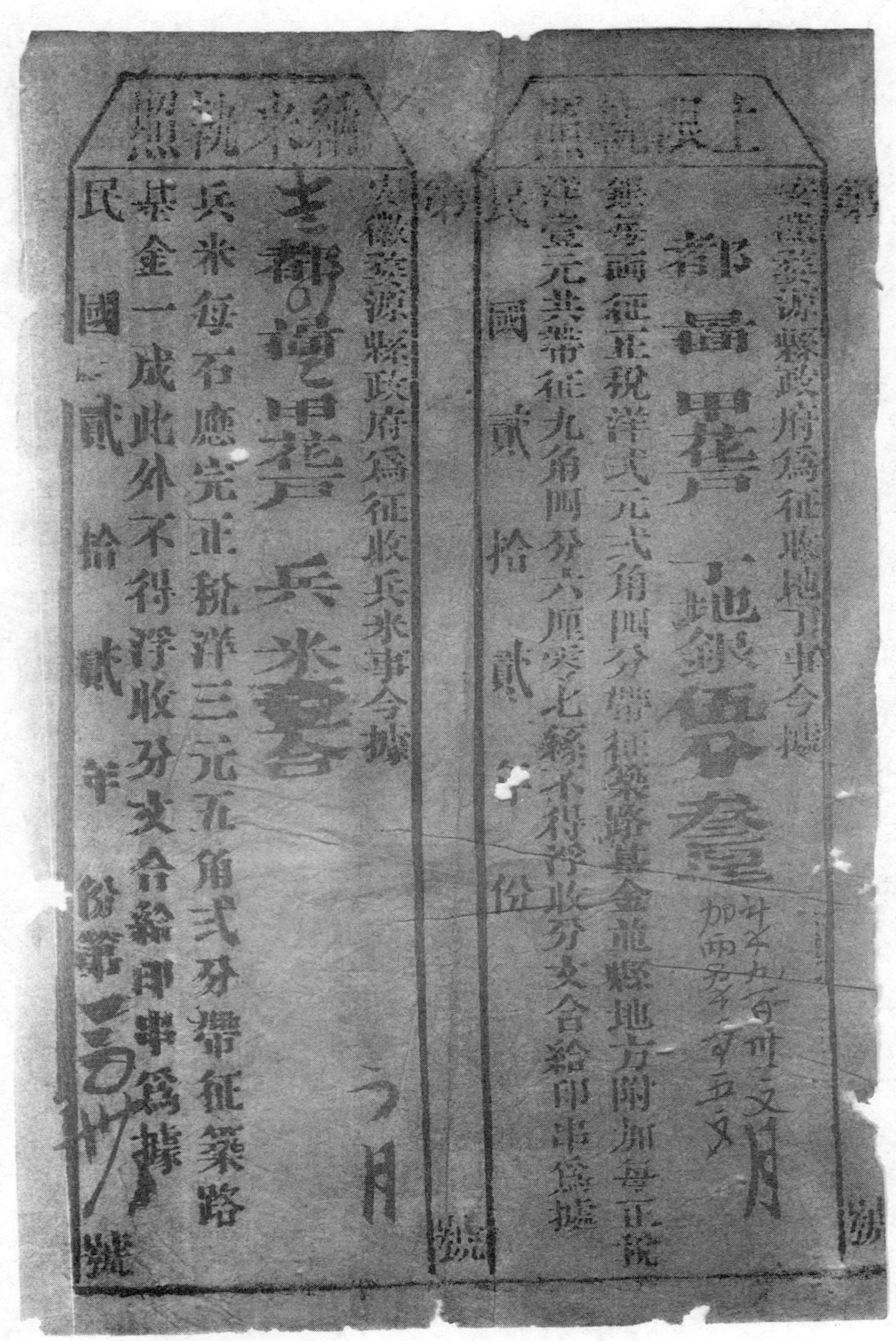

執照

安徽婺源縣政府為征收地丁事今據

都　圖　甲　戶

地銀　伍　零叁

錢每兩征正税洋弍元弍角四分帶征築路基金龍縣地方附加每正税

洋壹元共帶征九角四分六厘零七絲不得浮收分文合給印串為據

民國貳拾貳年　　月

第　　號

執照

安徽婺源縣政府為征收兵米事今據

十都四圖七甲　戶　兵米

兵米每石應完正税洋三元五角弍分帶征築路

基金一成此外不得浮收分文合給印串為據

民國貳拾貳年　　月

第　　號

大鄣山乡鄣山 B 23 · 民国二十二年 · 纳米执照 · 可月

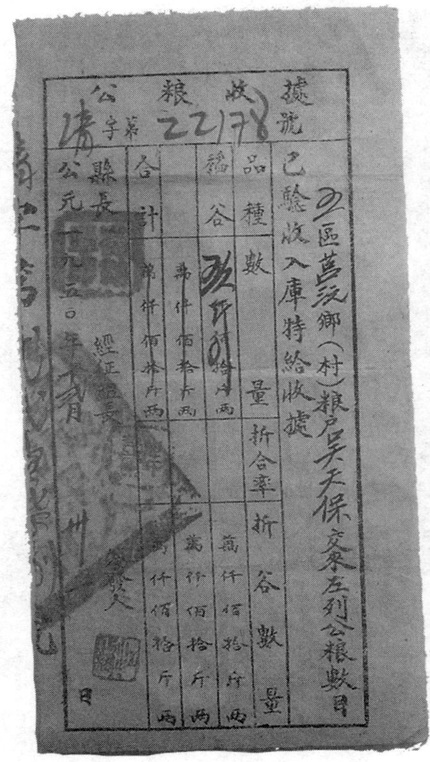

公粮收據

清字第22178號

已驗收入庫特給收據

五區莒溪鄉（村）粮户吴天保交來左列公粮數目

| 品種 | 數量 | 折合率 | 折谷數量 |
| --- | --- | --- | --- |
| 稻谷 | 萬仟佰拾斤兩 | | 萬仟佰拾斤兩 |
| 合計 | 萬仟佰拾斤兩 | | 萬仟佰拾斤兩 |

縣長

經征組長　　經收人

公元一九五〇年十二月　日

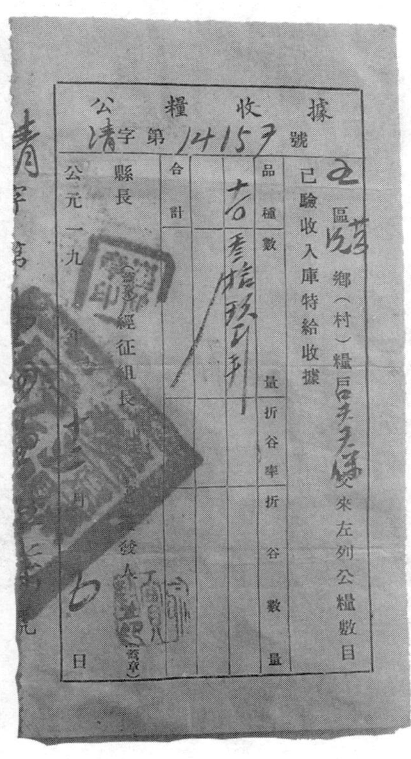

公糧收據

清字第14157號

已驗收入庫特給收據

五區莒溪鄉（村）糧戶吴天保交來左列公糧數目

| 品種數量 | 折谷率 | 折谷數量 |
| --- | --- | --- |
| | | |
| 合計 | | |

縣長

經征組長　　經收人（蓋章）

公元一九　年　月　日

大鄣山乡鄣山 B 19 · 一九五〇年 · 公粮收据 · 吴天保

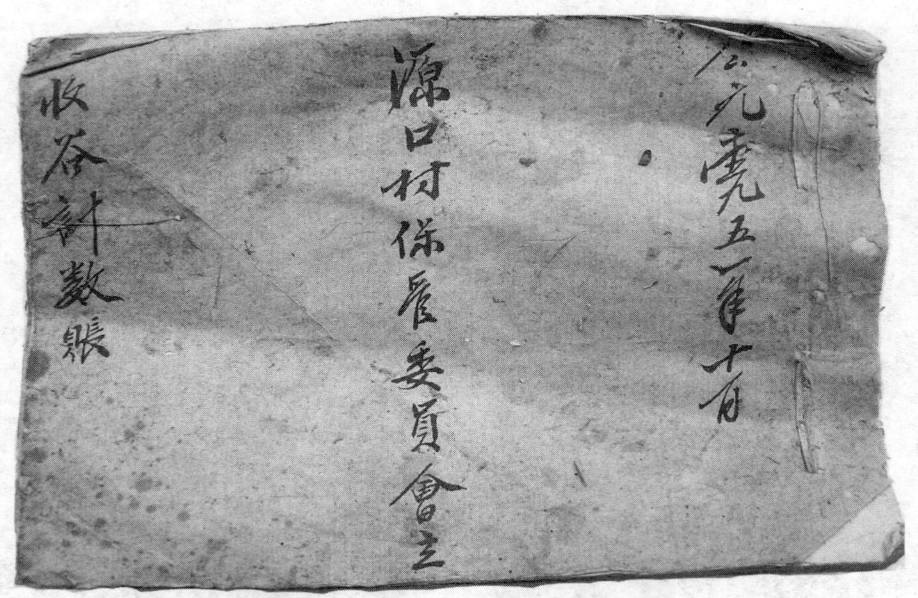

公元壹九五一年十月
源口村保管委員會立
收谷計數賬


大鄣山乡鄣山 B 2-1 · 一九五一年 · 收谷计数账 · 源口村保管委员会

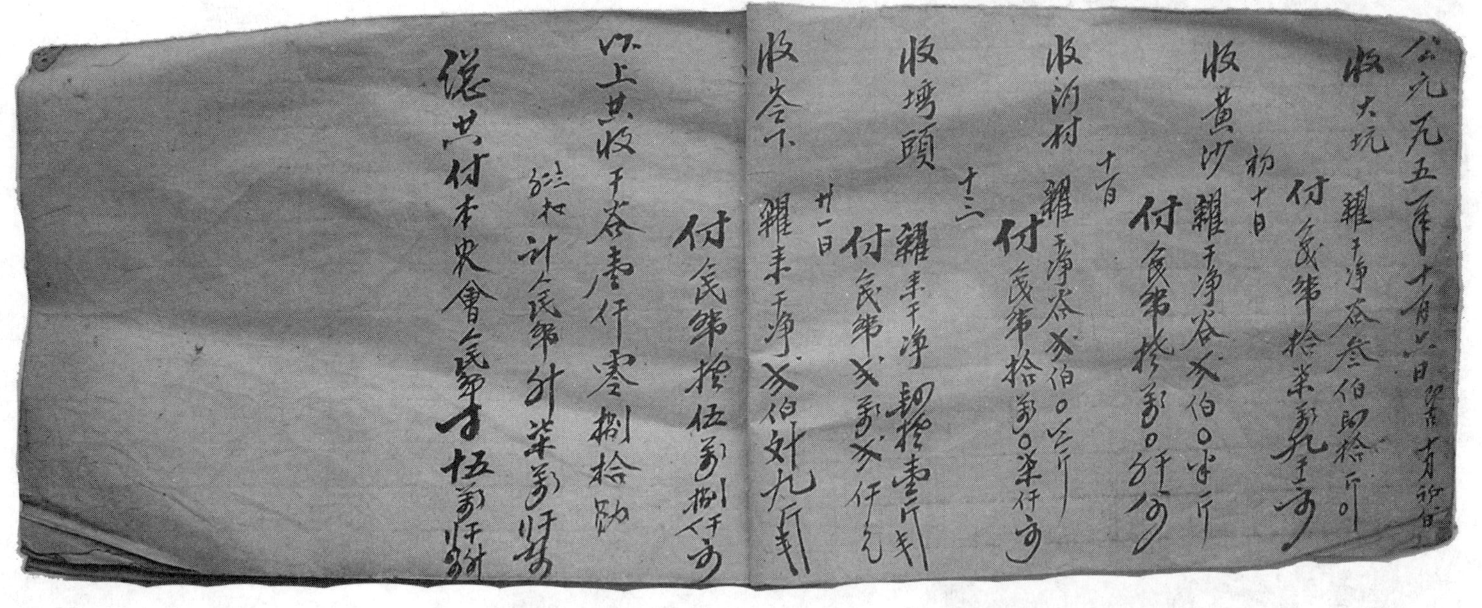

大鄣山乡鄣山 B 2-2 · 一九五一年 · 收谷计数账 · 源口村保管委员会

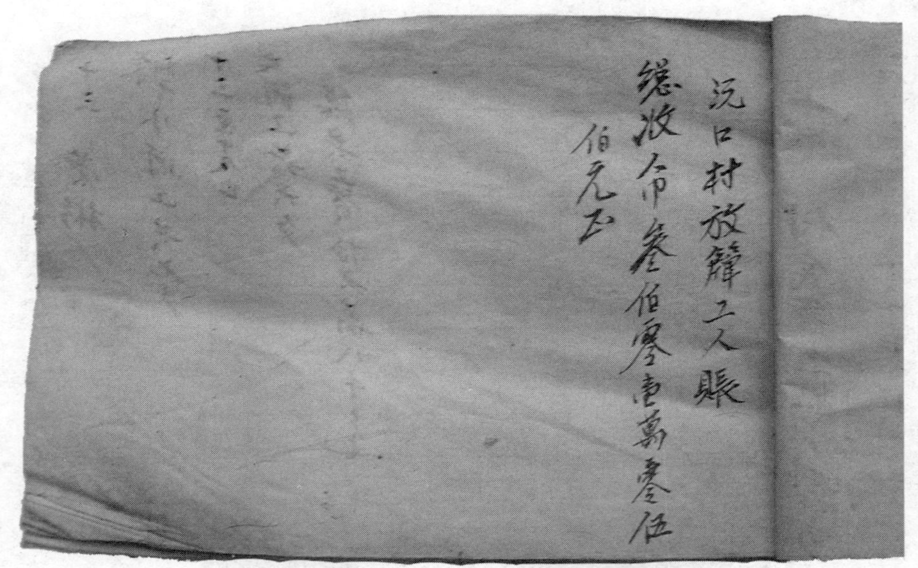

大郭山乡郭山 B 2-3 · 一九五一年 · 收谷计数账 · 源口村保管委员会

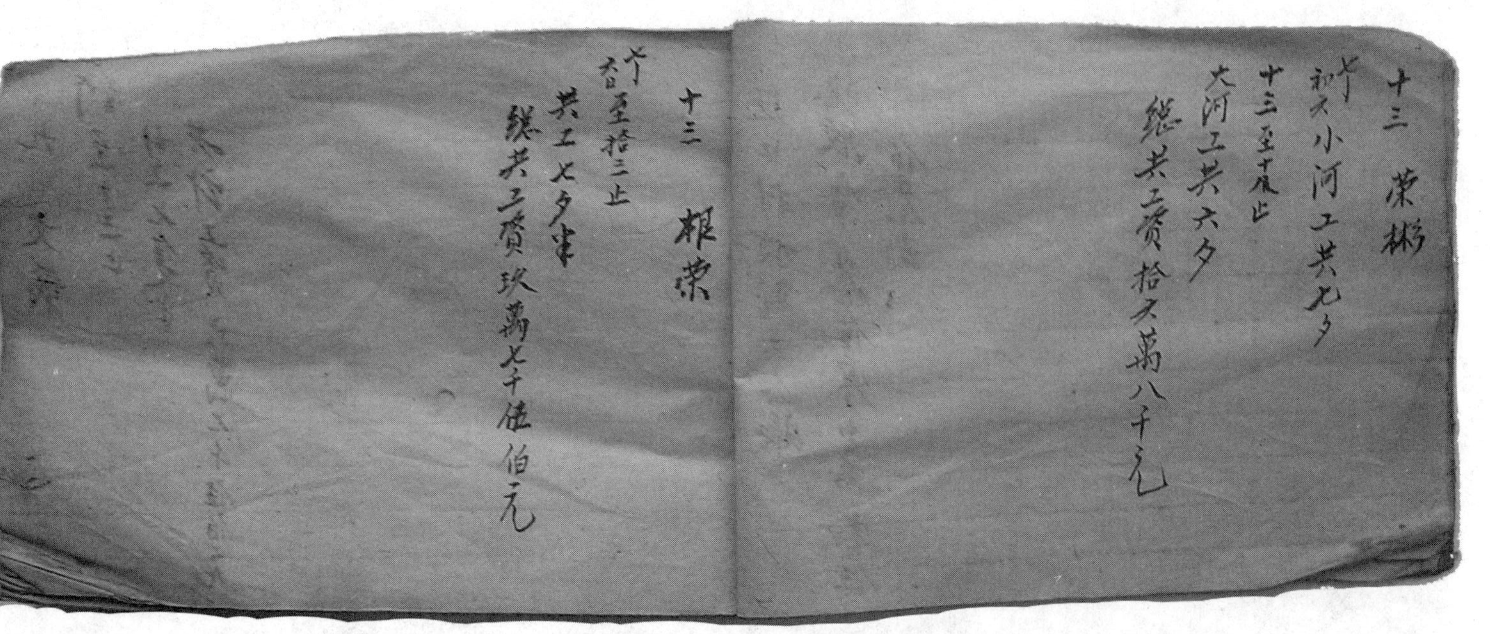
十三　荣彬
七 初六小河工共九夕
十三至十八止
大河工共六夕
総共工資拾六萬八千元

十三　根荣
七 廿日至拾三止
共工七夕半
総共工資玖萬七千伍伯元

大郭山乡郭山 B 2-4・一九五一年・收谷计数账・源口村保管委员会

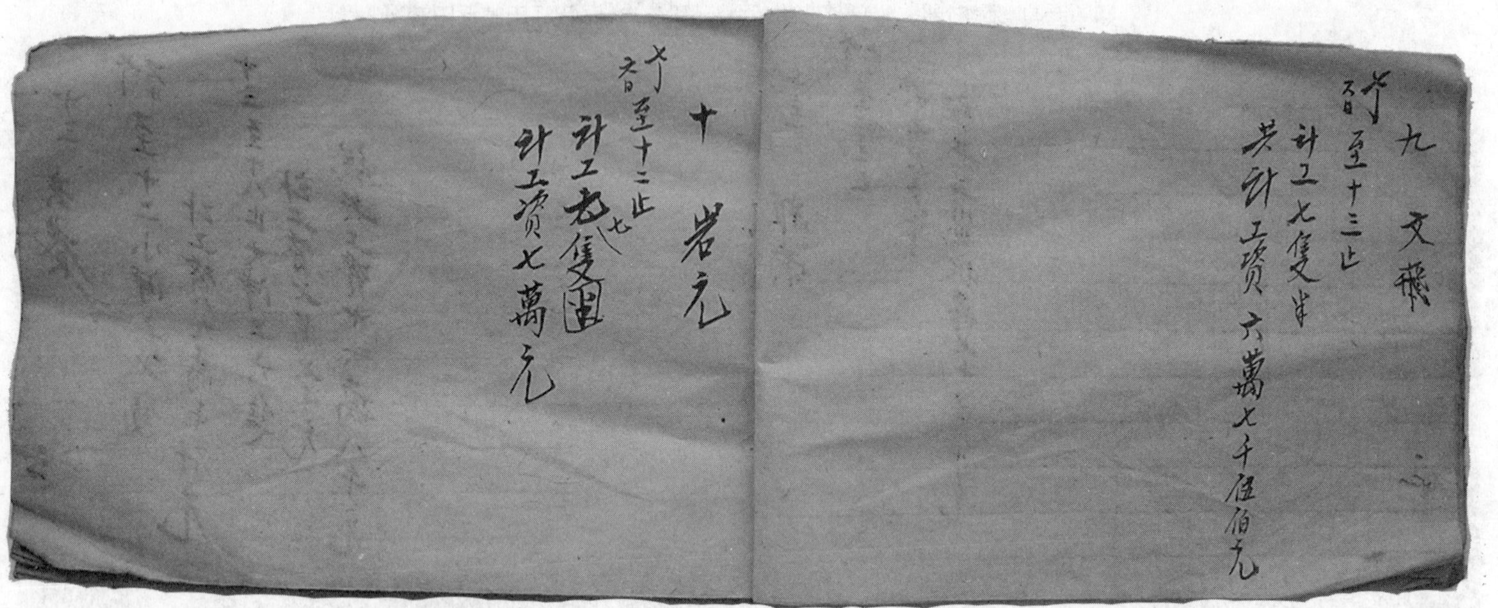


大鄣山乡鄣山 B 2-5・一九五一年・收谷计数账・源口村保管委员会

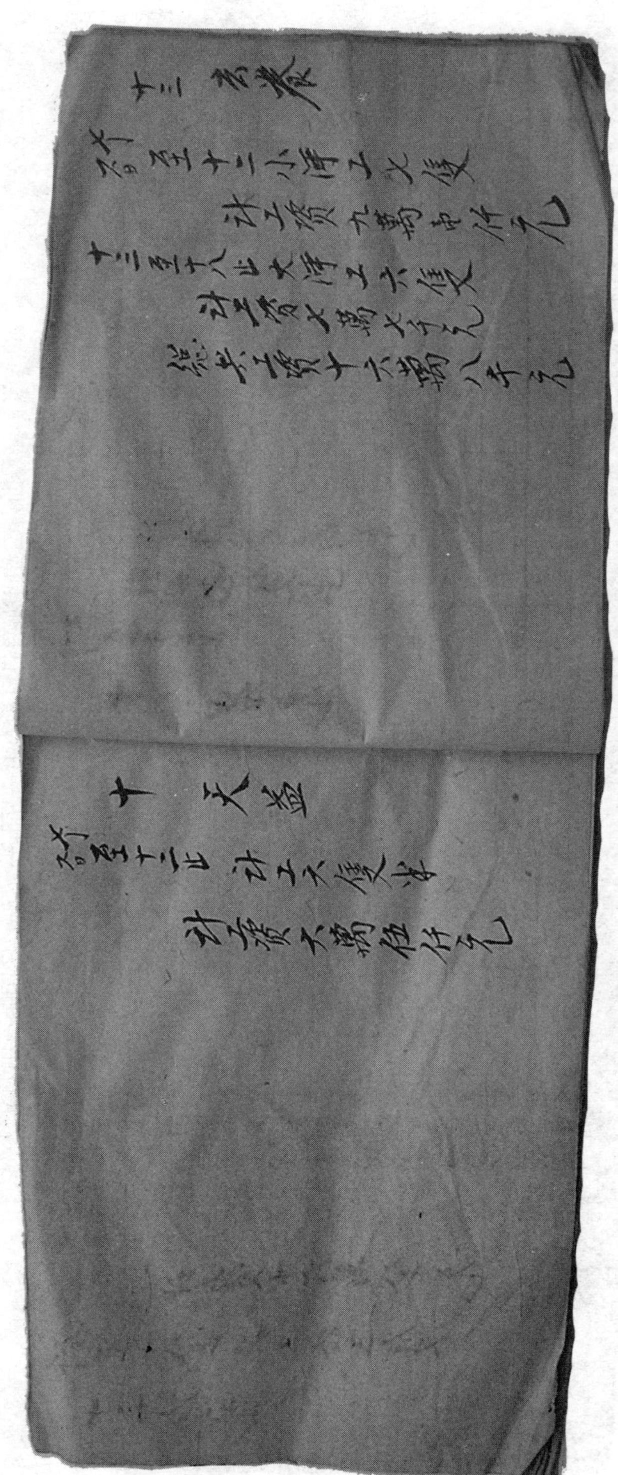

大鄣山乡鄣山 B 2-6 · 一九五一年 · 收谷计数账 · 源口村保管委员会

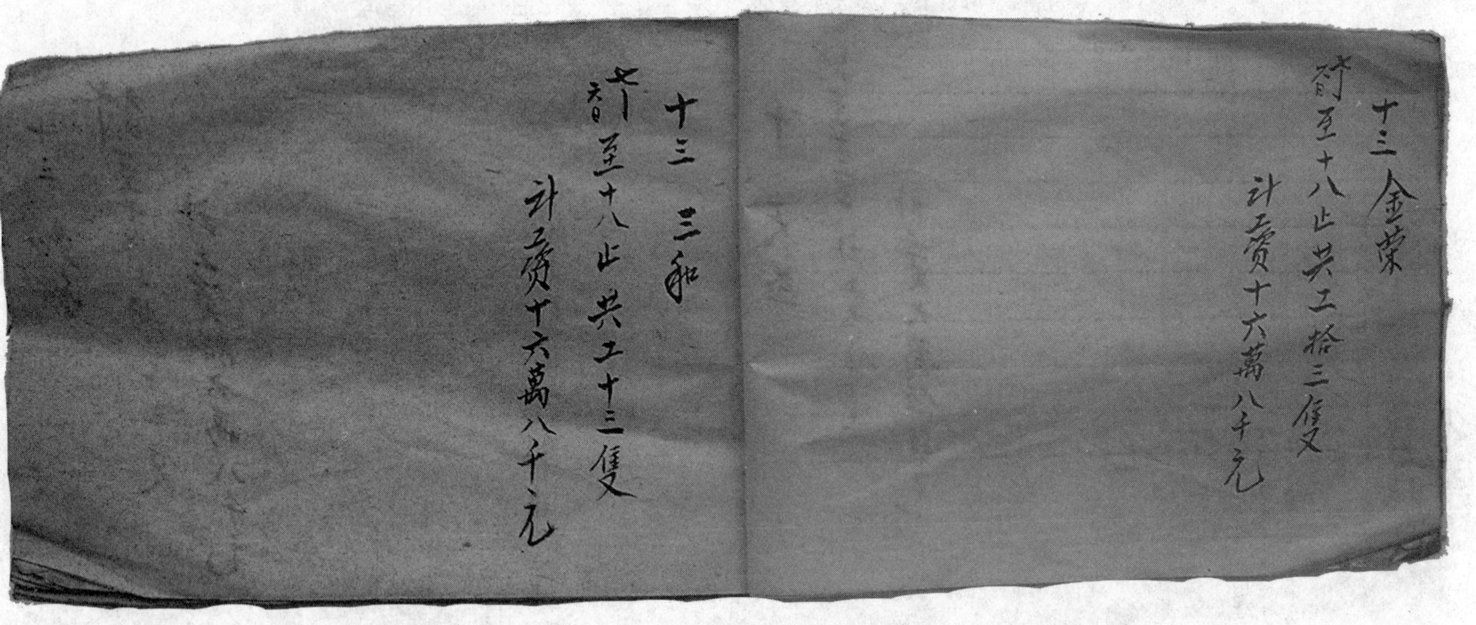

十三　金荣
初至十八止共工拾三隻
计工资十六萬八千元

十三　三和
初至十八止共工十三隻
计工资十六萬八千元

大鄣山乡鄣山 B 2-7 · 一九五一年 · 收谷计数账 · 源口村保管委员会

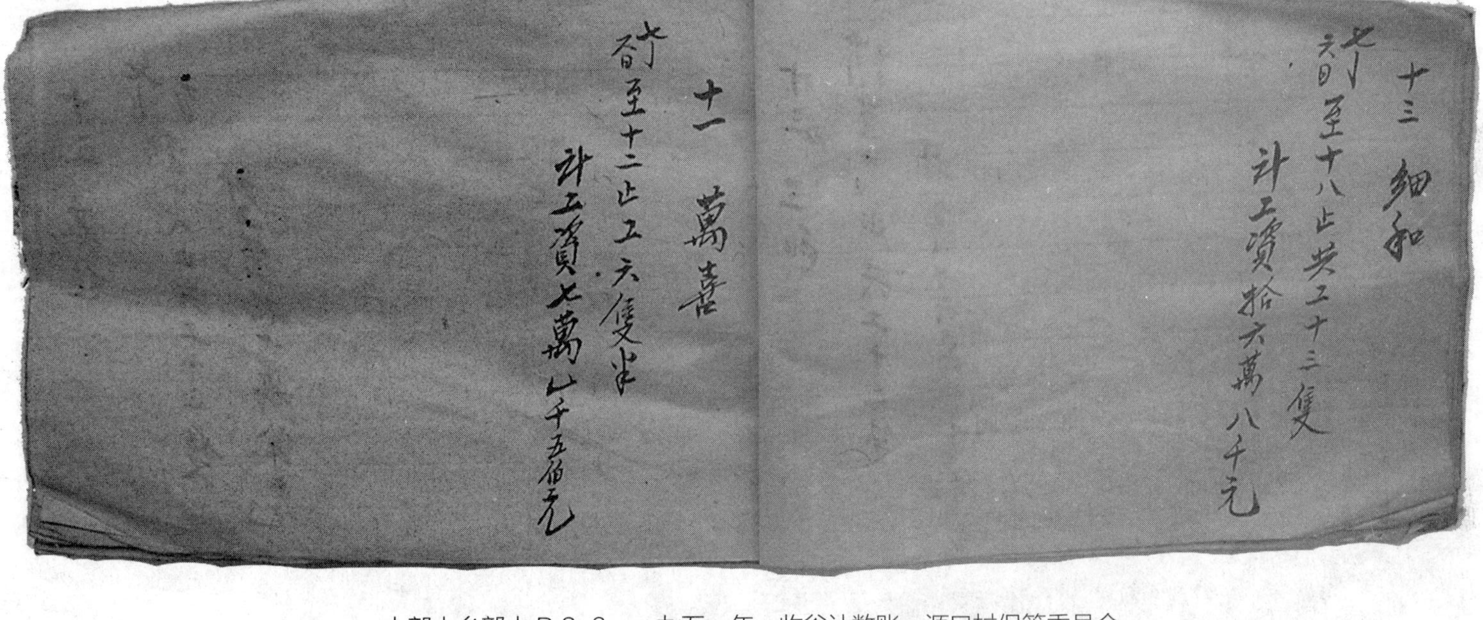
十三　細和
七月六日至十八止共工十三隻
計工資拾六萬八千元
十一　萬喜
七月日至十二止工六隻半
計工資七萬山千五佰元

大鄣山乡鄣山 B 2-8 · 一九五一年 · 收谷计数账 · 源口村保管委员会

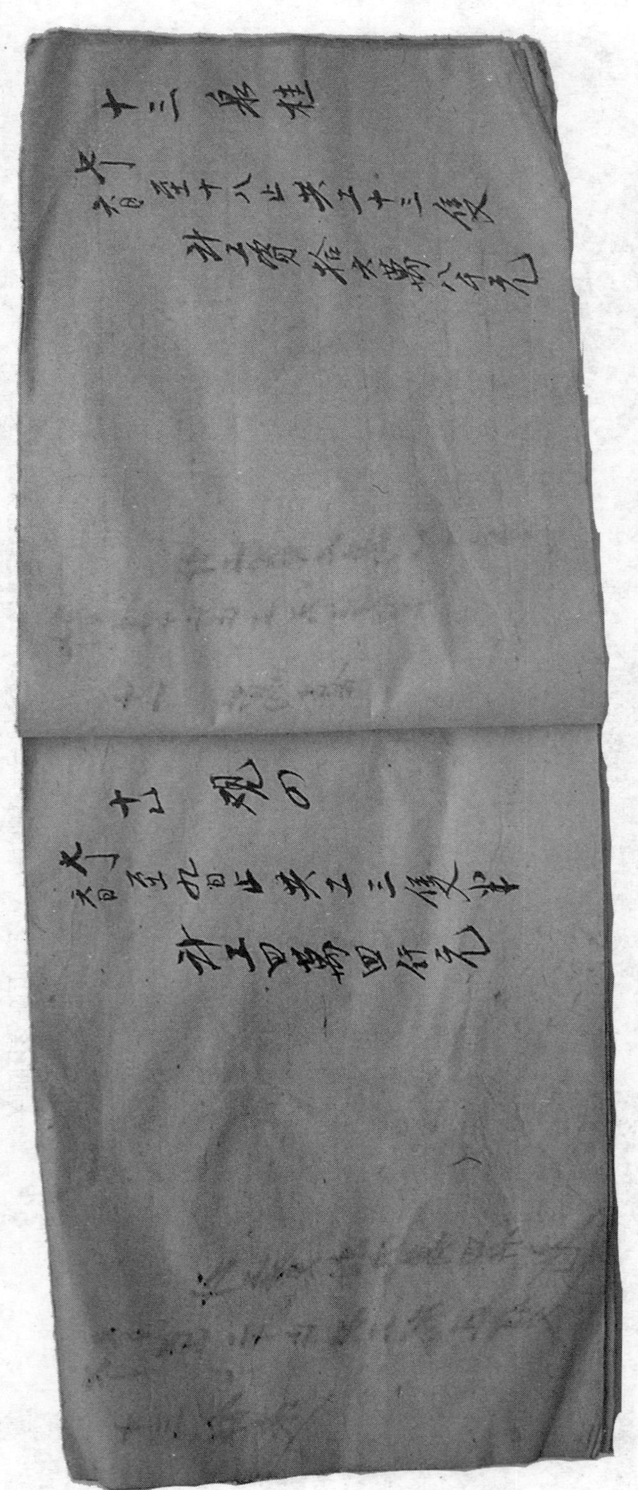

大鄣山乡鄣山 B 2-9 · 一九五一年 · 收谷计数账 · 源口村保管委员会

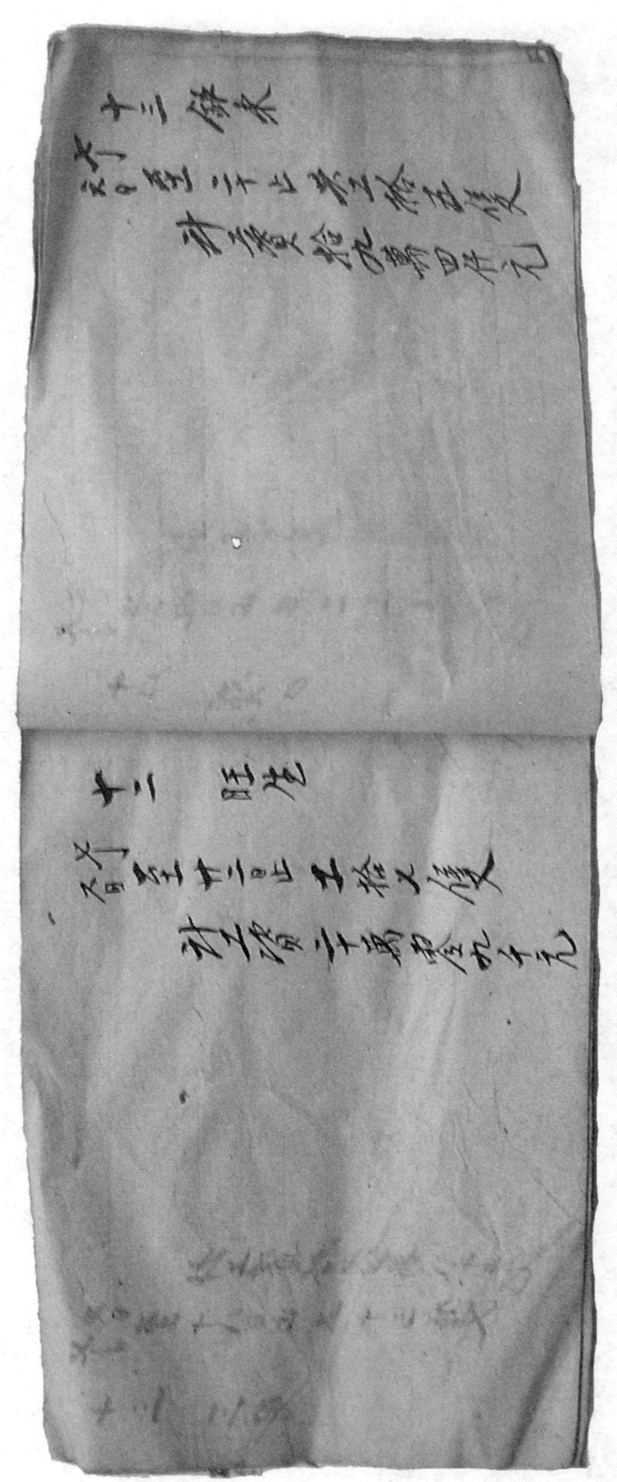

大鄣山乡鄣山 B 2-10 · 一九五一年 · 收谷计数账 · 源口村保管委员会

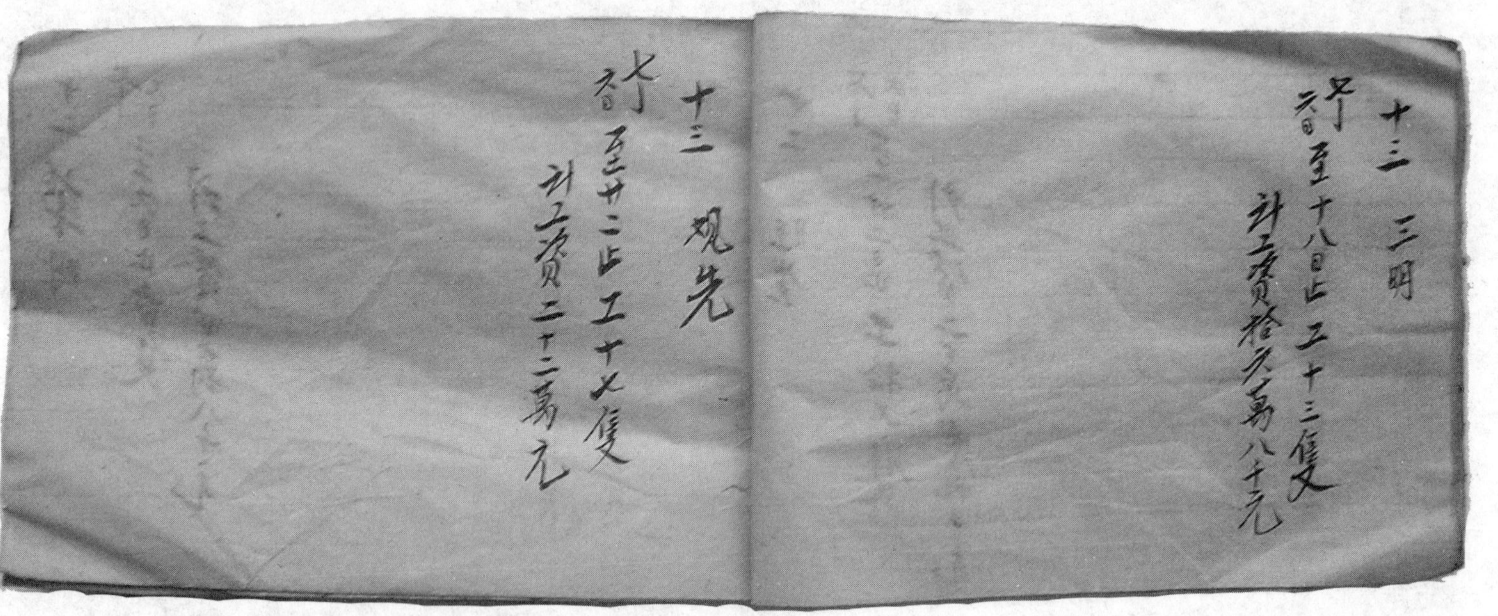

大鄣山乡鄣山 B 2-11 · 一九五一年 · 收谷计数账 · 源口村保管委员会

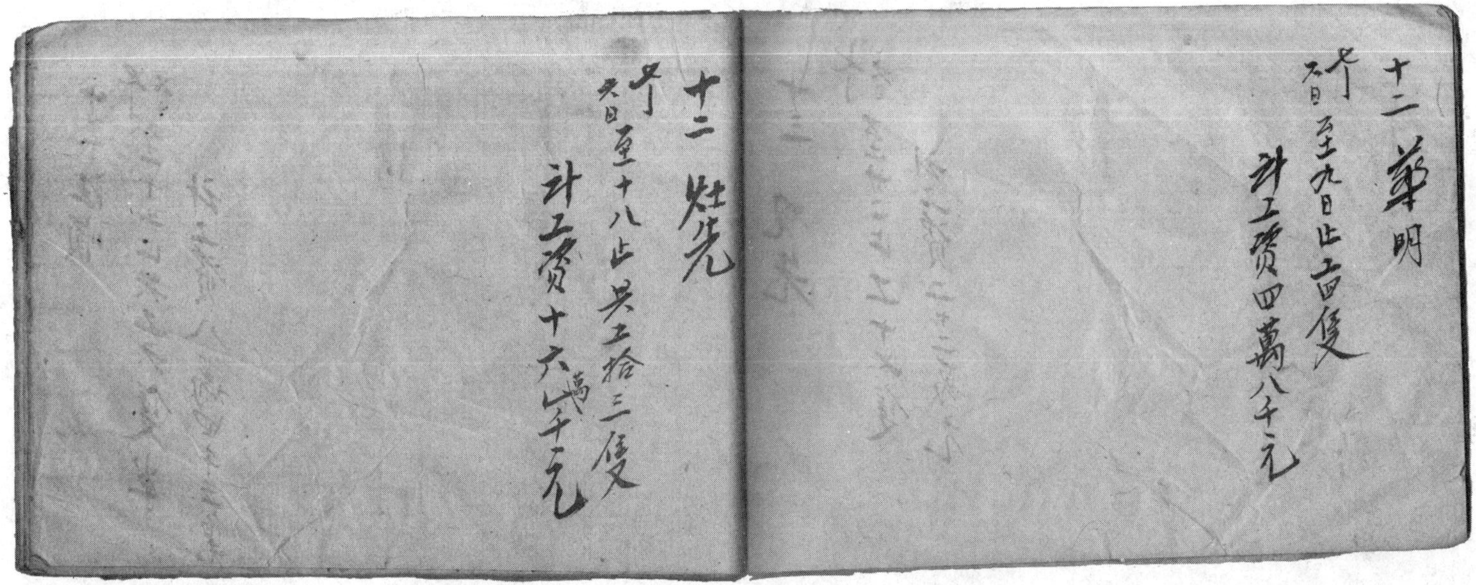
十二 華明
[illegible]日至九日止 [illegible]工度
计工资四萬八千元

十二 灶先
[illegible]日至十八止 共工拾三度
计工资十六萬[illegible]千元

大鄣山乡鄣山 B 2-12 · 一九五一年 · 收谷计数账 · 源口村保管委员会

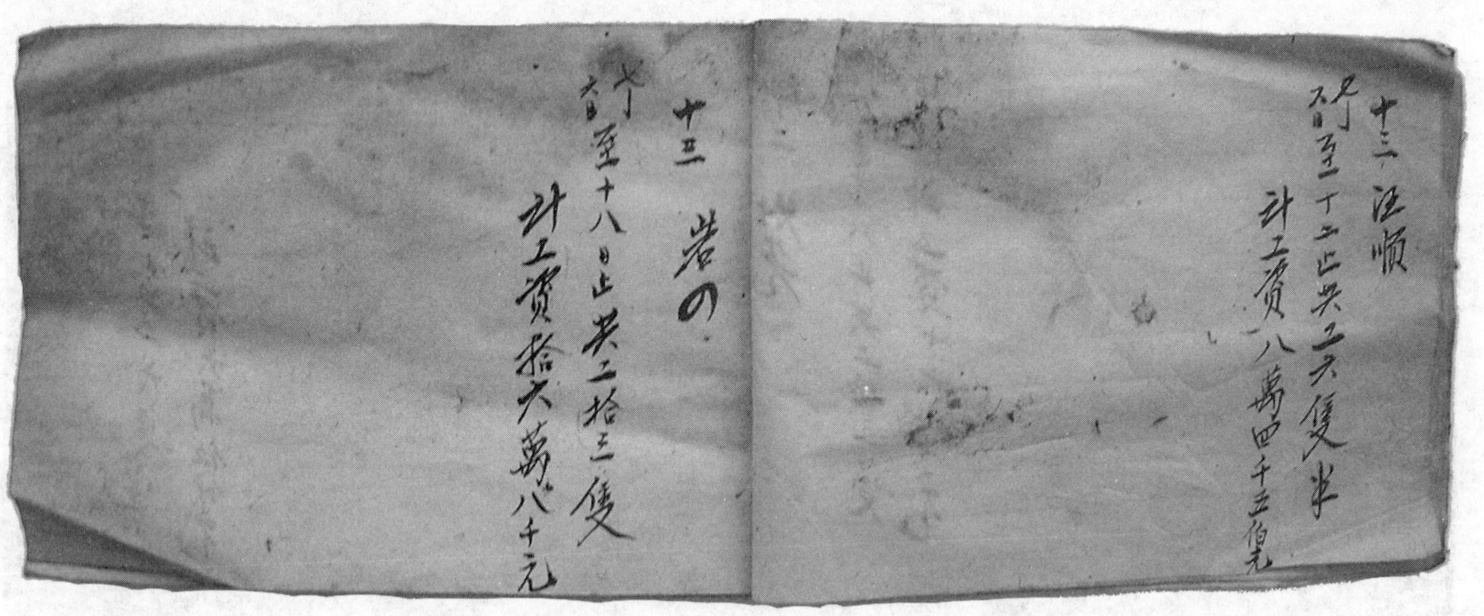

十三 汪顺
七月[illegible]日至二十二止共工六隻半
计工资八万四千五佰元

十五 岩の
七月大日至十八日止共工拾三隻
计工资拾六万八千元

大鄣山乡鄣山 B 2-13 · 一九五一年 · 收谷计数账 · 源口村保管委员会

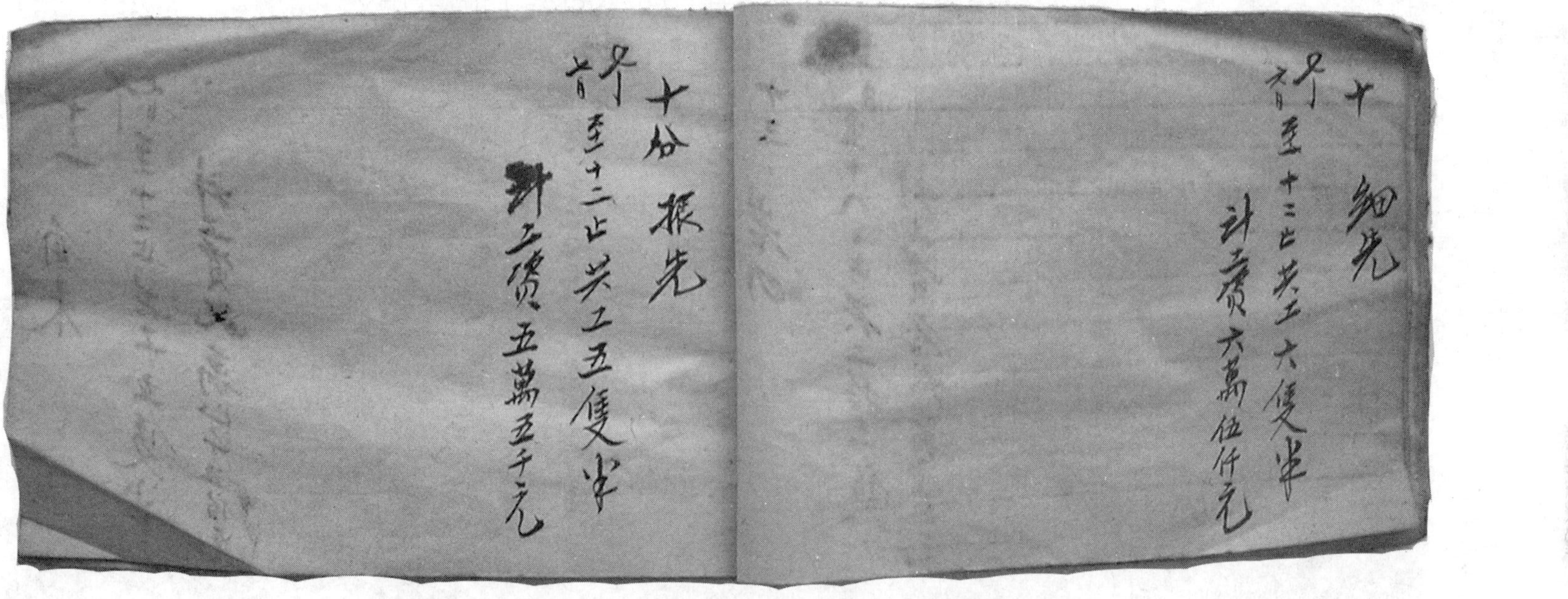

许十 细先
二月至十二止共工六雙半
计资六萬伍仟元

许十分 根先
二月至十二止共工五雙半
计工资五萬五千元

大鄣山乡鄣山 B 2-14 · 一九五一年 · 收谷计数账 · 源口村保管委员会

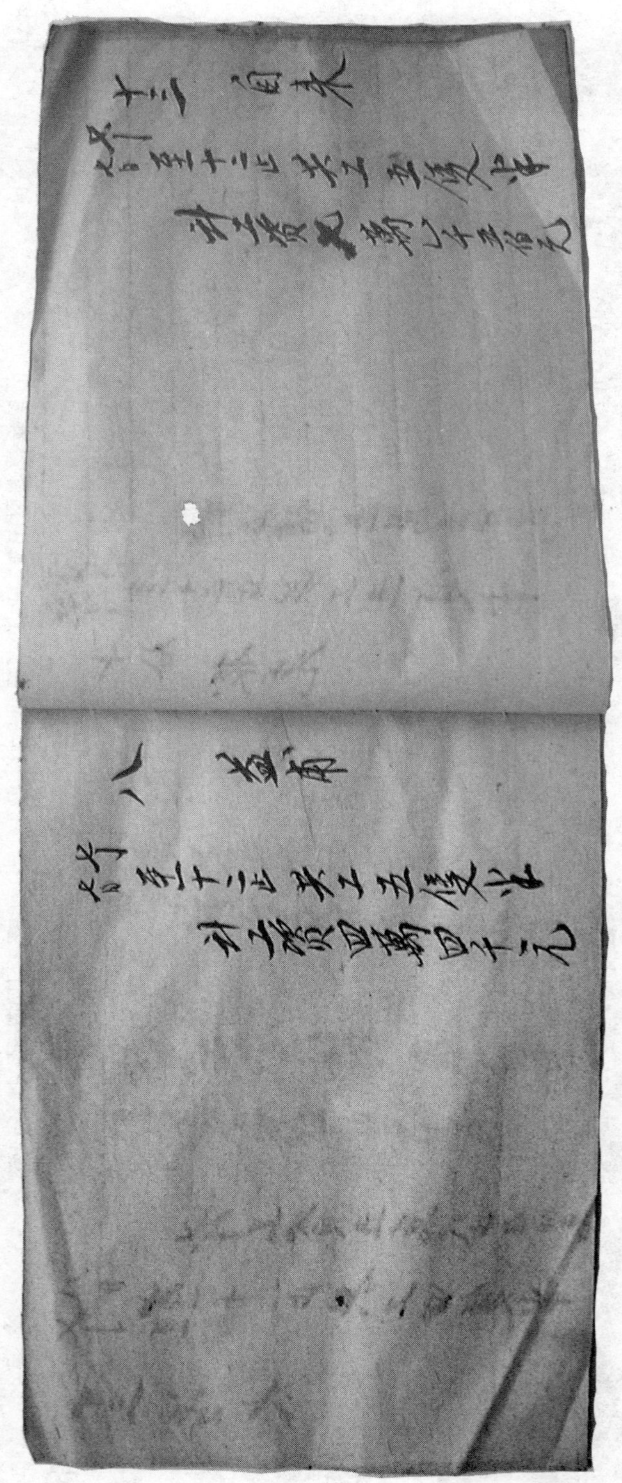

大鄣山乡鄣山B 2-15 · 一九五一年 · 收谷计数账 · 源口村保管委员会

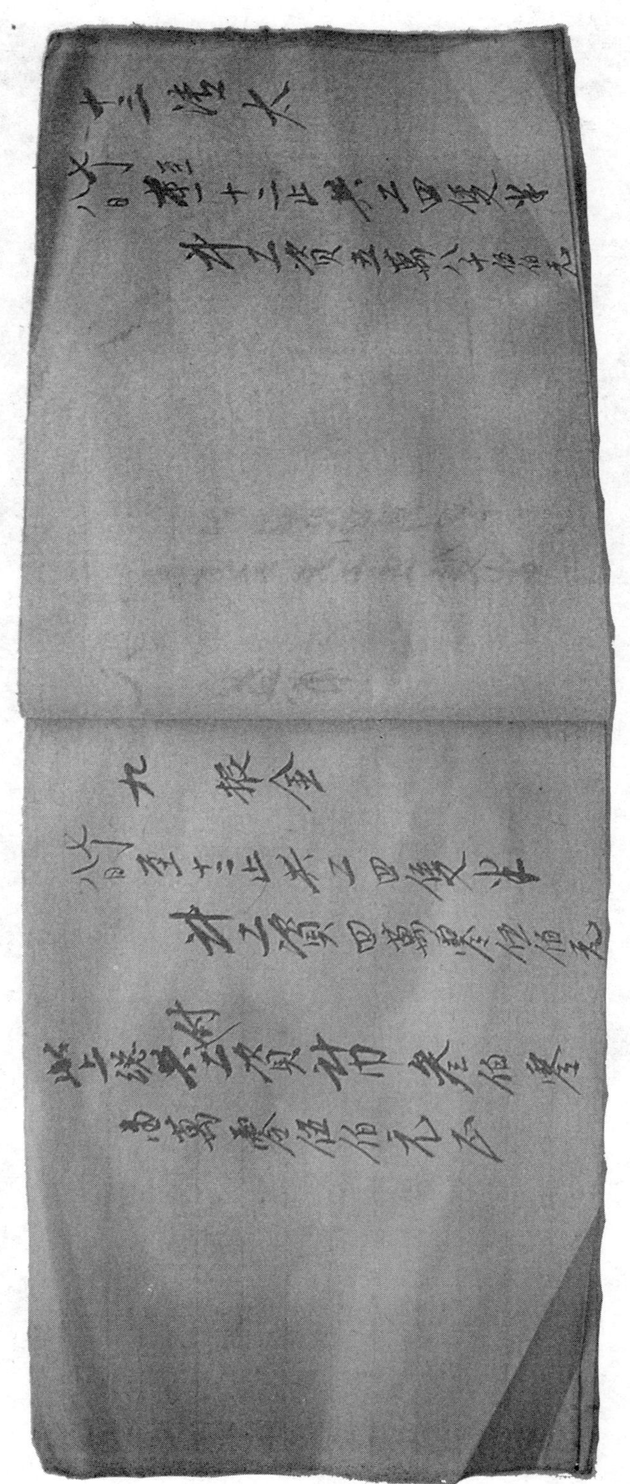

大鄣山乡鄣山 B 2-16 · 一九五一年 · 收谷计数账 · 源口村保管委员会

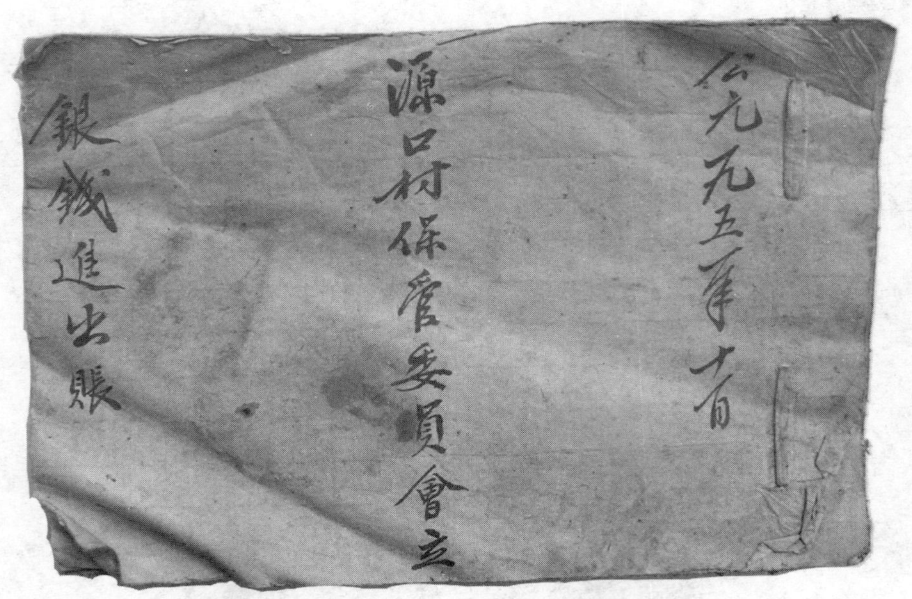
公元一九五一年十一月

源口村保管委員會立

銀錢進出賬

大鄣山乡鄣山 B 3-1 · 一九五一年 · 银钱进出账 · 源口村保管委员会

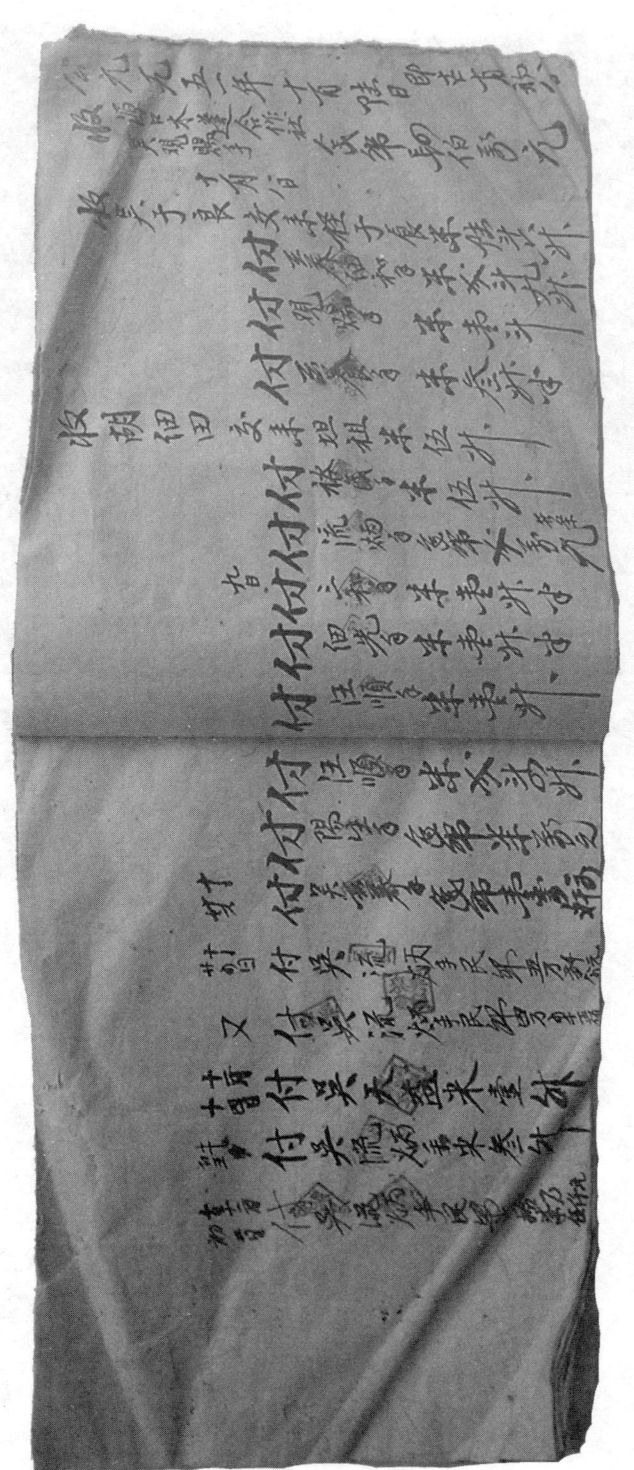

大鄣山乡鄣山 B 3-2 · 一九五一年 · 银钱进出账 · 源口村保管委员会

收汪顺人民币贰万元正
收元男人民币壹万元正

大鄣山乡鄣山 B 3-3 · 一九五一年 · 银钱进出账 · 源口村保管委员会

木逢做工的 一九五叁年閏五月
閏五月 初壹日壹工 初三日壹工

大鄣山乡鄣山 B 3-4 · 一九五一年 · 银钱进出账 · 源口村保管委员会

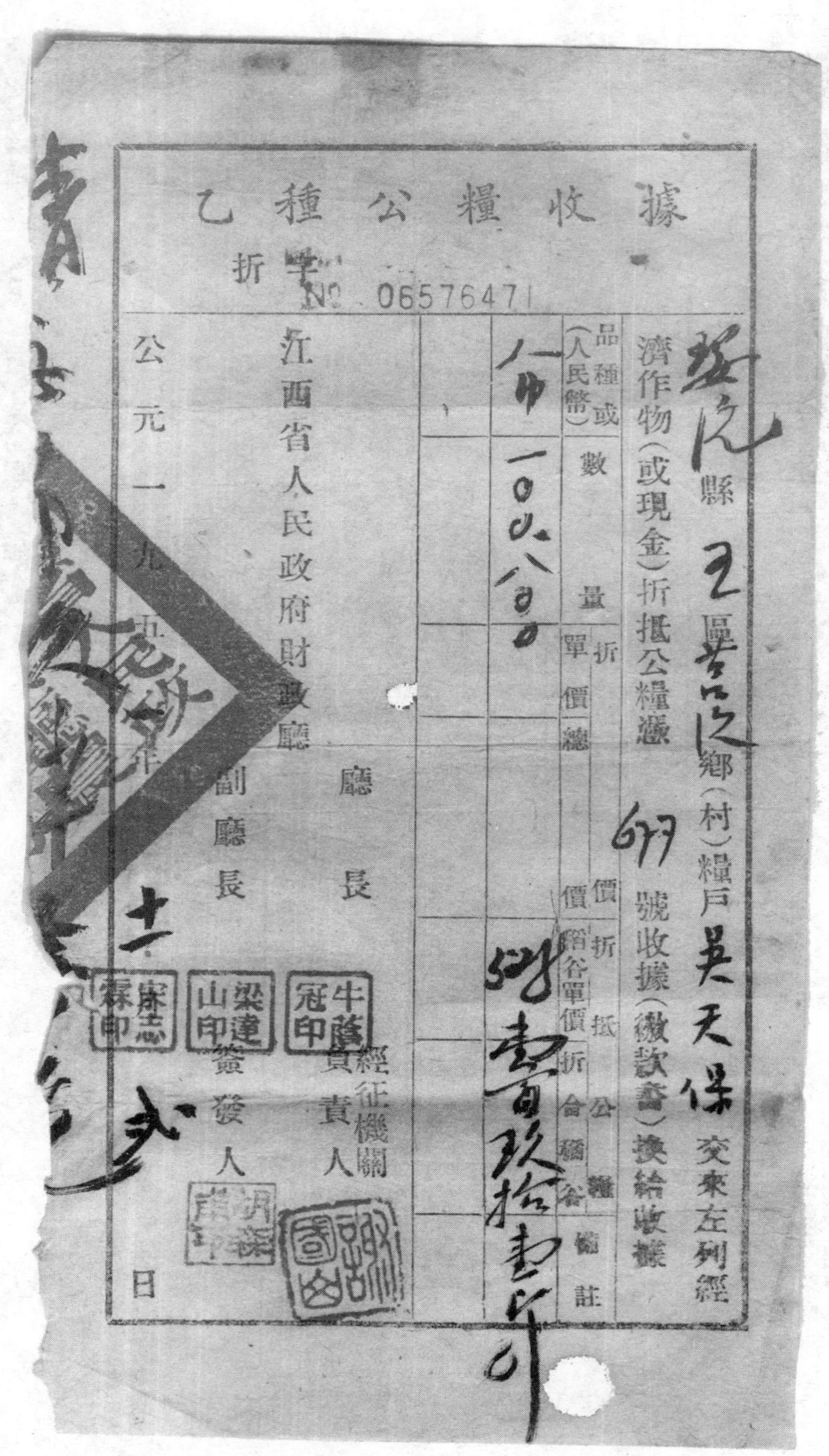

乙種公糧收據

折　No 06576471

安福縣王區　鄉(村)糧戶吳天保交來左列經濟作物(或現金)折抵公糧繳　號收據(繳款書)換給收據

| 品種或(人民幣) | 數量 | 折價 單價 | 折價 總價 | 折抵公糧 折合稻谷單價 | 折抵公糧 折合稻谷 | 備註 |
| --- | --- | --- | --- | --- | --- | --- |
| 人民幣 | | | | | | |

江西省人民政府財政廳

廳長　牛蔭冠印

副廳長　梁達山印

經征機關負責人

簽發人

公元一九五一年十二月　日

大鄣山乡鄣山 B 21-1 · 一九五一年 · 乙种公粮收据 · 吴天保

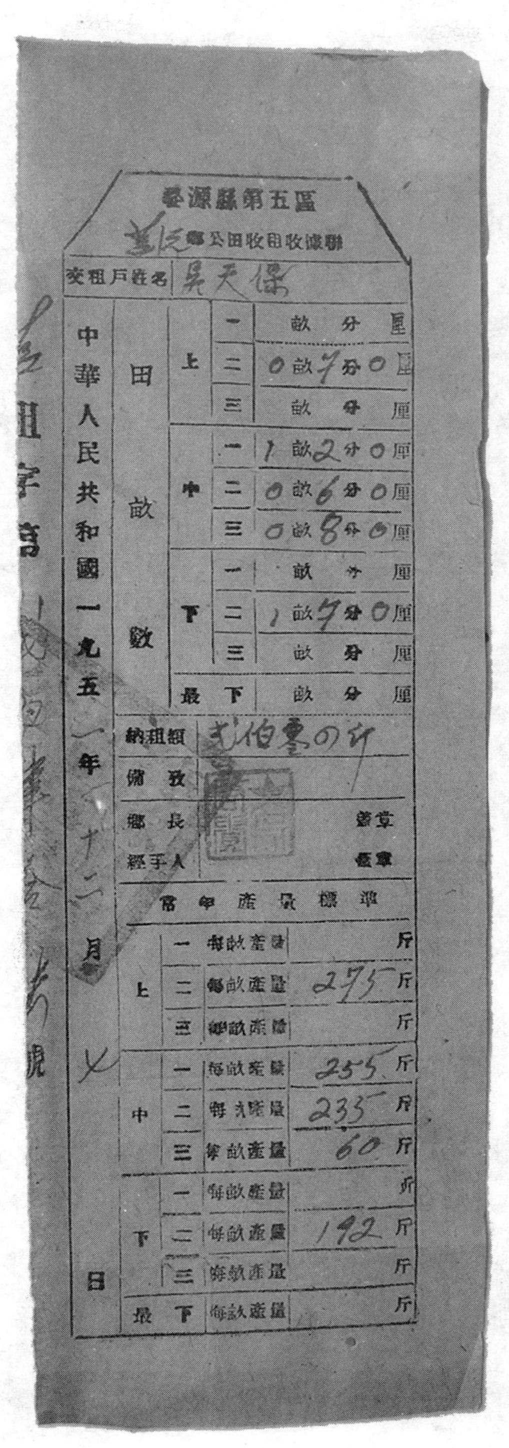

婺源縣第五區

鄉公田收租收據聯

| 交租戶姓名 | 吳天保 | | |
|---|---|---|---|
| 田畝數 | 上 | 一 | 畝 分 厘 |
| | | 二 | 0 畝 7 分 0 厘 |
| | | 三 | 畝 分 厘 |
| | 中 | 一 | 1 畝 2 分 0 厘 |
| | | 二 | 0 畝 6 分 0 厘 |
| | | 三 | 0 畝 8 分 0 厘 |
| | 下 | 一 | 畝 分 厘 |
| | | 二 | 1 畝 7 分 0 厘 |
| | | 三 | 畝 分 厘 |
| | 最 | 下 | 畝 分 厘 |
| 納租額 | 弍伯壹〇斤 | | |
| 備考 | | | |
| 鄉長 | | | 蓋章 |
| 經手人 | | | 蓋章 |

常年產量標準

| | | | |
|---|---|---|---|
| 上 | 一 | 每畝產量 | 斤 |
| | 二 | 每畝產量 | 275 斤 |
| | 三 | 每畝產量 | 斤 |
| 中 | 一 | 每畝產量 | 255 斤 |
| | 二 | 每畝產量 | 235 斤 |
| | 三 | 每畝產量 | 60 斤 |
| 下 | 一 | 每畝產量 | 斤 |
| | 二 | 每畝產量 | 192 斤 |
| | 三 | 每畝產量 | 斤 |
| 最 | 下 | 每畝產量 | 斤 |

中華人民共和國一九五一年十二月 日

租字第 號

大鄣山乡鄣山 B 21-2 · 一九五一年 · 公田收租收据 · 吴天保

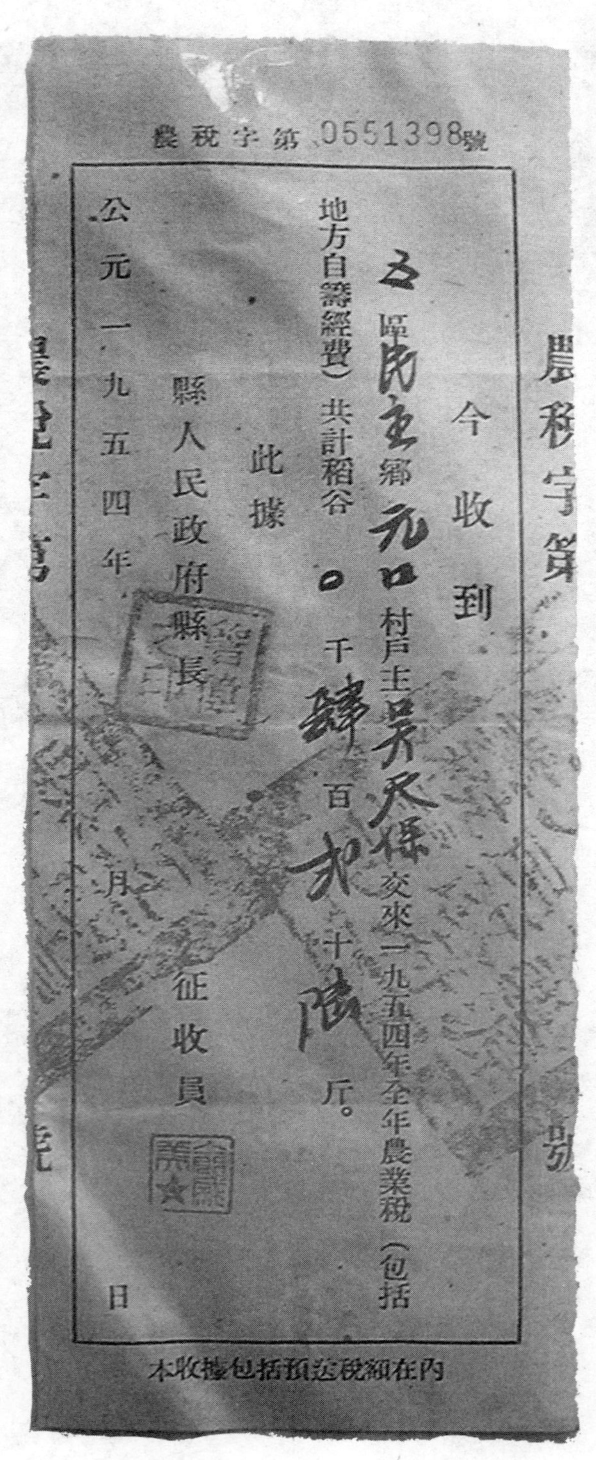
農税字第 0551398 號

今收到

五區民主鄉元口村戶主吳天保交來一九五四年全年農業稅（包括地方自籌經費）共計稻谷〇千肆百丸十陸斤。

此據

縣人民政府縣長

征收員

公元一九五四年　月　日

本收據包括預征稅額在內

大鄣山乡鄣山 B 20 · 一九五四年 · 农税收据 · 吴天保

益周賢弟如晤：啓者前托錦川兄帶上壹元，該已接交否？來月舊曆就是舊節，係八仔外甥就要到日外無甚服，但外甥禮遍，幾與翠仙股係交先生代買。前已寄上鞋皮料，想該到家否？望姆分四邊送幾與，乃係托代搓做。前信里囑放鞋樣來，知寄啓為着，未寄，仰兄望勿帶下，以好搓完，搓底鞋要放得平，做下得鞋之樣，老樣切須放下，此致，將字仰達

即安

兄舜王寄
卯時中

大鄣山乡鄣山 B 1 · 书信 · 舜王寄与益周

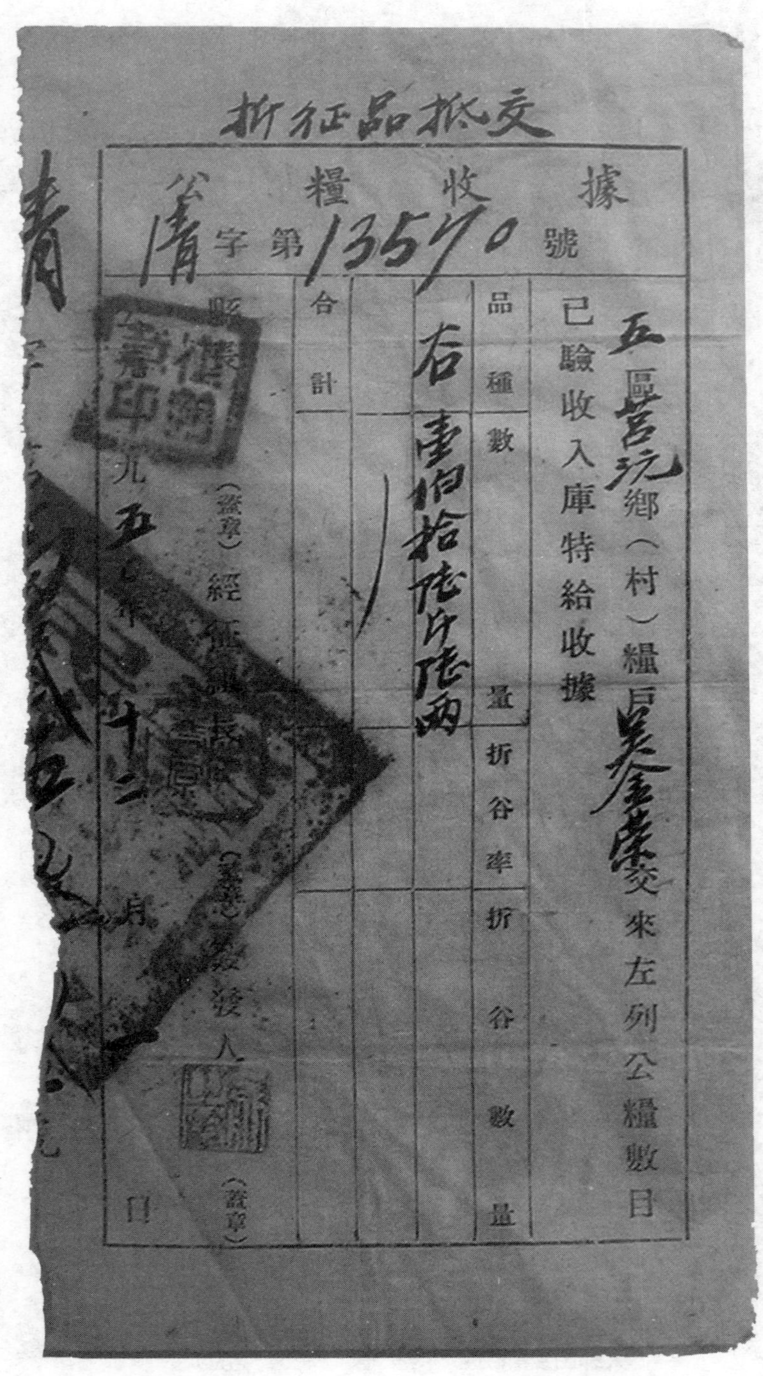

折征品抵交

公糧收據

清字第13570號

五區莒坑鄉（村）糧戶吴金榮交來左列公糧數目已驗收入庫特給收據

| 品種數量 | 折谷率 | 折谷數量 | | 合計 |
| --- | --- | --- | --- | --- |
| 右壹佰拾陆斤陆两 | | | | |

縣長（蓋章） 經征鄉長（蓋章） 經收人（蓋章）

一九五〇年十二月　日

大鄣山乡鄣山 B 7 · 一九五〇年 · 公粮收据 · 吴金荣

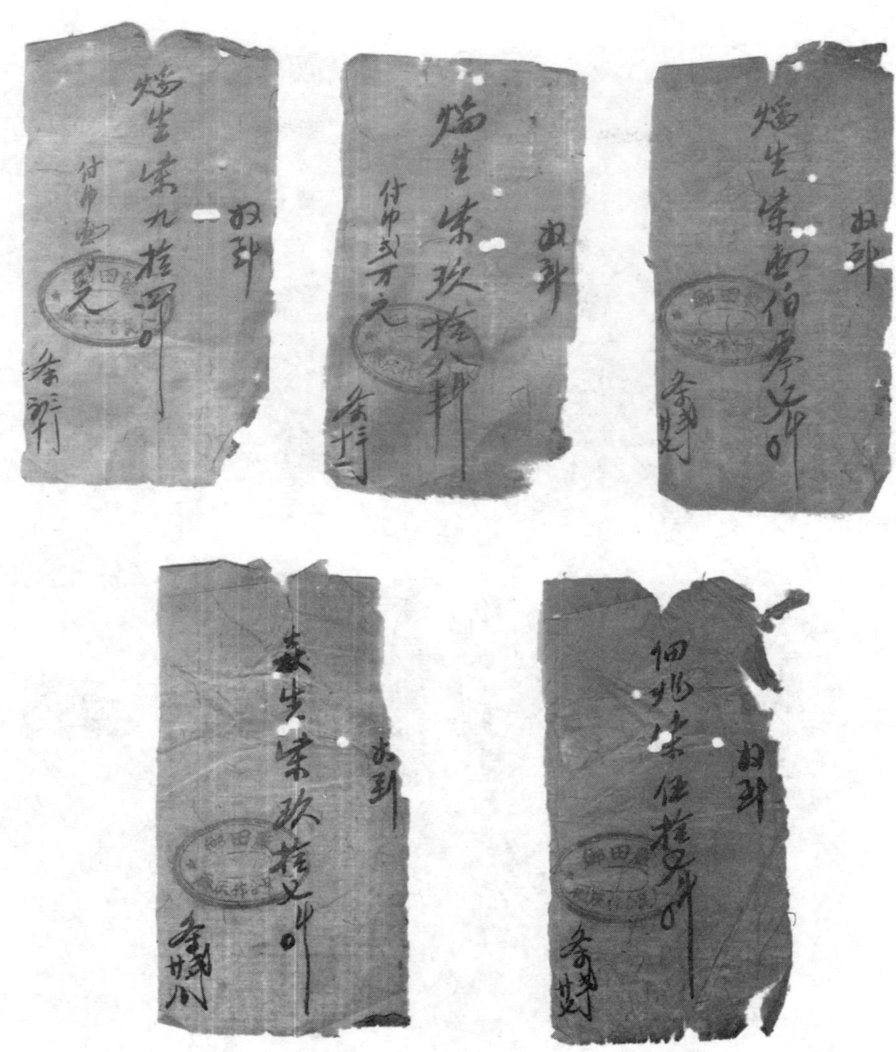

大鄣山乡鄣山 B 17 · 收条

立承佃約人ㄙㄙ今承到
吴爱塘公名下杨山坞山场土名上丞降下丞田南丞垅
北丞垅四丞廿四当面指明不在内述丞于山场三面
言明限期懇種南山之後扦苗通山補满扦足倘有缺
陷苗栽和蓧蓄養山之日山佃若干四六分派承佃人
得四分地主得六分当面訂定概無外貼再有界内
柴薪依樹膠任憑承佃人取用外人毋得争競倘有盗砍生
端憑同山主料理不得推諉恐口無憑立此承佃約為據

大鄣山乡鄣山 B 18 · 承佃约 · □□承到吴爱塘公

# 大鄣山乡鄣山 C 1—27

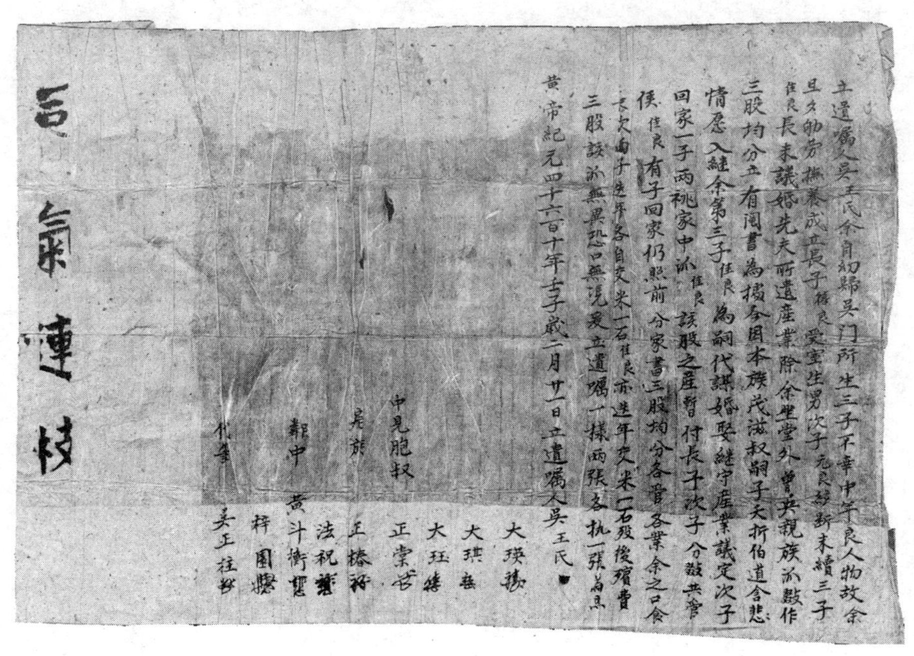

立遺囑人吴王氏余自幼歸吴门所生三子不幸中年良人物故余旦夕劬劳抚养成立長子梯良娶室生男次子元良好新未續三子佳良長未議婚先夫所遺産業除余坐堂外曾與親族品搭作三股均分立有阄書為揭本因本族茂滋叔嗣子夭折伯道含悲情愿入繼余第三子佳良為嗣代謀婚娶繼守産業議定次子回家一子兩祧家中所佳良該股之産暫付長子次子分數共管俟佳良有子回家仍照前分家書三股均分各管各業余之口食長次兩子逐年各自交米一石佳良亦逐年交米一石殁後殯費三股該派無異恐口無憑爰立遺囑一樣兩張各執一張為照

黄帝紀元四千六百十年壬子歲二月廿一日立遺囑人吴王氏（押）

中見胞叔 大瑛（押） 大琪（押） 大珏（押） 正棠（押）

房族 正椿（押） 法祝（押）

鄰中 黄斗衡（押） 梓園（押）

代筆 吴正柱（押）

百氣連枝

大鄣山乡鄣山 C 3 · 民国元年 · 遗嘱 · 吴王氏

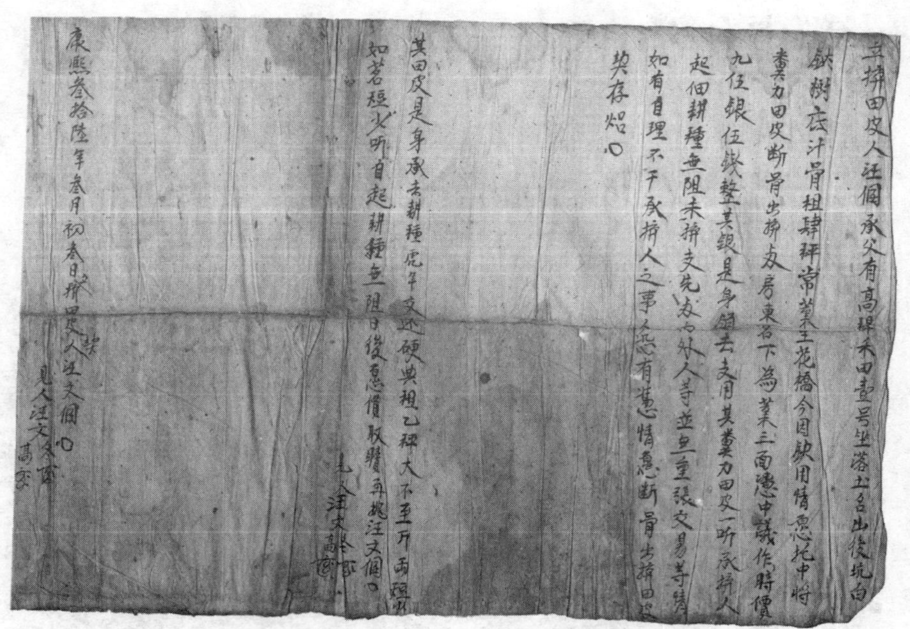

立拚田皮人汪佪承父有高硔禾田壹号坐落土名出後坑白
缺树底汁骨租肆秤常業至花橋今因缺用情愿托中將
耋力田皮断骨出拚与房東名下為業三面憑中議作時價
九任銀伍錢整其銀是身領去支用其耋力田皮一听承拚人
起佃耕種無阻未拚支先与外人等並無重張交易等情
如有自理不干承拚人之事今恐有憑情愿断骨出拚田皮
契存炤。

其田皮是身承去耕種虎年交还硬典租乙秤大不至斤两短少
如若短少听自起耕種無阻日後悉憑取贖再批汪文佪
見人汪文高

康熙叁拾陸年叁月初叁日拚田皮人汪文佪
見人汪文高

大郭山乡郭山 C 2 · 康熙三十六年 · 出拚田皮契 · 汪佪拚与房东

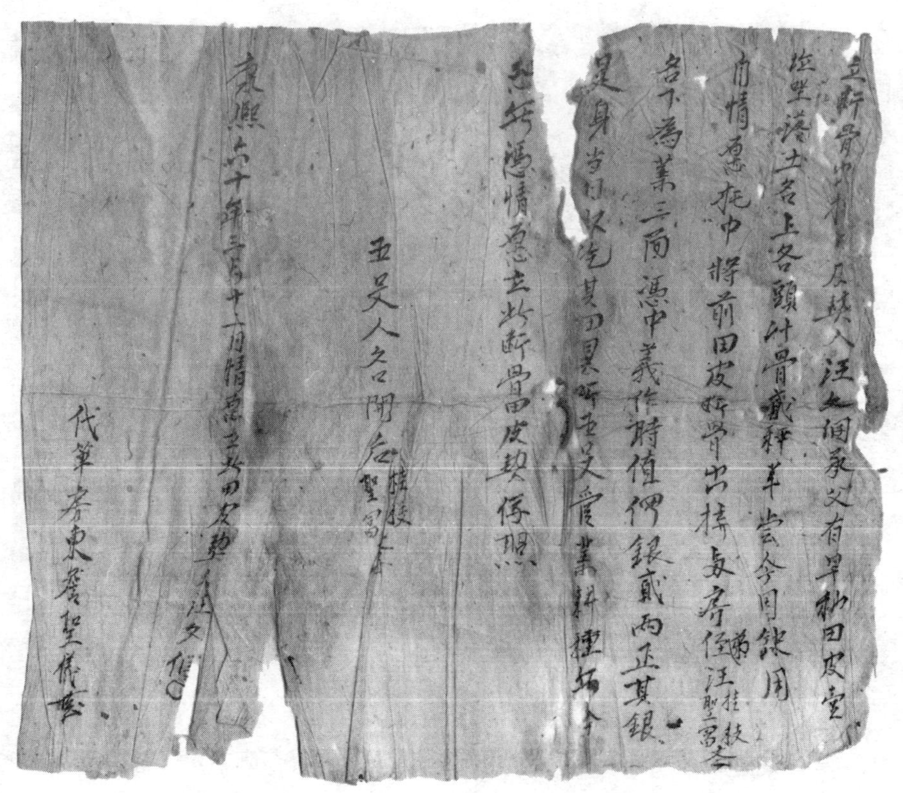

大鄣山乡鄣山 C 14 · 康熙六十年 · 断骨出卖田皮契 · 汪文佪断骨拼与汪桂枝、汪圣富等

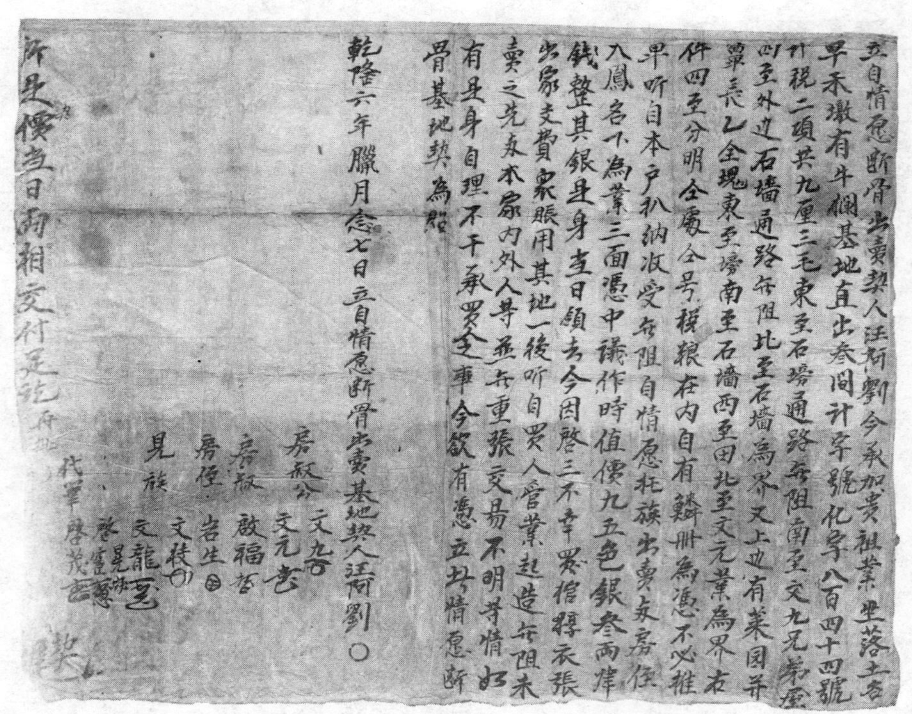

立自情愿斷骨出賣契人汪阿劉，今承加貴祖業，坐落土名
旱禾墩有牛欄基地，直出叁間，計字號化字八百四十四號，
計税二項，共九厘三毛。東至石墈通路，無阻；南至文九兄弟屋；
西至外边石墻通路，無阻；北至石墻為界。又上边有菜園并
畢長乙全塊，東至墈，南至石墻，西至田，北至文元業為界。右
件四至分明，仝處仝号，税粮在内，自有鱗册為憑，不必推
畢，听自本户扒納，收受無阻。自情愿托族出賣与房侄
大鳳名下為業，三面憑中議作時值價九五色銀叁兩肆
錢整。其銀是身当日領去。今因啓三不幸，買棺槨衣張
出家支費衆賬用。其地一後听自買人管業起造，無阻。未
賣之先，與本家内外人等并無重張交易不明等情，如
有，是身自理，不干承買之事。今欲有憑，立此情愿斷
骨基地契為照。

乾隆六年臘月念七日立自情愿斷骨出賣基地契人汪阿劉〇

房叔公 文九（押）
房叔 文元（押）
房叔 敢福（押）
房侄 岩生（押）
文枝（押）
見族 文龍（押）
啓霊（押）
代筆 廖茂（押）

所是價当日兩相交付足訖。再批。

契

大鄣山乡鄣山 C 13 · 乾隆六年 · 断骨出卖基地契 · 汪阿刘卖与房侄大凤

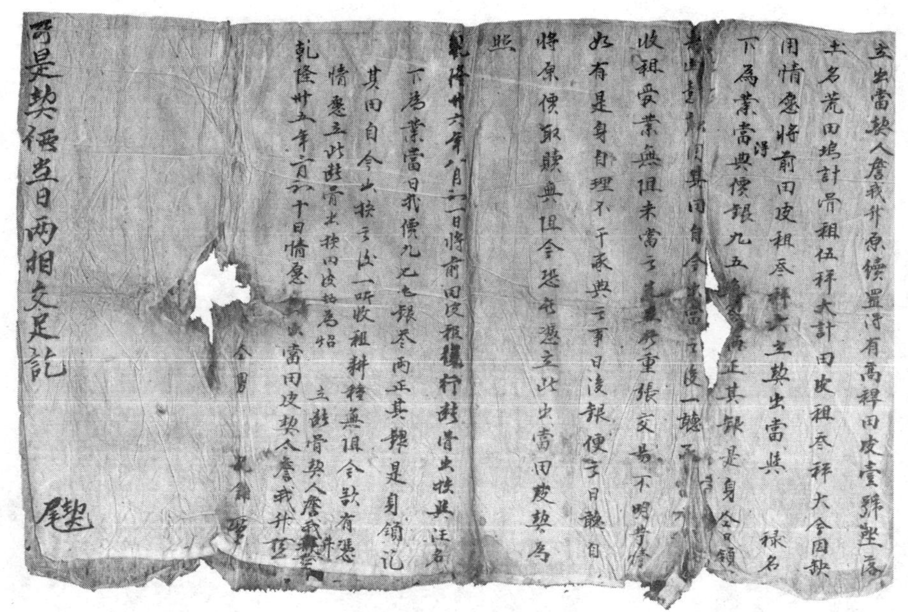

大鄣山乡鄣山 C 16 · 乾隆三十五年 · 出当田皮契 · 詹我升当与☒禄

立议墨十六都图三甲余同一甲余世懋二甲余有功四甲余永承五甲胡惟中六甲余均七甲余容有八甲
余嘉兴九甲余方生十甲朱继周等本图恪遵功令顺庄编里奉行滚单花户自封投柜一切
包收纳及顶户众累情弊已经痛革多年今奉各
宪严谕饬令实行滚单毋许私立总催仍蹈包揽致滞 公课兹值三甲余集十甲
户丁申明劝令各甲户务期遵照滚单依限自纳毋有卧单违限被差唤者各甲自拘该
户赴 县完纳其差唤工食出系该欠户支当 国课易完 公私两便今欲有凭立议墨为照

条例开后

一经承图首上号年账结则项等随规久经本年听各甲自行赴 县量贴纸张小费
一营米照依滚单各甲自行上纳
一截拘卧单之首及输欠拘比俱系该欠户支当
一祈祷虎照依旧例值年收租领袖
一各户田亩粮有积滚 官给滚单各甲各户照单完纳不另造簿
本甲众议 官点外甲欠户九股同领 官点本甲欠户各房欠户自领供给日后
各户照合同毋得生情异说

乾隆卅九年正月廿四日立议墨人三甲余一同户丁

一甲余世懋甲催 七甲余容消甲催
二甲余有功甲催 八甲余嘉兴甲催
四甲余永承甲催 九甲余方生甲催
五甲胡惟中甲催 十甲朱继周甲催
六甲余均一甲催

瑄公房二股
琦公房二股
璀公房一股
瑰公房一股
珩公房一股
璜公房一股
資公房一股

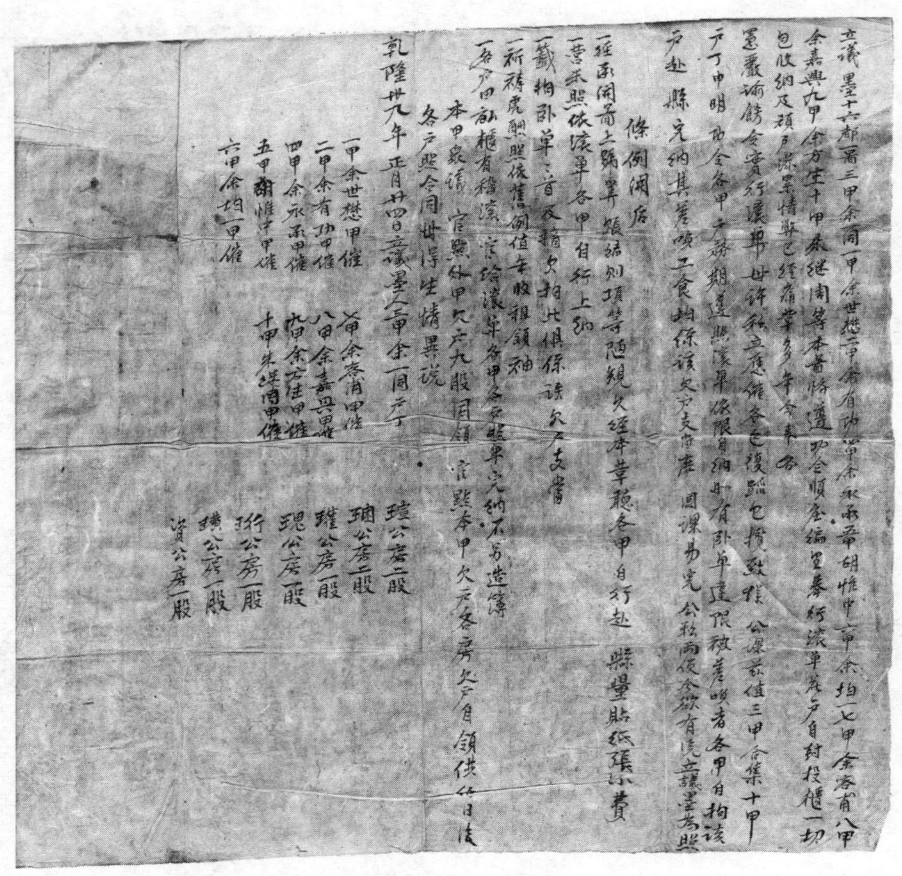

大鄣山乡鄣山 C 1 · 乾隆三十九年 · 议墨 · 余世懋、余有功等

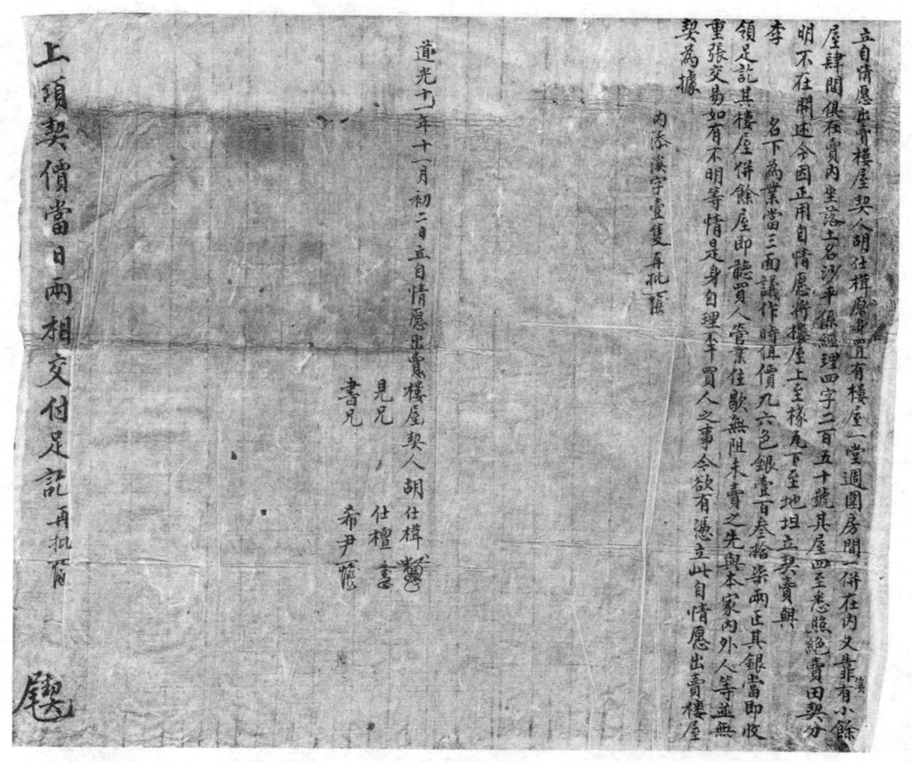

立自情愿出賣樓屋契人胡仕楫原身置有樓屋一堂週圍房間一併在内又靠有小餘
屋肆間俱在賣内坐落土名沙平係經理四字二百五十號其屋四至悉照絕賣田契分
明不在開述今因正用自情愿將樓屋上至椽瓦下至地坦立契賣與
李　名下為業當三面議作時值價九六色銀壹百叁拾柒兩正其銀當即收
領足訖其樓屋併餘屋即聽買人管業住歇無阻未賣之先與本家内外人等並無
重張交易如有不明等情是身自理不干買人之事今欲有憑立此自情愿出賣樓屋
契為據

内添漢字壹隻　再批（押）

道光十一年十一月初二日立自情愿出賣樓屋契人胡仕楫（押）

見兄　仕檀（押）

書兄　希尹（押）

上項契價當日兩相交付足訖　再批（押）

大鄣山乡鄣山 C 17 · 道光十一年 · 出卖楼屋契 · 胡仕楫卖与李☒

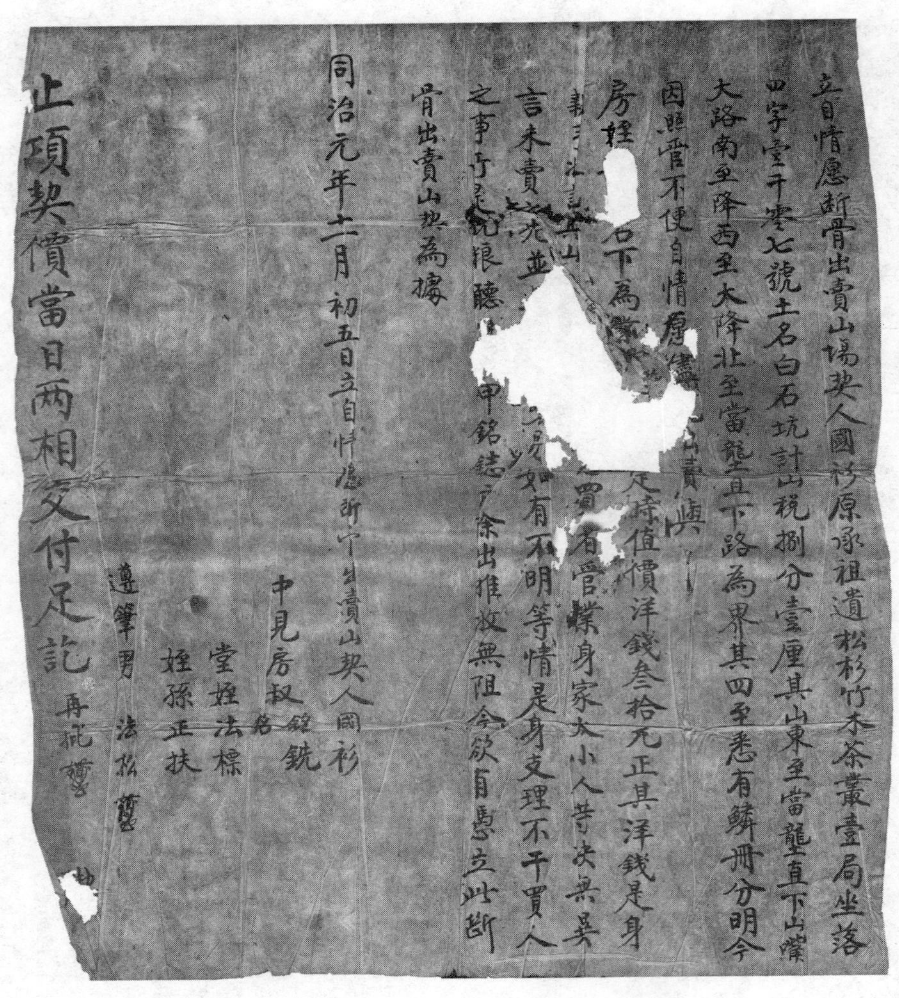

立自情愿断骨出賣山場契人國衫原承祖遺松杉竹木茶叢壹局坐落
四字壹千叁七號土名白石坑計山税捌分壹厘其山東至當壟直下山嘴
大路南至降西至大降北至當壟直下路為界其四至悉有鱗冊分明今
因照管不便自情愿[illegible]山出賣與
房姪[illegible]名下為業[illegible]足時值價洋錢叁拾元正其洋錢是身
親手收[illegible]其山[illegible]買者管業身家大小人等決無異
言未賣之先並[illegible]如有不明等情是身支理不干買人
之事[illegible]銀聽[illegible]中銘[illegible]户除出推收無阻今欲有憑立此断
骨出賣山契為據

同治元年十一月初五日立自情愿断骨出賣山契人國衫

中見房叔 錠銑

堂姪法標

姪孫正扶

遵筆男 法松

此項契價當日兩相交付足訖 再批

大鄣山乡鄣山 C6 · 同治元年 · 断骨出卖山场契 · 国衫卖与房侄☐

立自情愿断骨絶賣茶叢地坦契人 有基，原承父阄分得有茶叢地
壹大局，坐落土名人家住後西边塆，其四至東至壟脊路為界，南至兆
发茶塆為界，西至具旺茶叢竹园下边為界，上至壟脊為界，北至本身
石塆為界。其四至分明。今因缺用，自愿托中出賣與
族叔祖炳炎名下為業。當三面議定時值價洋肆拾弍元正。其洋是身
當日領訖。其茶自今賣後，即听買人管業，無阻。未賣之先，与本家
内外人等並無重張交易。如有不明等情，是身料理，不干買人之事。所
是税粮，听至衆户扒納，無異。恐口無凭，立此断骨絶賣茶叢地契為
據。

同治三年十月十四日立自情愿断骨絶賣茶叢地契人 有基[押]

中伯公祖 國杉[押]

族叔 本荣[押]

代筆黄 織章[押]

一項契價當日兩相交付足訖。 再批[押]

大鄣山乡鄣山 C 19 · 同治三年 · 断骨绝卖茶丛地坦契 · 有基卖与族叔祖炳炎

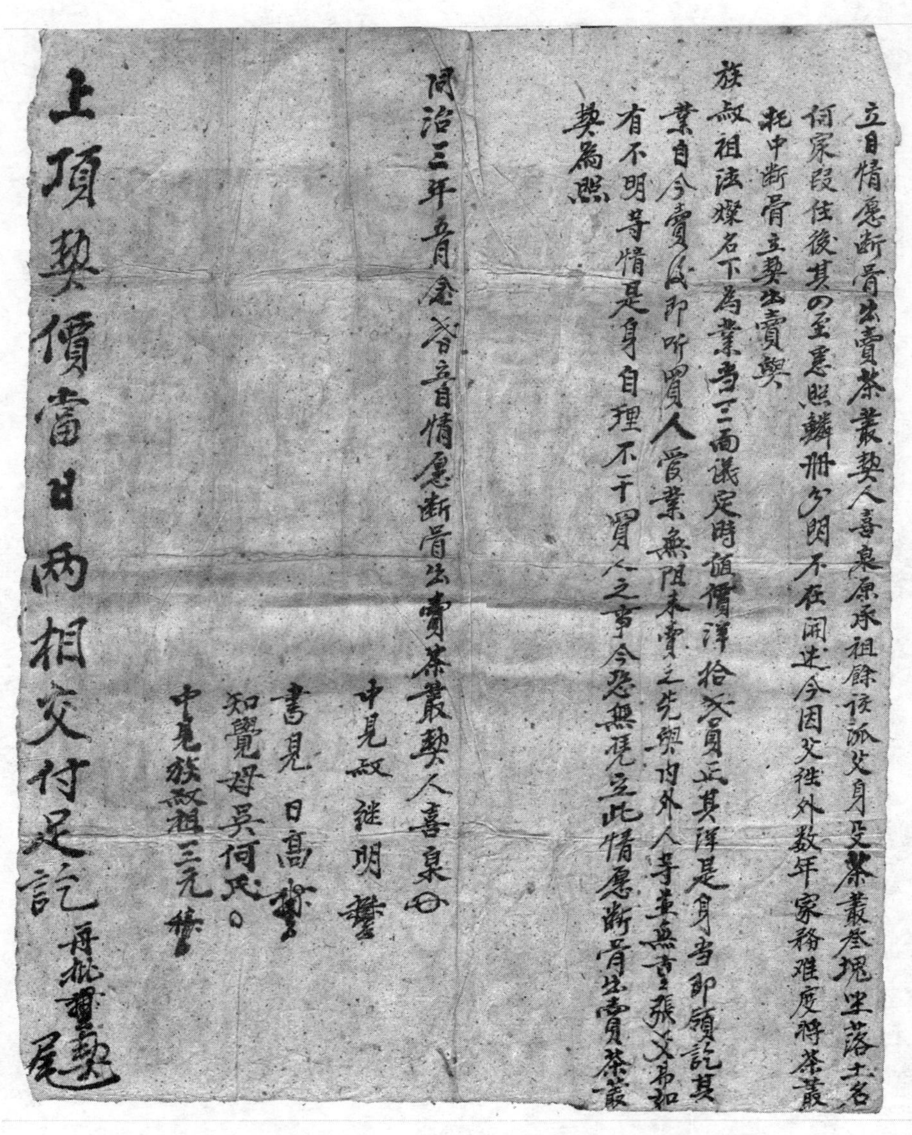
立自情愿断骨出賣茶叢契人喜泉，原承祖遺該派父身已茶叢叁塊，坐落土名何家段，往後其四至悉照鱗册，今因不在開述。今因父往外數年，家務难度，將茶叢托中断骨立契出賣與
族叔祖德燦名下為業，當三面議定時值價洋拾叁員正，其洋是身當即領訖，其業自今賣後即听買人管業無阻，未賣之先與内外人等並無重張交易，如有不明等情，是身自理，不干買人之事。今恐無凭，立此情愿断骨出賣茶叢契為照。

同治三年五月念叁日立自情愿断骨出賣茶叢契人喜泉（押）

中見叔　继明（押）

書見　日高（押）

知覺母　吴何氏（押）

中見族叔祖　三元（押）

上項契價當日兩相交付足訖　再批（押）

大鄣山乡鄣山 C 22 · 同治三年 · 断骨出卖茶丛契 · 喜泉卖与族叔祖德燦

立自情愿斷骨出賣竹园苗山契人社得原承父分得該处
竹园苗山壹塊坐落土名高磡係經理四字　百　拾　號計稅
正其山四至照於原界不在開述今因正用自情愿托中立契
出賣與
社生胞兄名下為業當面議定時值價洋蚨拾捌元正其銀當
即是身收領足訖其竹园苗山自今賣後即听買主管業
無阻未賣之先與內外人等並無重張交易如有不明情
弊是身自理不干買主之事所是稅粮在買主户下不必扒
納恐口無凭立此斷骨出賣竹园苗山契存據
光緒三年六月念四日立自情愿斷骨出賣竹园苗山契人社得（押）
兄　百欽（押）
中見　侄　柏泉（押）
書　侄　錦泉（押）
上項契價當日兩相交付足訖再批（押）
契尾

大鄣山乡鄣山 C 10 · 光绪三年 · 断骨出卖竹园苗山契 · 社得卖与社生胞兄

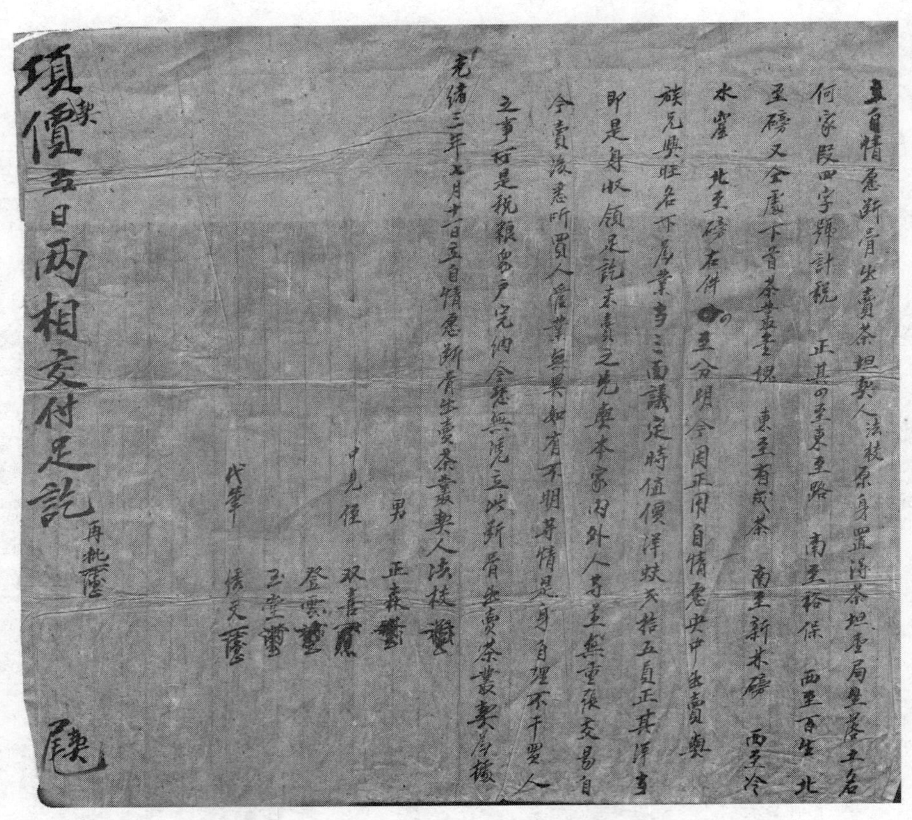

立自情愿断骨出賣茶坦契人法枝，原身置得茶坦壹局，坐落土名何家段，四字號計稅 正，其四至：東至路，南至裕保，西至百生，北至磅；又全處下首茶叢壹坭，東至有成茶，南至新木磅，西至冷水窟，北至磅。右件四至分明，今因正用，自情愿央中出賣與族兄興旺名下為業。當三面議定時值價洋蚨五員正，其洋當即是身收領足訖。未賣之先，與本家內外人等並無重張交易。自今賣後，悉聽買人管業無異。如有不明等情，是身自理，不干買人之事。所是稅糧，[illegible]戶完納。今恐無憑，立此斷骨出賣茶叢契存據。

光緒三年七月十日立自情愿斷骨出賣茶叢契人 法枝（押）

男 正森（押）

中見侄 双喜（押） 登雲（押） 玉堂（押）

代筆 漢文（押）

契價當日兩相交付足訖 再批（押）

大鄣山乡鄣山 C 21 · 光绪三年 · 断骨出卖茶坦契 · 法枝卖与族兄兴旺

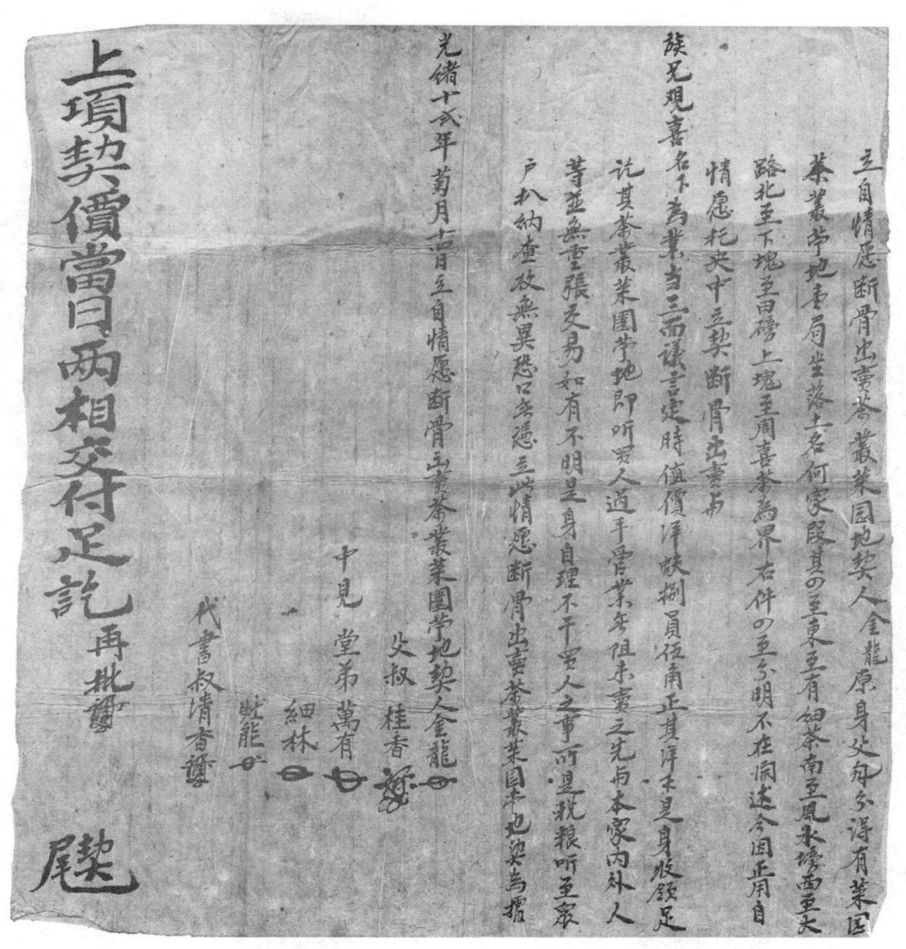

立自情愿断骨出賣茶叢菜园地契人金龍，原身父手分得有菜园茶叢并地壹局，坐落土名何家段，其四至東至有細茶，南至風水塝，西至大路，北至下塊，至田塝上塊，至周喜茶為界。右件四至分明，不在開述。今因正用，自情愿托中立契断骨出賣與

族兄观喜名下為業，当三面議言定時值價洋錢捌員伍角正，其洋本是身收領足訖，其茶叢菜園并地即听買人迎手管業。未賣之先，與本家內外人等並無重張交易，如有不明，是身自理，不干買人之事。所是粮听至家户扒納，查收無異。恐口無憑，立此情愿断骨出賣茶叢菜園并地契為據。

光緒十弍年菊月十四日立自情愿断骨出賣茶叢菜園并地契人金龍

父叔 桂香

中見 堂弟 萬有

細林

就能

代書叔 清香

上項契價當日兩相交付足訖。再批

大鄣山乡鄣山 C 4 · 光绪十二年 · 断骨出卖茶丛菜园地契 ·
金龙卖与族兄观喜

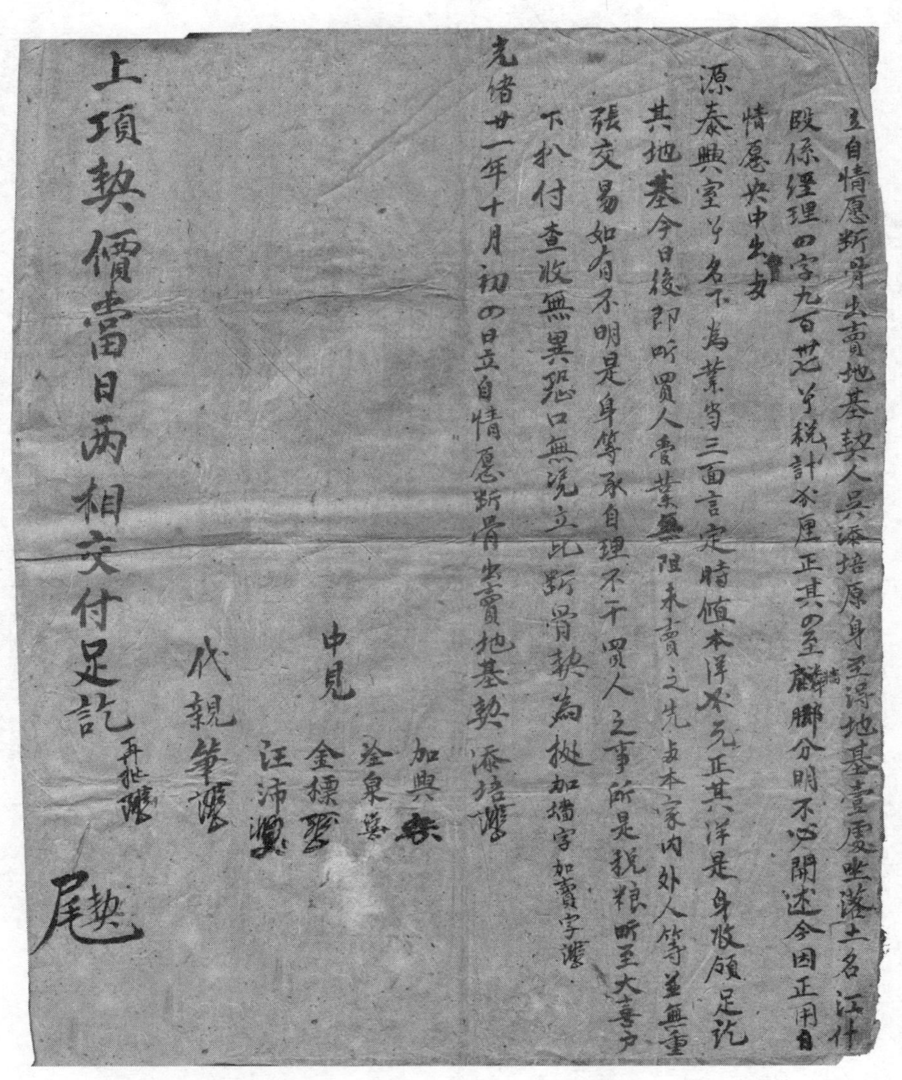

立自情愿断骨出賣地基契人吴添培原身置得地基壹處坐落土名江什段係經理四字九百芲号税計分厘正其四至鄰腳分明不必開述今因正用自情愿央中出賣與源泰興室公名下為業当三面言定時值本洋叁元正其洋是身收領足訖其地基今日後即听買人管業無阻未賣之先與本家內外人等並無重張交易如有不明是身等承自理不干買人之事所是税粮听至大喜户下扒付查收無異恐口無憑立此断骨契為據 加增字 加賣字 押

光绪廿一年十月初四日立自情愿断骨出賣地基契 添培 押

加與 押

中見 荃泉 押 金標 押 汪沛 押

代親筆 押

上項契價當日兩相交付足訖 再批 押

尾契

大鄣山乡鄣山 C 15 · 光绪二十一年 · 断骨出卖地基契 · 吴添培卖与源泰兴室公

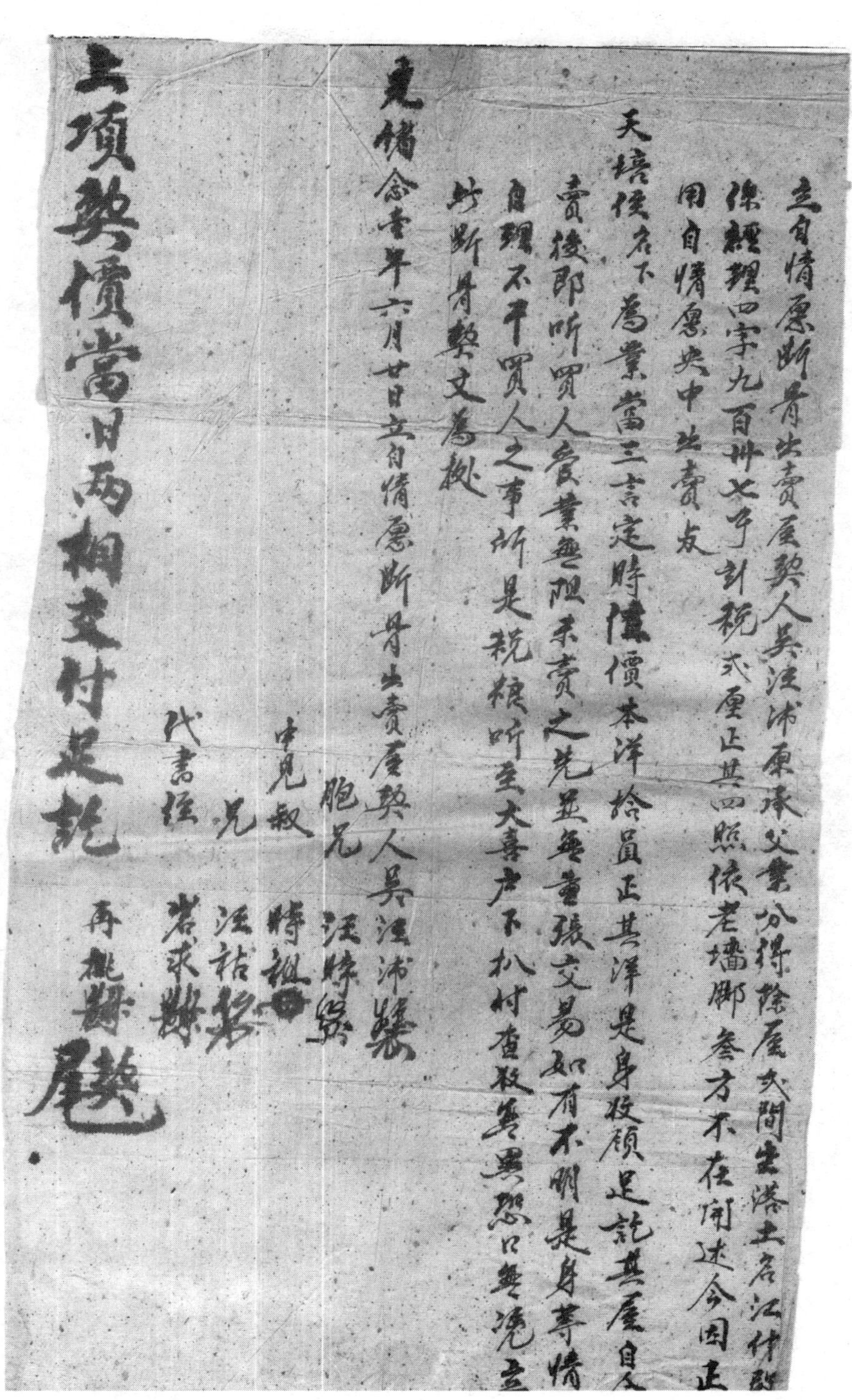
立自情愿断骨出卖屋契人吴汪沛，原承父业分得陈屋弍間，坐落土名江付眼（？）
係經理四字九百卅七号，計税弍厘正，其四照依老墙脚叁方，不在开述。今因正
用，自情愿央中出卖与
天培侄名下為業，當三言定時值價本洋拾員正，其洋是身收領足訖。其屋自今
賣後，即听買人管業，無阻。未賣之先，並無重張交易；如有不明，是身Seek情
自理，不干買人之事。所是税粮，听至大喜户下扒付查收，無異。恐口無凭，立
此断骨契文為據。
光绪念壹年六月廿日立自情愿断骨出卖屋契人吴汪沛（押）
胞兄　汪時（押）
中見叔　時祖（押）
兄　汪祜（押）
代書侄　岩求（押）
上項契價當日兩相交付足訖。再批（押）
屋契

大鄣山乡鄣山 C 23 · 光绪二十一年 · 断骨出卖屋契 · 吴汪沛卖与天培侄

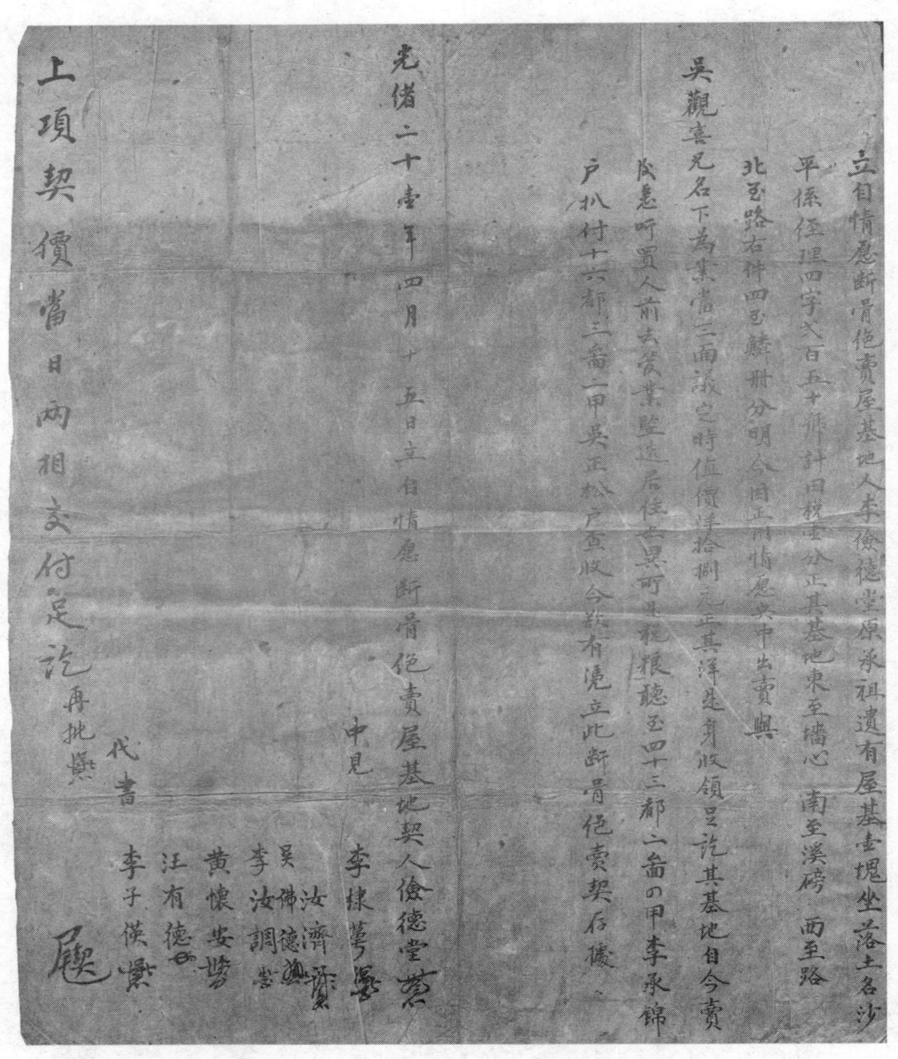

立自情願斷骨絶賣屋基地人李儉德堂原承祖遺有屋基壹塊坐落土名沙平係經理四字弍百五十號計田稅壹分正其基地東至墻心　南至溪磅　西至路　北至路右件四至鱗冊分明今因正用情願央中出賣與吳觀喜兄名下為業當三面議定時值價洋拾捌元正其洋是身收領足訖其基地自今賣後悉听買人前去管業監造居住無異可其稅粮聽至四十三都二啚四甲李承錦戶扒付十六都三啚二甲吳正松戶查收今欲有憑立此斷骨絶賣契存據。

光緒二十壹年四月十五日立自情願斷骨絶賣屋基地契人儉德堂（押）

中見　李棣萼（押）　吳汝濟（押）　吳佛德（押）　李汝調（押）　黃懷安（押）　汪有德（押）

代書　李子俣（押）

上項契價當日兩相交付足訖　再批（押）

大郭山乡郭山 C 25 · 光绪二十一年 · 断骨绝卖屋基地契 ·
李俭德堂卖与吴观喜兄

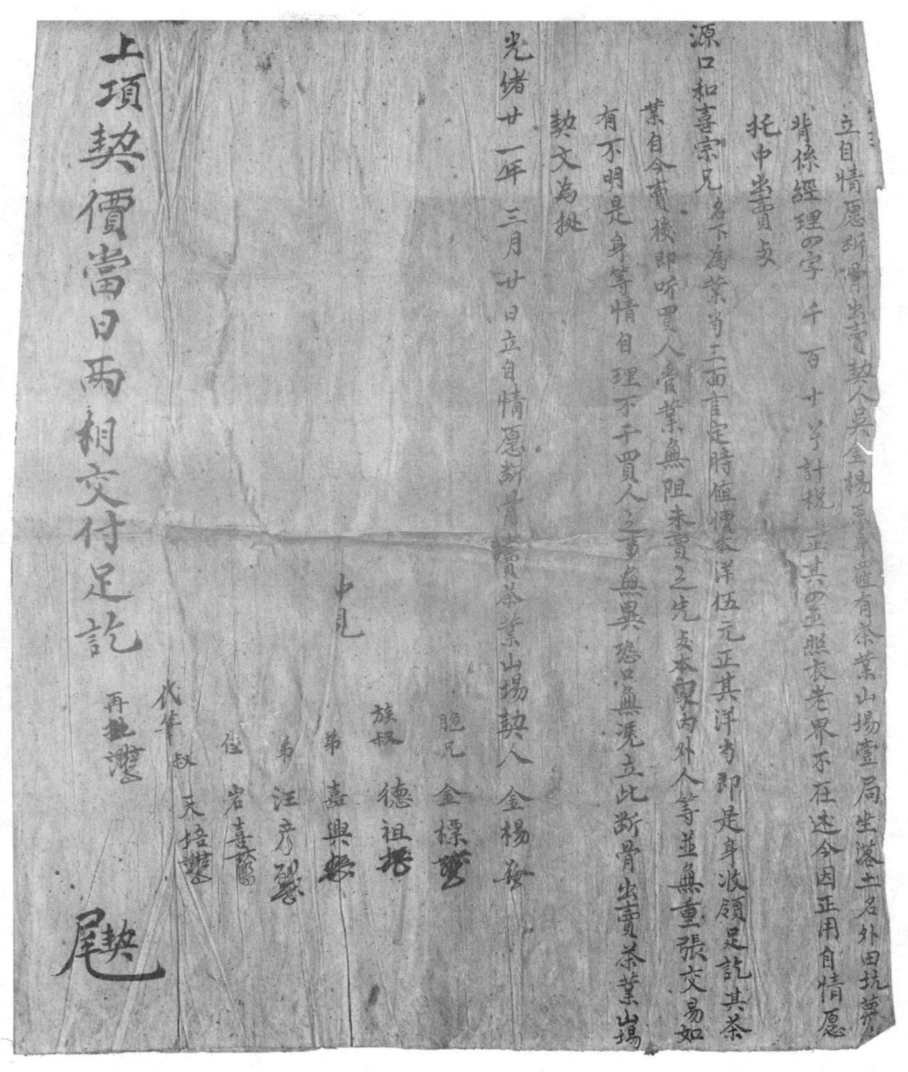

立自情愿断骨出賣契人吴金楊原承祖有茶葉山場壹局坐落土名外田坑[illegible]
背係經理〇字千百十号計税正其〇至照依老界不在述今因正用自情愿
托中出賣与
源口和喜宗兄名下為業当三面言定時值價大洋伍元正其洋当即是身收領足訖其茶
葉自今賣後即听買人管業無阻未賣之先与本家内外人等並無重張交易如
有不明是身等自理不干買人之事無異恐口無凭立此断骨出賣茶葉山場
契文為拠
光緒廿一年三月廿日立自情愿断骨出賣茶葉山場契人　金楊（押）
胞兄　金標（押）
中見
族叔　德祖（押）
弟　嘉興（押）
弟　汪彦（押）
侄　岩喜（押）
代筆　叔　天培（押）
上項契價當日兩相交付足訖
再批（押）
契尾

大鄣山乡鄣山 C 27 · 光绪二十一年 · 断骨出卖茶业山场契 ·
吴金杨卖与和喜宗兄

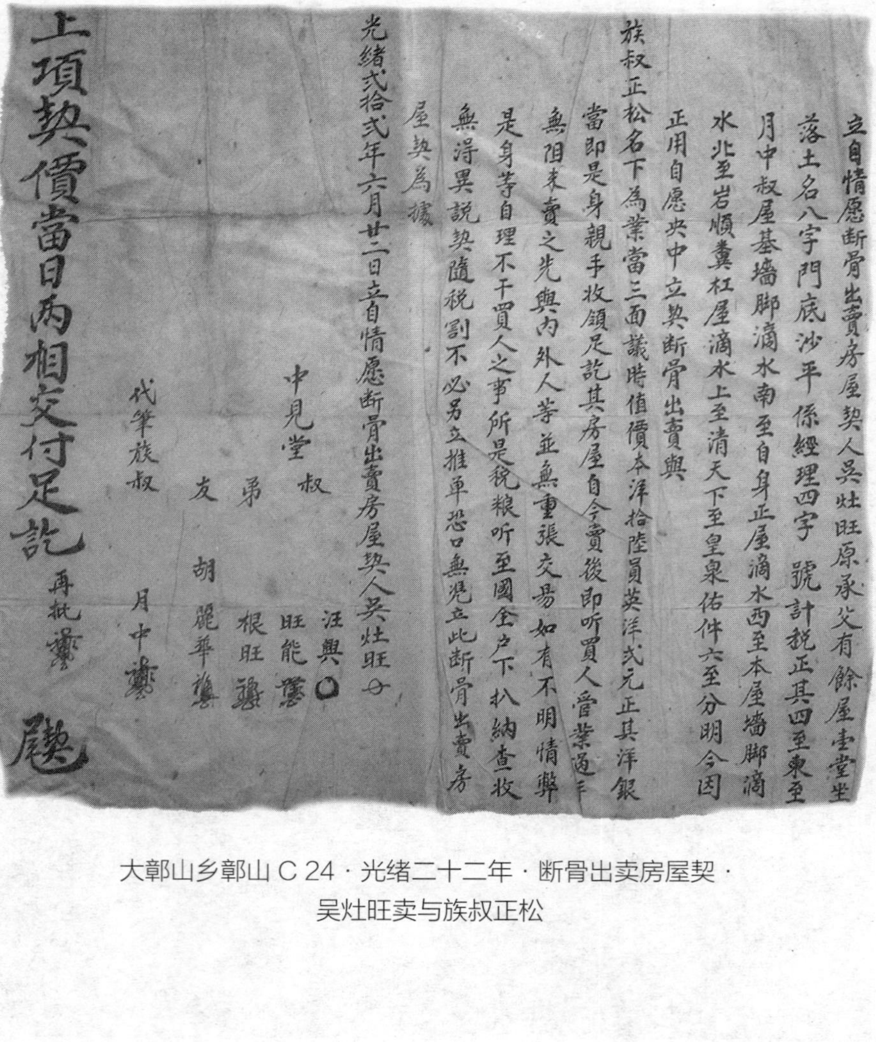
立自情愿断骨出賣房屋契人吳灶旺原承父有餘屋壹堂坐
落土名八字門底沙平係經理四字　號計稅正其四至東至
月中叔屋基墻脚滴水南至自身正屋滴水西至本屋墻脚滴
水北至岩順糞杠屋滴水上至清天下至皇泉佑件六至分明今因
正用自愿央中立契断骨出賣與
族叔正松名下爲業當三面議時值價本洋拾陸員英洋弍元正其洋銀
當即是身親手收領足訖其房屋自今賣後即听買人管業過手
無阻未賣之先與内外人等並無重張交易如有不明情弊
是身等自理不干買人之事所是稅粮听至國金户下扒納查收
無得異說契隨稅割不必另立推單恐口無憑立此断骨出賣房
屋契爲據
光緒弍拾弍年六月廿二日立自情愿断骨出賣房屋契人吳灶旺（押）
中見堂叔　汪興（押）
旺能（押）
弟　根旺（押）
友　胡麗華（押）
代筆族叔　月中（押）
上項契價當日兩相交付足訖　再批（押）

大鄣山乡鄣山 C 24 · 光绪二十二年 · 断骨出卖房屋契 ·
吴灶旺卖与族叔正松

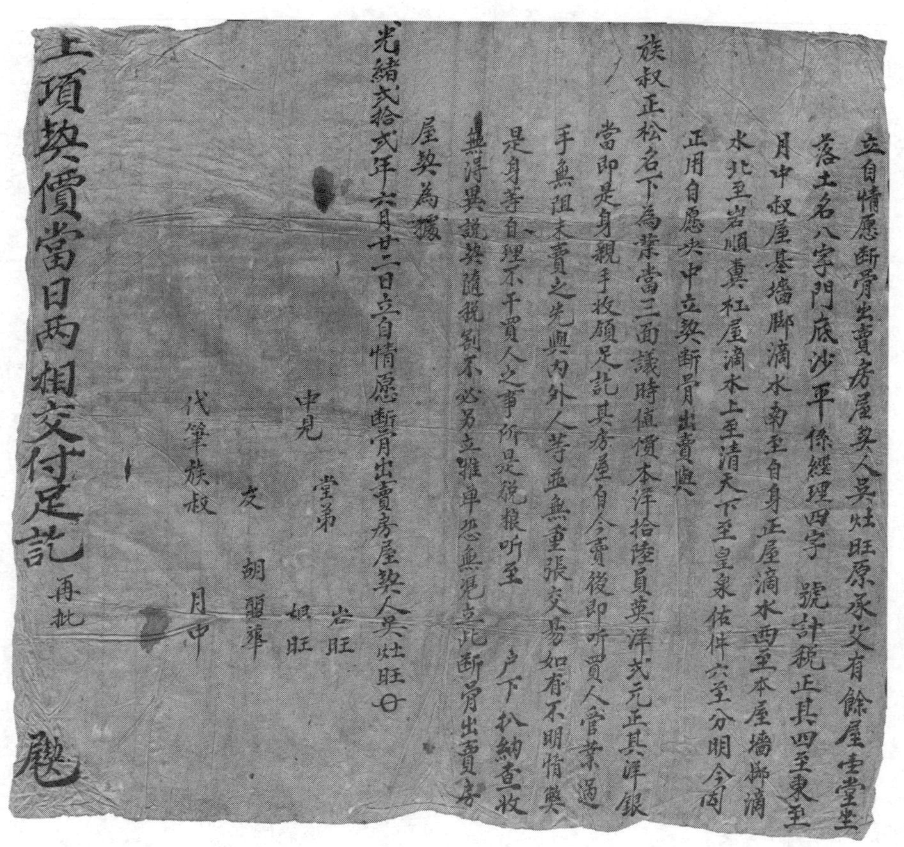

立自情愿断骨出賣房屋契人吴灶旺原承父有餘屋壹堂坐
落土名八字門底沙平 係經理四字 號計稅正其四至東至
月中叔屋基墻脚滴水南至自身正屋滴水西至本屋墻脚滴
水北至岩順真杠屋滴水上至清天下至皇泉佑件六至分明今因
正用自愿央中立契断骨出賣與
族叔正松名下為業當三面議時值價本洋拾陸員英洋式元正其洋銀
當即是身親手收領足訖其房屋自今賣後即听買人管業過
手無阻未賣之先與内外人等並無重張交易如有不明情弊
是身等自理不干買人之事所是稅粮听至 户下扒納查收
無得異說契隨稅割不必另立推单恐無憑立此断骨出賣房
屋契為據

中見 堂弟 岩旺
妲旺
友 胡韶華

光緒式拾式年六月廿二日立自情愿断骨出賣房屋契人吴灶旺

代筆族叔 月中

上項契價當日两相交付足訖 再批

大郭山乡郭山 C 26 · 光绪二十二年 · 断骨出卖房屋契 ·
吴灶旺卖与族叔正松

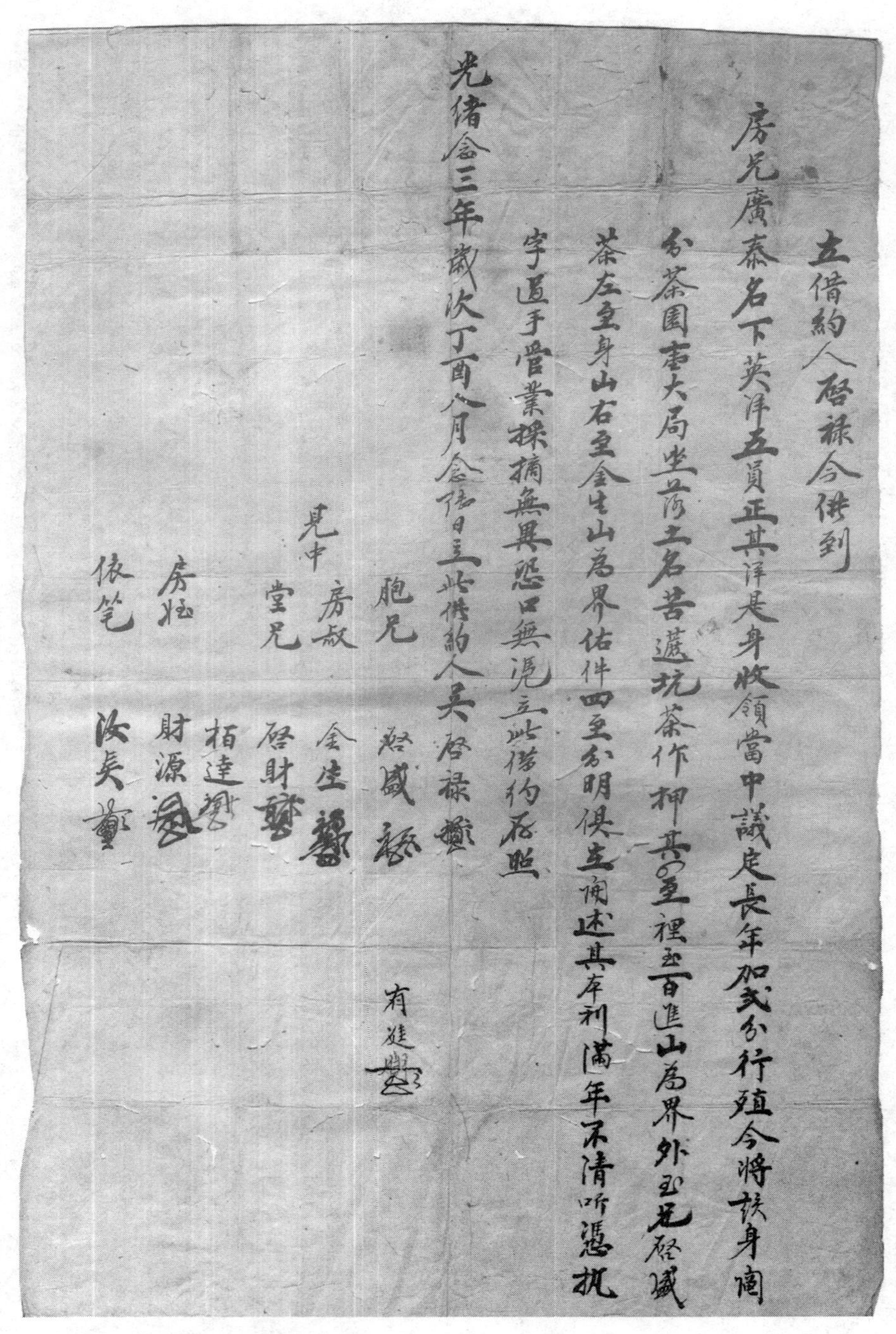
立借約人啟祿今借到
房兄廣泰名下英洋五員正其洋是身收領當中議定長年加弍分行殖今將族身阄
分茶園壹大局坐落土名苦蘧坑茶作押其至裡至百進山為界外至兄啟盛
茶左至身山右至金生山為界佑件四至分明俱在阄述其本利滿年不清听憑執
字管手管業採摘無異恐口無凭立此借約存照
光緒廿三年歲次丁酉八月廿陸日立此借約人吳啟祿（押）
胞兄　啟盛（押）
見中　房叔　金生（押）
堂兄　啟財（押）
栢達（押）
房姪　財源（押）
依筆　汝昊（押）
有琏（押）

大鄣山乡鄣山 C 8 · 光绪二十三年 · 借约 · 吴启禄借到房兄广泰

立自情愿断骨出卖茶丛坦契人吴启禄，原承父置有竹园种作茶坦壹块，坐落土名苦㯫坑，四字四百七十八号，计税三厘，计茶坦壹大块。其茶坦东至启盛兄茶为界，南至金生叔坑直上为界，西至和顺侄山为界，北至山降为界。右件四至分明，今因正用，自情托央中出卖与族兄观喜名下为业。当三面言定，时值价英洋三十壹元正，其洋是身亲手收领足讫。其茶坦自今卖后，即听买人管业无阻。未卖之先，与本家内外人等并无重张交易，如有不明等情，自理，不干买人之事。所是税粮听至铭勋户下扒纳无异。恐口无凭，立此情愿断骨契为据。

光绪戊戌十四年五月二十戊日立自情愿茶坦契为据 吴启禄

再批：拾年之内不得找价，不得取赎；拾年之外再依原价并酒水中资，任凭取赎无异。

外加酒水中资计洋戊元乙角七分

胞兄 启盛

中见房叔 金生

友中 胡接来

族兄 月中 百达 广泰 财元 根福

亲笔

再批

上项契价当日两相交付足讫

大鄣山乡鄣山C9·光绪二十四年·断骨出卖茶丛坦契·吴启禄卖与族兄观喜

立自情愿断骨出賣竹園契人吴岩開原身訣股分得有竹園壹局坐落土名炭窟塝係經理四字　千百　十號　计税　正其四至上至大降下至溪裡至當壟直上外至橋頭當壟直上右件四至分明今因缺用自情愿央中出賣與胡接来仁兄名下為業當三面言定時値價英洋拾伍元正其洋是身收領足訖其竹園自今賣後悉听買主管業無阻未賣之先與内外人等並無重張交易如若不明是身自理不干買主之事恐後無憑立此斷骨出賣文契為據

再批契内加愿字　岩開　押

光緒戊戌年九月重陽前二日立自情愿断骨出賣竹園契人岩開　押

再批　其竹園候至滿年本利不清任憑斫嫩竹管業無異候後原價取贖兩無異說　押

中見堂叔公　天培　押

叔　嘉興　押

代笔胞兄　岩喜　押

上項契價當日兩相交付足訖

再批　押

大鄣山乡鄣山 C 20 · 光绪二十四年 · 断骨出卖竹园契 · 吴岩开卖与胡接来

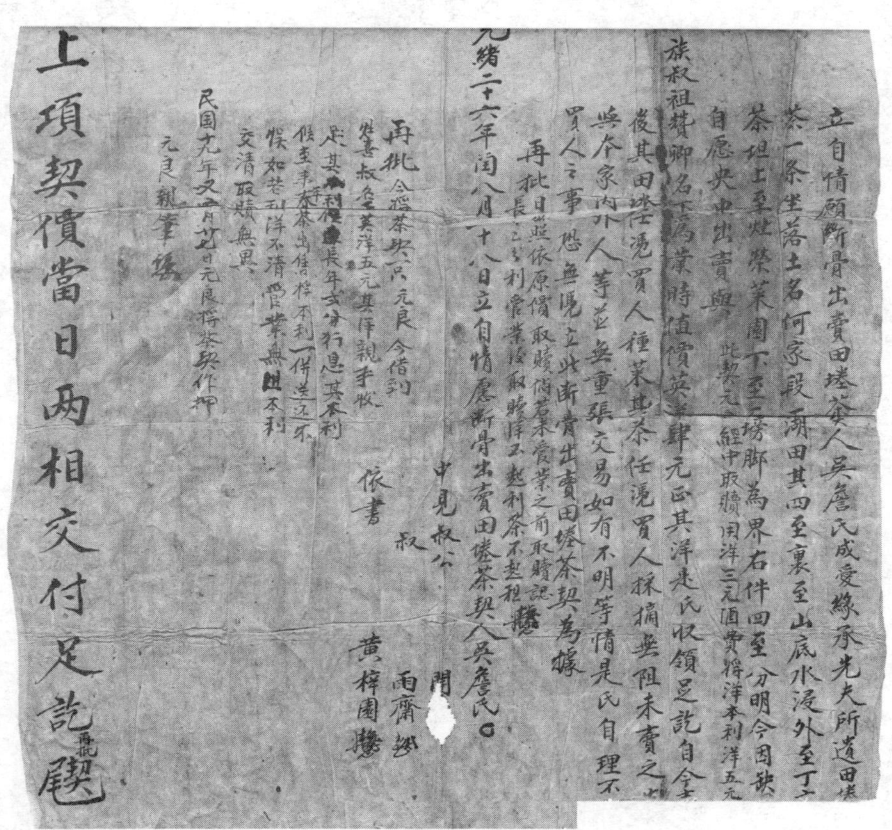

大鄣山乡鄣山 C 11 · 光绪二十六年 · 断骨出卖田塝茶契 ·
吴詹氏成爱卖与族叔祖赞卿

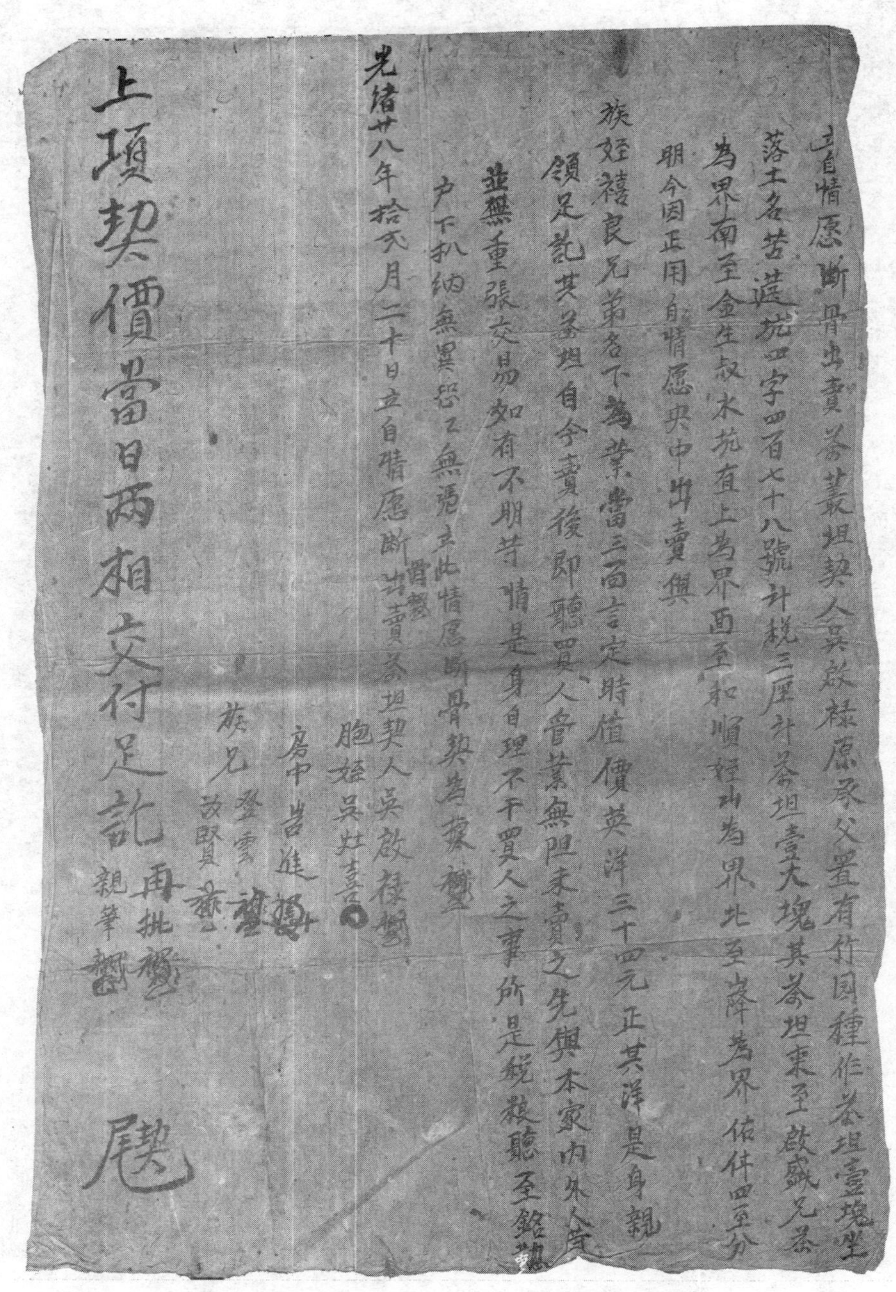
立自情愿断骨出賣茶叢坦契人吴啟禄，原承父置有竹園，種作茶坦壹塊，坐落土名苦蓮坑，四字四百七十八號，計税三厘，計茶坦壹大塊。其茶坦東至啟盛兄茶為界，南至金生叔水坑直上為界，西至和順姪山為界，北至嶺降為界，依[illegible]四至分明。今因正用，自情愿央中出賣與族姪禧良兄弟名下為業，當三面言定時值價英洋三十四元正，其洋是身親領足訖。其茶坦自今賣後，即聽買人管業，無阻。未賣之先，與本家内外人等並無重張交易。如有不明等情，是身自理，不干買人之事。所是税粮聽至[illegible]户下扒納無異。恐口無憑，立此情愿断骨出賣茶坦契為據。

光緒廿八年拾弍月二十日立自情愿断骨出賣茶坦契人吴啟禄（押）

胞姪 吴灶喜（押）

居中 吾進（押）

族兄 登雲（押）

啟賢（押）

上項契價當日兩相交付足訖。再批（押）

親筆（押）

大鄣山乡鄣山 C 5 · 光绪二十八年 · 断骨出卖茶丛坦契 ·
吴启禄卖与族侄禧良兄弟

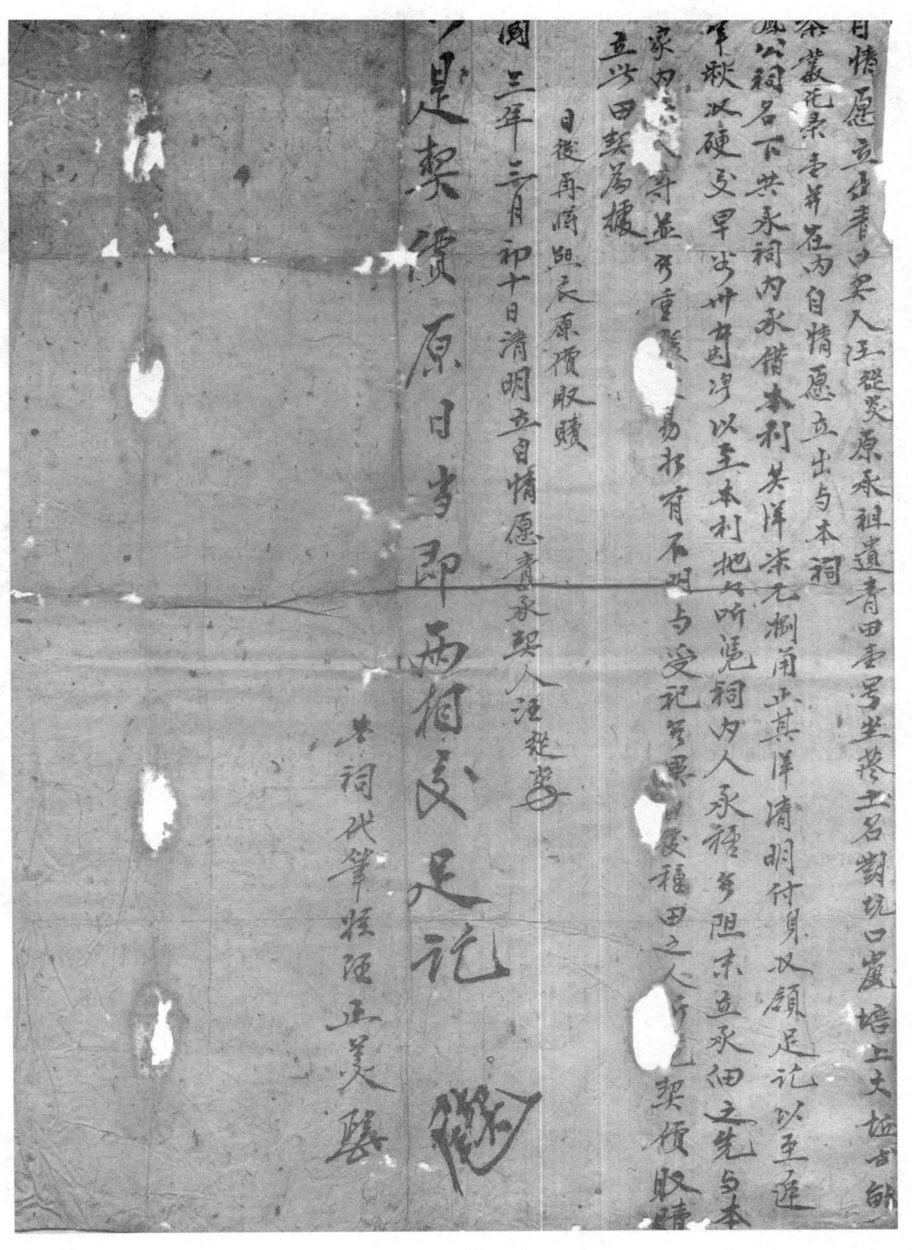

大鄣山乡鄣山 C 12 · 民国三年 · 青承契 · 汪从炎当与本祠大凤公祠

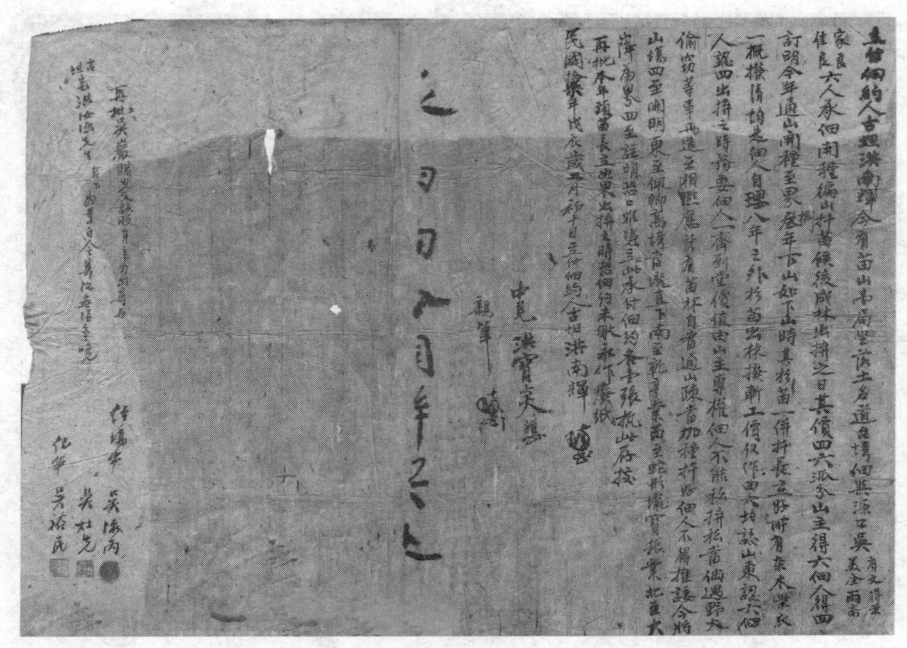

大鄣山乡鄣山 C 18 · 民国十七年 · 付佃约 · 洪南辉

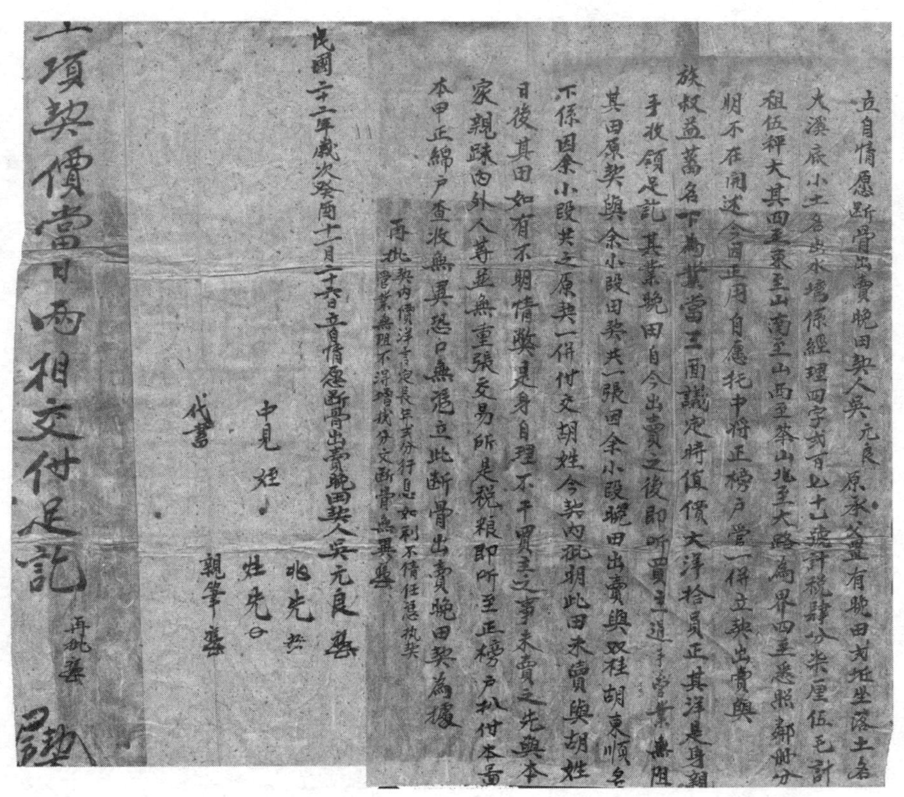

立自情愿断骨出賣晚田契人吳元良 原承父置有晚田一坵坐落土名
大溪底小土名出水塢係經理回字弍百七十七號計稅肆分柒厘伍毛計
租伍秤大其田四至東至山南至山西至茶山北至大路為界四至悉照鄰冊分
明不在開述今因正用自愿托中將正榜户𣃁一併立契出賣與
族叔益蕃名下為業當三面議定時值價大洋拾員正其洋是身親
手收領足訖其業晚田自今出賣之後即听買主進手管業無阻
其田原契與余小段田契共一張因余小段晚田出賣與双桂胡東順名
下係因余小段共之原契一併付交胡姓今契内批明此田未賣與胡姓
日後其田如有不明情弊是身自理不干買主之事未賣之先與本
家親踈内外人等並無重張交易所是稅粮即听至正榜户扒付本畨
本甲正綿户查收無異恐口無憑立此斷骨出賣晚田契為據

再批 契内價洋言定長年弍分行息如利不情任憑执契
管業無阻不得增找分文斷骨無異 押

民國二十二年歲次癸酉十一月二十五日立自情愿断骨出賣晚田契人吳元良 押

中見 姪 兆光 押
姓先 押

代書 親筆 押

□項契價當日兩相交付足訖 再批 押

大鄣山乡鄣山 C 7 · 民国二十二年 · 断骨出卖晚田契 · .
吴元良卖与族叔益蕃

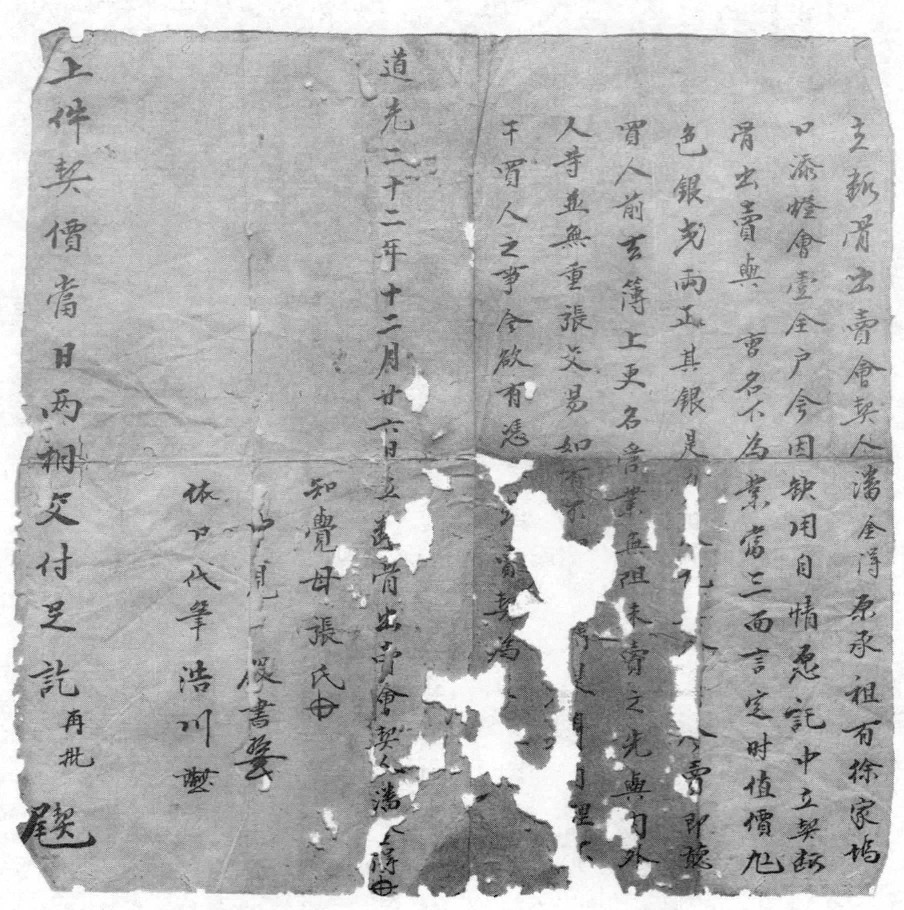

大郭山乡郭山村 46 · 道光二十二年 · 断骨出卖会契 · 潘金得卖与曹☐

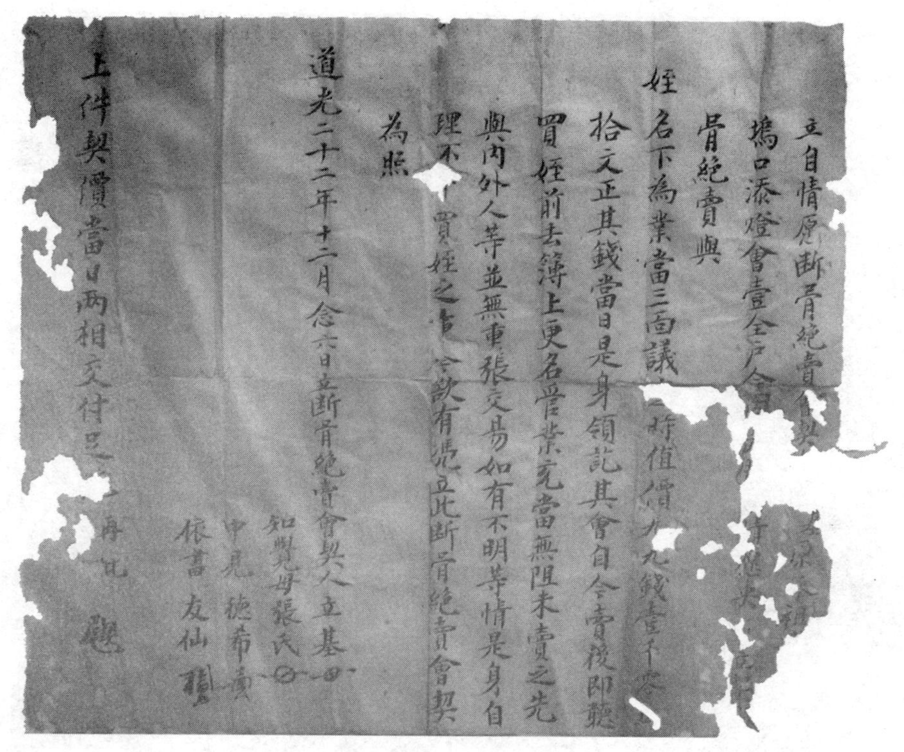

立自情原断骨絕賣會契人[illegible]
塢口添燈會壹全户會[illegible]
骨絕賣與
姪名下為業當三面議[illegible]時值價九九錢壹千零
拾文正其錢當日是身領訖其會自今賣後即聽
買姪前去簿上更名管業充當無阻未賣之先
與內外人等並無重張交易如有不明等情是身自
理不[illegible]買姪之[illegible]今欲有憑立此断骨絕賣會契
為照
道光二十二年十二月念六日立断骨絕賣會契人立基
知見母張氏
中見 德希
依書 友仙
上件契價當日兩相交付足[illegible]再批

大鄣山乡鄣山村 48 · 道光二十二年 · 断骨绝卖会契 · 立基卖与侄☐

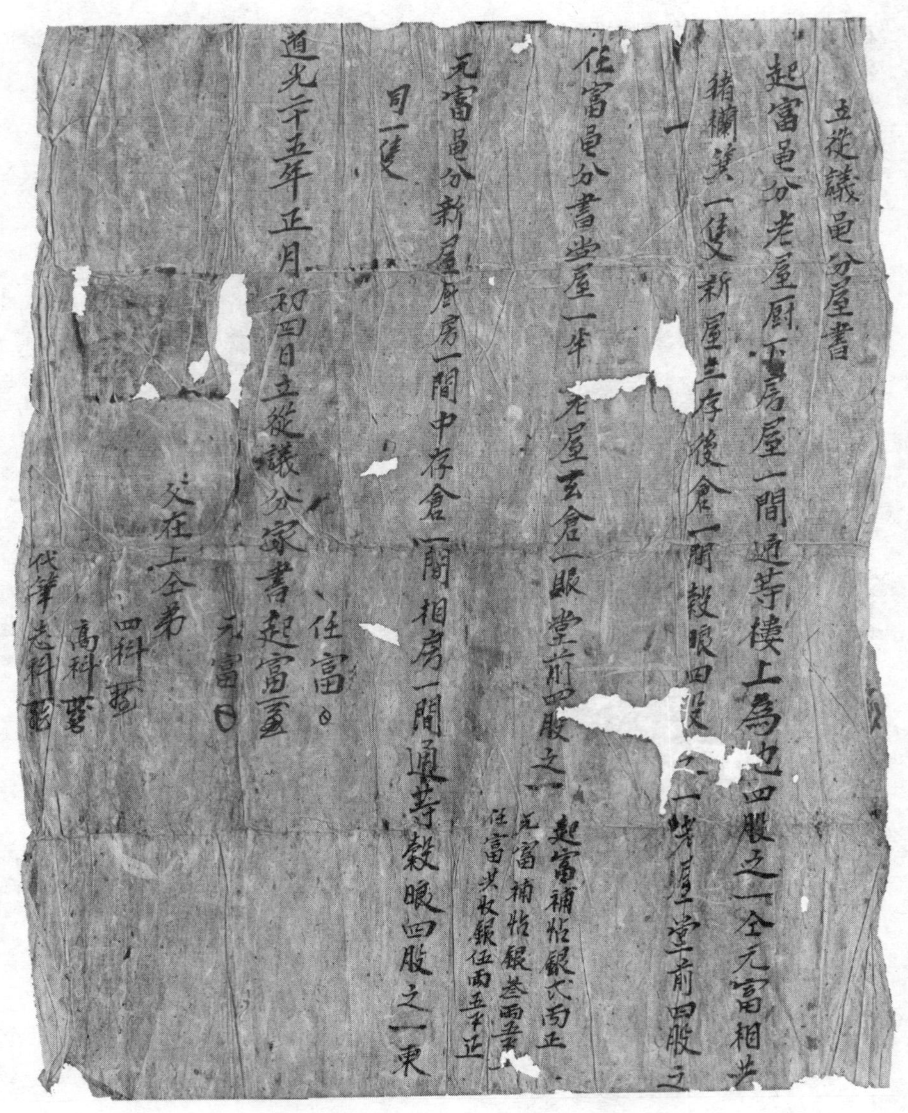

立從議阄分屋書

起富阄分老屋厨下房屋一間通䓁樓上為之四股之一仝元富相共

猪欄䈴一隻 新屋三存後倉一間 穀䁥四股之一 一[illegible]屋堂前四股之[illegible]

一

任富阄分書出屋一半 老屋玄倉一眼堂前四股之一

起富補帖銀弍两正

元富補帖銀叁两五钱

任富共收銀伍两五钱正

元富阄分新屋厨房一間中存倉一間相房一間通䓁穀䁥四股之一東

司一隻

任富

道光二十五年正月初四日立從議分家書 起富

元富

父在上仝弟 四科 高科

代筆 志科

大鄣山乡鄣山村 7 · 道光二十五年 · 从议阄分屋书 · 起富、任富、元富

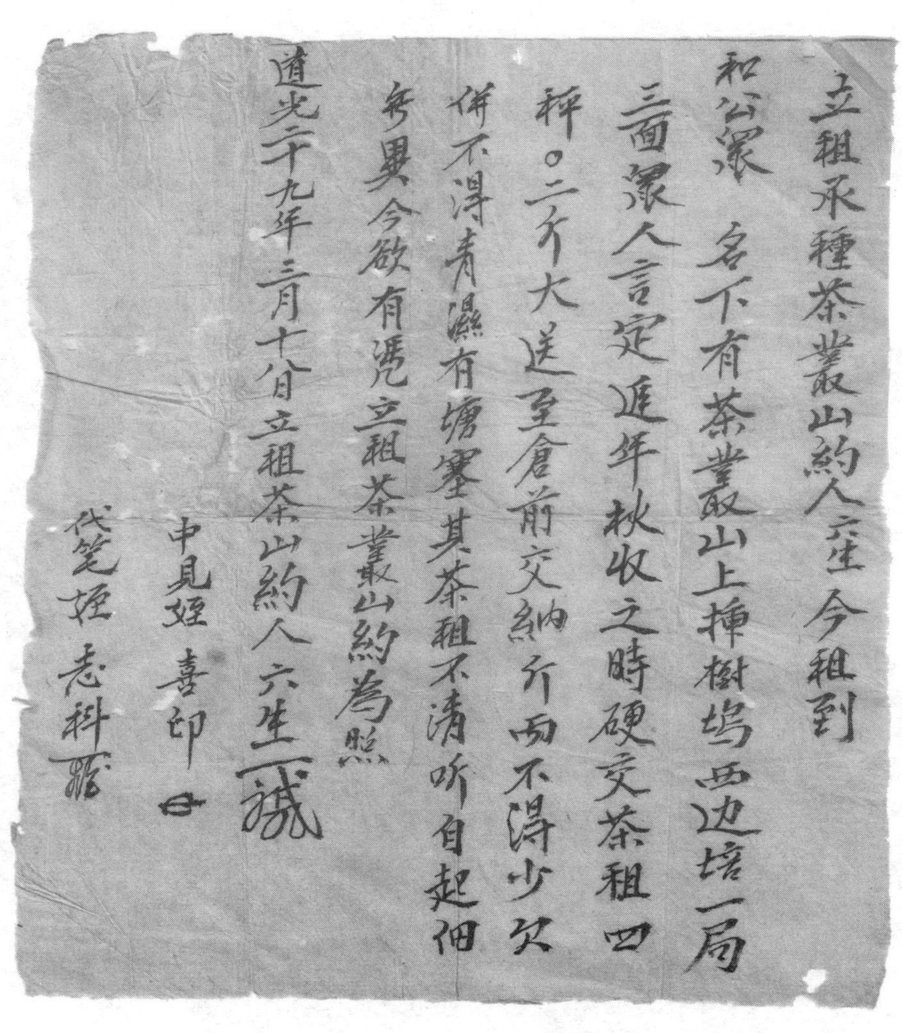

立租承種茶叢山約人六生今租到

和公衆　名下有茶叢山上揷樹塢西边培一局

三面衆人言定逓年秋收之時硬交茶租四

秤〇二斤大送至倉前交納斤两不得少欠

倂不得青濕有塘塞其茶租不清听自起佃

無異今欲有憑立租茶叢山約為照

道光二十九年三月十八日立租茶山約人六生（押）

中見姪　喜印（押）

代筆姪　志科（押）

大鄣山乡鄣山村 42 · 道光二十九年 · 租承种茶丛山约 · 六生租到和公众

克昌厥後

立承斷約人南鄉二十四都石頭龔顧允准今承斷到北
鄉二十三都坑頭曹宅宗譜一堂訂定五副每副四本三
面議定譜價洋銀叁拾員言定三期分付其匠人以及主
文先生承做譜序讚截實行俱是自己開工自起伙食并
譜紙釘工紙格譜線一切譜梓各項花紅折實酒席並截
匾額基圖地圖容頭俱是一概統包在内外無補貼不得
返齒加斷年内 并要譜事告竣不得遲滯半途翻悔分文
無加倘有譜事有始無終字面舛錯聽除譜價恐口無
憑立此斷批為批

外加進局出局酒席貳次其地圖訂定十四隻容頭十隻村
基圖壹幅迭行不拘 再批

咸豐元年十一月初八日立承斷譜約人顧允准（押）
中 程順初（押）
依口代筆步周（押）

大鄣山乡鄣山村 14 · 咸丰元年 · 承断约 · 顾允淮承到曹宅宗谱

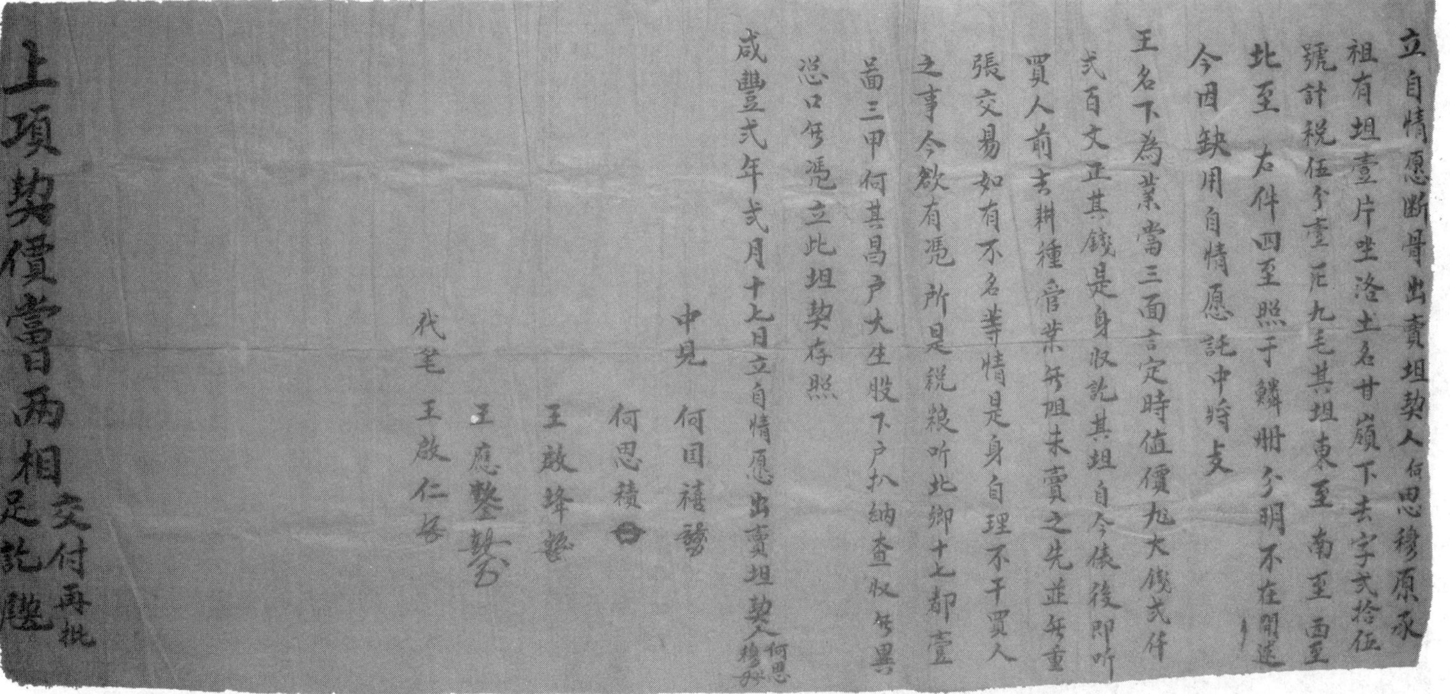

立自情愿断骨出賣坦契人何思穆原承
祖有坦壹片坐洛土名甘嶺下去字弍拾伍
號計稅伍分壹厘九毛其坦東至　南至　西至
北至　右件四至照于鱗册分明不在開述
今因缺用自情愿託中將支
王名下為業當三面言定時值價九大錢弍仟
弍百文正其錢是身收訖其坦自今依後即听
買人前去耕種管業無阻未賣之先並無重
張交易如有不明等情是身自理不干買人
之事今欲有憑　所是稅粮听北鄉十七都壹
啚三甲何其昌戶大生股下戶扒納查收無異
恐口無憑立此坦契存照
咸豐弍年弍月十七日立自情愿出賣坦契人何思穆
中見　何国禧
何思積
王啟垟
王應鏊
代筆　王啟仁
上項契價當日兩相交付足訖　再批

大鄣山乡鄣山村 22 · 咸丰二年 · 断骨出卖坦契 · 何思穆卖与王☐

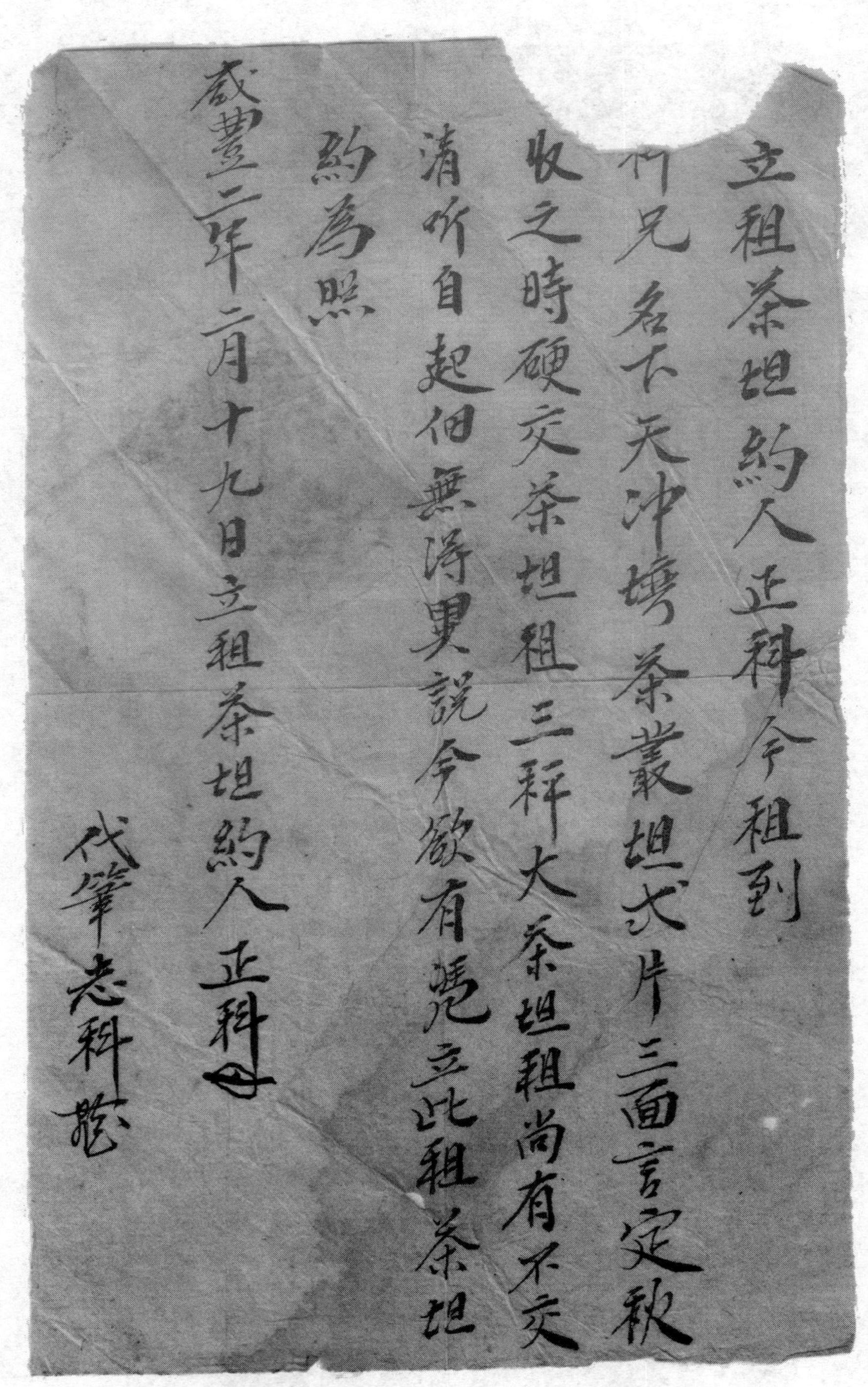

立租茶坦約人正科今租到
竹兄名下天沖塆茶叢坦弍片三面言定秋
收之時硬交茶坦租三秤大茶坦租尚有不交
清听自起佃無得異説今欲有憑立此租茶坦
約為照
咸豐二年二月十九日立租茶坦約人正科
代筆志科

大鄣山乡鄣山村 41 · 咸丰二年 · 租茶坦约 · 正科租到□兄

立断骨出賣田契人潘成煥原承祖有晚田壹段坐落土名王庫前經理係
丟字二千三百五十六號計稅捌分五厘骨租拾秤大其田東至　西至
南至　北至右件四分至分明今因正用自愿出賣與
曹文枝子雲名下為業當三面言定時值價洋拾捌元四角正其銀是身收訖其田
即聽買人前去管業耕種收租無阻未賣之先與內外人等並無重張交
易如有不明等情是身自理不干買人之事所是稅粮聽至二啚四甲煥
户扒納查收無異稅隨契付不必另立推单今欲有憑立此斷骨出賣
田契存據
內塗公字一隻再批　押
內加皮字一隻再批　押

咸豐四年五月十九日立断骨出賣田契人潘成煥　押
中　日輝　押
允明　押
奉書　呂詠　押

上件契價當日兩相交付足訖再批　押

大鄣山乡鄣山村 2 · 咸丰四年 · 断骨出卖田契 · 潘成煥卖与曹文枝、曹子云

立自情愿出俵田皮约人王澤其，原承父置有
早田壹段，坐落土名張家碣，計田叁坵，計交實
租陸秤大。今因正用，自情愿央中將田皮出俵
與
曹
名下為業，当三面言定，时值價光洋銀壹
員正，其洋良是身收領足訖。其田皮自今俵
後，即听買人前去管業耕種，無阻。未俵之
先，与内外人等並無重張交易。如有不明等
情，是身自理，不干買人之事。今欲有憑，立此
田皮约存據。
再批：其田皮实当清光洋良壹員正，言定洋良不起
迭年硬交典租壹秤，不得短少。限至有洋之日，照依
價取贖，無異。其早租不清，聽憑起佃耕種管業，
無阻。憑面言定，托汝喜鑾
咸豐五年十月初十日立自情愿出俵田皮约人王澤其
中見父叔 承柜
承林
朱 慈開
书 承楊

大鄣山乡鄣山村 35 · 咸丰五年 · 出俵田皮约 · 王泽其俵与曹⼞

立承佃约人王澤其今承到

曹　名下早田壹段坐落土名張家碣計

田弍坵計交皮祖肆秤大迭年硬

交早祖肆秤大送至蒼前交纳不

得短少倘有早祖不清所憑起佃与

耕種两無異説今欲有憑立此承

佃為照

咸豐五年十月初十日立承佃约人王澤其（押）

中見　朱法科（押）

代筆　朱汝高（押）

鄣山乡鄣山村 36 · 咸丰五年 · 承佃约 · 王泽其承到曹☑

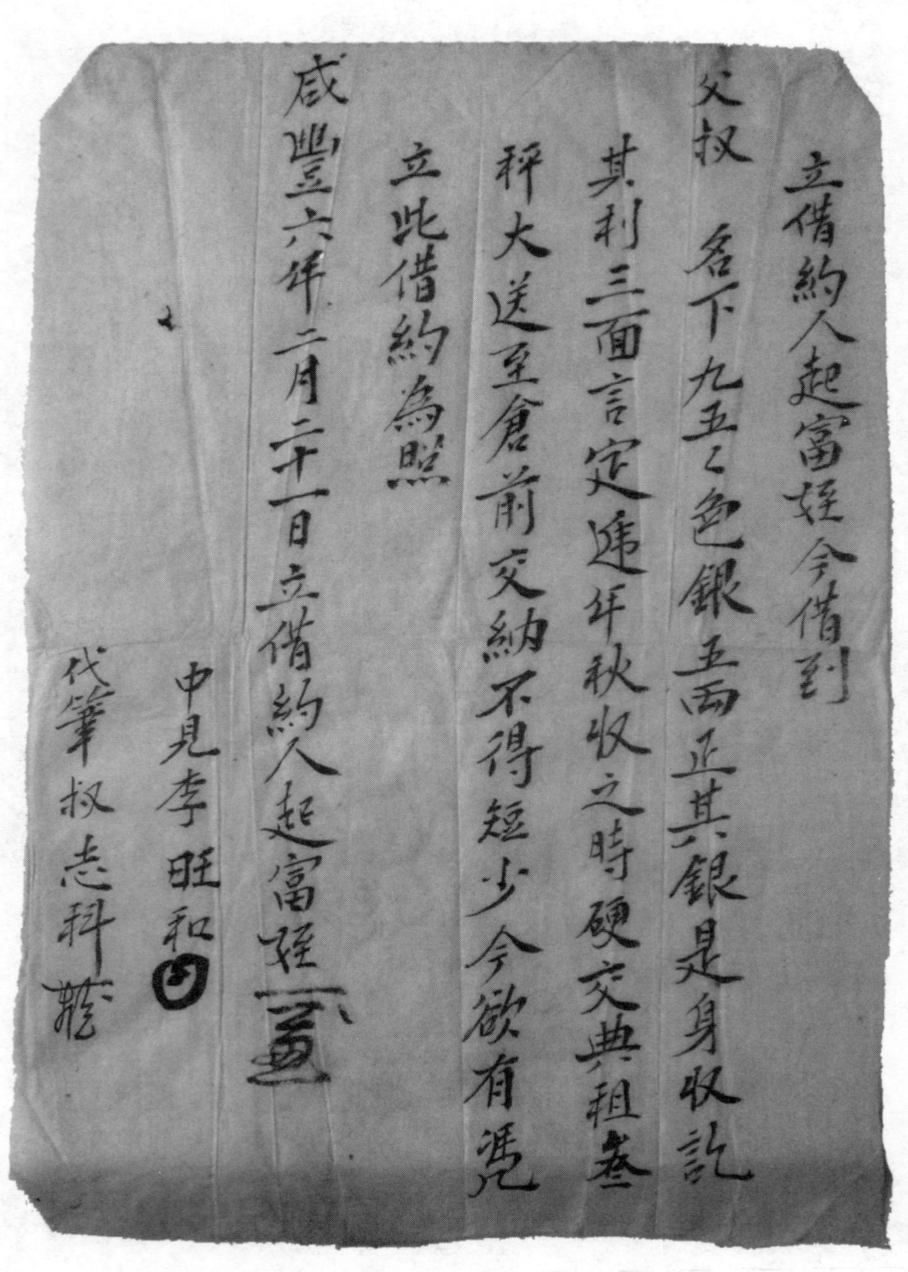

立借約人起富姪今借到
父叔　名下九五乙色銀五両正其銀是身收訖
其利三面言定逐年秋收之時硬交典租叁
秤大送至倉前交納不得短少今欲有憑
立此借約為照
咸豐六年二月二十一日立借約人起富姪（押）
中見李旺和（押）
代筆叔志科（押）

大鄣山乡鄣山村 26 · 咸丰六年 · 借约 · 起富借到父叔☑

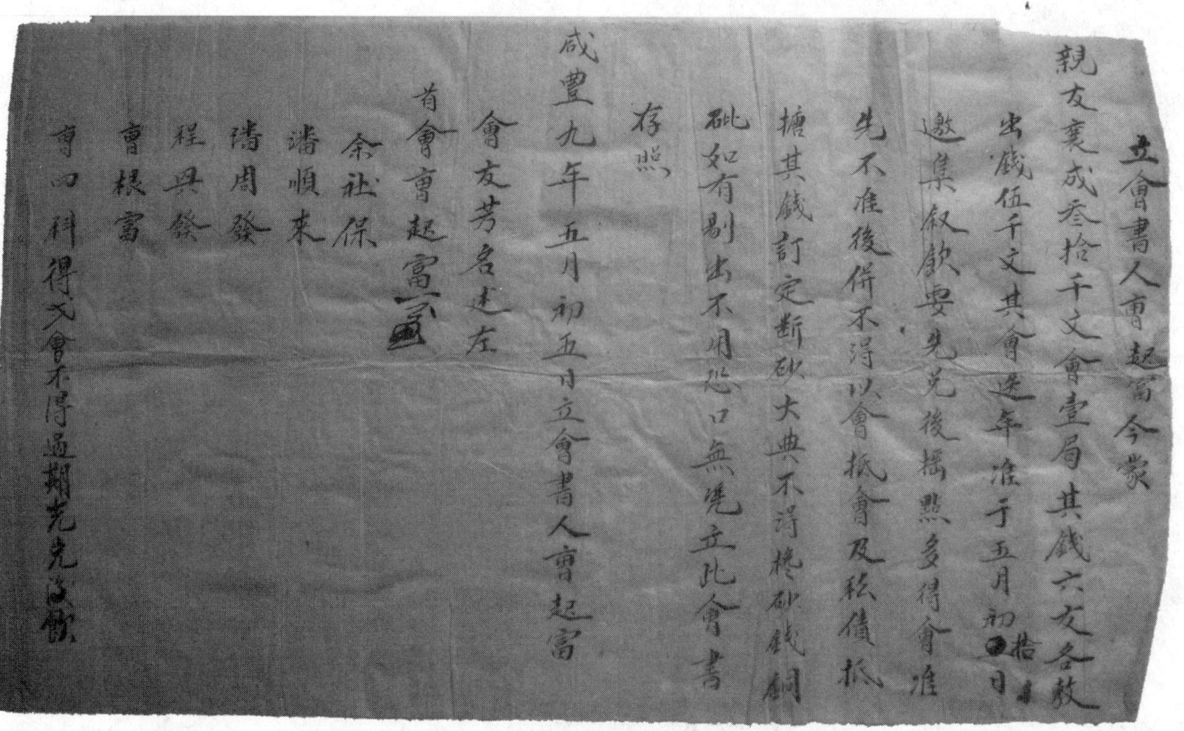
立會書人曹起富今蒙
親友襄成叁拾千文會壹局其錢六友各敎
出錢伍千文其會迭年准于五月初[illegible]日
邀集叙飲要先先後搖點多得會准
先不准後併不得以會抵會及私債抵
搪其錢訂定斷砍大典不得挽砍錢銅
砒如有剔出不用恐口無凭立此會書
存照
咸豐九年五月初五日立會書人曹起富
會友芳名述左
首會曹起富（押）
余社保
潘順來
瑞周發
程興發
曹根富
曹四科得文會不得過期先先後欵

大郭山乡郭山村 17 · 咸丰九年 · 会书 · 曹起富

立自情愿断骨出賣坦契人吴来香原承祖遺分
有坦壹處坐落土名甘嶺下共计有八塊係經理壹
字二千五號计税三分一厘五毛其坦東至 西至 南至 北
至 俱照鱗册分明不在開述今因正用自情愿央中
将此坦八塊断骨出賣與
曹潤富名下為業當三面言定時值價大錢伍千八百文扒
税在内其錢是身收領讫其坦自今賣後即聽買人前去耕
種管業無阻未賣之先與内外人等並無重張交易如有不
明等情是身自理不干買人之事所是税根身有至明珍户下
扒出付與買人查收無異其坦内棋子樹三株茶叢俱在賣
内恐口無憑立此為據

咸豐十一年十一月初十日立自情愿断骨出賣坦契人吴来香

中見 李秋法
叔 吴來祖 侄 吴旺科
代筆 李小福
兄 吴進喜 李金玉

大鄣山乡鄣山村 27 · 咸丰十一年 · 断骨出卖坦契 · 吴来香卖与曹润富

立租茶叢坦契人細祥今租到
四科伯名下茶坦壹局坦貳片棋子樹叁根
迭年燭壹斤不生之年其燭不要坐落土
名西塢外扶言定迭年秋收之時硬交
茶坦租叁秤半大送至倉前交納不
得少欠今欲有凭立此租約為照
再批言定租種拾年無異（押）
咸豐十一年十二月十五日立租茶坦約人細祥（押）
中見兄 松祥（押）
代筆 張來興（押）

大鄣山乡鄣山村 32 · 咸丰十一年 · 租茶丛坦约 · 细祥租到四科伯

立自情愿退書人潘星榮原因身長子名鷹楊自幼娶曹
姓之女名愛嬌為室經今十有六年近因與身子擇愛嬌不
相和睦身夫婦恐其角口滋事自情愿退回母家聽從另
配他姓當收曹双富國復洋銀叁拾元正其洋銀是身
收訖日後本家族内大小人等不得異議其曹氏自今退
後聽憑另行擇配無阻恐口無凭立此退書為據
再批其庚盟頂嘉二帖因賊燹失落日後倘若檢出不在行用

同治元年三月初二日立自情愿退書人潘星榮
仝男 鷹楊
家長 △
亭模 △ 氏

大郭山乡郭山村 28 · 同治元年 · 退书 · 潘星荣退儿媳曹氏

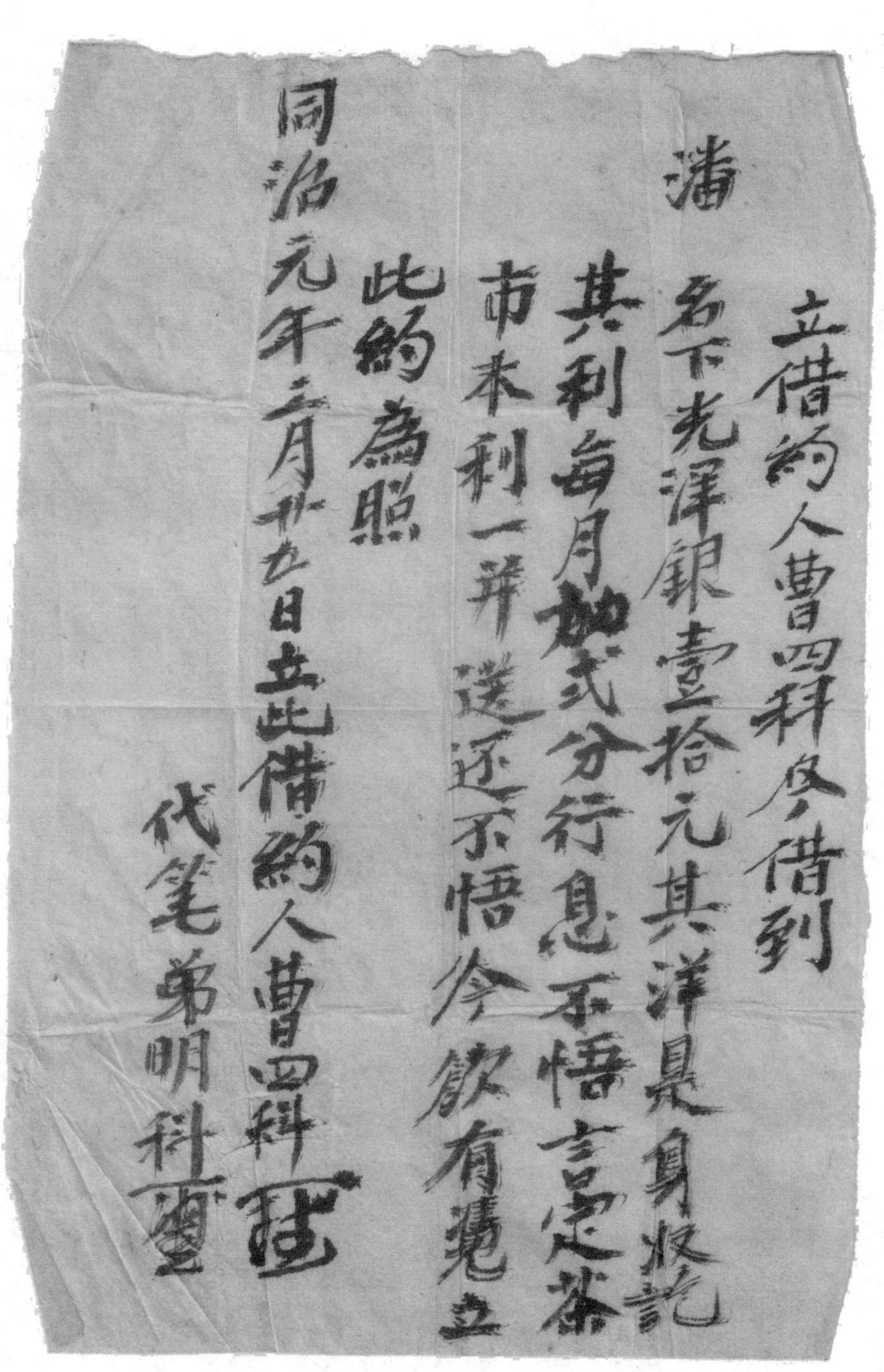

潘

立借約人曹四科今借到

名下光洋銀壹拾元其洋是身收訖

其利每月加弍分行息不悮言定茶

市本利一并送还不悮今欲有憑立

此約為照

同治元年三月廿五日立此借約人曹四科押

代筆弟明科押

大鄣山乡鄣山村 33 · 同治元年 · 借约 · 曹四科借到潘☑

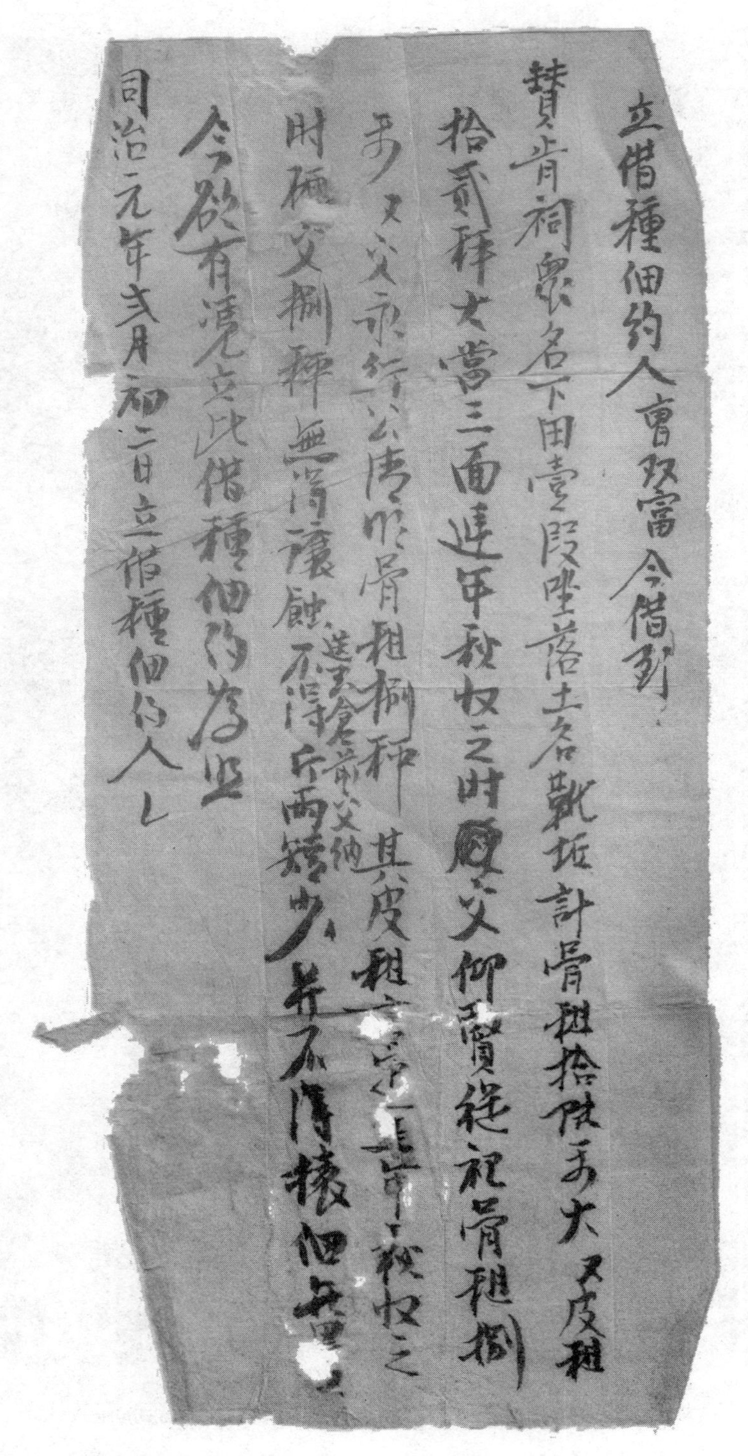

大郭山乡郭山村 37 · 同治元年 · 借种佃约 · 曹双富借到替肯祠众

立出俵田皮約人李正奎原承祖有早田壹段坐落
土名甘嶺下計田弍坵計骨租四秤今因正用自情
愿央中將此田出俵與
族侄發茂名下為業當三面言定時值價洋銀
四元正其洋銀是身收領訖其田自今俵後即
听買人管業耕種無阻未俵之先與内外人等並
無重張交易及有不明等情是身自理不干買
人之事今恐無憑立此皮約存據
再批其田實當得洋銀四元正其利逐年硬交典租
弍秤有洋銀之日照依原價取贖兩[illegible]無異
中 侄 發蘭
同治弍年四月念十日立出俵田皮約人李正奎
書 正坡

大鄣山乡鄣山村 39 · 同治二年 · 出俵田皮约 · 李正奎俵与族侄发茂

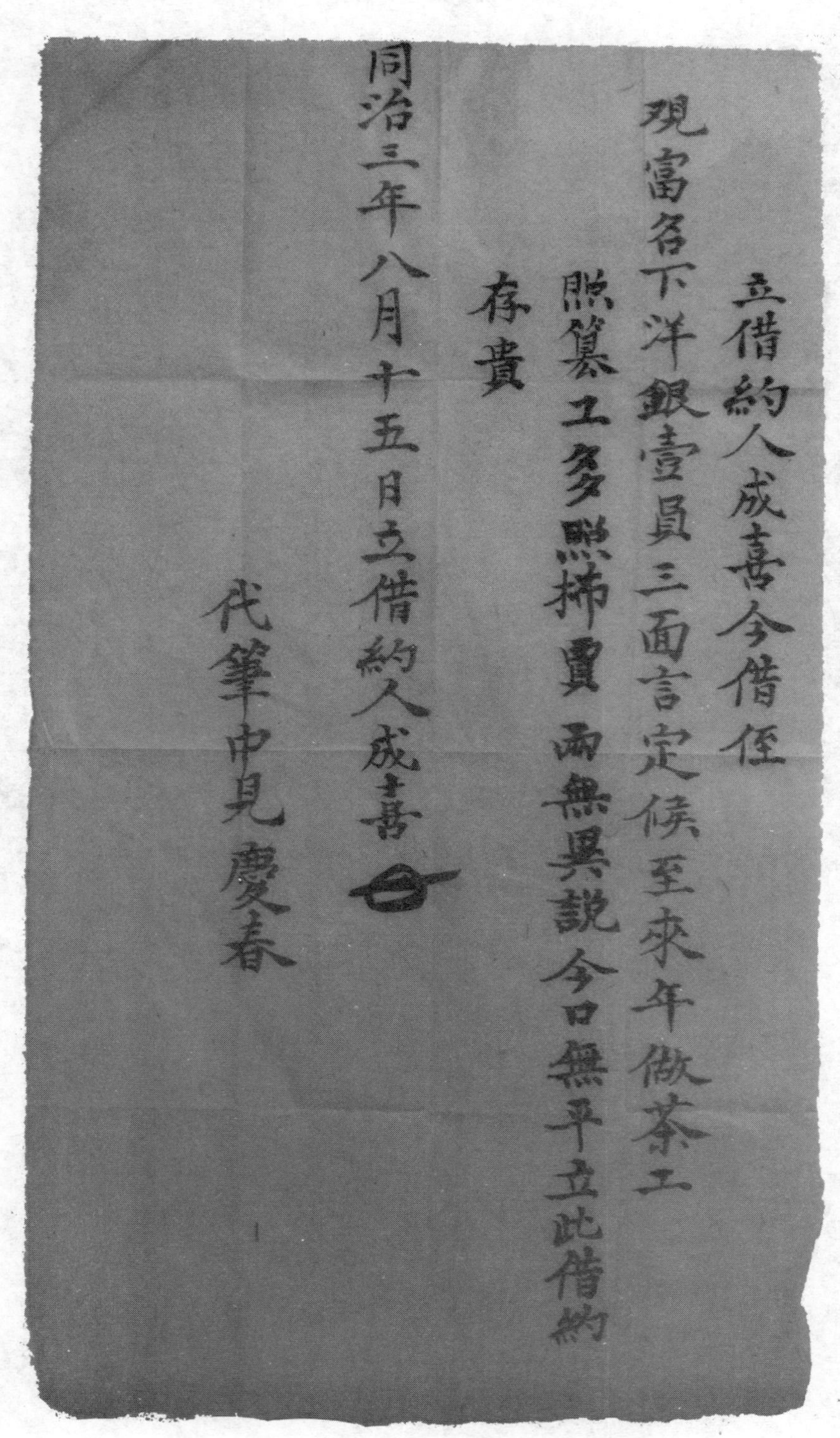

立借約人成喜今借侄
观富名下洋銀壹員三面言定候至來年做茶工
照算工多照拂費兩無異說今口無平立此借約
存貴
同治三年八月十五日立借約人成喜
代筆中見慶春

大鄣山乡鄣山村 29 · 同治三年 · 借约 · 成喜借观富

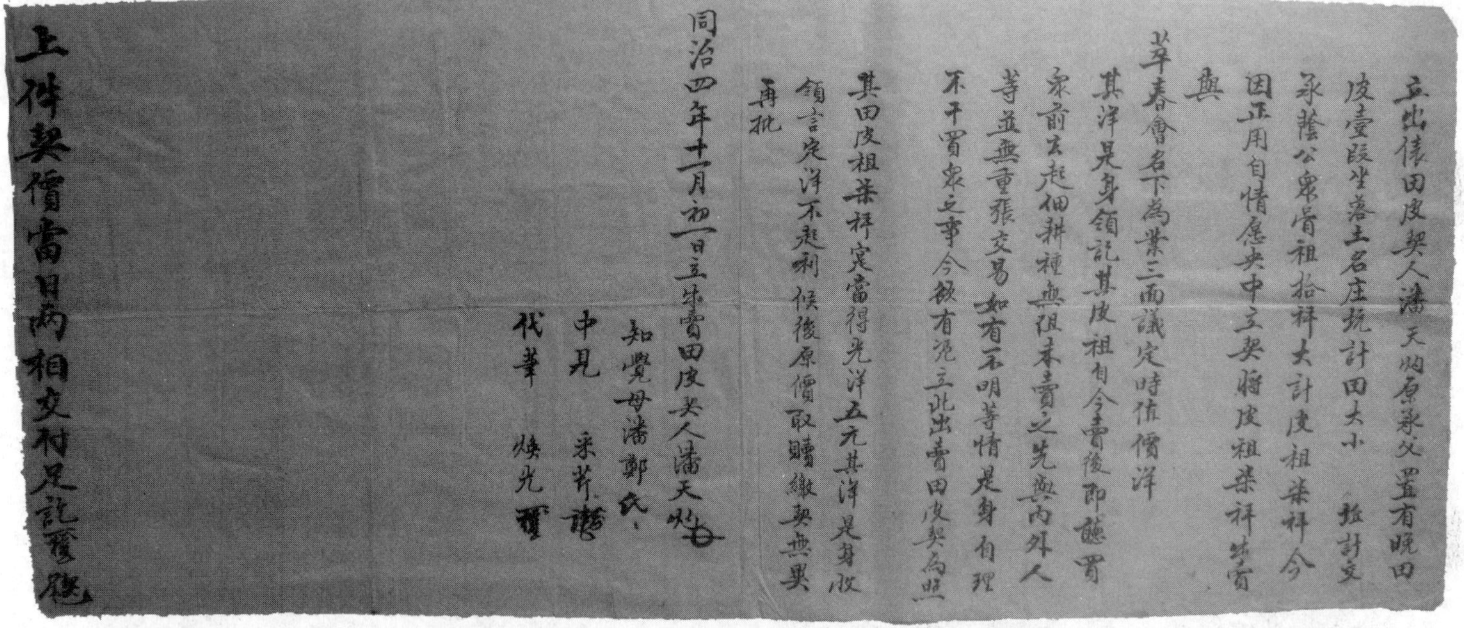

立出佃田皮契人潘天灼，原承父置有晚田皮壹號，坐落土名庄坑，計田大小 □ 計交承蔭公衆骨租拾秤大，計皮租柒秤，今因正用，自情愿央中立契將皮租柒秤出賣與
萃春會名下為業，三面議定時值價洋，其洋是身領訖。其皮租自今賣後即聽買衆前去起佃耕種，無阻。未賣之先，與內外人等並無重張交易。如有不明等情，是身自理，不干買衆之事。今欲有憑，立此出賣田皮契為照。

其田皮租柒秤，實當得光洋五元，其洋是身收領，言定洋不起利，候後原價取贖，繳契無異。再批。

同治四年十一月初一日立出賣田皮契人潘天灼（押）
知覺母潘鄭氏、
中見　采许（押）
代筆　煥光（押）

上件契價當日兩相交付足訖（押）

大鄣山乡鄣山村 10 · 同治四年 · 出卖田皮契 · 潘天灼卖与萃春会

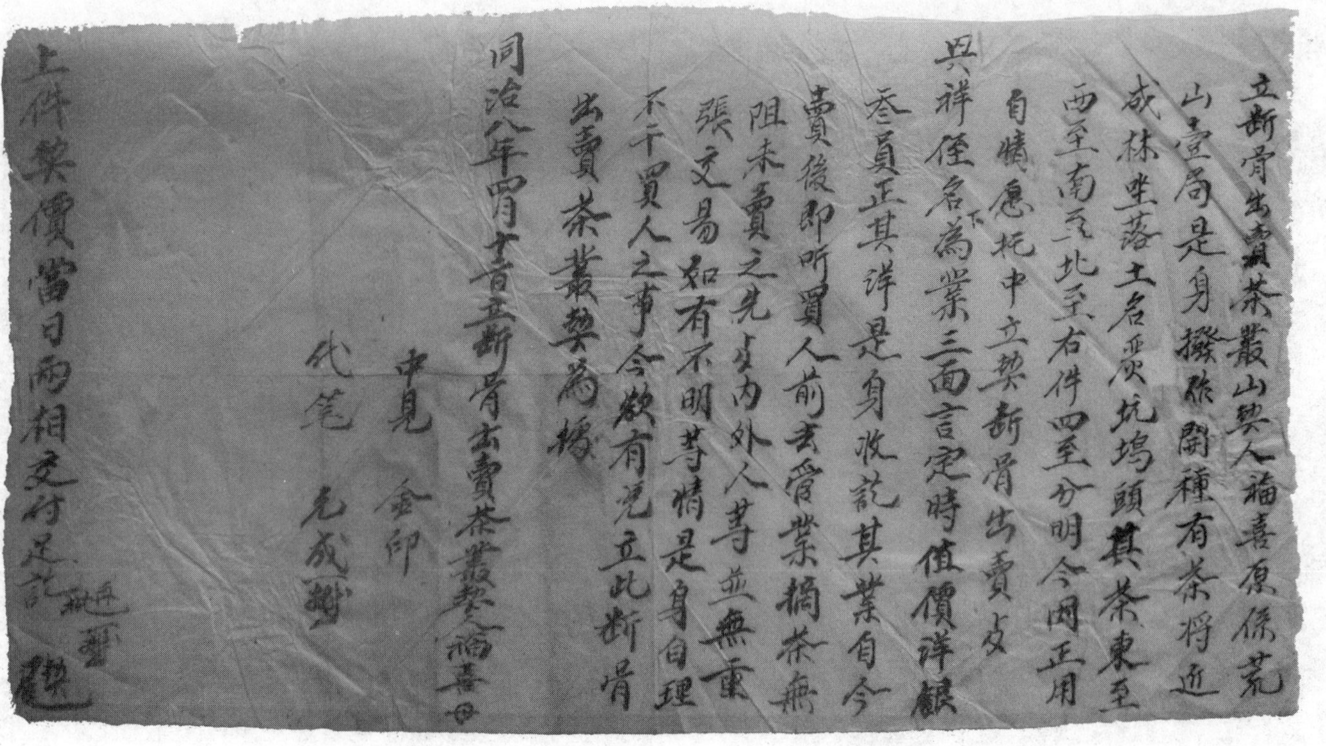

立断骨出賣茶叢山契人福喜，原係荒
山壹局，是身撥旅開種有茶，将近
成林，坐落土名灰坑塢頭，其茶東至
西至南至北至，右件四至分明，今因正用，
自情愿托中立契断骨出賣与
興祥侄名下為業，三面言定時值價洋銀
叁員正，其洋是身收訖，其業自今
賣後即听買人前去管業摘茶，無
阻，未賣之先，与内外人等並無重
張交易，如有不明等情，是身自理，
不干買人之事。今欲有凭，立此断骨
出賣茶叢契為據。

同治八年四月十一日立断骨出賣茶叢契人福喜（押）
中見　金印
代筆　元成（押）

上件契價當日兩相交付足訖　再批（押）

大鄣山乡鄣山村 43 · 同治八年 · 断骨出卖茶丛契 · 福喜卖与兴祥侄

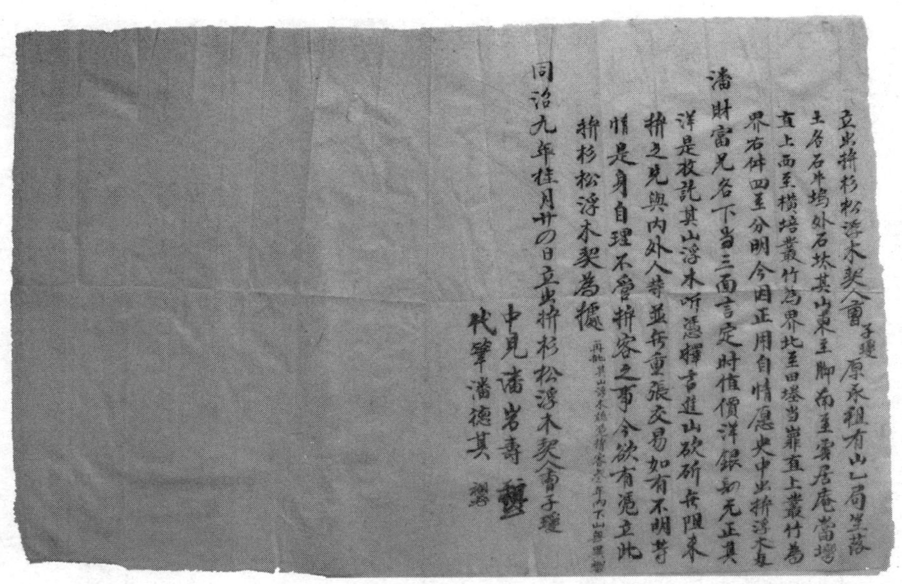

立出拚杉松浮木契人曹子瑗，原承祖有山一局，坐落土名石牛坞外石坑，其山東至脚而至甯居庵當塆直上，西至横培叢竹為界，北至田塝当崩直上叢竹為界，右件四至分明。今因正用，自情愿央中出拚浮木与

潘財富兄名下，当三面言定，时值價洋銀□元正。其洋是收訖。其山浮木所憑拚者進山砍斫，無限来拚之先，與内外人等並無重張交易。如有不明等情，是身自理，不干拚客之事。今欲有憑，立此拚杉松浮木契為據。

再批：其山浮木係是拚客□年內下山無異。

同治九年桂月廿四日立出拚杉松浮木契人曹子瑗

中見潘岩壽

代筆潘德其

大鄣山乡鄣山村 20 · 同治九年 · 出拚杉松浮木契 · 曹子瑗拼与潘财富

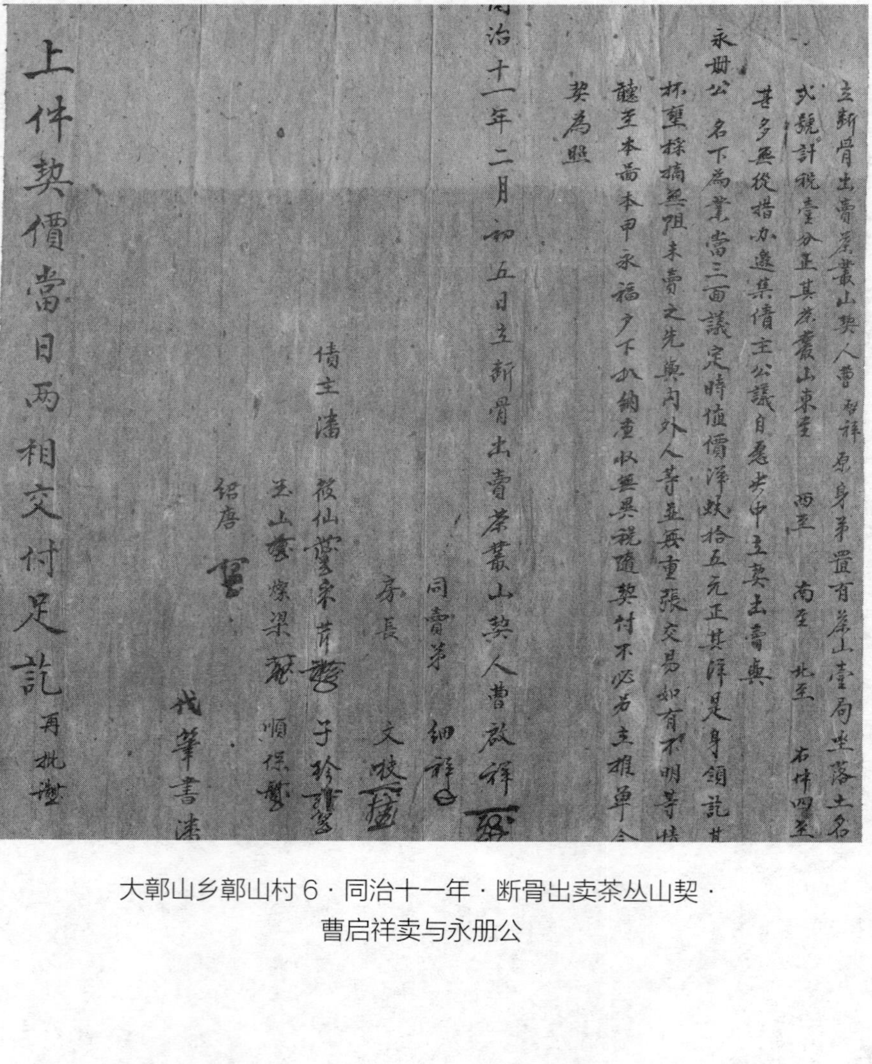

立斷骨出賣茶叢山契人曹啓祥原身手置有岸山壹局坐落土名
式號計稅壹分正其茶叢山東至 西至 南至 北至 右件四至
甚多無從措办邀集債主公議自愿央中立契出賣與
永册公名下為業當三面議定時值價洋蚨拾五元正其洋是身領訖其
杯塹採摘無阻未賣之先與内外人等並無重張交易如有不明等情
謹至本畨本甲永福户下扒納查收無異税隨契付不必另立推单令
契為照
同治十一年二月初五日立斷骨出賣茶叢山契人曹啓祥[illegible]
同賣弟 細祥[illegible]
房長 文岐[illegible]
債主濤 筱仙[illegible] 秉芹[illegible] 子珍[illegible]
玉山[illegible] 燦梁[illegible] 順保[illegible]
紹唐[illegible]
代筆書濤
上件契價當日兩相交付足訖 再批[illegible]

大鄣山乡鄣山村 6 · 同治十一年 · 断骨出卖茶丛山契 ·
曹启祥卖与永册公

立斷骨出賣茶山契人曹三富原身置有業
茶山壹局坐落土名東坑塢頭去字二千二
百九拾二號計稅陸厘八毛五絲正其茶
東至　西至　南至　北至　右件四至分
明今因正用自情願托中立契斷骨出賣
與
潘
名下為業當三面言定時值價洋銀正其
洋是身收訖其茶山自今賣後即聽買人
前去管業無阻未賣之先與內外人等並
無重張交易如有不明等情是身自理不
干買人之事所是稅粮聽至拾柒都三啚
拾甲承戶皆下扒納查收稅隨契付不必另
立推單今欲有憑立此斷骨出賣茶山契
為照

再批　其茶山實當得光洋銀弍拾元正其洋是身收訖其利
三面言定迭年秋收之時硬交茶山租拾秤大送至會
前文納不得斤兩短少倘有茶坦不清聽憑摘茶管業
無阻　墨

同治拾一年五月二十七日立斷骨出賣茶山契人曹三富
全子　春德
兄　双富
代筆　李佩芳墨

大鄣山乡鄣山村 19 · 同治十一年 · 断骨出卖茶山契 · 曹三富卖与潘☐

立出断骨絶賣生塋契人鄭大納細納原承父置有
生塋壹穴坐落土名西坑在於東北角今因驗
地不佳以致立此断骨出賣與
曹　名下為業當三面言定時值價洋銀壹員
正其洋是身收訖其生塋自今賣後即
听買人曹業迁塟無阻未賣之先與內外
人等並無重張交易如有不明听等情
是身自理不關買人之事今欲有凭立此
為照
　　糊等字山叓再批
同治十一年六月廿六日立出断骨絶賣生塋契人鄭大納細納
　　中見伯　金龍
　　親筆
立併契價當日兩相交付足訖再批

大郭山乡郭山村 49 · 同治十一年 · 断骨绝卖生茔契 ·
郑大纳、郑细纳卖与曹☐

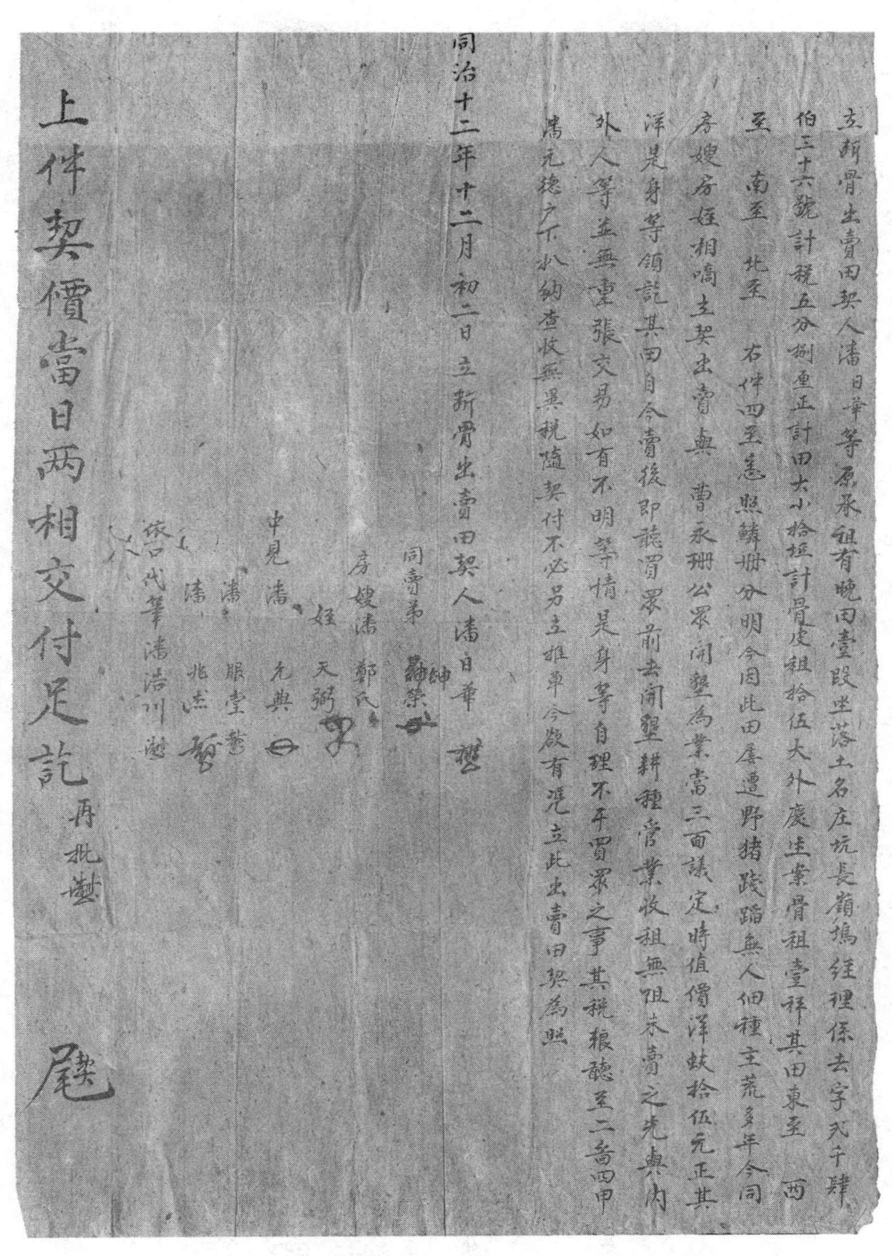

立斷骨出賣田契人潘日華等原承祖有晚田壹段坐落土名庄坑長嶺塢絰理係去字弍千肆伯三十六號計稅五分捌厘正計田大小拾坵計骨皮租拾伍大外處坐棠骨租壹秤其田東至　西至　南至　北至　右件四至悉照鱗册分明今因此田屢遭野猪踐踏無人佃種丟荒多年今同房嫂房侄相嘀立契出賣與　曹永珊公衆開墾為業當三面議定時值價洋蚨拾伍元正其洋是身等領訖其田自今賣後即聽買衆前去開墾耕種管業收租無阻未賣之先與内外人等並無重張交易如有不明等情是身等自理不干買衆之事其稅粮聽至二啚四甲潘元德户下扒納查收無異稅隨契付不必另立推單今欲有凭立此出賣田契為照

同治十二年十二月初二日立斷骨出賣田契人潘日華（押）

同賣弟　鼎榮（押）

房嫂潘鄭氏

姪　天弼（押）

中見潘　允典（押）

潘　服堂（押）

潘　兆忠（押）

依口代筆潘浩川（押）

上件契價當日兩相交付足訖　再批（押）

大鄣山乡鄣山村 11 · 同治十二年 · 断骨出卖田契 ·
潘日华等卖与曹永珊公众

立断骨出卖茶丛苗山契人郑金龙，原
承己置祇至该身股四股之壹，坐落土名杨
家坞，经理系霞字壹千三百八十五号，计税
壹分六厘零毛正。其茶丛苗山东至潘姓，
山直上南至潘姓茶山横界，西至曹姓岭，
北至大降。右件四至分明。今因正用，自情
愿托中立契断骨出卖与
曹众冬至会名下，洋银捌员正。其洋银
是身收讫，其业自今卖后，即听买
人前去管业摘茶，无阻。未卖之先，与
内外人等並无重张交易。如有不明
等情，是身自理，不干买人之事。所是
税粮听至二十三都七啚三甲郑元历户
下照册查收，无异。税随契付，不必另立
推单。今欲有凭，立此断骨出卖茶丛
苗山契为据。

其茶丛苗山实得洋银捌员正。其洋
银是身收讫，其利逐年秋收之时硬交典
租肆秤，大送至仓前交纳，不得少欠斤两。
倘有典租不清，听凭管业摘茶，无阻。日后还
洋之日，照依原本取赎，契价两缴无异。

同治十二年十一月念九日立断骨出卖茶丛山契人郑金龙（押）

光绪庚辰年二月二十八日是身凭托中
向曹众相嘀，将利让讫，将本言定
叁年还清，与众缴田。如若叁年不能
还清，依原照字管业，无得
异说。再批。张来兴当收洋本贰元

中见侄 顺子（押）

代笔 张来兴（押）

执事东主 [illegible]（押）

大鄣山乡鄣山村 16 · 同治十二年 · 断骨出卖茶丛苗山契 · 郑金龙卖与曹众冬至会

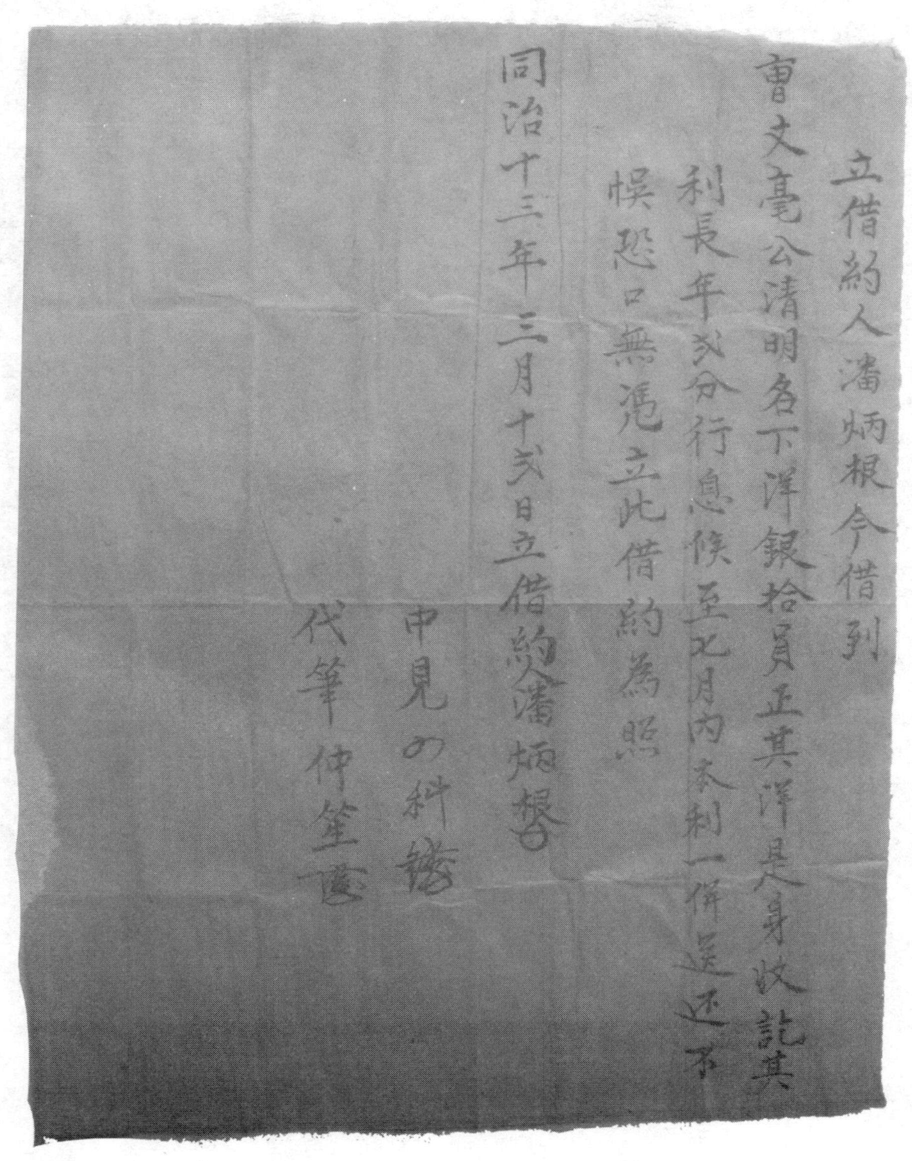

立借約人潘炳根今借到
曹文亳公清明名下洋銀拾員正其洋是身收訖其
利長年式分行息俟至九月內本利一併送还不
悮恐口無憑立此借約為照
同治十三年三月十弍日立借約潘炳根
中見叔科銘
代筆仲笙

大郭山乡郭山村 51 · 同治十三年 · 借约 · 潘炳根借到曹文亳公清明

立断骨出賣茶山坦契人 承昌原承父業分淂該身股茶山坦壹局 段乙片
坐落土名茶塆 其茶坦東至山 西至山 南至田 北至田右件四至照鱗
册分明今因正用央中出賣與
文枝公名下當三面議定時值價洋蚨拾員伍角正其洋蚨是身收訖其茶
山坦自今賣後即听買人前去管業無阻未賣之先與本家内外人等並無
重張交易如有不明等情是身自理不干買人之事所是稅粮听至本
甲承昌户下照册查收扒納过户無異今欲有凭立此断骨出賣茶山
坦契為據
光緒二年十一月初六日立断骨出賣茶山坦契人承昌㊀
中見兄 細祥㊀
代筆潘仲笙
上件契價當日兩相交付足訖 再批老契 尾

大郭山乡郭山村 4 · 光绪二年 · 断骨出卖茶山坦契 · 承昌卖与文枝公

立断骨出賣茶叢山契人鄭 根焰原承父置
有茶叢山壹局坐落土名舍背塢其茶山東
至 南至 西至 北至右件四至分明今因正用
自情愿央中出賣與
曹衆冬至會名下為業當三面議定時値價
洋蚨陸員正其洋蚨是身收訖其茶山
自今賣後即聽買人前去管業摘茶無阻
未賣之先與内外人等並無重張交易如有
不明等情是身自理不干買人之事今欲有
憑立此断骨出賣茶叢山契為據
光緒五年十二月二十五日立断骨出賣茶叢山契人鄭根焰
中見 潘金成
代筆 潘仲生

大鄣山乡鄣山村 45 · 光绪五年 · 断骨出卖茶丛山契 ·
郑根焰卖与曹众冬至会

立自情愿断骨出賣茶叢山契人潘四旺原身承　父該身股有茶叢式

土名汪二坑口經理夥字壹百拾柒號計山稅壹厘玖毛正又身贖回茶叢壹只

名汪二坑口經理伏字壹百拾捌號計山稅柒毛陸系正其茶叢四至悉照所種

如拆撑听憑過界無異今因正用託中立契斷骨出賣與

曹任富名下為業當三面議時值價洋銀壹百六元正其洋是身收訖其茶叢

後即听買人前去採摘扦撑管業無阻未賣之先與內外等並無重張交易如

等情是身自理不干買人之事所是稅粮听至二十三都二啚四甲盛彬股户下扒

稅隨契付不必另立推单今欲有憑立此斷骨出賣茶叢山契存據

光緒六年三月十一日立自情愿斷骨出賣茶叢山契人潘四旺押

中見兄潘允懷押　姪潘春成

依口代筆書姪潘金成據

上件契價當日兩相交付足訖　再批據

大鄣山乡鄣山村 5 · 光绪六年 · 断骨出卖茶丛山契 · 潘四旺卖与曹任富

立斷骨出賣茶叢山契人任富，原己置有茶山
壹局，坐落土名汪二坑口，經理係西義字一伯一十
七號，計稅壹厘弍毛六系六忽正，其茶叢山
東至四旺苗山為界，西至脚，南至塝，北至啟
欣茶山當塝直上，右件四至分明。今因正用，
自情愿託中立契斷骨出賣與
冬至會名下為業，當三面言定時值價銀　正，
其銀是身收訖，其業自今賣後，即聽買人
前去管業無阻。未賣之先，與內外人等並
無重張交易，如有不明等情，是身自理，不
干買人之事。所是稅粮聽至本啚本甲文
松户下照冊查收，無異。稅隨契付，不必另
立推单。今欲有憑，立此斷骨出賣茶契為
據。

其茶叢山實當得洋銀貳拾壹元正，其洋是身
收訖。其利逐年秋收之時硬交典租捌秤大進
至會內輪次之家倉前交納，不得少欠其租。
不清，聽凴管業無阻。日後還洋之日，契簽繳回。
無異再批。

光緒六年三月初八日立斷骨出賣茶山契人任富

中見　岩寿

代筆　張允成

大鄣山乡鄣山村 9 · 光绪六年 · 断骨出卖茶丛山契 · 任富卖与冬至会

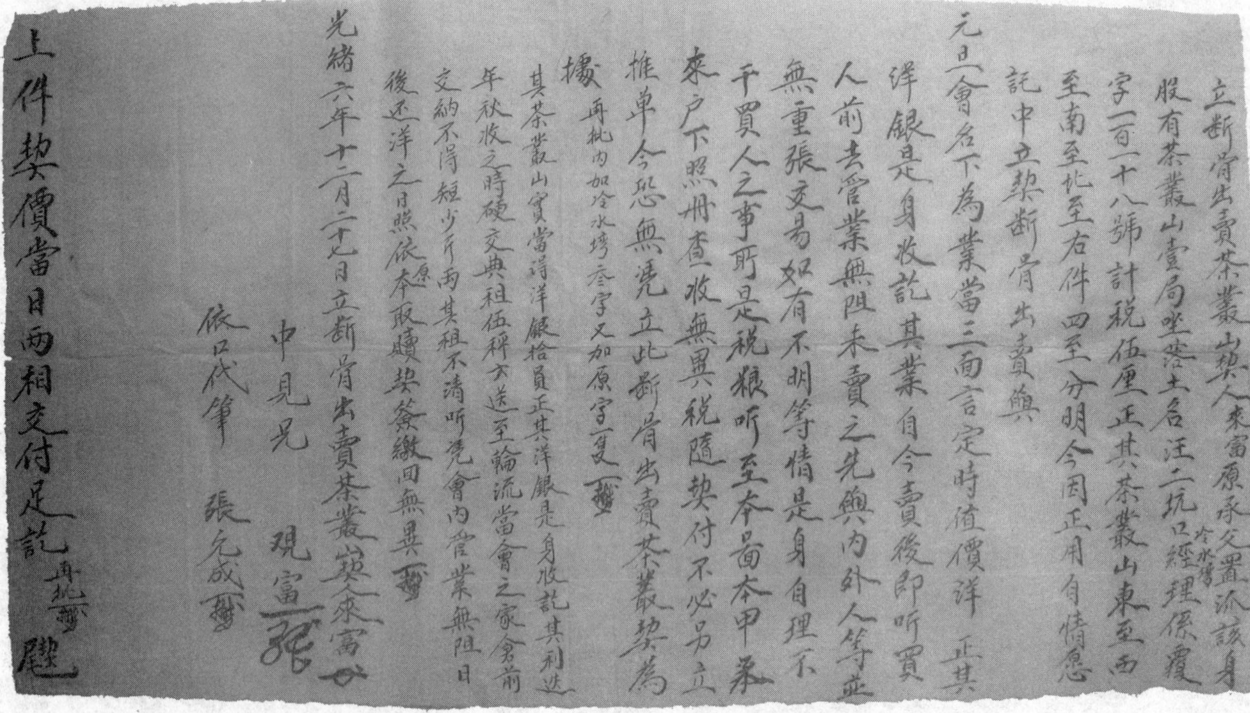
立斷骨出賣茶叢山契人來富原承父置派該身
股有茶叢山壹局坐落土名汪二坑口今水塝經理係覆
字一百一十八號計稅伍厘正其茶叢山東至西
至南至北至右件四至分明今因正用自情愿
託中立契斷骨出賣與
元旦會名下為業當三面言定時值價洋 正其
洋銀是身收訖其業自今賣後即听買
人前去管業無阻未賣之先與内外人等並
無重張交易如有不明等情是身自理不
干買人之事所是稅粮听至本甲本
來戶下照冊查收無異稅隨契付不必另立
推单今恐無憑立此斷骨出賣茶叢契為
據 再批内加今水塝叁字又加原字一叉
其茶叢山實當得洋銀拾員正其洋銀是身收訖其利迭
年秋收之時硬交典租伍秤○送至輪流當會之家會前
交納不得短少斤两其租不清听憑會内管業無阻日
後还洋之日照依原本取贖契簽繳回無異
光緒六年十二月二十七日立斷骨出賣茶叢契人來富
中見兄 观富
依口代筆 張允成
上件契價當日兩相交付足訖 再批

大郭山乡郭山村 21 · 光绪六年 · 断骨出卖茶丛山契 · 来富卖与元旦会

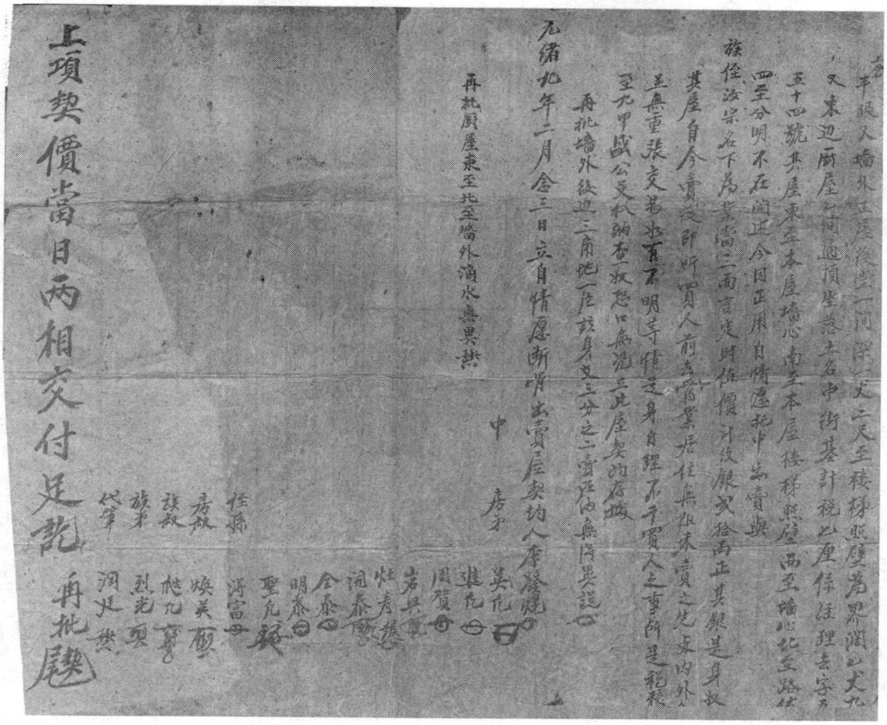

立
平眼又墻外正屋後边一間深一丈二尺至樓梯照壁為界闊二丈九
又東边廚屋一間通頂坐落土名中街基計稅[illegible]厘係[illegible]理去字乃
五十四號其屋東至本屋墻心南至本屋樓梯照壁西至墻心北至路仕
四至分明不在開述今因正用自情愿托中出賣與
族侄汝宗名下為業當三面言定時值價計伐銀贰拾兩正其銀是身收
其屋自今賣後即聽買人前去管業居住無阻未賣之先與內外人
並無重張交易如有不明等情是身自理不干買人之事所是稅粮
至九甲盛公支收納查収恐口無憑立此屋契內存照
再批墻外從边三角地一片該身支三分之二賣在內無得異說
光緒九年二月念三日立自情愿断骨出賣屋契約人李發熿
中 房才 英化 進元 周賀 岩興 灶青 詞泰 全泰 明泰 聖元
侄孫 涥富
房叔 煥美
族叔 桃元
族弟 烈光
代筆 潤足
再批廚屋東至北至墻外滴水無異批
上項契價當日兩相交付足訖 再批熿

大郭山乡郭山村 1 · 光绪九年 · 断骨出卖屋契约 · 李发熿卖与族侄汝宗

立断骨出賣茶叢山契人　來富　原承父
置泒該身股有茶叢山壹局坐落土名江二
坑口冷水坞經理係霞字一百一十八號計税伍
厘正其茶叢山東至西至南至北至右件
四至分明今因正用自情愿託中立契斷骨出
賣與
元旦會名下為業當三面言定時值價洋銀拾
員正是身收訖其業自今賣後即听會内
買人前去管業無阻未賣之先與内外人等
並無重張交易如有不明等情是身自理
不干買人之事所是税粮听至本甫本甲户下
照册查收無得異說隨契付不必另立推單今
恐無憑立此斷骨出賣茶叢山契人來富（押）
再批元旦會永挪分金冷水坞茶叢業（押）
光緒十三年正月初拾日立断骨出賣茶叢山契人來富（押）
中見兄　觀富（押）
三富（押）
代筆　仲良（押）
上件契價當日兩相交付足訖（押）

大鄣山乡鄣山村 23 · 光绪十三年 · 断骨出卖茶丛山契 · 来富卖与元旦会

立租茶叢約人金祥今租到

冬至會名下茶山壹局坐落土名蛇形當言定迭

年秋收之時硬交茶租伍秤訂定两年之後

硬交陸秤送至輪次之家倉前交納不得少欠

其租迭年清訖衆人不得起佃無異今恐無凭

立此租茶約為據

光緒十四年正月十九日立租茶約人金祥 ㊞

見筆 張來興 ㊞

大鄣山乡鄣山村 40 · 光绪十四年 · 租茶丛约 · 金祥租到冬至会

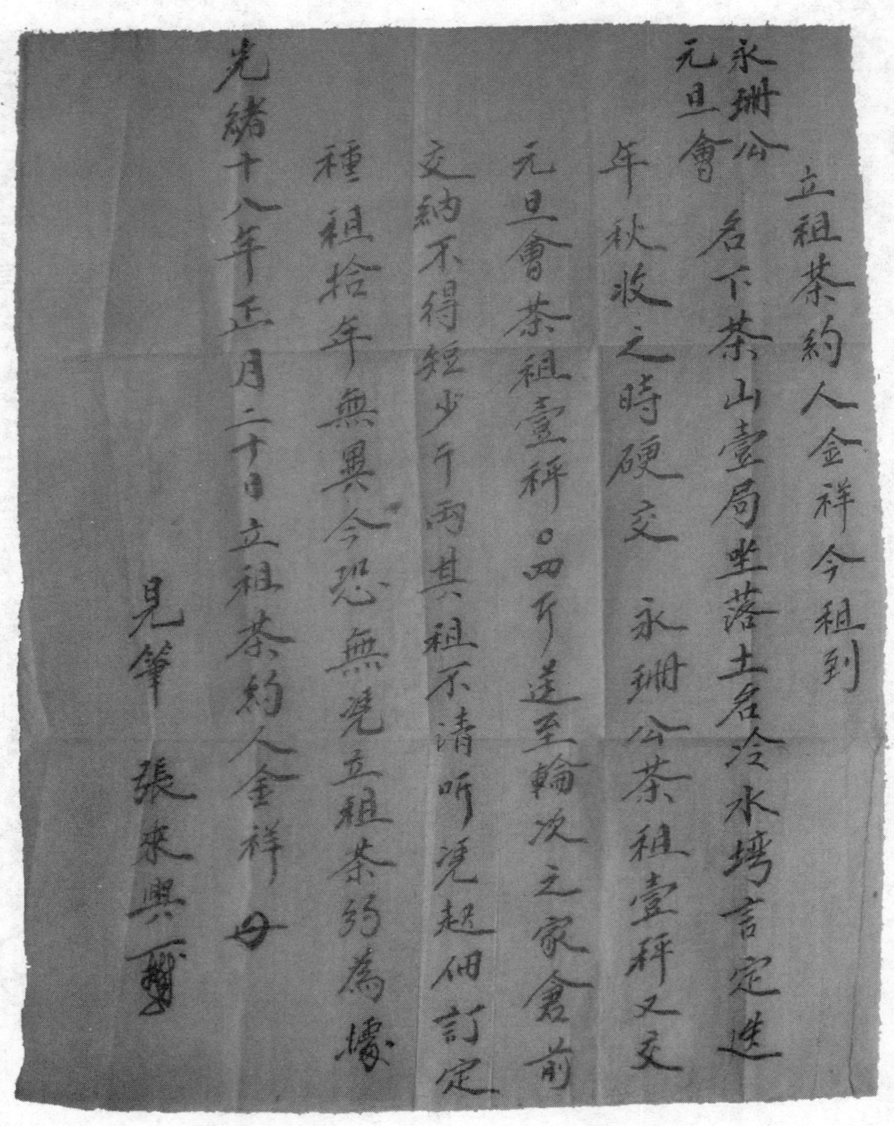
立租茶約人金祥今租到
永珊公
元旦會名下茶山壹局坐落土名冷水塆言定送
年秋收之時硬交　永珊公茶租壹秤又交
元旦會茶租壹秤〇四斤送至輪次之家倉前
交納不得短少斤兩其租不請昕凭赶佃訂定
種租拾年無異今恐無凭立租茶約為據
光緒十八年正月二十日立租茶約人金祥（押）
見筆　張來興（押）

大鄣山乡鄣山村 24 · 光绪十八年 · 租茶约 · 金祥租到永珊公、元旦会

李勝發會書

立會書人游汀李勝發原承親眷族友六位襄成一會
共英洋肆拾元正今當成會之日拈色輪流搖會照正
公鄉式利澆清迭年訂定五月十六日整會得會之人月
前必要具帖通知令人籽亦洋銀付楚得會之人收領
必要先兌後飲不能拖欠若不能低私賬不得以會搪會
無異今欲有憑立此會書六本各執一本存據

首會李勝發
迭年澆出英洋捌元正
實得英洋肆拾元正

壹會張根福
迭年澆出英洋捌元正
實得英洋肆拾元正

弍會曹勝發
迭年澆出英洋柒元四角六分六厘
實得英洋肆拾零五角八分五厘

叁會張社根
迭年澆出英洋陸元九角三分弍厘
實得英洋肆拾壹元零七厘

肆會戴旺連
迭年澆出英洋陸元四角正
實得英洋肆拾壹元六角九分一厘

大鄣山乡鄣山村 8 · 会书 · 李胜发

之承蒙诺会友十人扶成一会共英洋
五十元正以後照例输流浇付言明
先兑後收不得上会推欠下会无得异说
首会 金成 实收英洋五十元正 逐年浇出英洋七元半
式会 梯元 实得英洋五十元正 逐年浇出英洋七元半
叁会 根成 实得英洋五十〇元半 逐年浇出英洋六元半
肆会 祠高 实得英洋五十一元正 逐年浇出英洋六元半
伍会 真法 实得英洋五十一元半 逐年浇出英洋五元半
陆会 妙女 实得英洋五十式元正 逐年浇出英洋五元半
柒会 子文 实得英洋五十式元半 逐年浇出英洋四元半
捌会 卢新 实得英洋五十三元正 逐年浇出英洋四元半
玖会 保女 实得英洋五十三元半 逐年浇出英洋三元半
拾会 嵩秀 实得英洋五十四元正 逐年浇出英洋三元半
十一会 顺祀 实得英洋五十四元半正 逐年浇出英洋式元半
光绪乙巳年定期五月初一日做会各得收
移会友公议每年照常拨本执尾

大郭山乡郭山村 12 · 光绪三十一年 · 会书 · 金成等

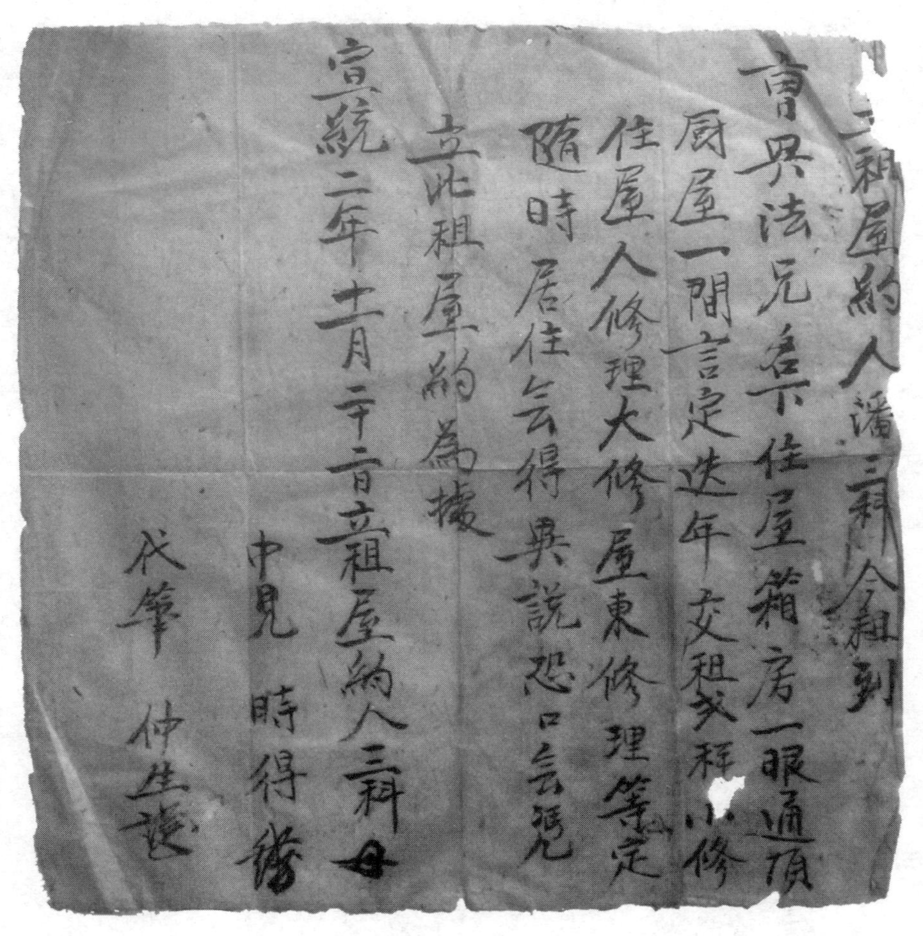

立租屋約人潘三科今租到
曹興法兄名下住屋廂房一眼通頂
厨屋一間言定迭年交租弍拜小修
住屋人修理大修屋東修理等定
隨時居住無得異說恐口無憑
立此租屋約為據
宣統二年十一月二十二日立租屋約人三科（押）
中見　時得（押）
代筆　仲生（押）

大鄣山乡鄣山村 44 · 宣统二年 · 租屋约 · 潘三科租到曹兴法

自情愿立出招書人兆鄉乄処乄门乄氏原配夫亡子幼家貧姑老衣食难
以度日債負無從办還情迫無奈是以央托族長骨戚相嘀自情
愿立書出醮與南鄉王家段王貞盛名下為室當三面議定財禮洋銀
乄乄正其洋銀當日全族長骨戚之面收領足訖自今立出招書之後聽憑
王姓擇吉上門成婚無阻日後生育或男或女俱承王姓宗祧與乄姓無
関而乄姓產業墳墓門戶俱交王姓照管所有新置產業兩姓均分兩
乄姓或有舊欠之項王姓不得代還兩無異說立此情愿招書一樣兩張兩姓
各執一張永遠為據

宣统三年三月乄日自情愿立出招書人兆鄉乄乄乄氏

立自情愿招書人兩姓各執一張永遠存據

族長 乄乄
媒証 乄乄
代筆 乄乄

大鄣山乡鄣山村 25 · 宣统三年 · 出招书 · 兆乡出醮与王贞盛

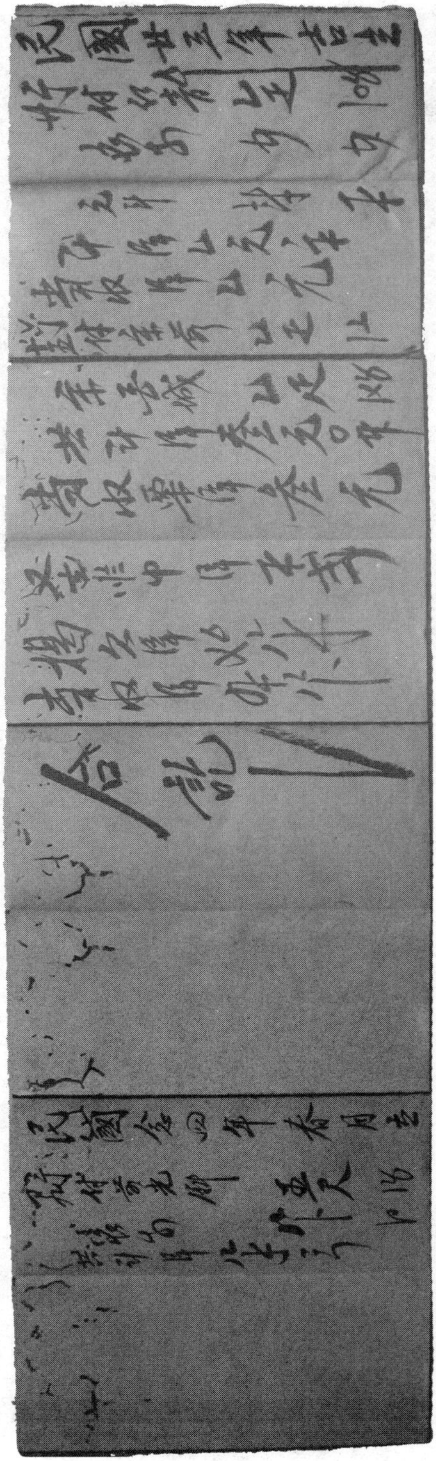

大鄣山乡鄣山村 15 · 民国二十三年至二十四年 · 账单

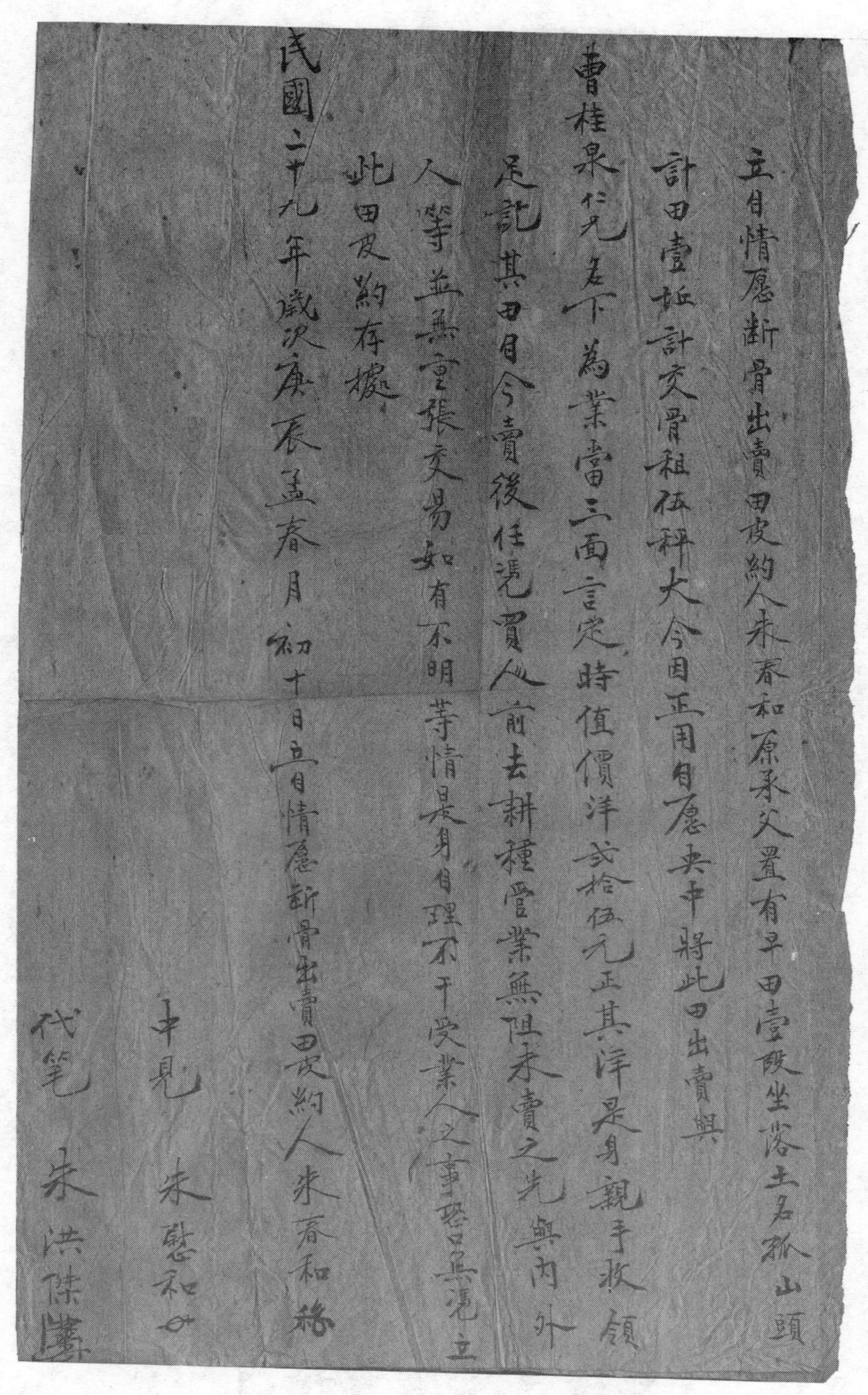

立自情愿断骨出卖田皮约人朱春和，原承父置有早田壹段，坐落土名孤山头，
计田壹坵，计交骨租伍秤大。今因正用，自愿央中将此田出卖与
曹桂泉兄名下为业。当三面言定，时值价洋贰拾伍元正，其洋是身亲手收领
足讫。其田自今卖后，任凭买人前去耕种管业，无阻。未卖之先，与内外
人等并无重张交易，如有不明等情，是身自理，不干受业人之事。恐口无凭，立
此田皮约存据。
民国二十九年岁次庚辰孟春月初十日立自情愿断骨出卖田皮约人朱春和（押）
中见 朱慰和（押）
代笔 朱洪陞（押）

大鄣山乡鄣山村 13 · 民国二十九年 · 断骨出卖田皮约 ·
朱春和卖与曹桂泉

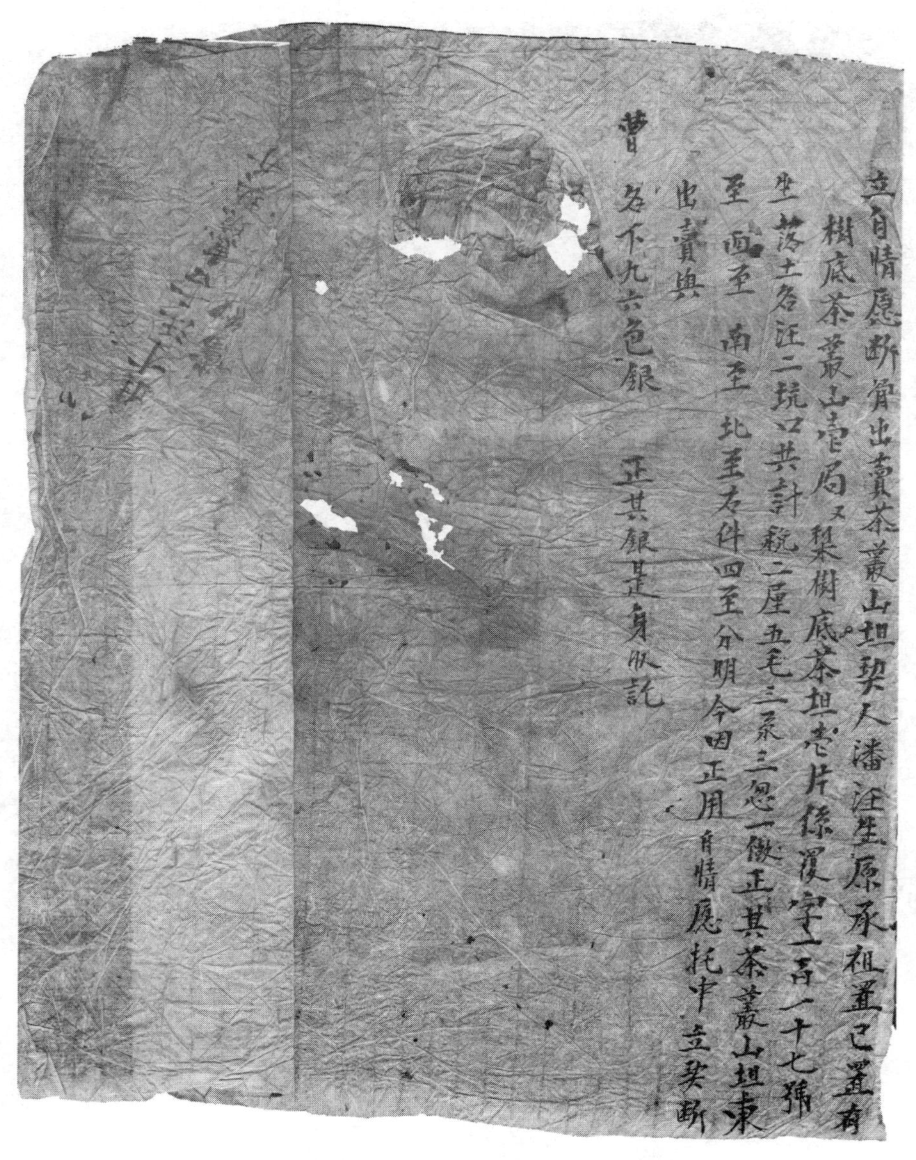

大鄣山乡鄣山村 3 · 断骨出卖茶丛山坦契 · 潘汪生卖与曹☐

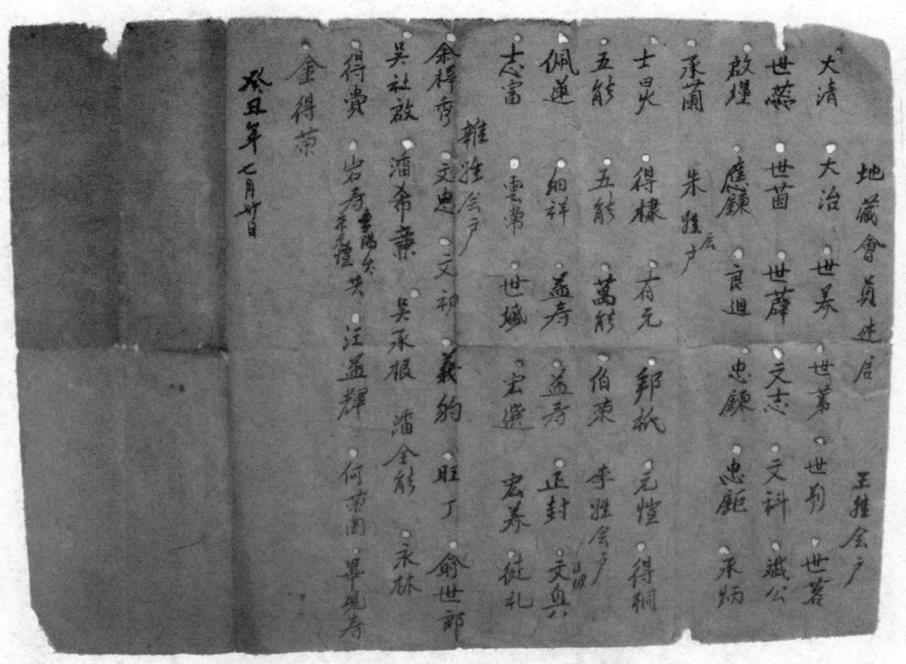

大郭山乡郭山村 18 · 地藏会员名单

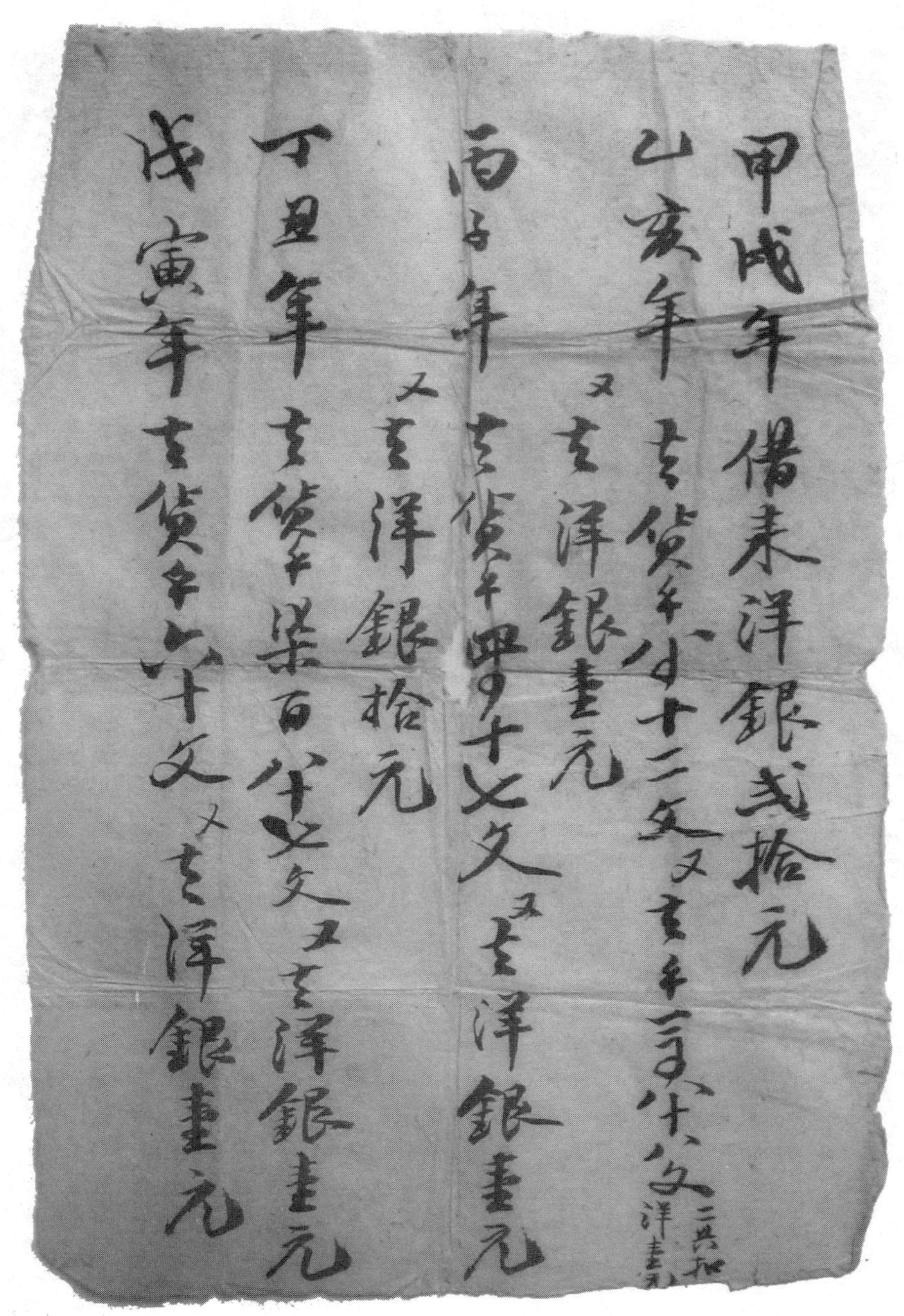
甲戌年借来洋银贰拾元
乙亥年支货钱一百八十二文又支钱一百八十八文二共扣洋壹元
又支洋银壹元
丙子年支货钱四百十七文又支洋银壹元
又支洋银拾元
丁丑年支货钱柒百八十七文又支洋银壹元
戊寅年支货钱六百八十文又支洋银壹元

大郭山乡郭山村 30 · 流水账

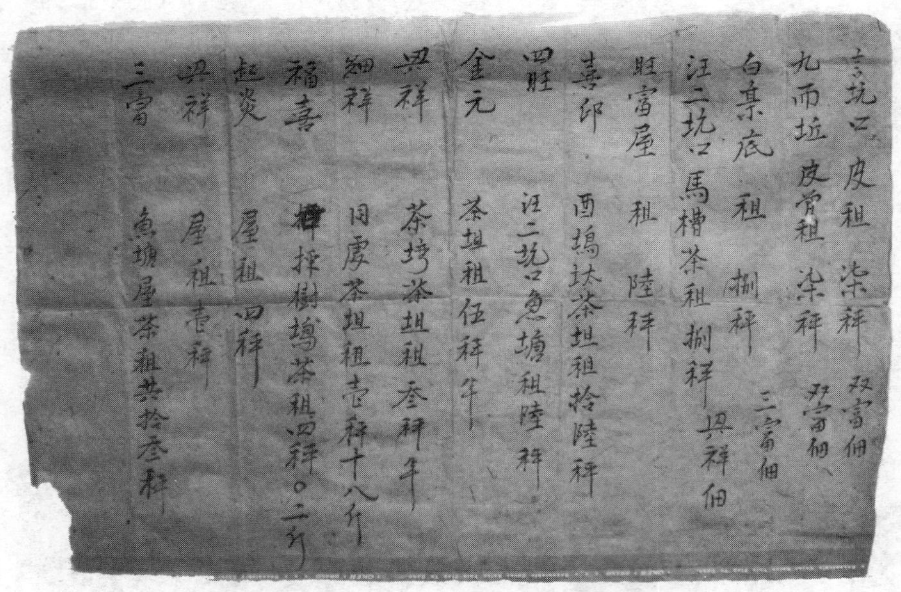

亭坑口 皮租 柒秤 双富佃
九而垃 皮骨租 柒秤 双富佃、
白椋底 租 捌秤 三富佃
汪二坑口 馬槽茶租 捌秤 兴祥佃
旺富屋 租 陸秤
喜印 酉塢垯茶坦租拾陸秤
四旺 汪二坑口魚塘租陸秤
金元 茶坦租伍秤半
兴祥 茶坞茶坦租叁秤半
細祥 同厚茶坦租壹秤十八斤
福喜 拌樹塢茶租四秤〇二斤
起炎 屋租四秤
兴祥 屋租壹秤
三富 魚塘屋茶租共拾叁秤

大鄣山乡鄣山村 31 · 土地租额 · 税清单

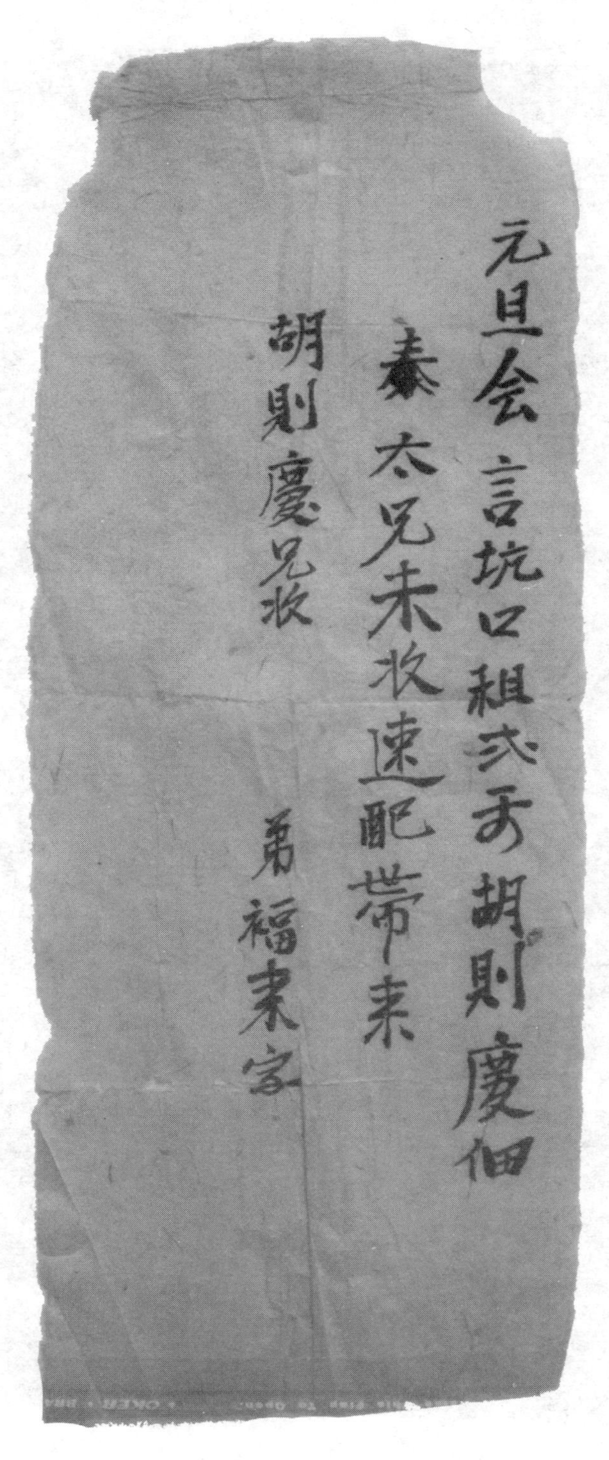
元旦会 言坑口租式于胡则庆佃
奉 太兄未收速配带来
胡则庆兄收
弟 福来字

大鄣山乡鄣山村 34 · 留言条 · 胡福来留与胡则庆兄

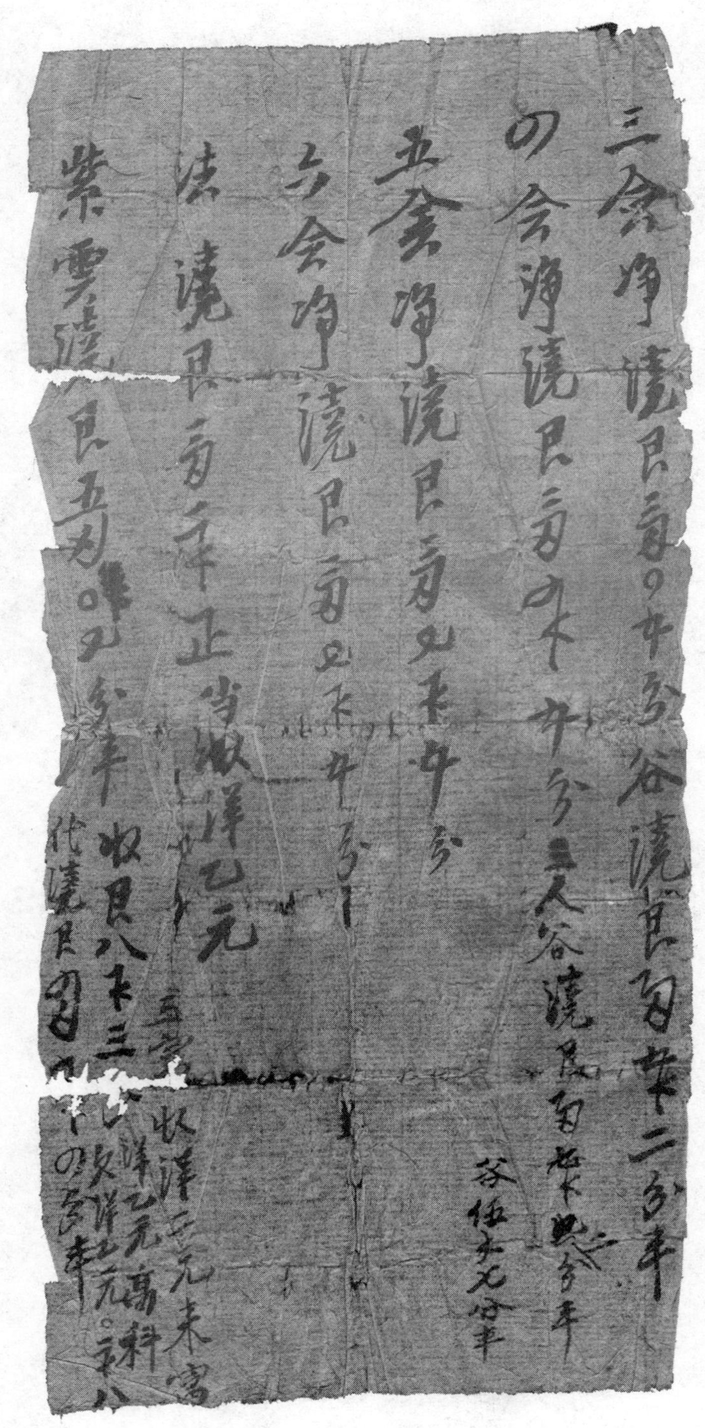

大郭山乡郭山村 38 · 会书 · 紫云等

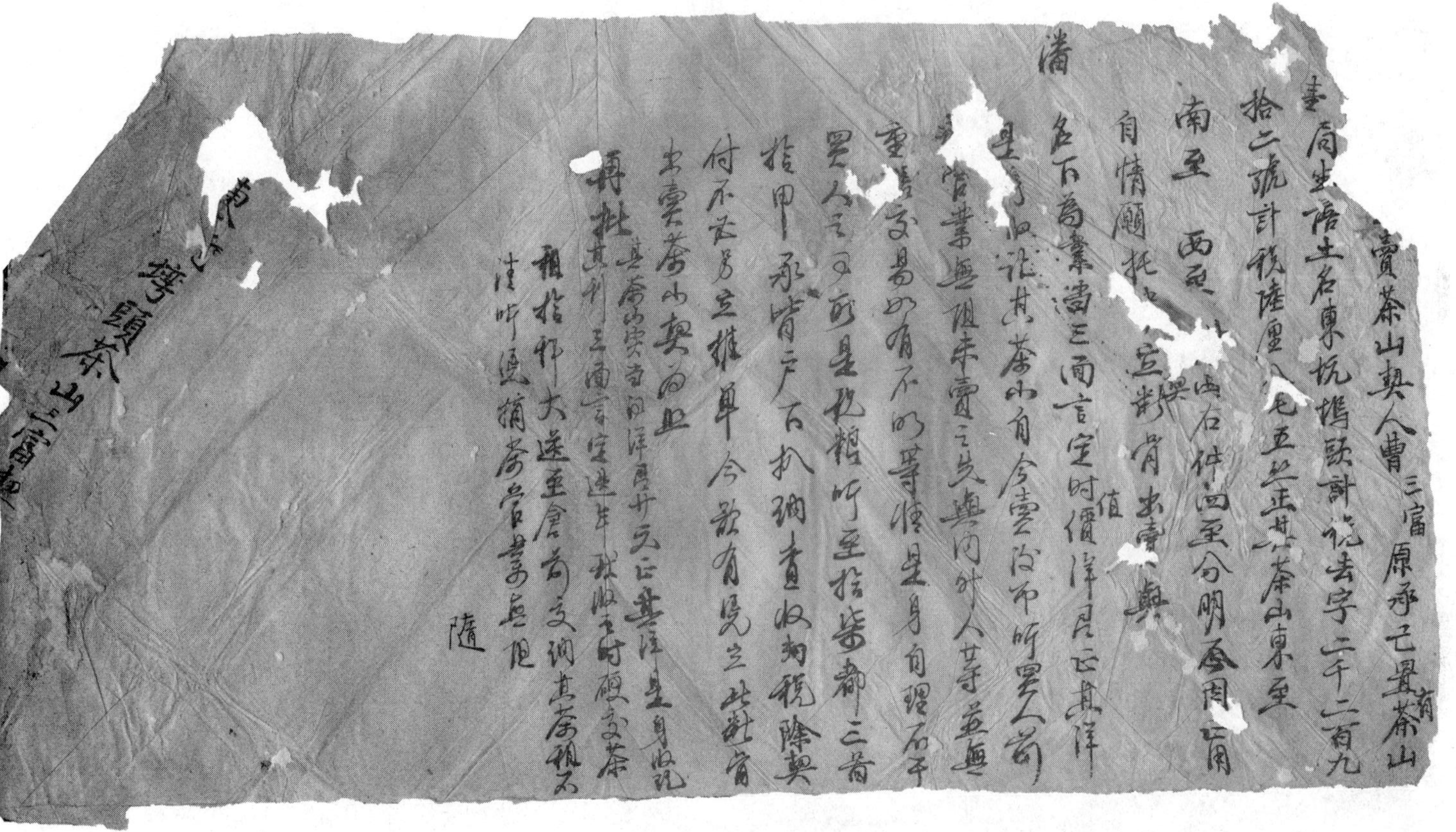
[illegible]賣茶山契人曹三富，原承己買有茶山
壹局，坐落土名東坑塢，計坑字二千二百九
拾二號，計稅陸厘八毛五絲正，其茶山東至
南至　西至　北至，由右件四至分明，今因
自情願托中立斷骨出賣與
潘　名下為業，當三面言定時價洋員正，其洋
是日收訖，其茶山自今賣後，所買人前
去管業無阻，未賣之先與內外人等並無
重復交易，如有不明等情，是身自理，不干
買人之事，所是稅糧聽至本都三圖
推甲戶下扒納，查收過稅，除契
付不必另立推單，今欲有憑，立此斷骨
出賣茶山契為照
再批：其茶山契內洋員廿元正，其洋是身收訖
其利三兩言定，遞年雙收，立時硬交茶
租花利，大遂至倉前交納，其茶租不
清，聽憑摘茶管業無阻
隨
[illegible]賣頭茶山[illegible]

大鄣山乡鄣山村 50 · 断骨出卖茶山契 · 曹三富卖与潘☐

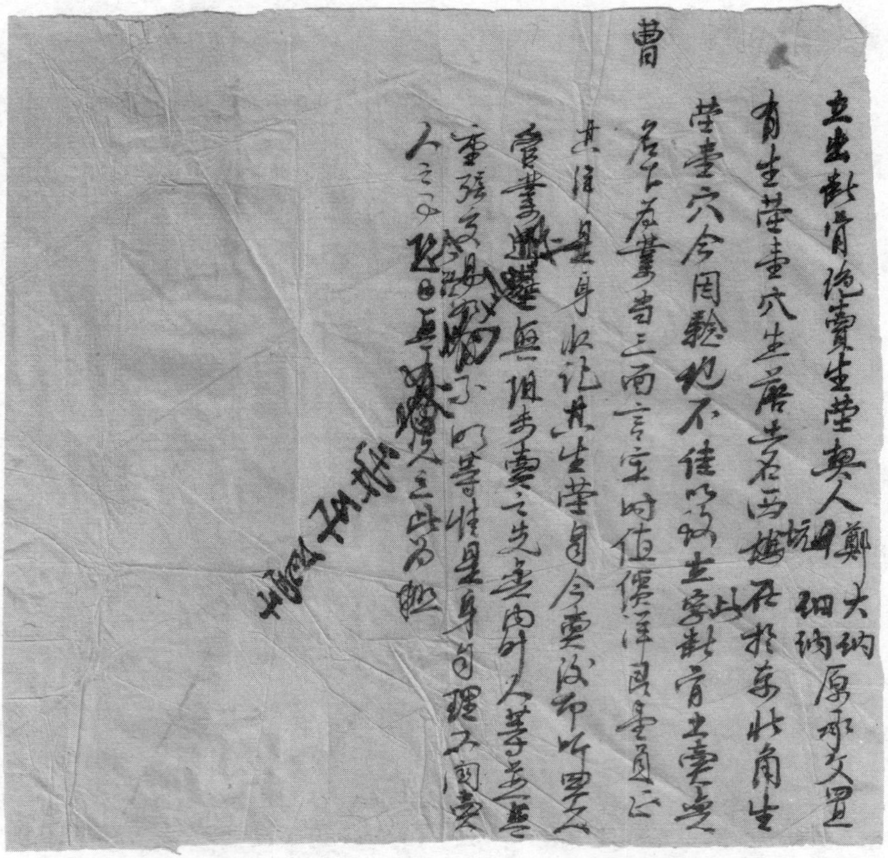

大鄣山乡鄣山村 52 · 断骨绝卖生茔契 · 郑大纳、郑细纳卖与曹☐

# 大鄣山乡鄣山通元村 1—55

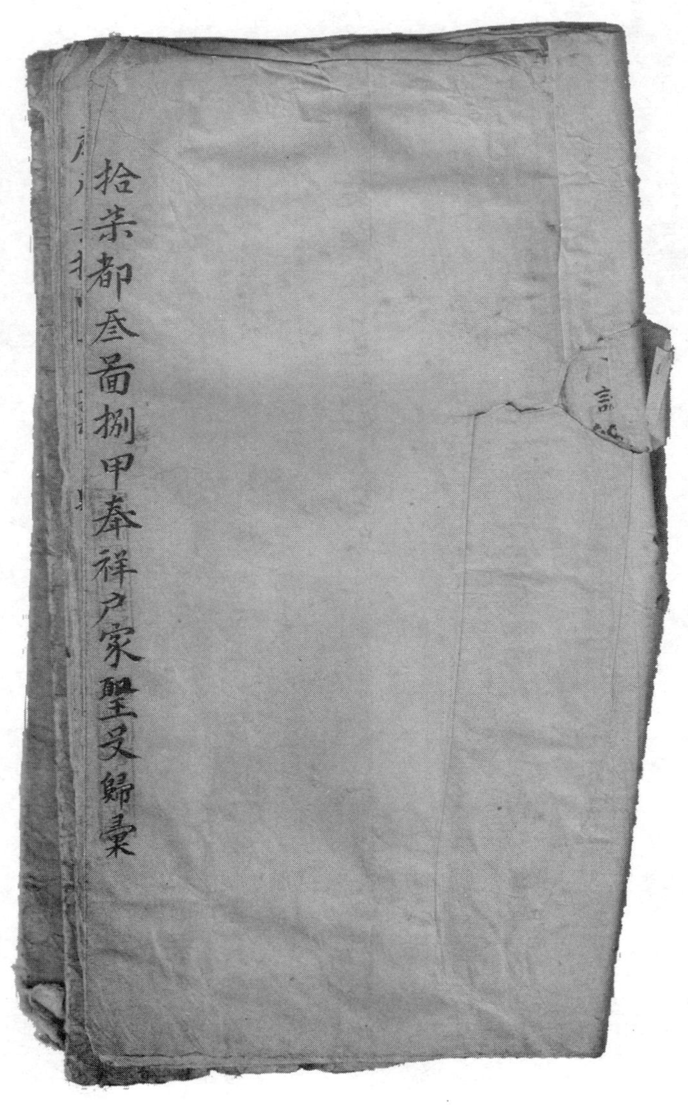

大鄣山乡鄣山通元村 54-1 · 嘉庆十年 · 税粮实征册 · 奉祥户家圣股

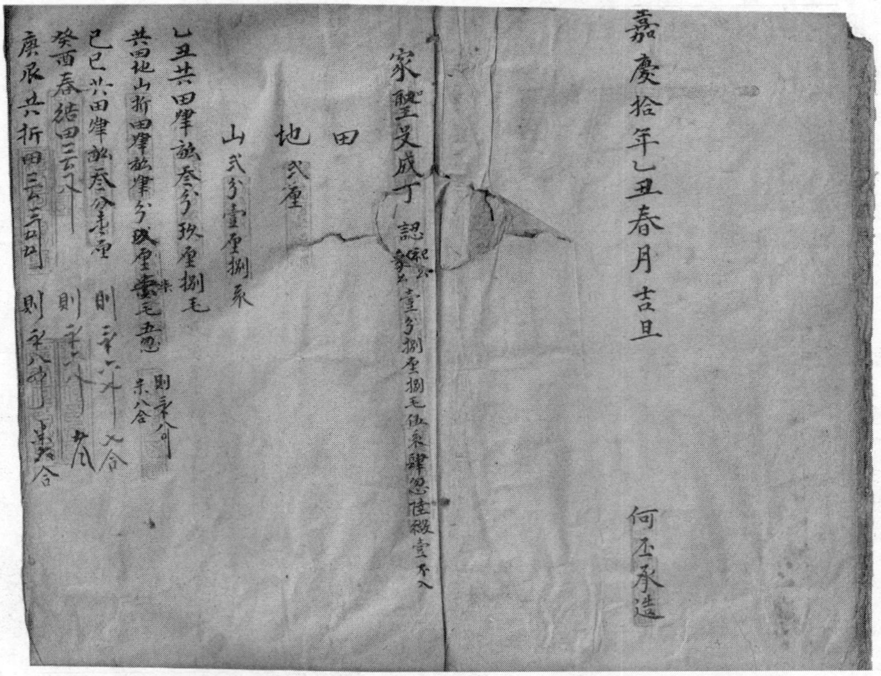

嘉慶拾年乙丑春月吉旦

何丕承造

家聖吴成丁　認稅　壹分捌厘捌毛伍系肆忽陸微壹尘入

田

地　弍厘

山　弍分壹厘捌系

乙丑共田肆畝叁分玖厘捌毛

共田地山折田肆畝肆分玖厘壹毛壹忽　則[illegible]

己巳共田肆畝叁分壹厘　則[illegible]

癸酉春緒田[illegible]　則[illegible]

庚辰共折田[illegible]　則[illegible]

大鄣山乡鄣山通元村 54-2 · 嘉庆十年 · 税粮实征册 · 奉祥户家圣股

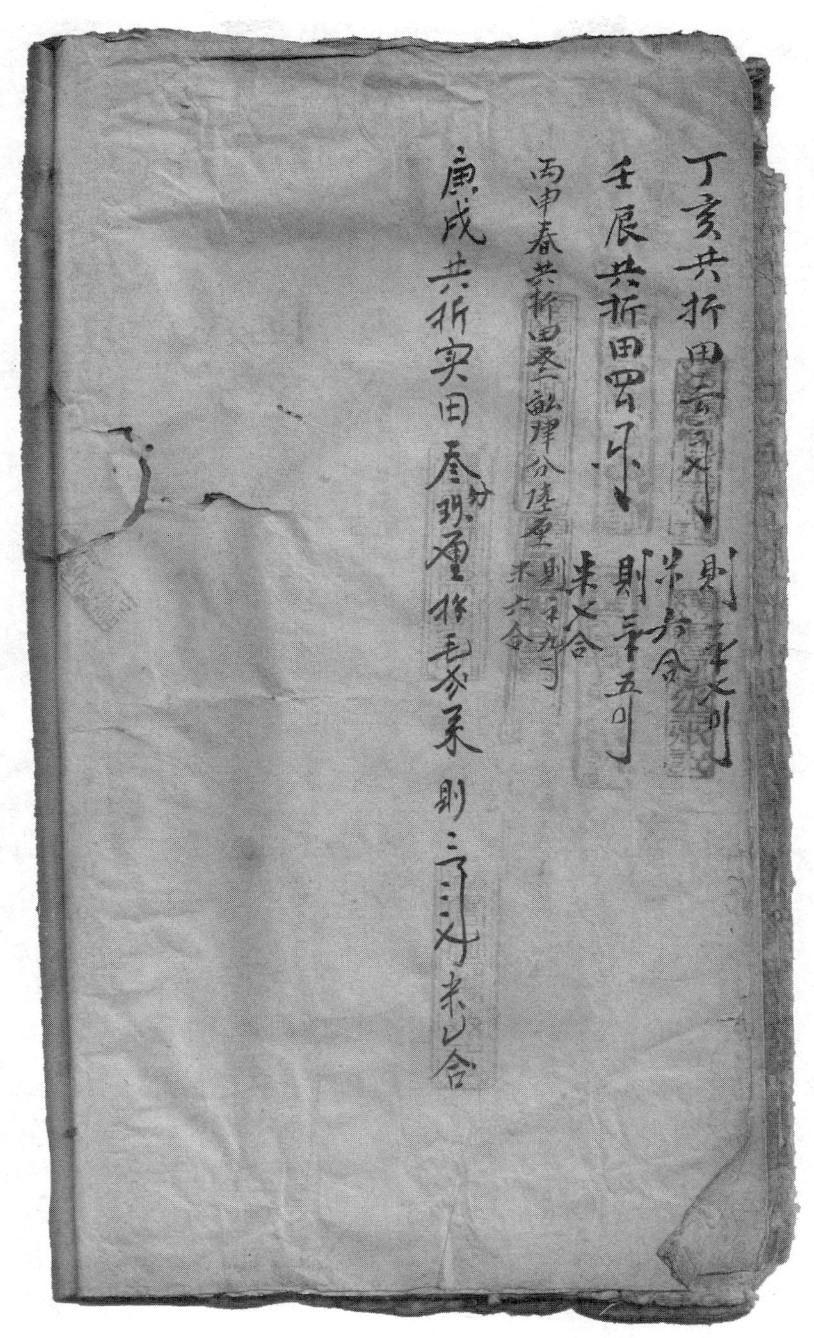

大鄣山乡鄣山通元村 54-3 · 嘉庆十年 · 税粮实征册 · 奉祥户家圣股

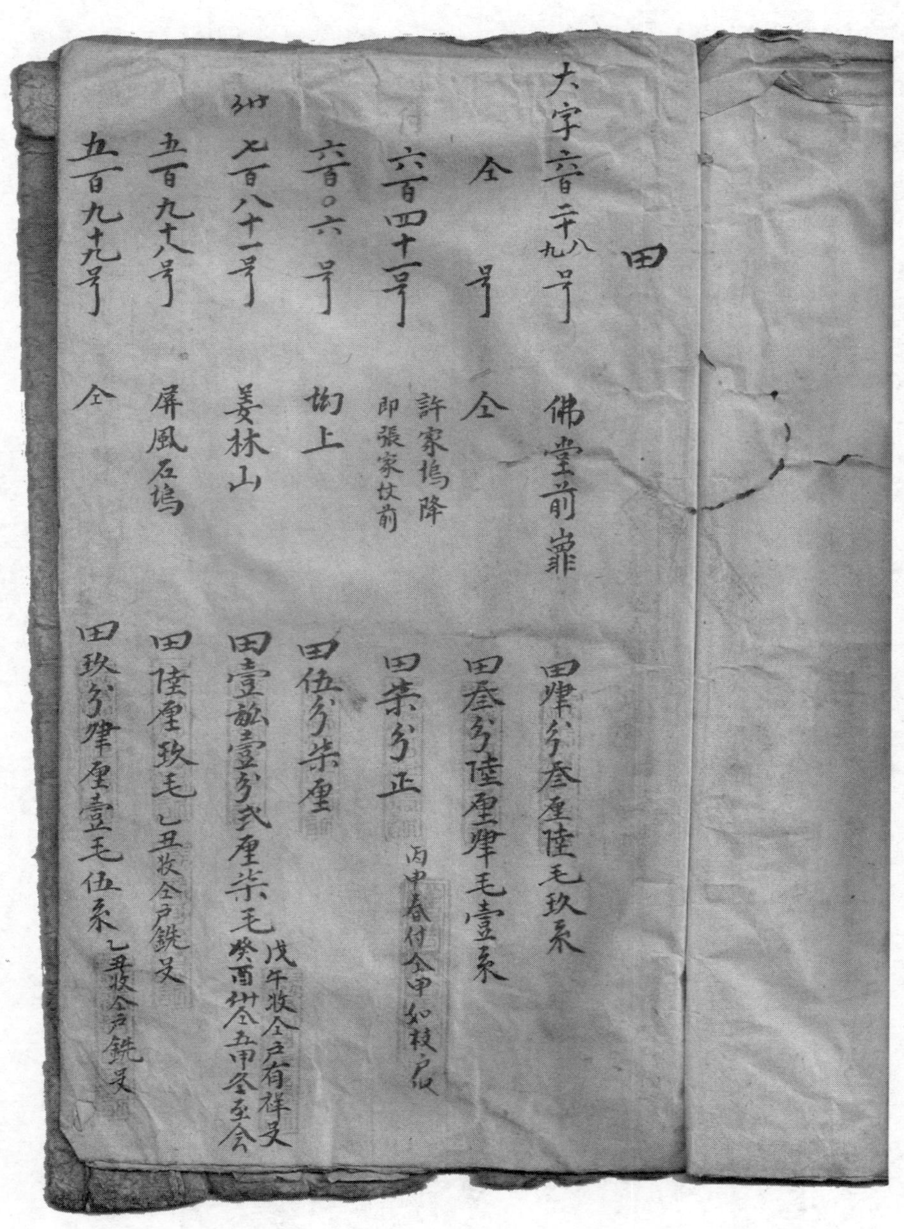

大郭山乡郭山通元村 54-4 · 嘉庆十年 · 税粮实征册 · 奉祥户家圣股

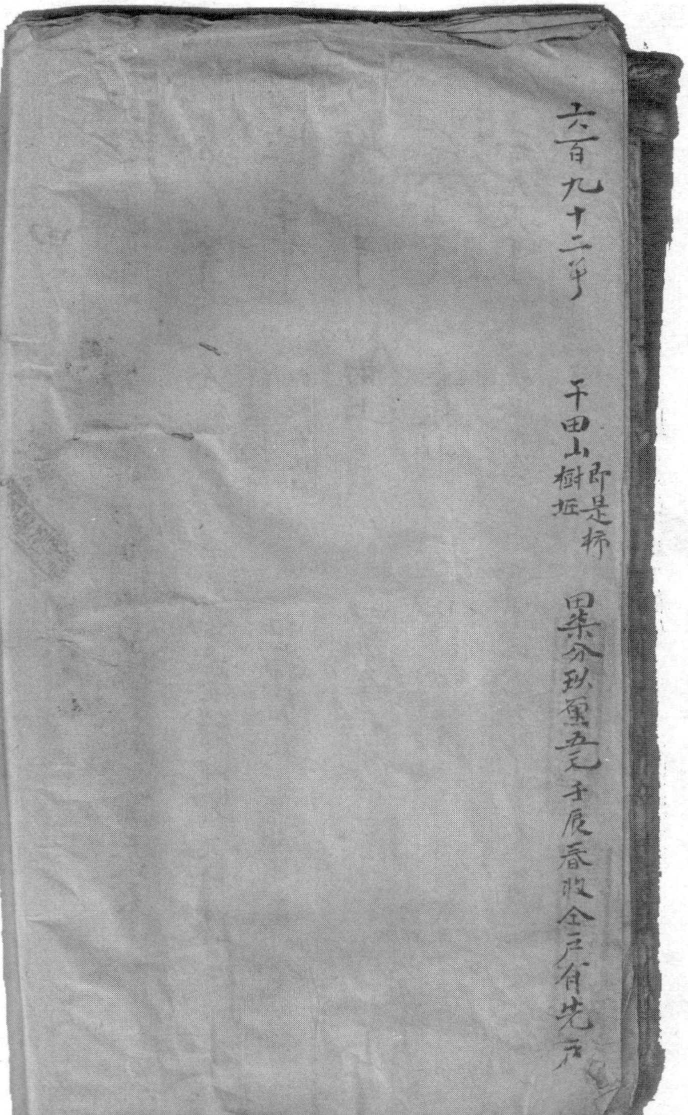

大郭山乡郭山通元村 54-5 · 嘉庆十年 · 税粮实征册 · 奉祥户家圣股

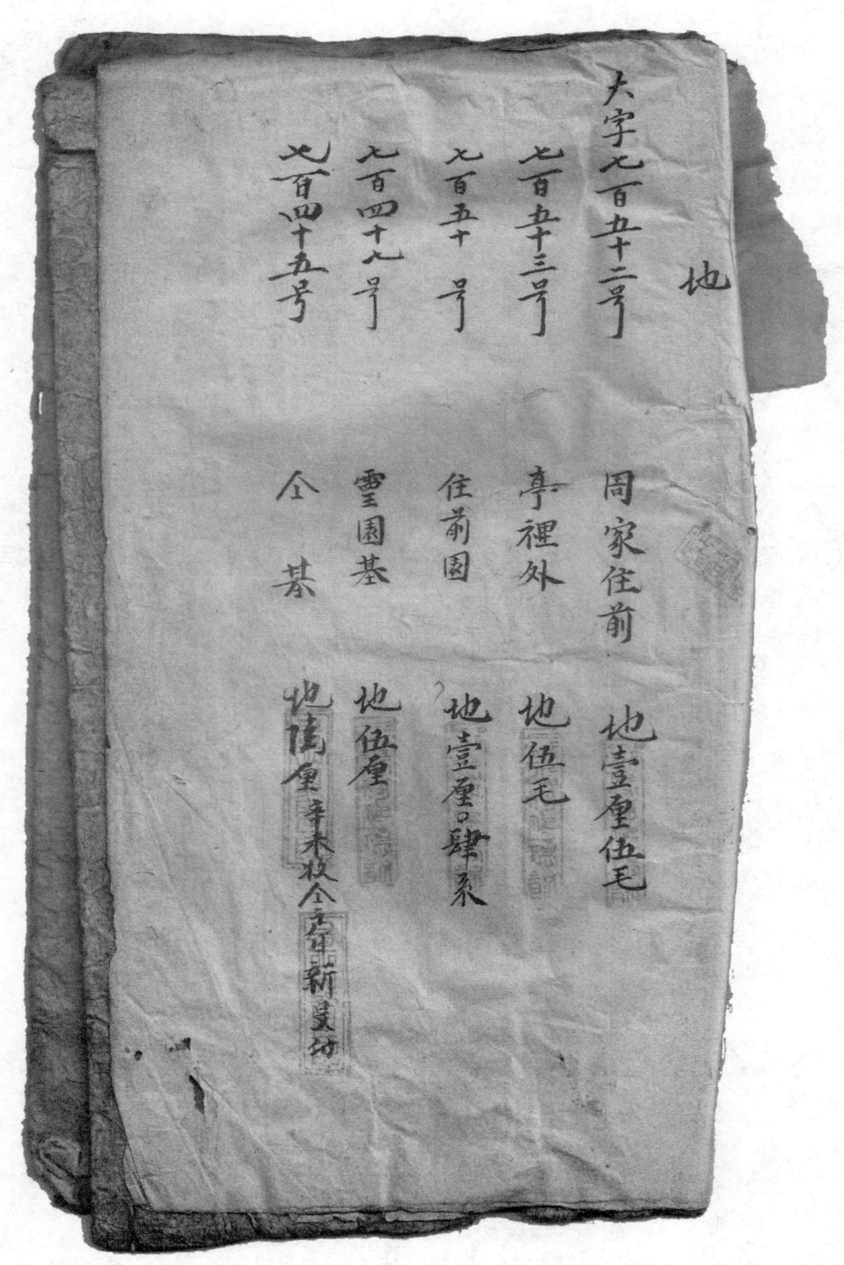

大鄣山乡鄣山通元村 54-6 · 嘉庆十年 · 税粮实征册 · 奉祥户家圣股

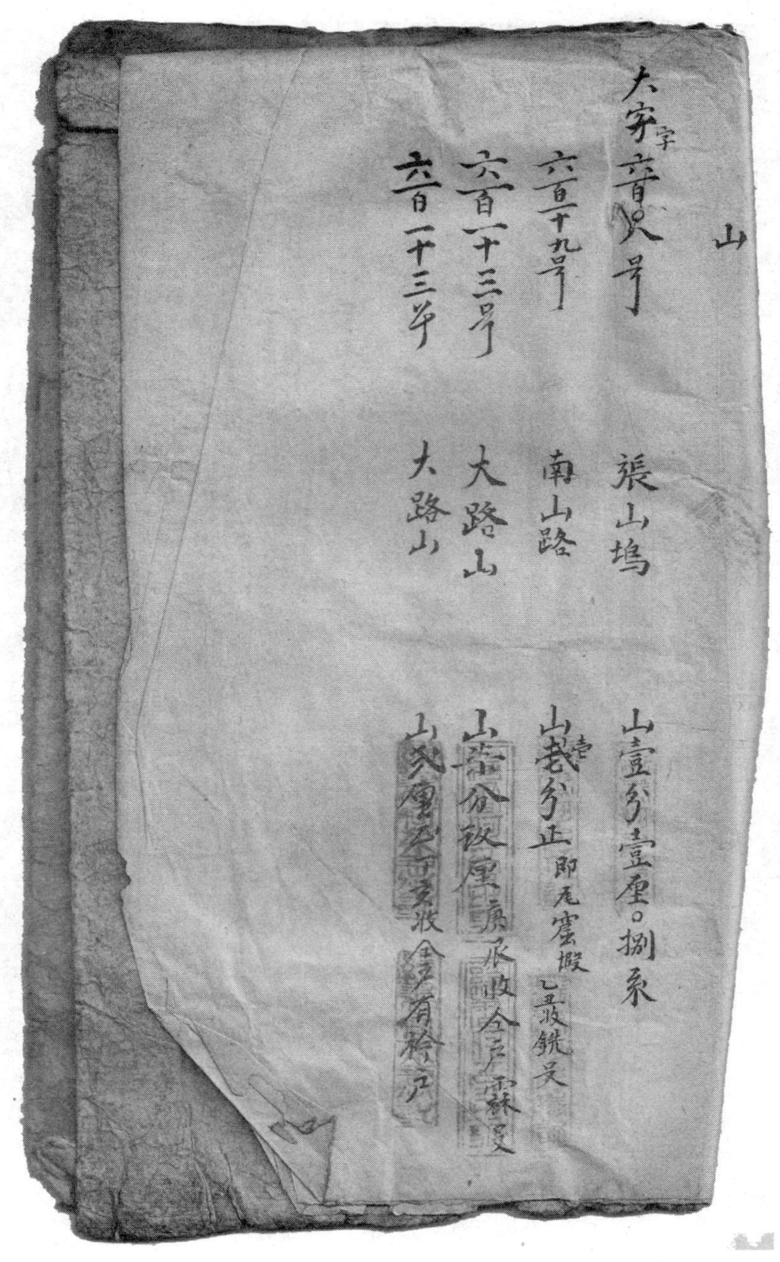

大鄣山乡鄣山通元村 54-7 · 嘉庆十年 · 税粮实征册 · 奉祥户家圣股

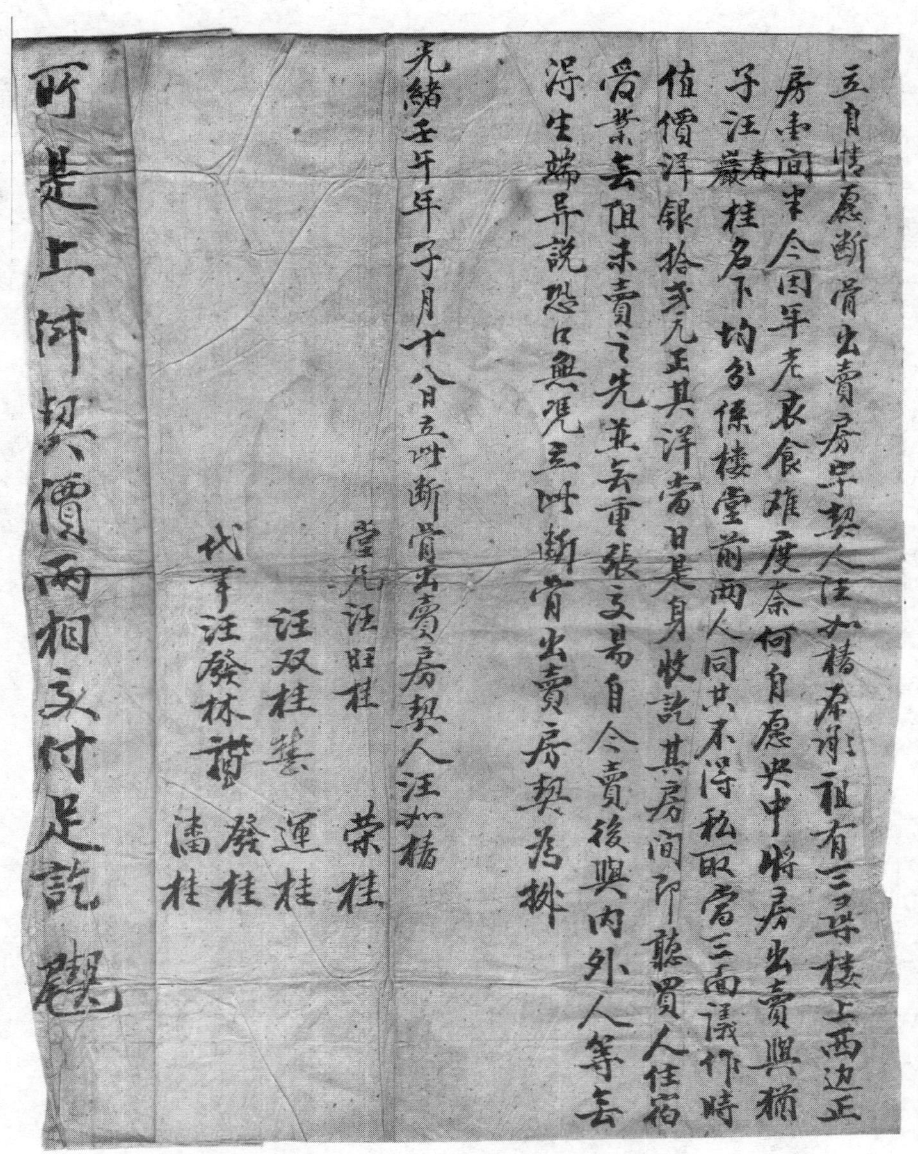
立自情愿断骨出賣房宇契人汪如椿本身祖有三間楼上西边正房壹間半今因年老衣食难度奈何自愿央中将房出賣與猶子汪春、巖桂名下均分係楼堂前两人同共不得私取當三面議作時值價洋银拾弍元正其洋當日是身收訖其房间即聽買人住宿管業無阻未賣之先並無重張交易自今賣後與内外人等無得生端异説恐口無凭立此断骨出賣房契為據

光緒壬午年子月十八日立此断骨出賣房契人汪如椿

堂兄汪旺桂　榮桂

汪双桂　運桂

發桂

代筆汪發林　潚桂

所是上件契價两相交付足訖

大鄣山乡鄣山通元村 10 · 光绪十九年 · 断骨出卖房宇契 ·
汪如椿卖与汪春桂、汪严桂

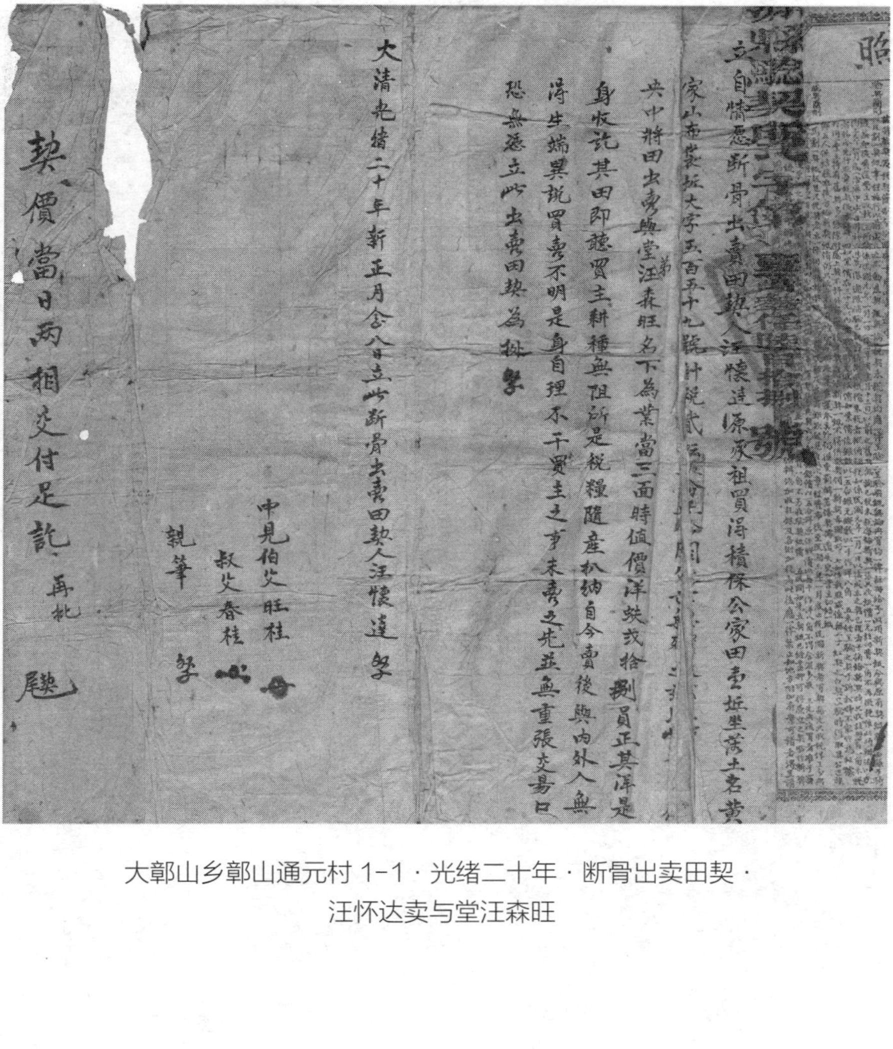

大鄣山乡鄣山通元村 1-1 · 光绪二十年 · 断骨出卖田契 ·
汪怀达卖与堂汪森旺

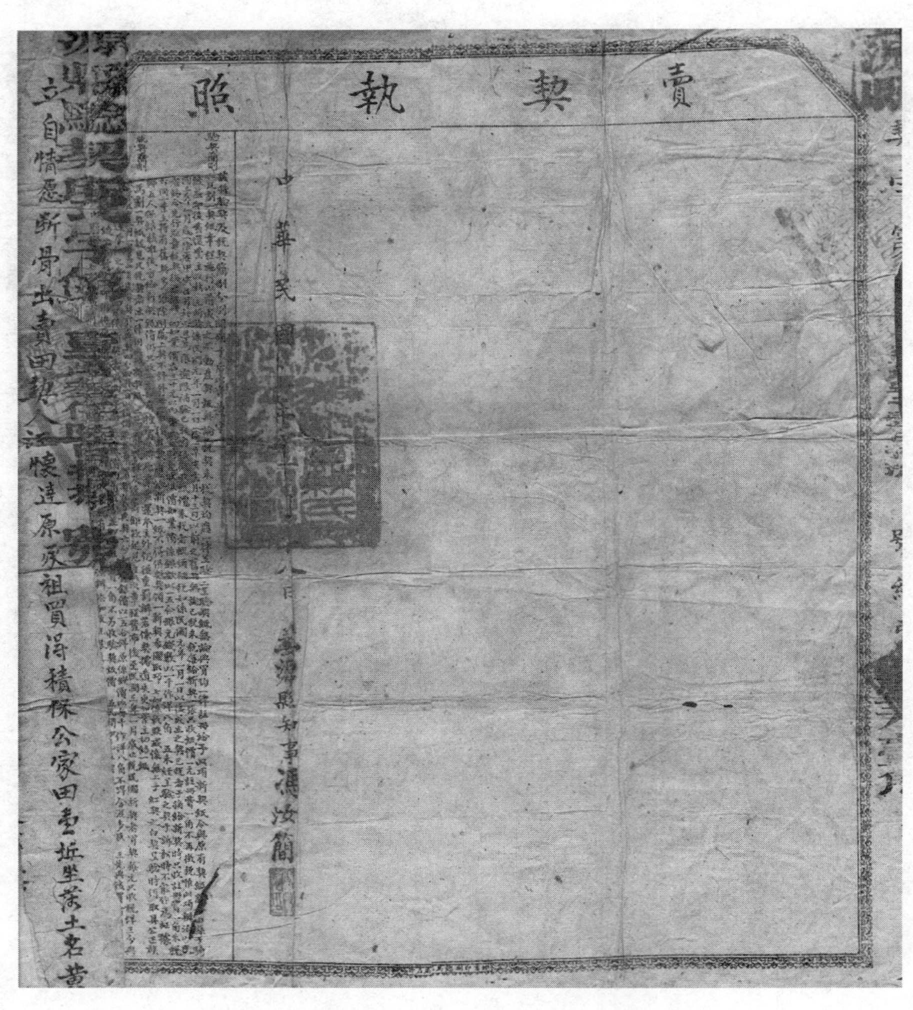

大鄣山乡鄣山通元村 1-2 · 光绪二十年 · 断骨出卖田契 ·
汪怀达卖与堂汪森旺

大鄣山乡鄣山通元村 29 · 民国十一年 · 纳米执照 · 成烈

納米執照
安徽婺源縣爲征收兵米事今據
中華民國拾肆年分兵米
中華民國　年　月　日給　第　號

大鄣山乡鄣山通元村 21 · 民国十四年 · 纳米执照 · 家胜

上限執照

中華民國拾六年分錢粮忙串票第 號

安徽婺源縣為征收錢粮事今據 鄉 都 圖 甲花戶 勝 輸納

中華民國拾六年分[illegible] 叁錢三分壹厘

民國 年 月 日給 [illegible]

[illegible]

大鄣山乡鄣山通元村 19 · 民国十六年 · 纳米执照 · 胜

納米執照

十五都三圖八甲花户 家勝 輸納

中華民國拾六年分兵米 合

中華民國 年 月 日給

大鄣山乡鄣山通元村 20 · 民国十六年 · 纳米执照 · 家胜

大鄣山乡鄣山通元村 30 · 民国十六年 · 纳米执照 · 有成

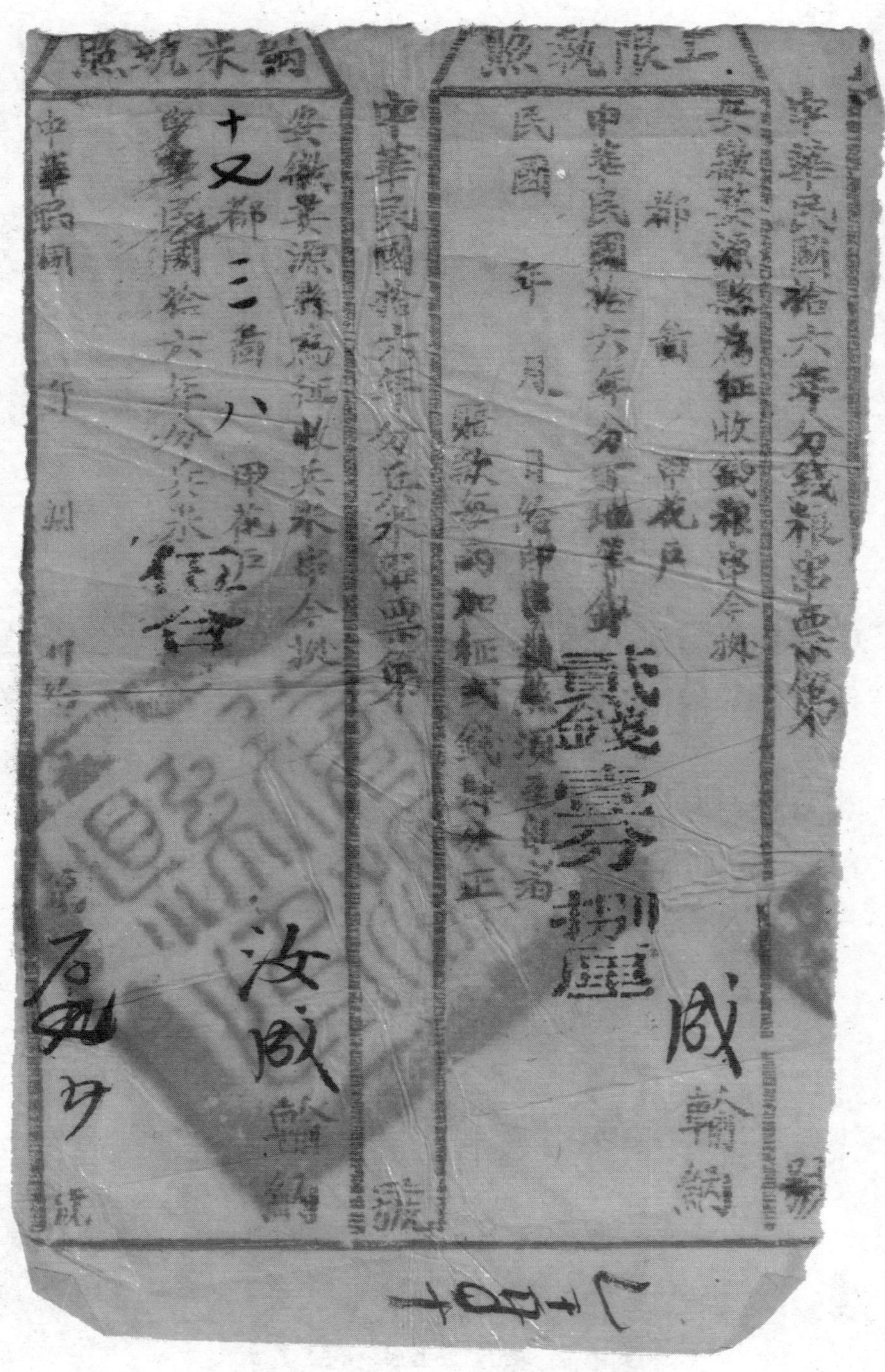

大鄣山乡鄣山通元村 47 · 民国十六年 · 纳米执照 · 汝成

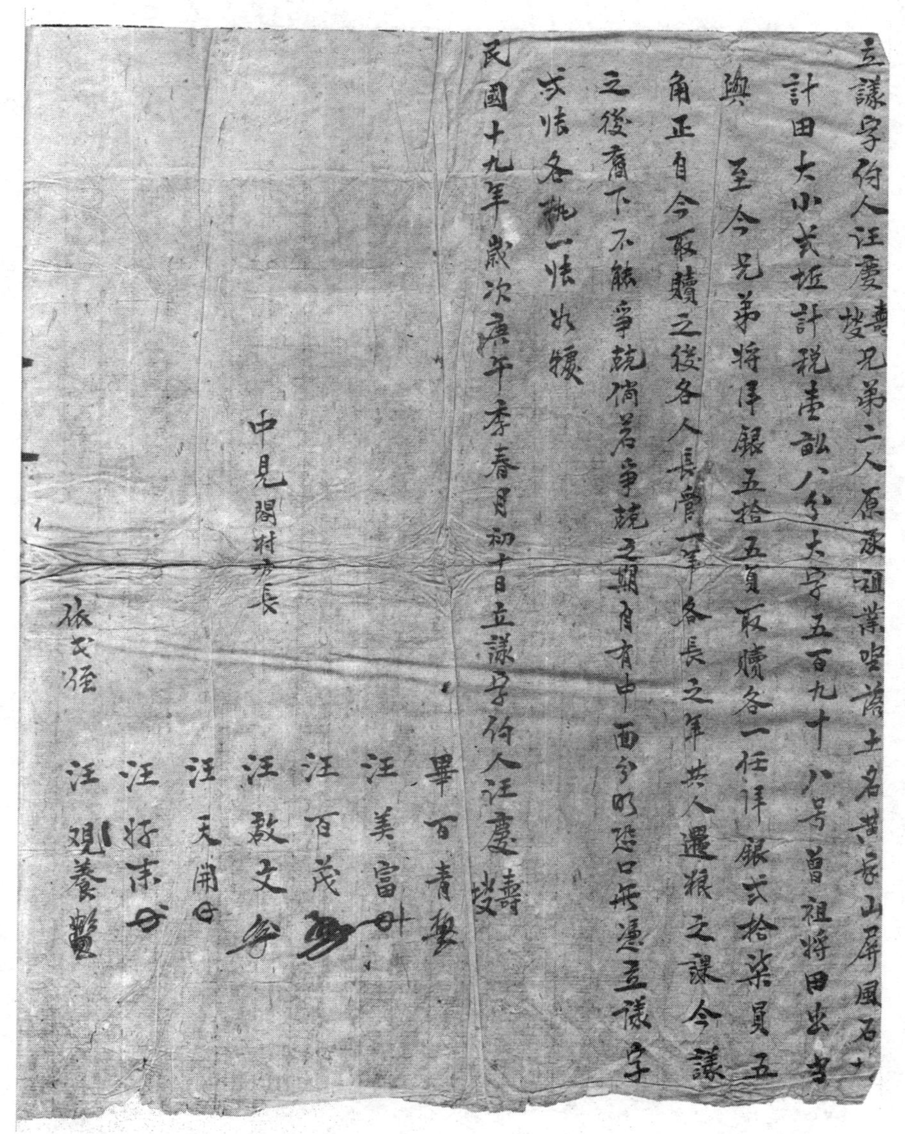

立議字約人汪慶壽燮兄弟二人原承祖業坐落土名黄安山屏風石十
計田大小弍坵計税壹畝八分大字五百九十八号曽祖将田出当
與 至今兄弟将洋銀五拾五員取贖各一任洋銀弍拾柒員五
角正自今取贖之後各人長管一年各長之年共人還粮之課今議
之後齊下不能爭兢倘若爭兢之期自有中面分明恐口無憑立議字
弍帋各執一帋收據
民國十九年歲次庚午季春月初十日立議字約人汪慶壽燮
中見閤村办長
畢百青
汪美富
汪百茂
汪敦文
汪天開
汪好末
汪覌養
依代筆

大鄣山乡鄣山通元村 2 · 民国十九年 · 议字约 · 汪庆寿、汪庆燮兄弟

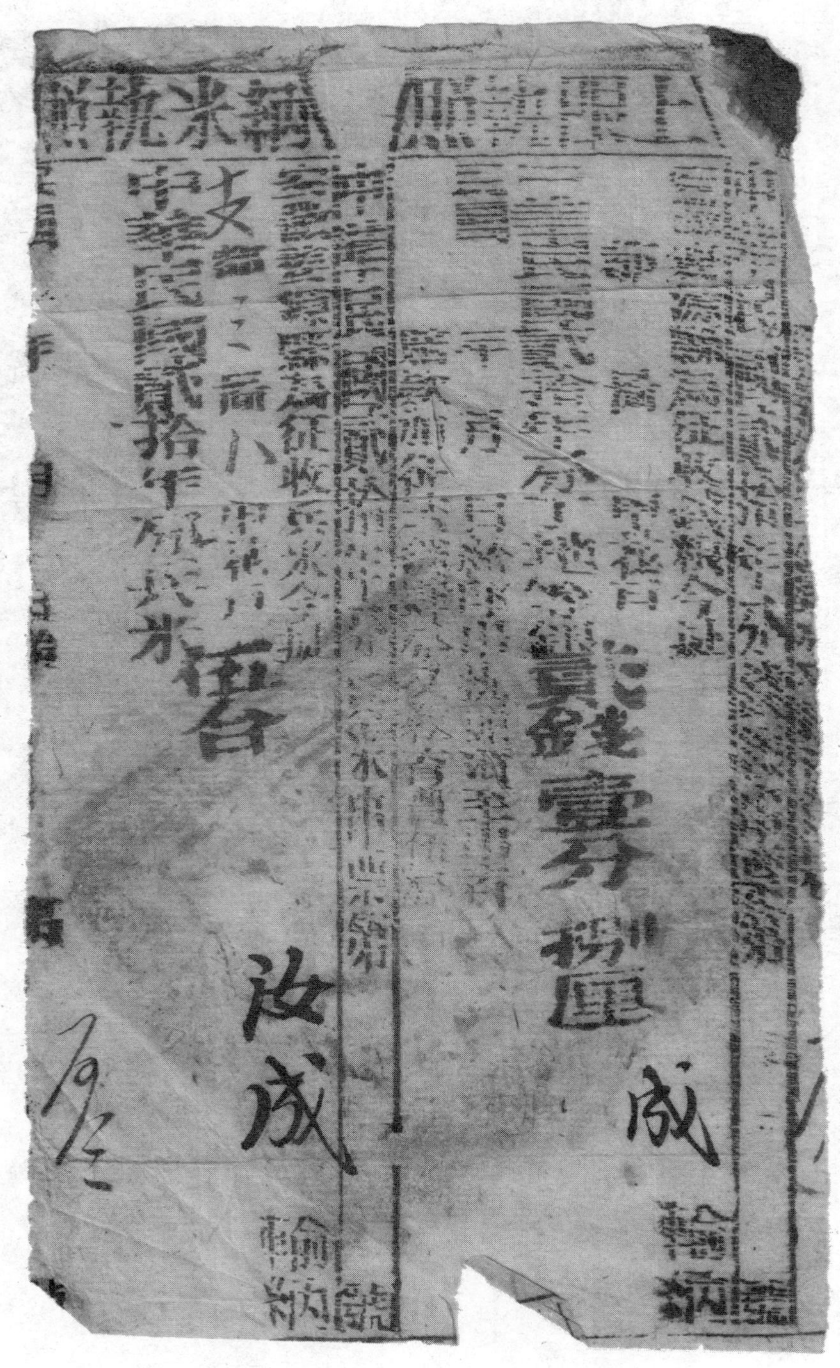

大鄣山乡鄣山通元村 38 · 民国二十年 · 纳米执照 · 汝成

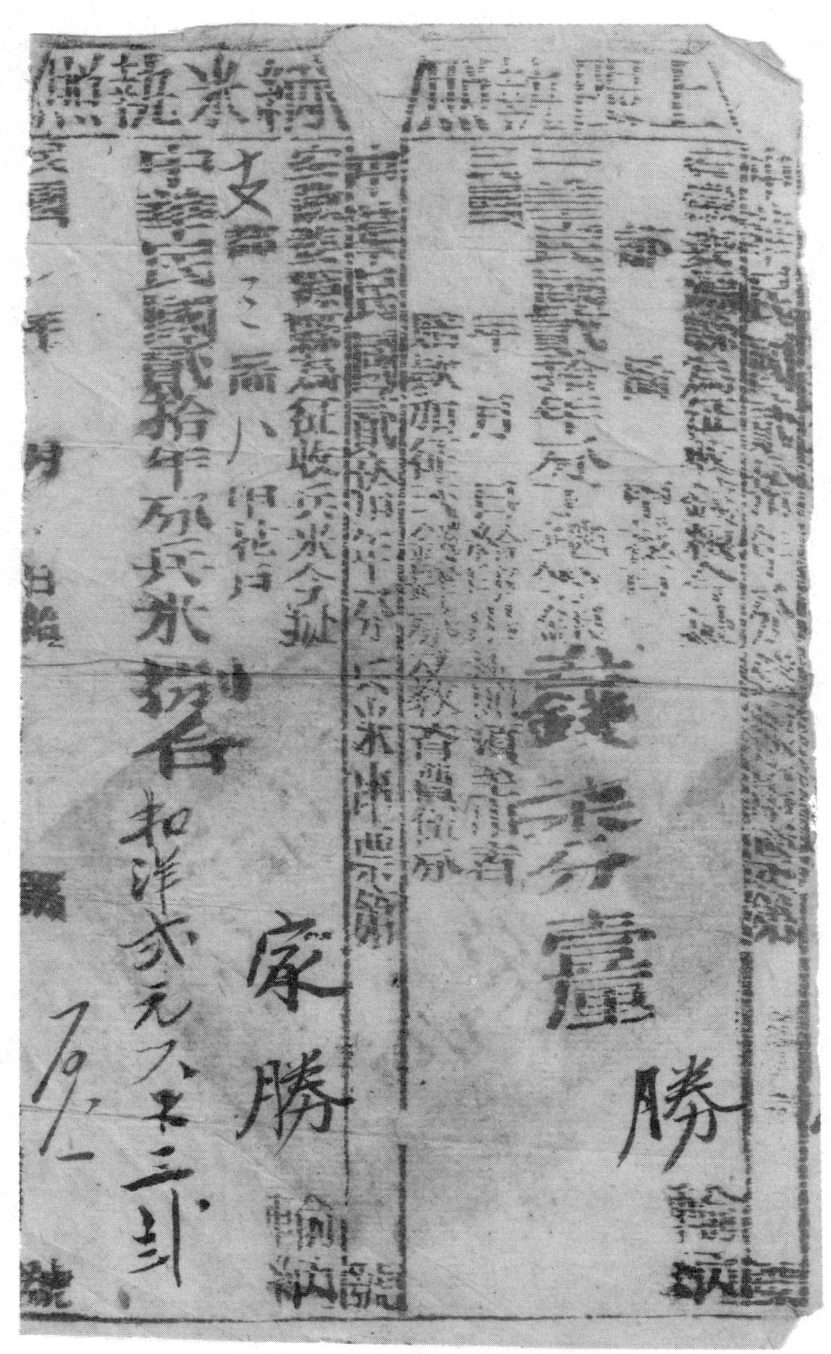

大郭山乡郭山通元村 39 · 民国二十年 · 纳米执照 · 家胜

納米執照

安徽省歙縣縣政府為徵收兵米事茲據

十七都三圖八甲戶 張 家勝

兵米每石應完正稅洋二元五角貳分并帶征築路

基金一成此外不得浮收分文合給串票為據

民國貳拾壹年 月 日 給

70 分十

第 號

大鄣山乡鄣山通元村 27 · 民国二十一年 · 纳米执照 · 家胜

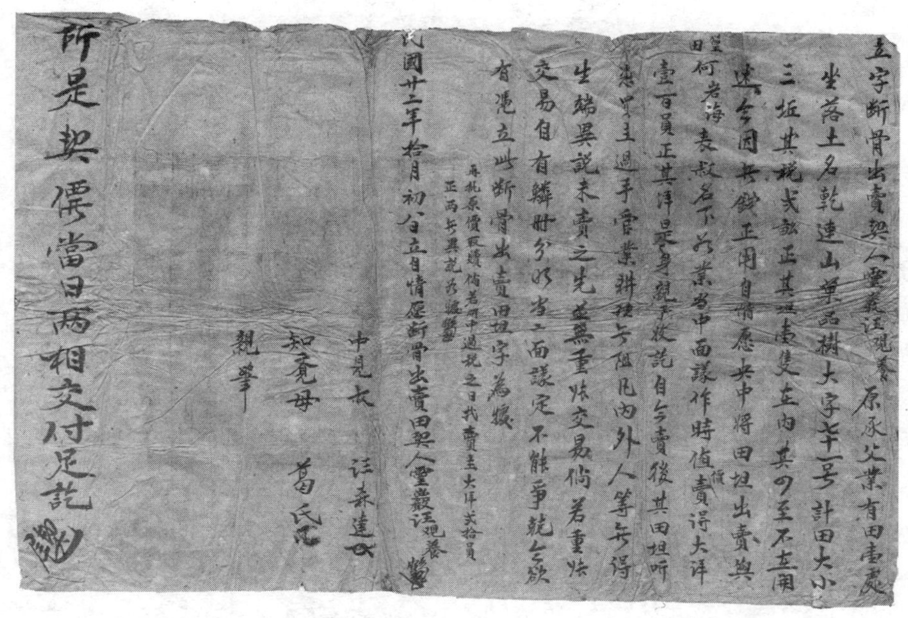

立字断骨出賣契人雲岩汪观養，原承父業有田壹處，坐落土名乾連山單名樹大字弍千二號，計田大小三坵，其稅弍畝正，其坦東隻左內，其四至不立開述。今因無錢正用，自情愿央中將田坦出賣與何岩海表叔名下為業，當中面議作時值價賣得大洋壹百員正，其洋是身親手收訖。自今賣後，其田坦听憑買主過手管業耕種，無阻。凡內外人等無得生端異說。未賣之先，並無重張交易，倘若重張交易，自有鱗冊分明。此係二面議定，不能爭競。今欲有憑，立此断骨出賣田坦字為據。

再批：原價取贖，倘若併中過說之日，找賣主大洋弍拾員正，兩無異說。存照。

民國廿二年拾月初八日立自情愿断骨出賣田契人雲岩汪观養（押）

中見表 汪森達（押）

知見母 葛氏（押）

親筆

所是契價當日兩相交付足訖（押）

大鄣山乡鄣山通元村 7 · 民国二十二年 · 断骨出表田契 ·
汪观养卖与何岩海表叔

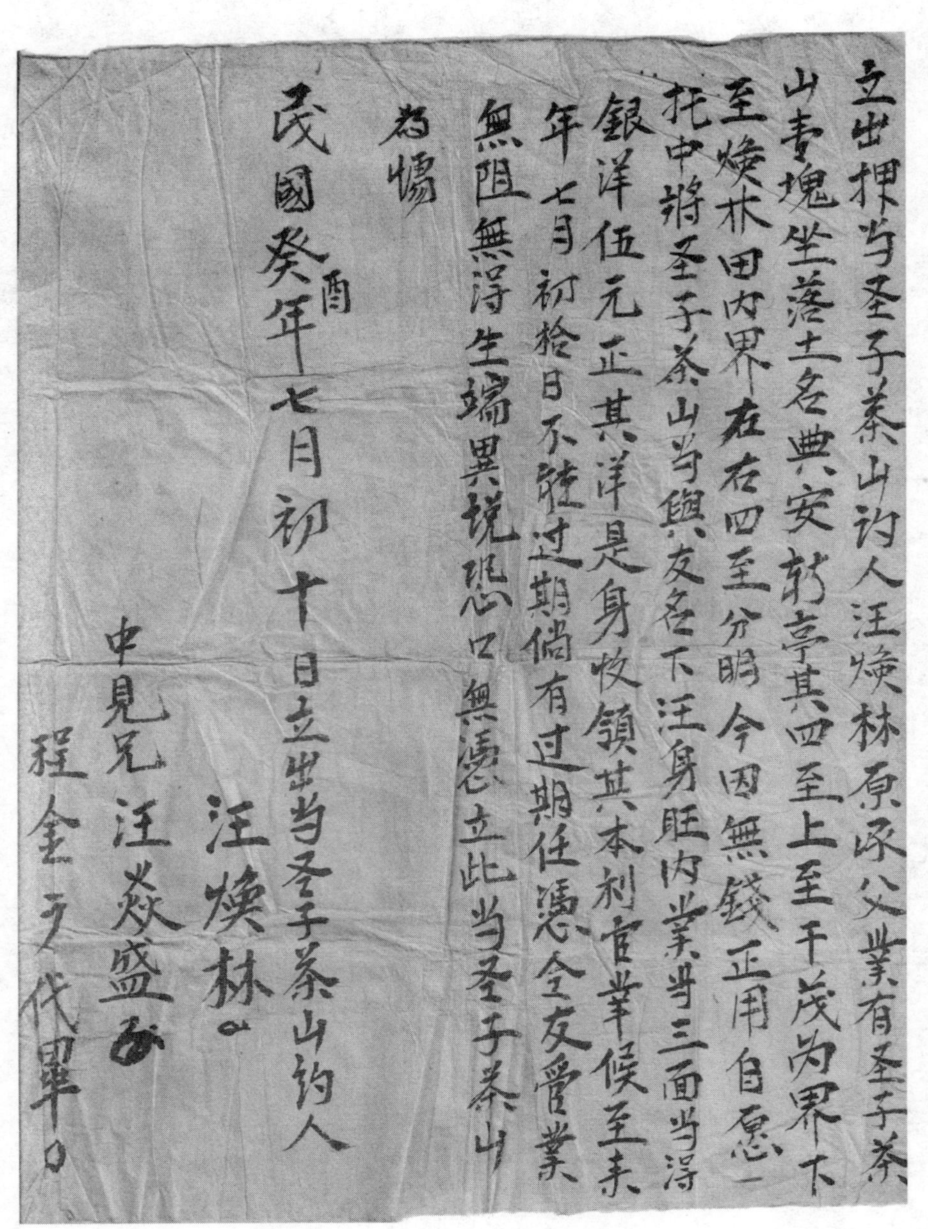
立出押当圣子茶山约人汪焕林原承父業有圣子茶山壹塊坐落土名典安新亭其四至上至干茂为界下至焕林田内界左右四至分明今因無錢正用自愿一托中將圣子茶山当與友名下汪身旺内業当三面当淂銀洋伍元正其洋是身收領其本利言单候至来年七月初拾日不能过期倘有过期任憑全友管業無阻無淂生端異说恐口無憑立此当圣子茶山为據

民國癸酉年七月初十日立出当圣子茶山约人　汪焕林（押）

中見兄　汪燚盛（押）

程金元代筆（押）

大鄣山乡鄣山通元村 8 · 民国二十二年 · 出当圣子茶山约 ·
汪焕林出当与友

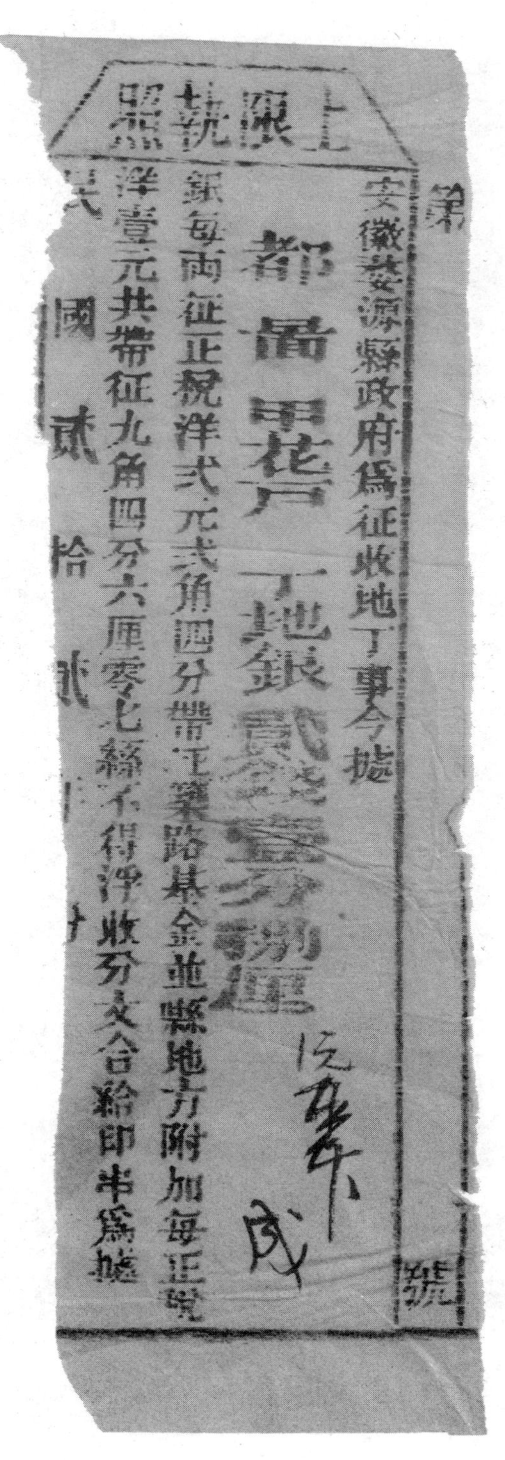

上限執照

第　　號

安徽婺源縣政府爲征收地丁事今據

都　圖　甲花戶　丁地銀貳錢貳分捌厘

銀每兩征正稅洋弍元弍角四分帶征築路基金並縣地方附加每正稅

洋壹元共帶征九角四分六厘零七絲不得浮收分文合給印串爲據

民國貳拾壹年

成

大鄣山乡鄣山通元村 15 · 民国二十一年 · 纳米执照 · 成

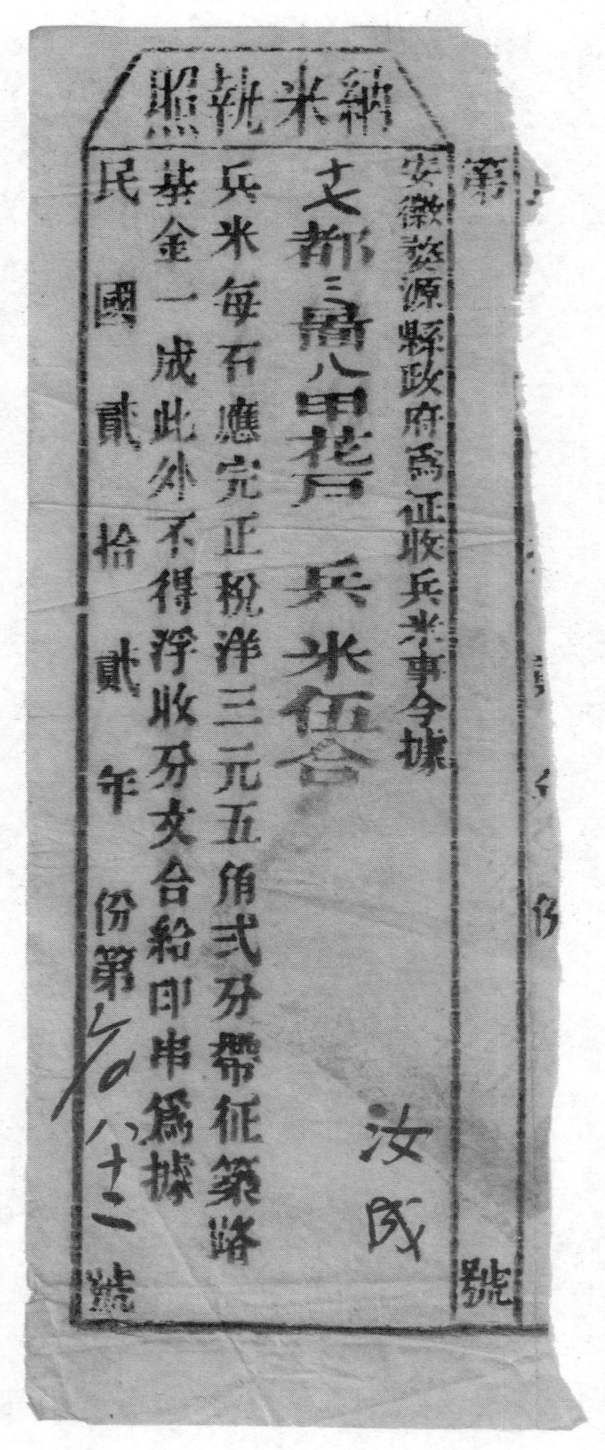
納米執照

第　　號

安徽婺源縣政府爲征收兵米事令據

文都三圖八甲椿　汝成　兵米伍合

兵米每石應完正税洋三元五角弍分帶征築路

并金一成此外不得浮收分文合給印串爲據

民國貳拾貳年　份第六〇八十二號

大鄣山乡鄣山通元村 17 · 民国二十二年 · 纳米执照 · 汝成

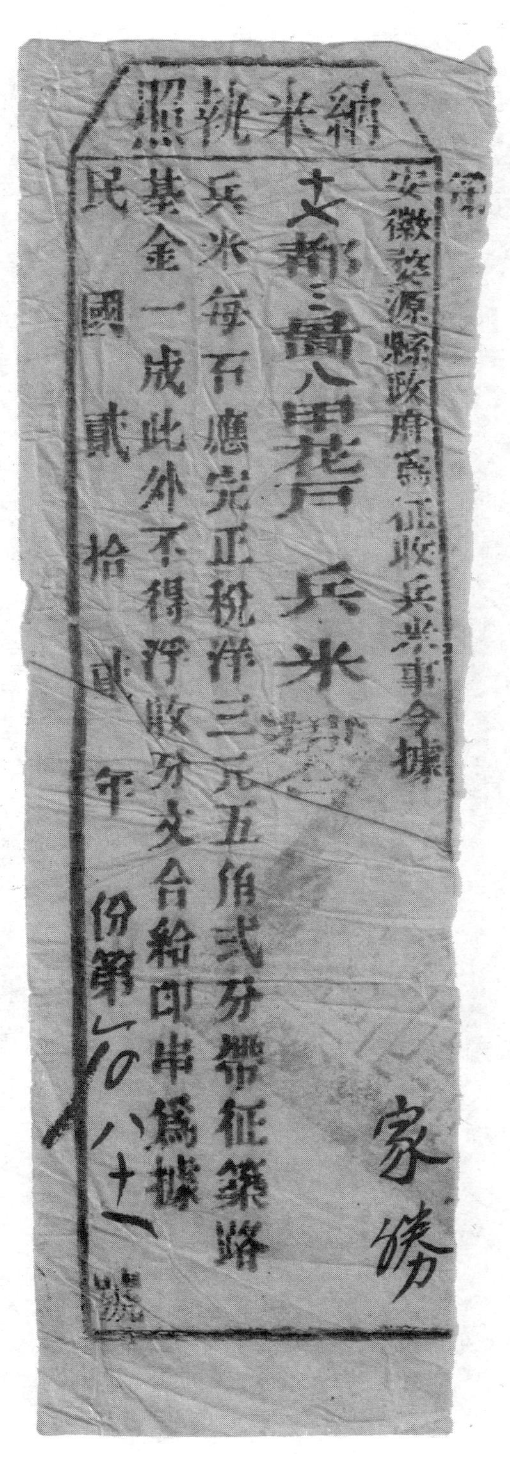

納米執照

第

安徽婺源縣政府爲征收兵米事今據

十六都三圖八甲花户　兵米

兵米每石應完正稅洋三元五角式分帶征築路

基金一成此外不得浮收分文合給印串爲據

民國貳拾貳年份第10八十一號

家勝

大鄣山乡鄣山通元村 28 · 民国二十二年 · 纳米执照 · 家胜

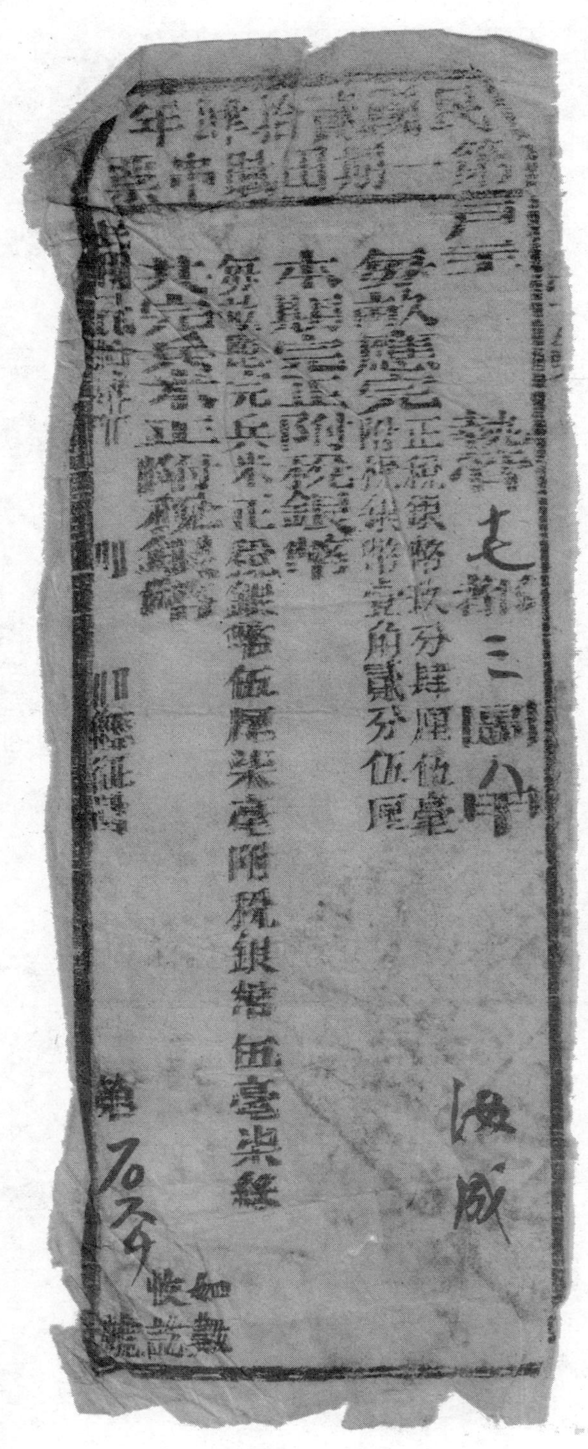

大鄣山乡鄣山通元村 45 · 民国二十四年 · 田赋串票 · 汝成

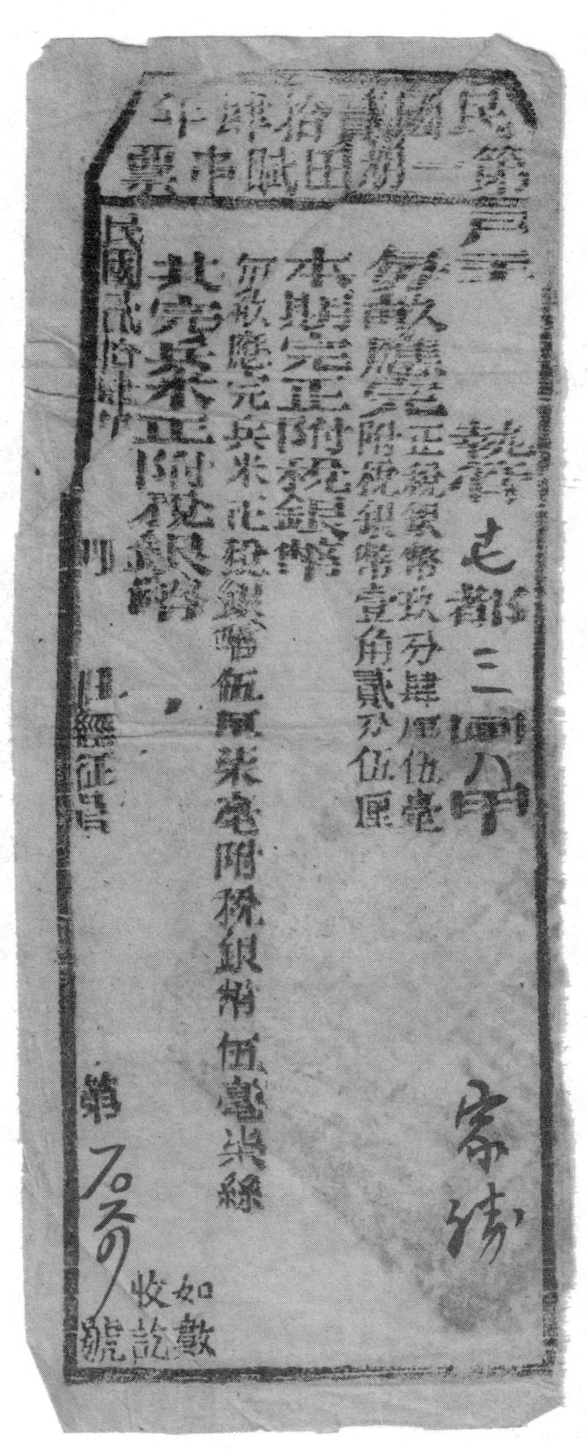

大郭山乡郭山通元村 52 · 民国二十四年 · 田赋串票 · 家胜

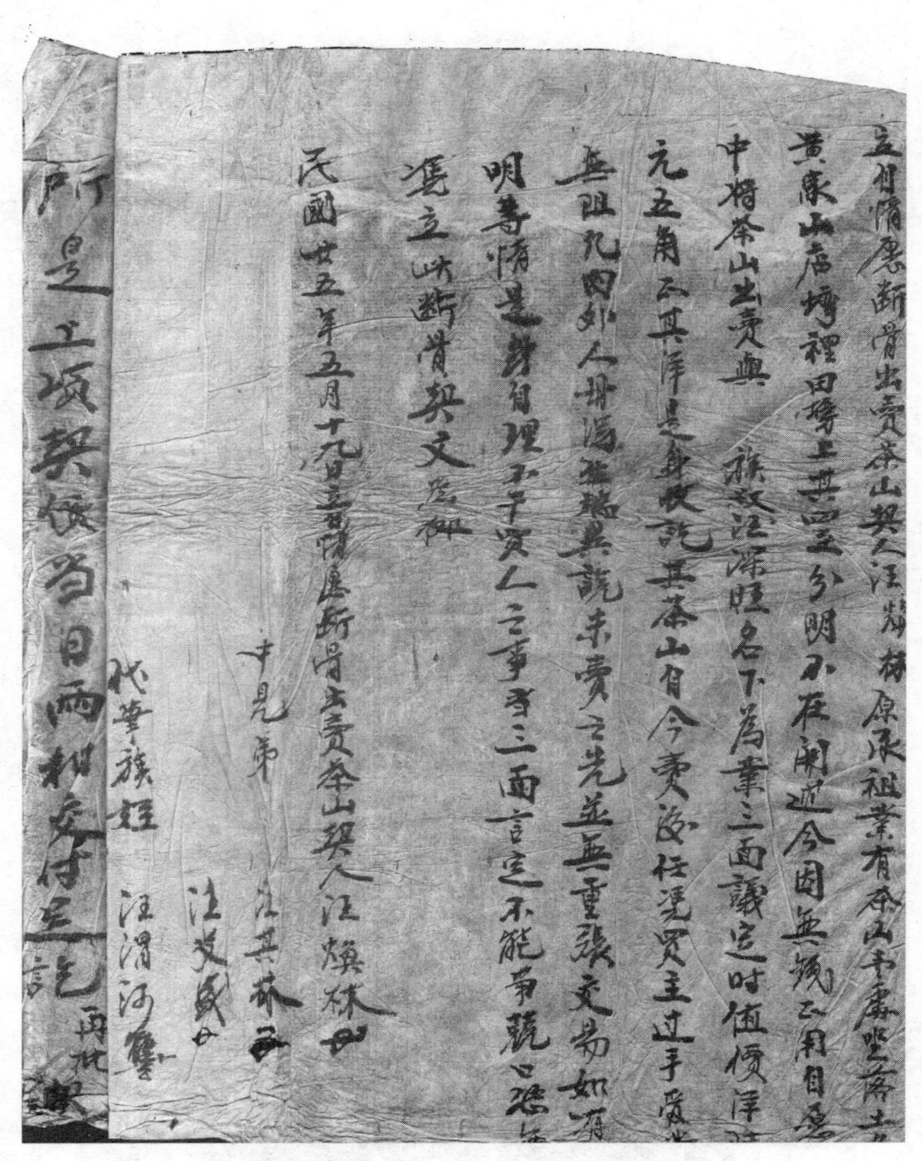

大郭山乡郭山通元村 6 · 民国二十五年 · 断骨出卖茶山契 ·
汪焕林卖与族叔汪深旺

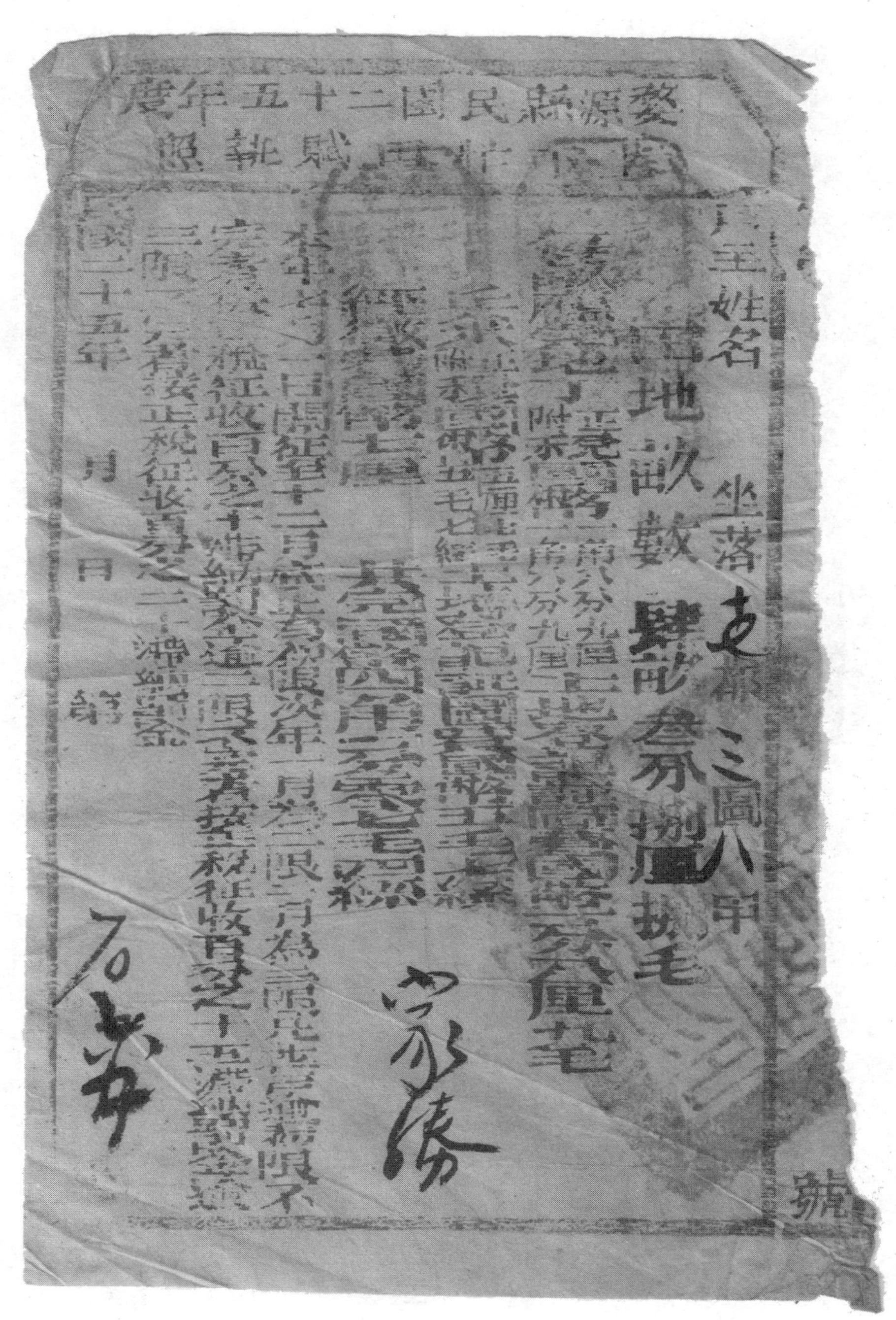

婺源縣民國二十五年度

田賦執照

戶主姓名　　坐落　支都　三圖　八甲

田地畝數　肆畝叁分捌厘捌毛

民國二十五年　月　日　第　號

大鄣山乡鄣山通元村 49 · 民国二十五年 · 田赋执照 · 家胜

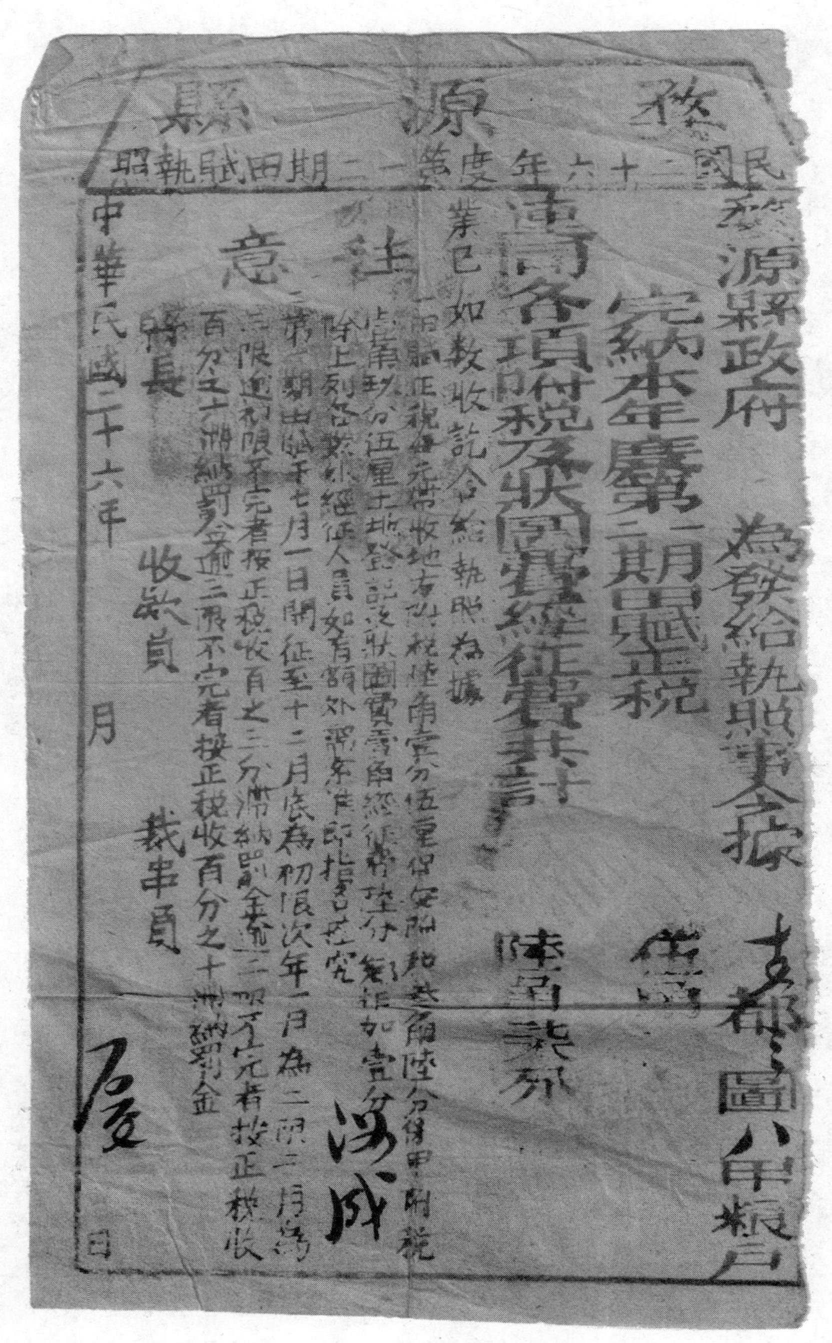

婺源縣

民國二十六年度第一二期田賦執照

婺源縣政府　為發給執照事。今據　十都三圖八甲糧戶 [illegible] 汝成

完納本年第一二期田賦正稅

連同各項附稅及狀圖費經征費共計　陸角柒分

業已如數收訖合給執照為據

注意

一、田賦正稅每元帶收地方附稅陸角壹分伍厘保安附加叁角陸分保甲附捐肆角壹分伍厘土地登記及狀圖費每角經征費壹分如壹分

除上列各款外經征人員如有額外需索准即指名控究

二、第一期由本年七月一日開征至十二月底為初限，次年一月為二限，二月為三限

三、限逾初限不完者按正稅收百之三分滯納罰金，逾二限不完者按正稅收百分之六滯納罰金，逾三限不完者按正稅收百分之十滯納罰金

縣長　　收款員　　裁串員

中華民國二十六年　月　日

大鄣山乡鄣山通元村 32 · 民国二十六年 · 田赋执照 · 汝成

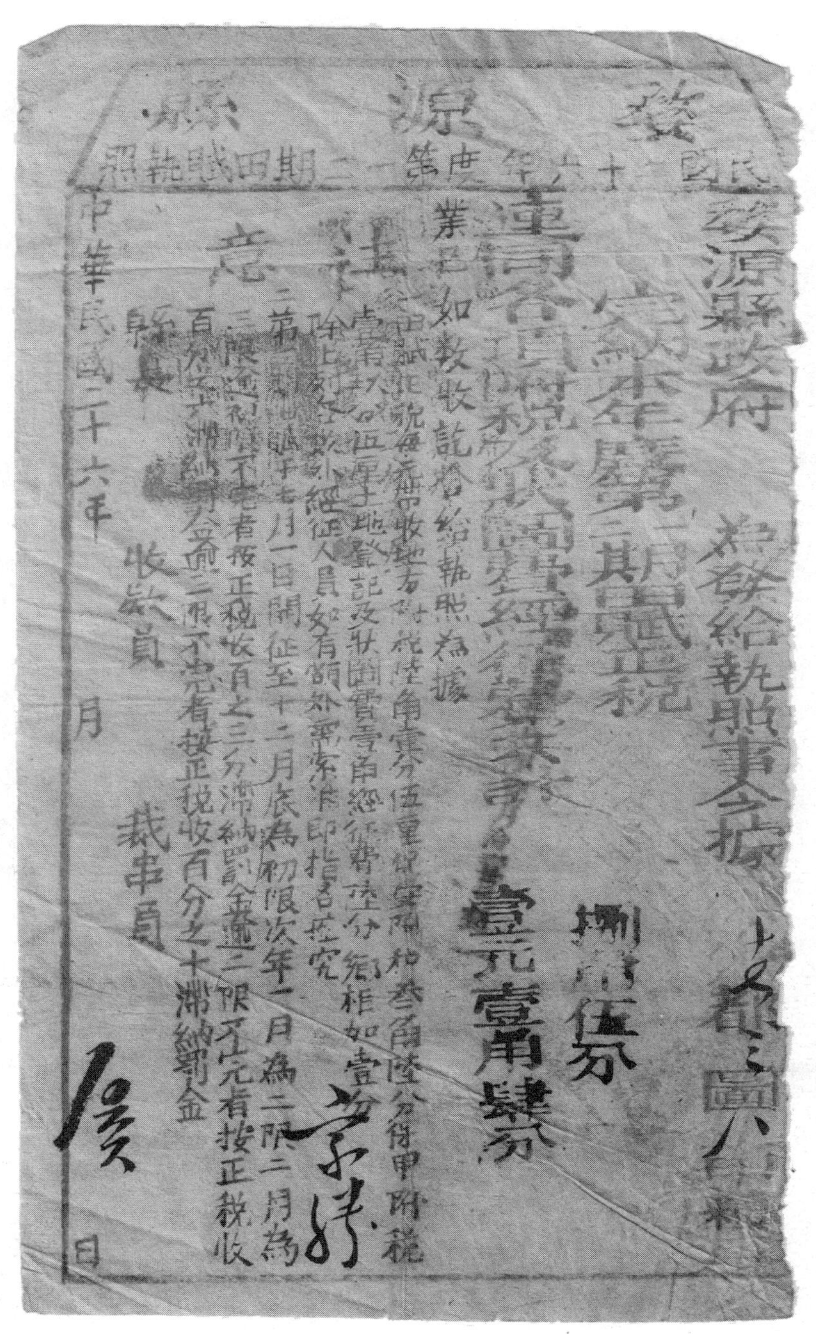

民國二十六年度第一二期田賦執照

婺源縣

婺源縣政府 為發給執照事今據 [illegible]都三圖八甲 [illegible]

完納本年第二期田賦正稅 [illegible] 捌角伍分

連同各項附稅及征收經費 [illegible] 壹元壹角肆分

業已如數收訖合給執照為據

計開 [illegible]正稅每元帶收地方附稅陸角壹分伍厘保安附加叁角陸分省甲附稅 [illegible] 壹角伍厘 土地登記及[illegible]圖費壹角經征費陸分鄉組如壹分 除上列[illegible]外經征人員如有額外需索即指名控究

注意 二 第一期田賦于七月一日開征至十二月底為初限次年一月為二限二月為三限 三 限逾期不完者按正稅收百之三分滯納罰金逾二限不完者按正稅收百分之十滯納罰金 百分[illegible]滯納[illegible]

縣長 收款員 裁串員

中華民國二十六年 月 日

大鄣山乡鄣山通元村 48 · 民国二十六年 · 田赋执照 · 家胜

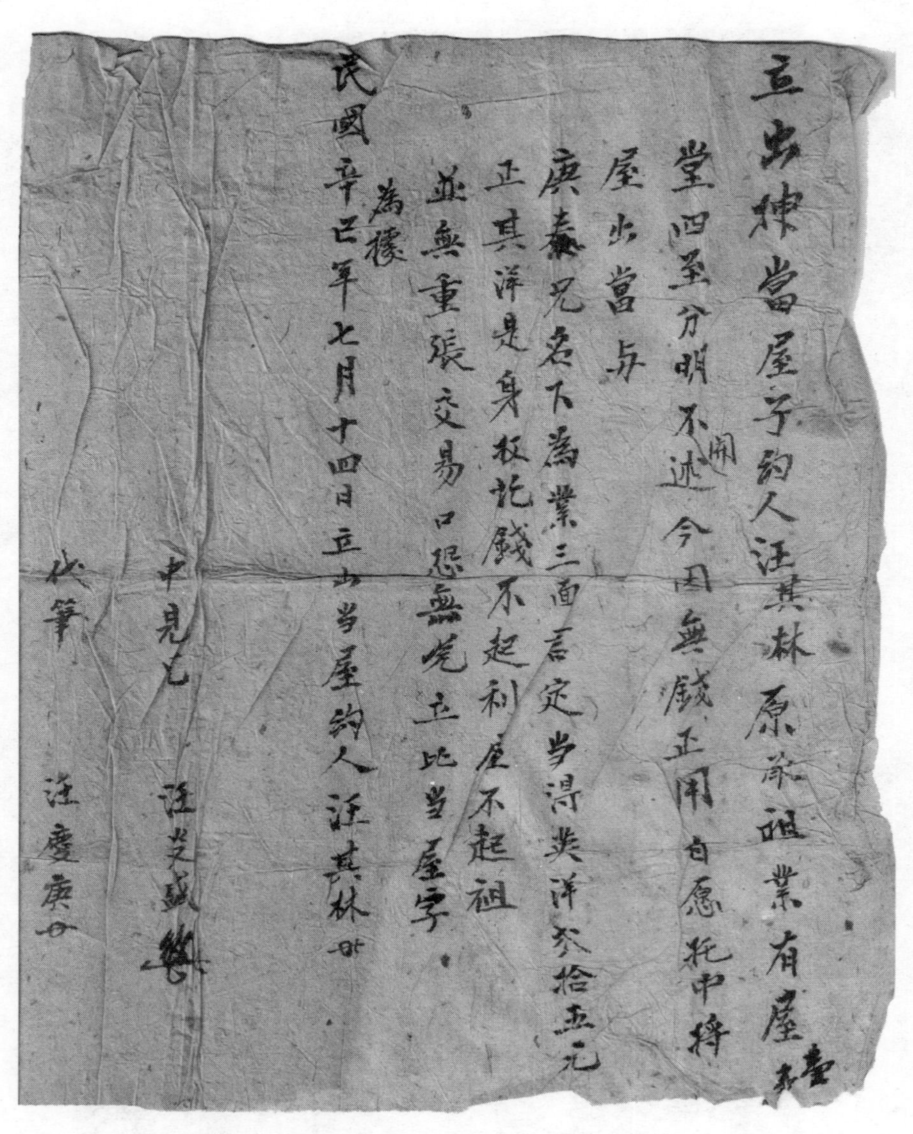

立出押當屋字約人汪其林原承祖業有屋壹
堂四至分明不述開今因無錢正用自愿托中將
屋出當与
庚泰兄名下為業三面言定当得英洋叁拾五元
正其洋是身收訖錢不起利屋不起租
並無重張交易口恐無凭立此当屋字
為據
民國辛巳年七月十四日立出当屋約人汪其林
中見人 汪芝盛
代筆 汪慶庚

大鄣山乡鄣山通元村 4 · 民国二十七年 · 出当屋约 · 汪其林当与庚泰

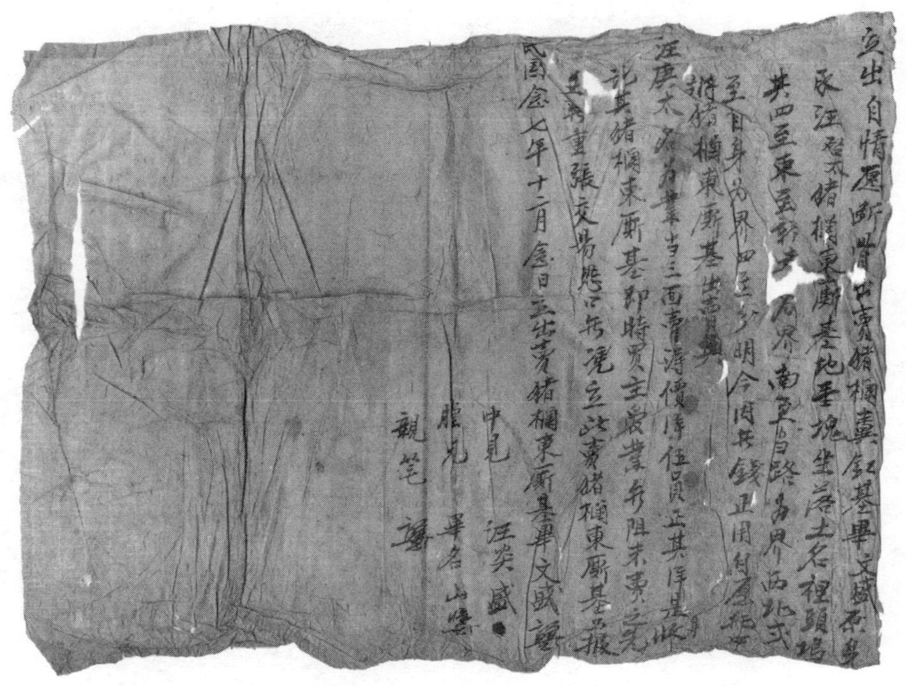

立出自情愿断骨出賣猪欄糞缸基畢文盛原身
承汪發太猪欄東厮基地壹塊坐落土名裡頭塢
共四至東至彰太為界南至自路為界西北式
至自身為界四至分明今因無錢正用自愿托中
將猪欄東厮基出賣與
汪庚太名下為業當三面言諱價洋伍員正其洋是收
訖其猪欄東厮基即時買主管業無阻未賣之先
並無重張交易恐口無憑立此賣猪欄東厮基存據
民國念七年十二月念日立出賣猪欄東厮基畢文盛
中見　汪炎盛
胞兄　畢名山
親筆

大鄣山乡鄣山通元村 11 · 民国二十七年 · 出卖猪栏粪缸东厮基契 ·
毕文盛卖与汪庚太

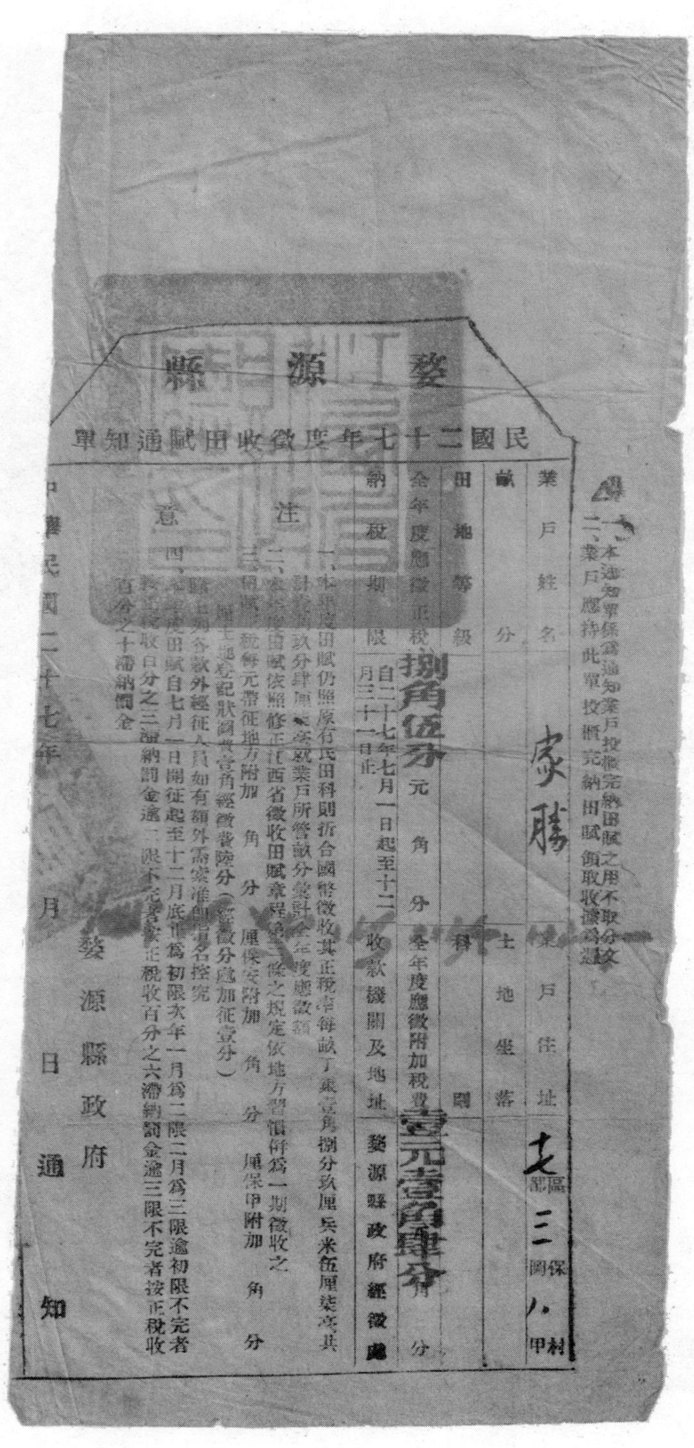

婺源縣

民國二十七年度徵收田賦通知單

| 業戶姓名 | 家勝 | 業戶住址 | 支區 部 三保 圖 八村 甲 |
|---|---|---|---|
| 畝分 | | 土地坐落 | |
| 田地等級 | | 科則 | |
| 全年度應徵正稅 | 捌角伍分 元 角 分 | 全年度應徵附加稅費 | 壹元壹角肆分 元 角 分 |
| 納稅期限 | 自二十七年七月一日起至十二月三十一日止 | 收款機關及地址 | 婺源縣政府經徵處 |

注意

一、本年度田賦仍照原有民田科則折合國幣徵收其正稅率每畝丁銀壹角捌分玖厘兵米伍厘柒毫共計[illegible]玖分肆厘[illegible]就業戶所管畝分發計全年度應徵額

二、本年度田賦依照修正江西省徵收田賦章程第[illegible]條之規定依地方習慣併為一期徵收之

三、[illegible]稅每元帶征地方附加 角 分 厘保安附加 角 分 厘保甲附加 角 分

[illegible]七規定記狀每張壹角經徵費陸分（[illegible]徵分處加征壹分）

四、[illegible]縣[illegible]各款外經征人員如有額外需索准即[illegible]名控究

[illegible]本年度田賦自七月一日開征起至十二月底止為初限次年一月為二限二月為三限逾初限不完者按正稅收百分之三滯納罰金逾二限不完者按正稅收百分之六滯納罰金逾三限不完者按正稅收百分之十滯納罰金

一、本通知單係為通知業戶按畝完納田賦之用不取分文

二、業戶應持此單投櫃完納田賦領取收據為要

婺源縣政府

中華民國二十七年 月 日 通知

大鄣山乡鄣山通元村 34 · 民国二十七年 · 征收田赋通知单 · 家胜

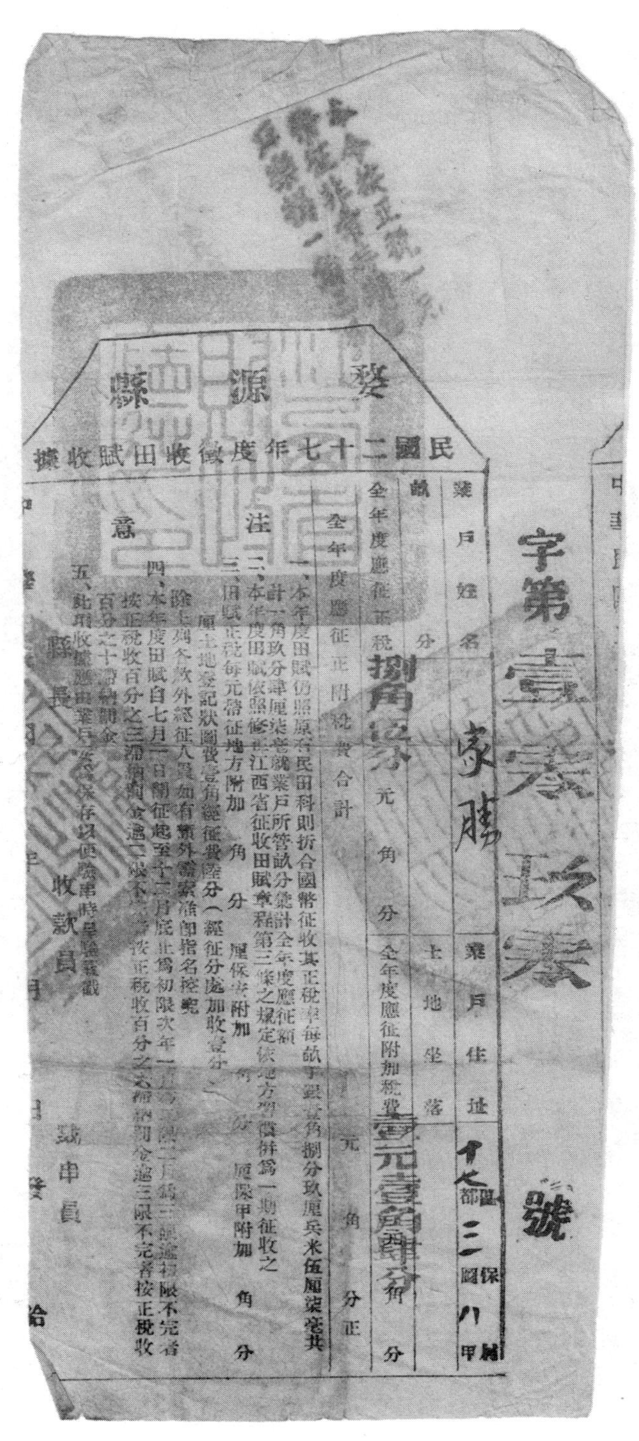

大鄣山乡鄣山通元村 36 · 民国二十七年 · 征收田赋收据 · 家胜

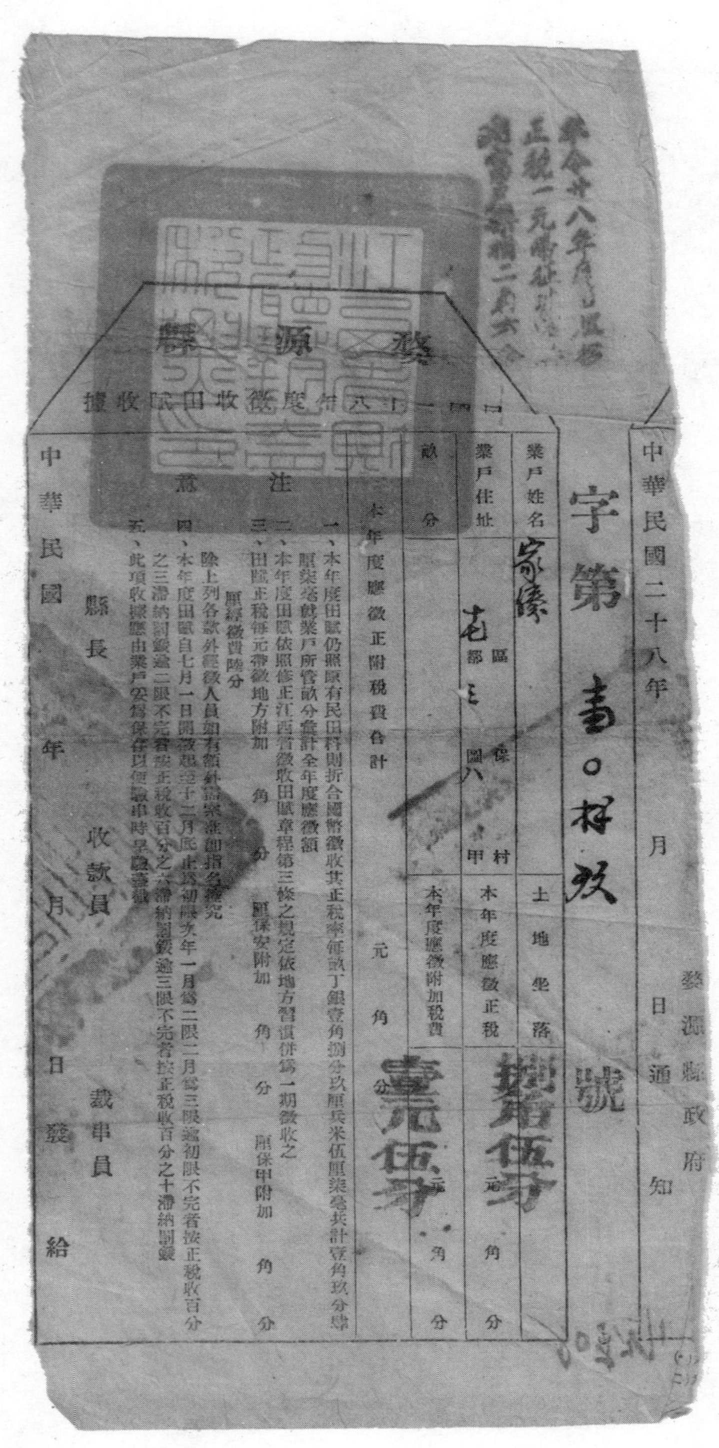

婺源縣

民國二十八年度徵收田賦收據

中華民國二十八年 月 日通知

婺源縣政府

字第 號

業戶姓名

業戶住址 區 部 保 圖 村 甲

土地坐落

畝 分

本年度應徵正稅 元 角 分

本年度應徵附加稅費 元 角 分

本年度應徵正附稅費合計 元 角 分

注意

一、本年度田賦仍照原有民田科則折合國幣徵收其正稅率每畝丁銀壹角捌分玖厘兵米伍厘柒毫共計壹角玖分肆厘柒毫就業戶所管畝分盤計全年度應徵額

二、本年度田賦依照修正江西省徵收田賦章程第三條之規定依地方習慣併為一期徵收之

三、田賦正稅每元帶徵地方附加 角 分 區保安附加 角 分 兩保甲附加 角 分 區經徵費陸分

四、本年度田賦自七月一日開徵起至十二月底止為初限次年一月為二限二月為三限逾初限不完者按正稅收百分之三滯納罰鍰逾二限不完者按正稅收百分之六滯納罰鍰逾三限不完者按正稅收百分之十滯納罰鍰

除上列各款外經徵人員如有額外需索准即指名稟究

五、此項收據應由業戶妥為保存以便編串時呈驗查徵

縣長 收款員 裁串員

中華民國 年 月 日發給

大鄣山乡鄣山通元村 35 · 民国二十八年 · 征收田赋收据 · 家胜

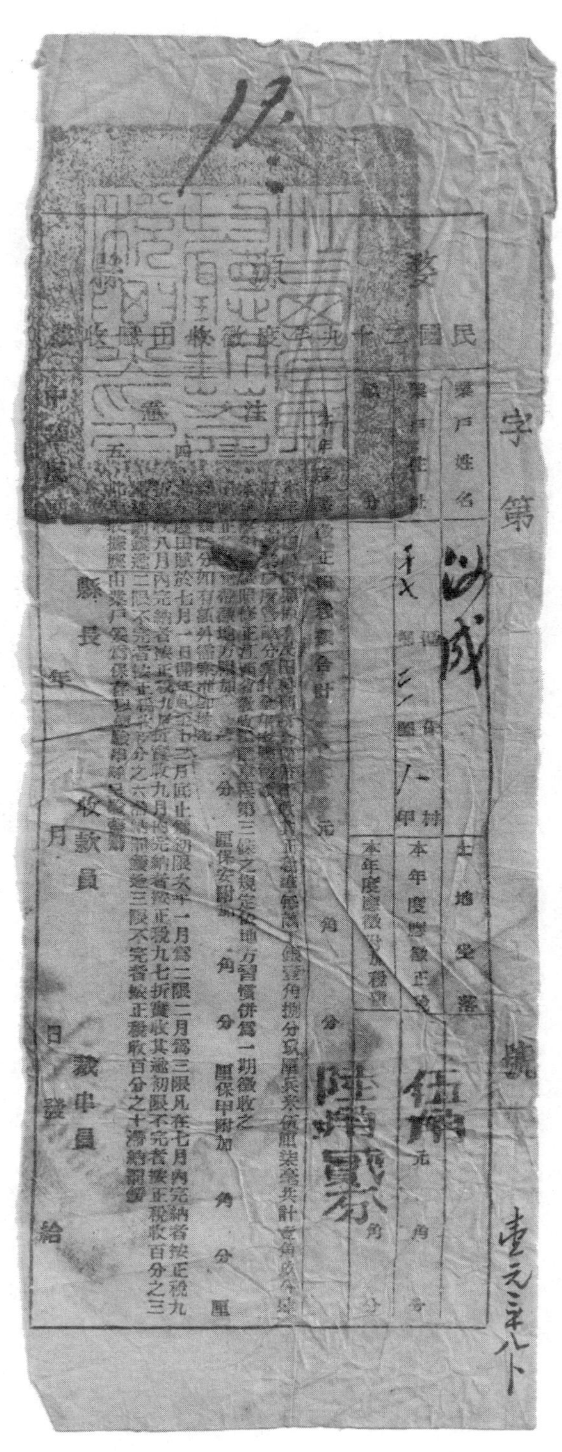

大鄣山乡鄣山通元村 42 · 民国二十九年 · 征收田赋收据 · 汝成

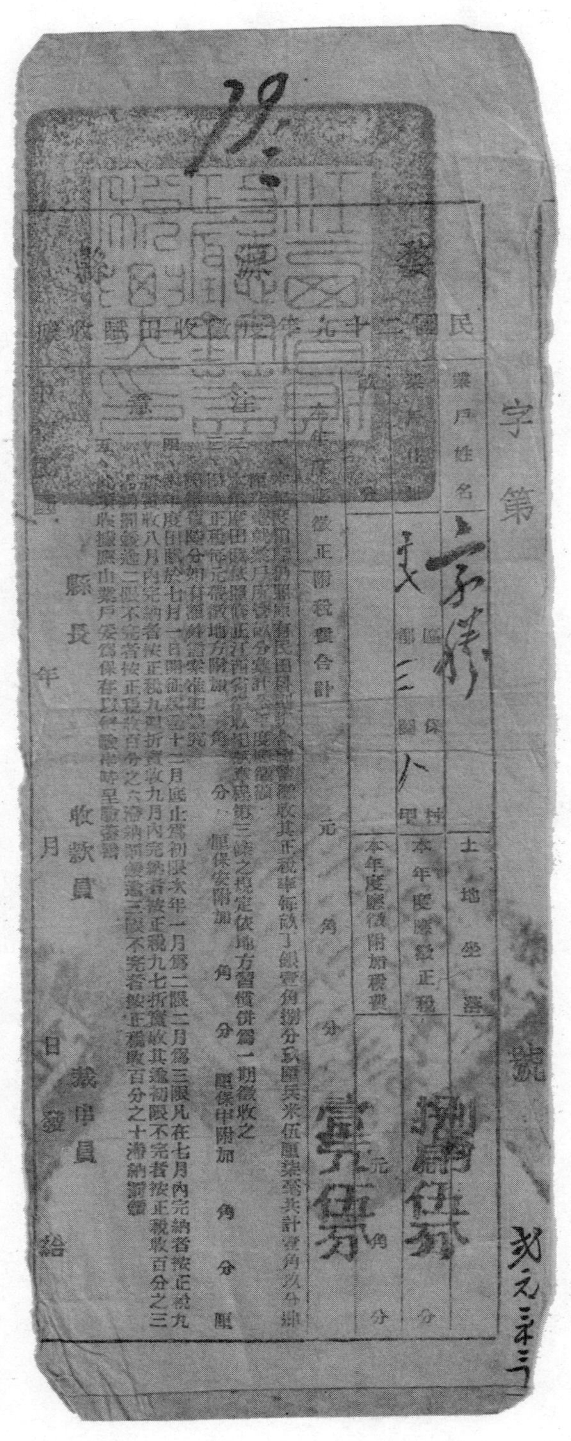

字第　　號

民國二十九年度徵收田賦收據

業戶姓名　家勝

三區　鄉　保　八甲　村

| 土地坐落 | 本年度應繳正稅 | 本年度應徵附加稅費 |
| --- | --- | --- |
| | 元　角　分 | 元　角　分 |

徵正附稅費合計　元　角　分

注意

一　本年度[illegible]民田賦[illegible]徵收其正稅率每畝丁銀壹角捌分[illegible]兵米伍厘柒毫共計壹角玖分[illegible]

二　[illegible]業戶[illegible]分案計[illegible]度徵額

三　[illegible]田賦依照修正江西省[illegible]第三條之規定依地方習慣併爲一期徵收之

正稅每元帶徵地方附加　角　分　區保安附加　角　分　區保甲附加　角　分　厘

四　[illegible]度田賦於七月一日開徵迄十二月底止爲初限次年一月爲二限二月爲三限凡在七月內完納者按正稅九[illegible]收八月內完納者按正稅九[illegible]折實收九月內完納者按正稅九七折實收其逾初限不完者按正稅收百分之三[illegible]罰鍰逾二限不完者按正稅收百分之六滯納罰鍰逾三限不完者按正稅收百分之十滯納罰鍰

五　此收據應由業戶妥爲保存以備檢查時呈驗毋誤

縣長　　收款員　　辦事員

年　月　日　發給

大鄣山乡鄣山通元村 44 · 民国二十九年 · 征收田赋收据 · 家胜

立自情愿断骨出易田契人叔何岩海，原身置有晓田壹處，坐落土名灵岩乾塘山桑品樹大字又十一号，計田大小三丘，其税贰畝正，其丘壹号在内，其四至不在開述。今因自種不便，自愿出易與灵岩汪庚泰名下為業，當中三面言定，出易契價洋壹伯貳拾員正，其洋是身收領，其田自今易後聽憑汪姓管業無阻。自今易後無論本家内外人等，两無生端異說。恐後無憑，立此易契為據。

民國卅一年八月卅五日立自情愿断骨出易契人　叔何岩海（押）

中見　何培根（押）　何岩光（押）　汪庚泰（押）　葛岩意

代筆　何德之（押）

上項契價當日兩相交付足訖　再批（押）

大鄣山乡鄣山通元村 5 · 民国三十一年 · 断骨出易田契 ·
何岩海易与汪庚泰

大郭山乡郭山通元村 53-1 · 民国三十一年 · 税粮实征册 · 家胜户

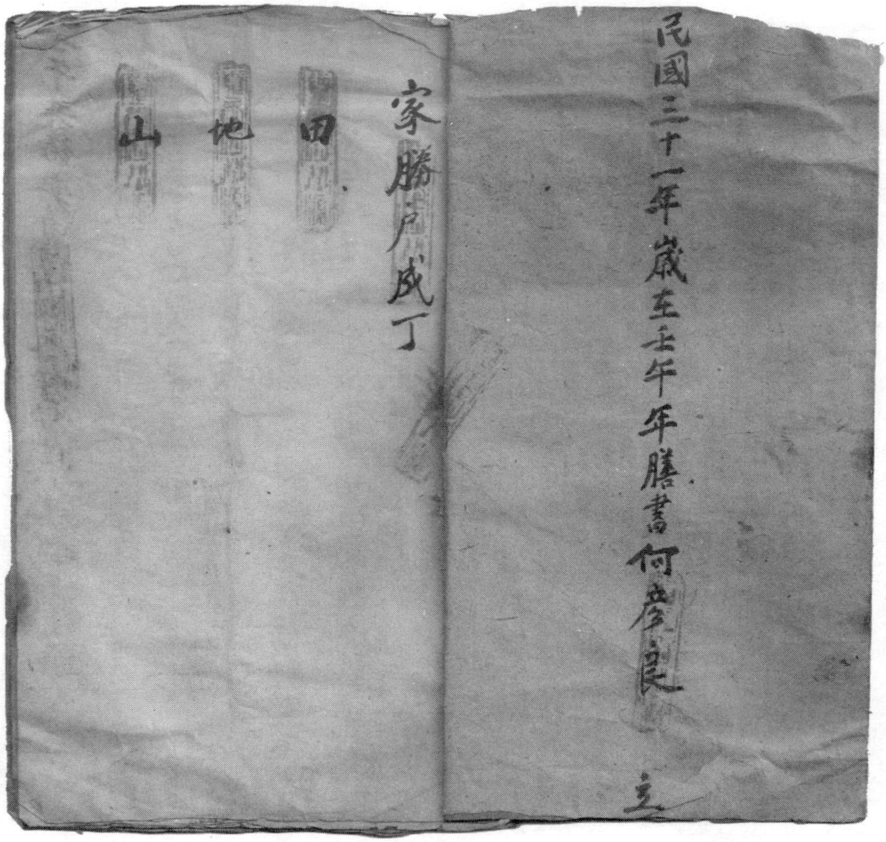
民國三十一年歲在壬午年年膳書何彥良立

家勝户成丁

田

地

山

大鄣山乡鄣山通元村 53-2 · 民国三十一年 · 税粮实征册 · 家胜户

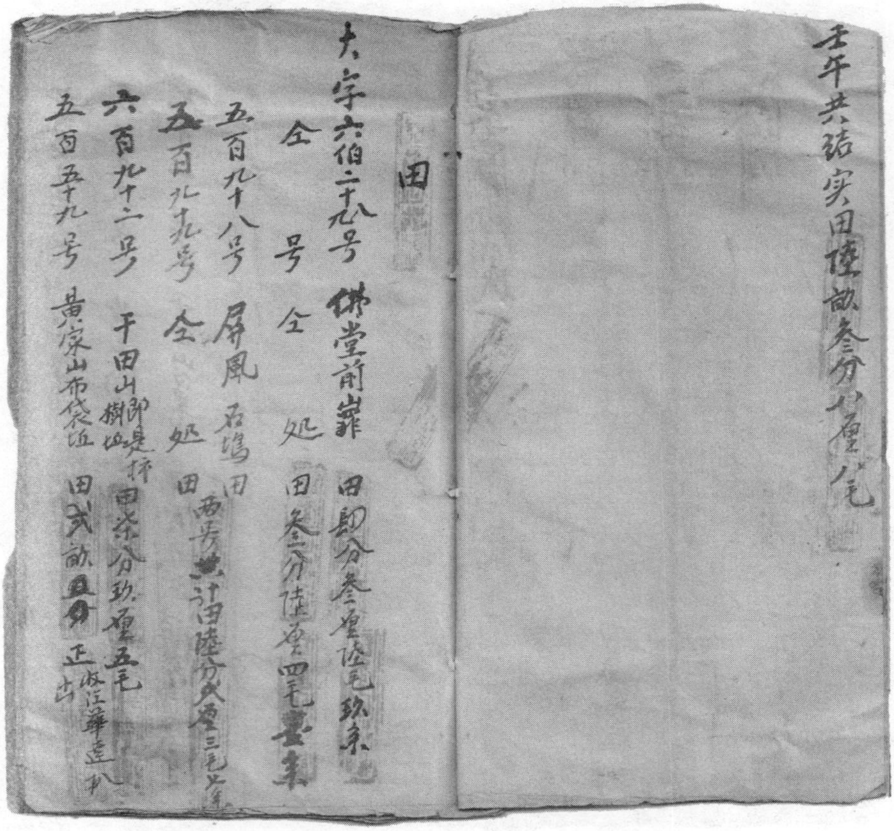

壬午共結实田陸畝叁分七厘八毛

田

大字六伯二十九号 佛堂前崖 田肆分叁厘陆毛玖系

仝 号 仝 处 田叁分陆厘四毛壹系

五百九十八号 屏風 石塢田

五百九十九号 仝 处田

西字号共计田陆分贰厘三毛七系

六百九十二号 干田山脚堤埠 田柒分玖厘五毛

五百五十九号 黄家山布袋垅 田贰畝五分 正出

收江華连执

大鄣山乡鄣山通元村 53-3 · 民国三十一年 · 税粮实征册 · 家胜户

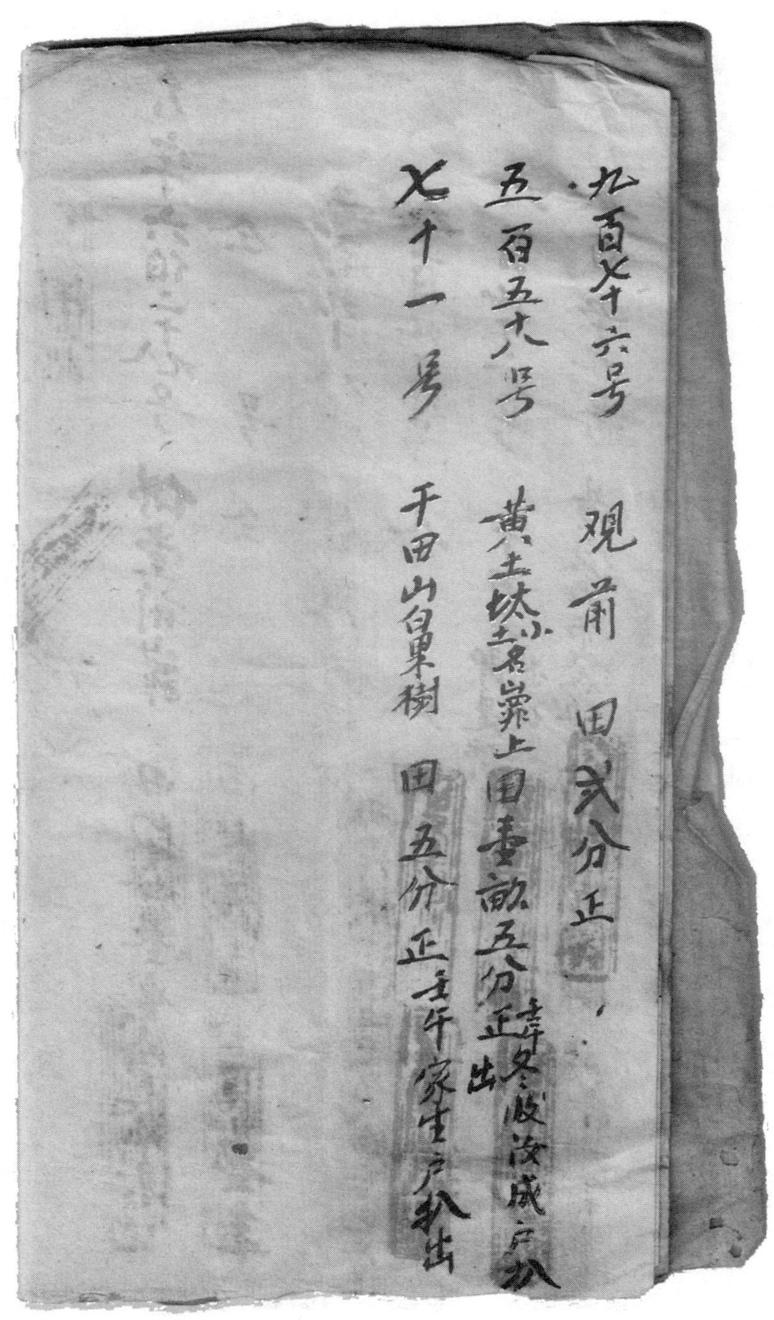
九百七十六号　观前　田贰分正
五百五十八号　黄土坳小土名岽上　田壹亩五分正　出寺冬嵌汝成户扒
七十一号　于田山白果树　田五分正　壬午家生户扒出

大郭山乡郭山通元村 53-4 · 民国三十一年 · 税粮实征册 · 家胜户

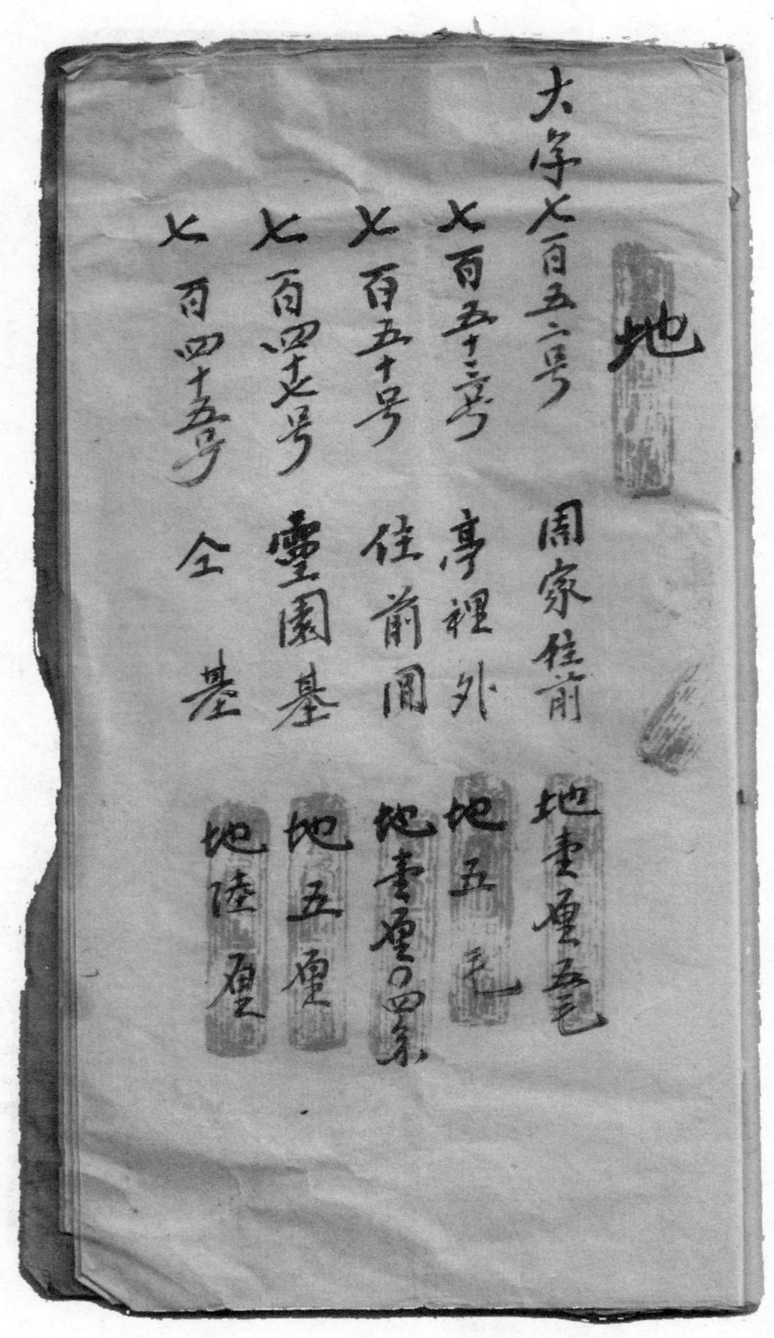

大鄣山乡鄣山通元村 53-5 · 民国三十一年 · 税粮实征册 · 家胜户

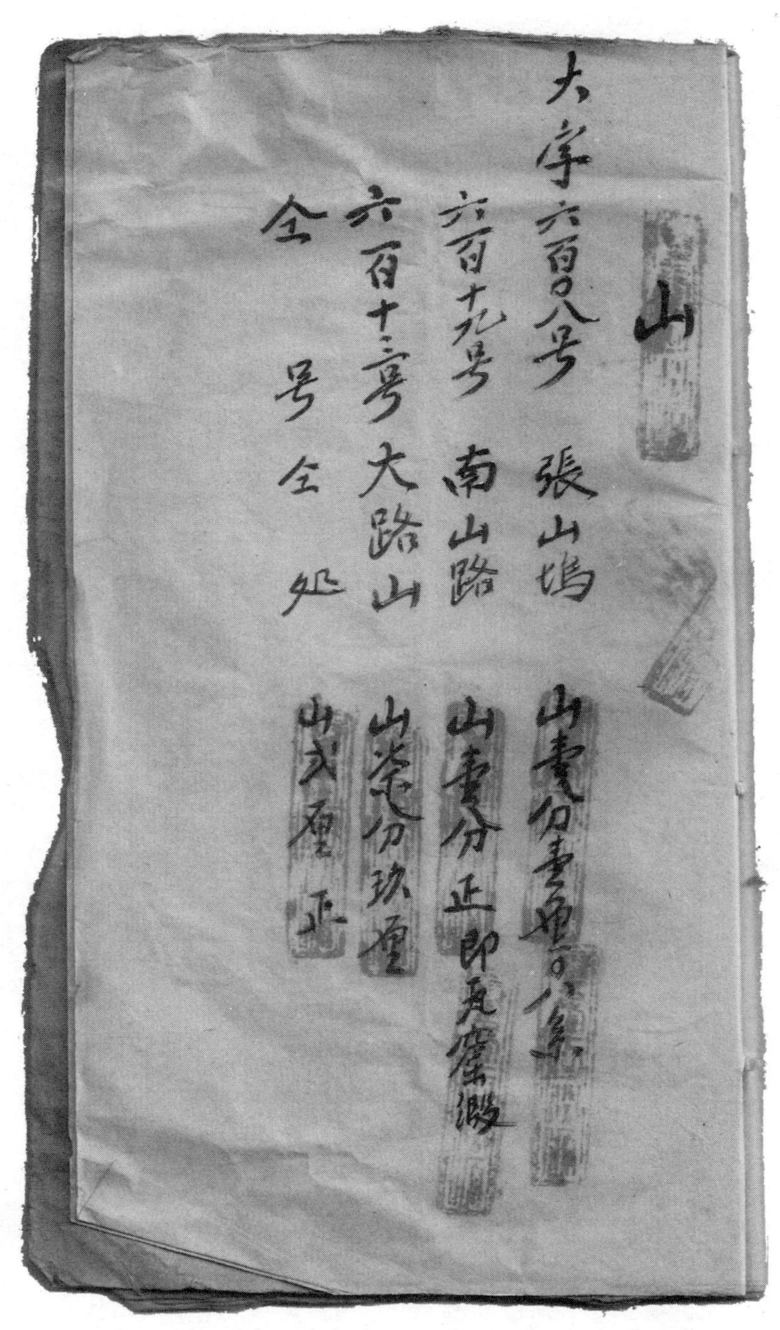

大鄣山乡鄣山通元村 53-6 · 民国三十一年 · 税粮实征册 · 家胜户

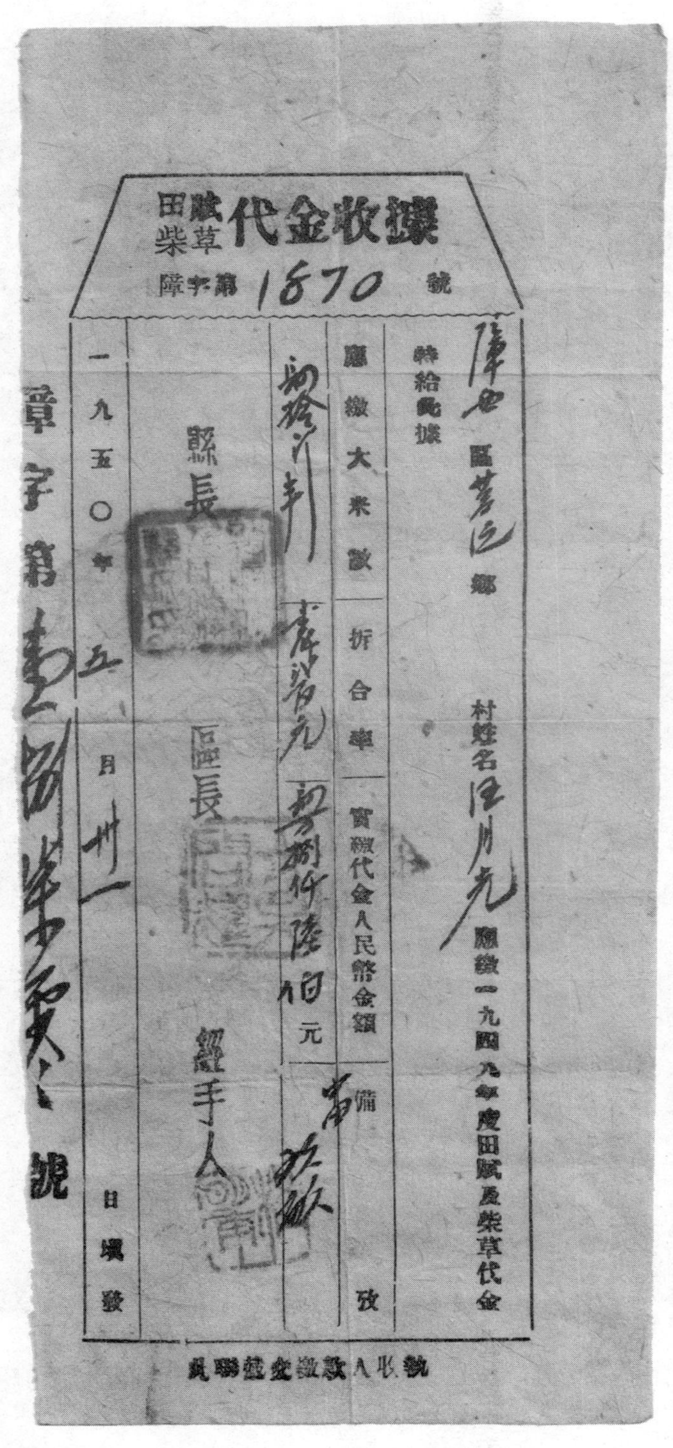

田赋柴草代金收据
障字第 1870 號
陳田區善近鄉 村姓名汪月先
應繳一九四九年度田賦及柴草代金
應繳大米數 捌拾斤
折合率 壹萬元
實繳代金人民幣金額 捌萬捌仟陸佰元
備攷
特給此據
縣長
區長
經手人
一九五〇年五月卅一日填發
收執人 繳款人 金銀 聯 民
障字第壹捌柒零號

大鄣山乡鄣山通元村 41 · 一九五〇年 · 田赋柴草代金收据 · 汪月先

字第17764號

農業稅收據聯

| 戶主姓名 | 汪月先 |
| --- | --- |
| 住址 | 區 鄉 村 |
| 應征稅額 | 壹百四拾斤 |
| 減免稅額 | 壹百叁拾九斤 |
| 實征稅額 | |

縣人民政府縣長

徵收員

公元一九五二年 月 日

大鄣山乡鄣山通元村 31 · 一九五二年 · 农业税收据联 · 汪月先

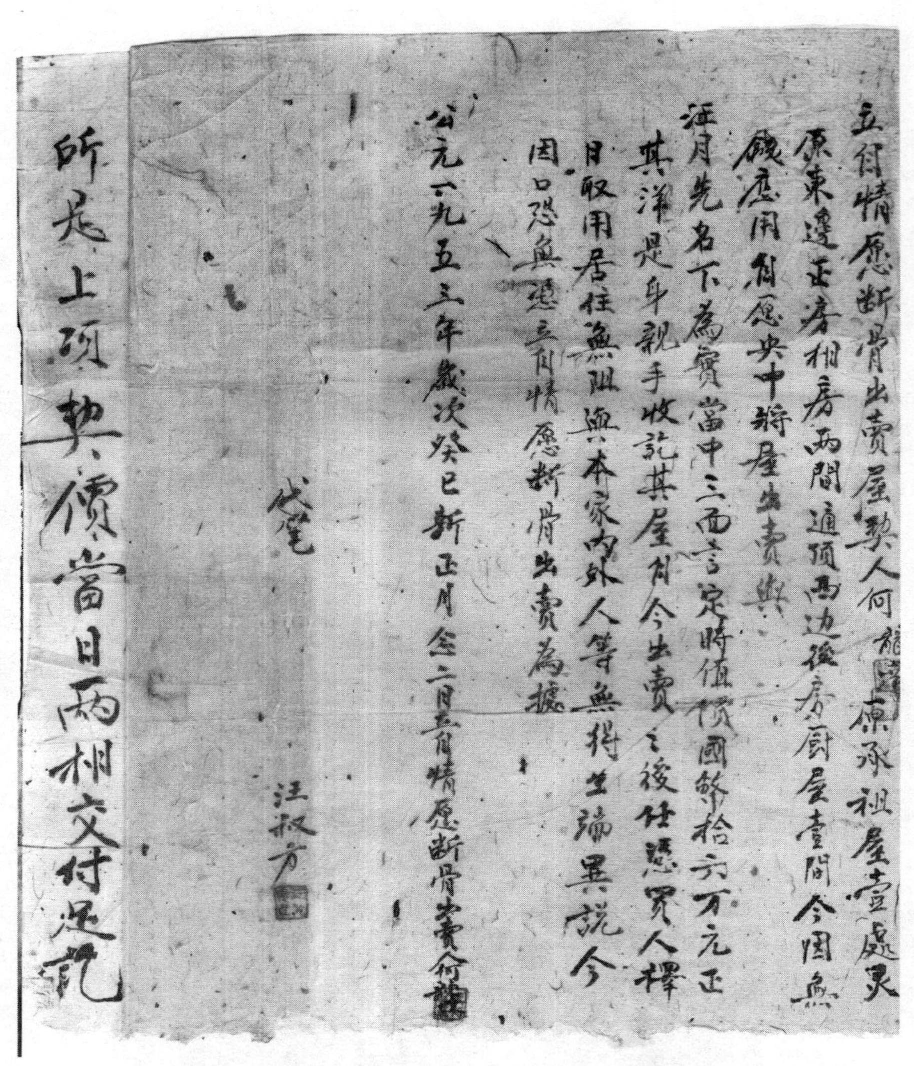

立自情愿断骨出賣屋契人何龍達原承祖屋壹處其

原東邊正房相房兩間通頂西边後房厨屋壹間今因無

錢應用自情愿央中將屋出賣與

汪月先名下為實當中三面言定時值價國幣拾六万元正

其洋是身親手收訖其屋自今出賣之後任憑買人擇

日取用居住無阻與本家內外人等無得生端異說今

因口恐無憑立自情愿断骨出賣為據

公元一九五三年歲次癸巳新正月念二日立自情愿断骨出賣何龍達

代筆　汪叔方

所是上項契價當日兩相交付足訖

大鄣山乡鄣山通元村 3 · 一九五三年 · 断骨出卖屋契 ·
何龙达卖与汪月先

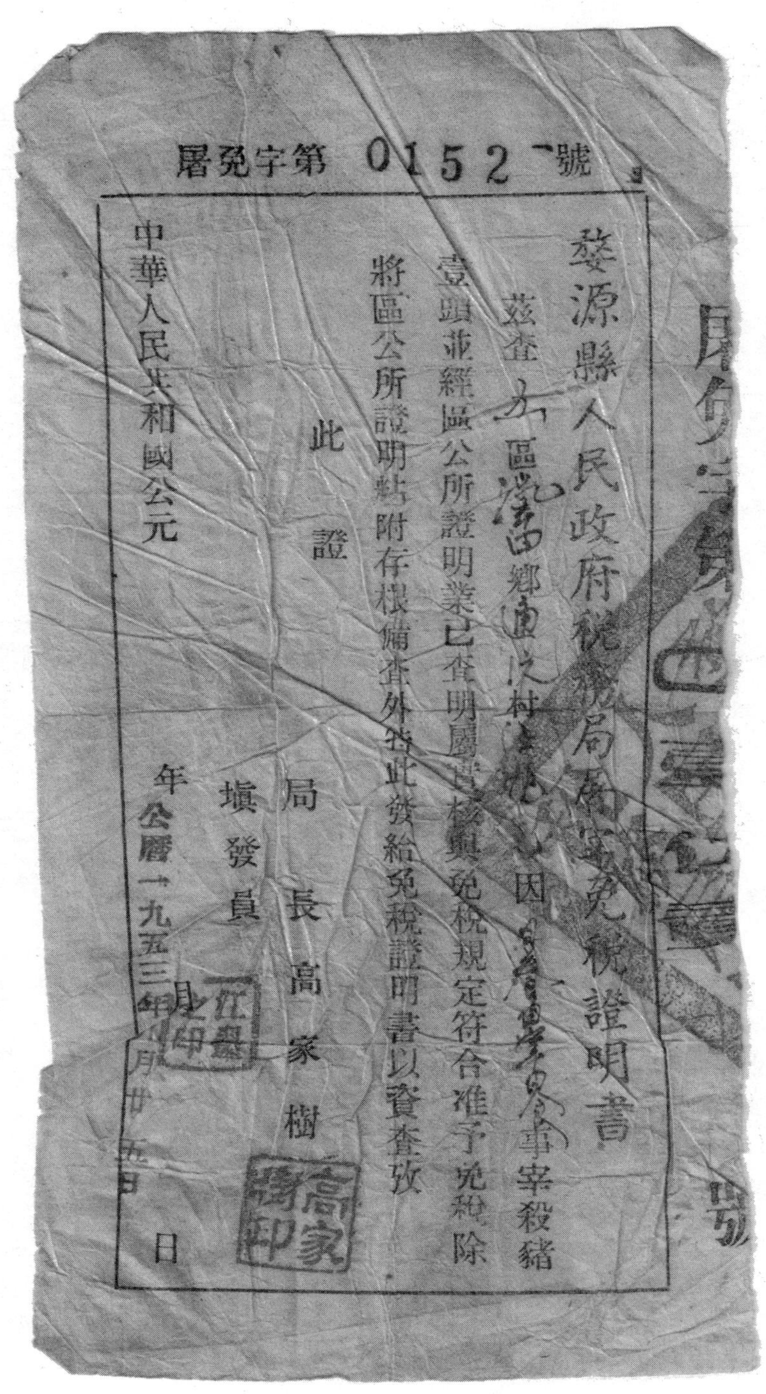
屠免字第 01527 號

婺源縣人民政府稅務局免稅證明書

茲查 五 區 汪口 鄉 通元 村 汪口先 因 …… 事宰殺豬壹頭並經區公所證明業已查明屬實核與免稅規定符合准予免稅除將區公所證明黏附存根備查外合此發給免稅證明書以資查放

此 證

局長 高家樹

填發員

中華人民共和國公元 年 月 日

公曆一九五三年 月廿五日

大鄣山乡鄣山通元村 12 · 一九五三年 · 婺源县人民政府税务局
免税证明书 · 汪口先

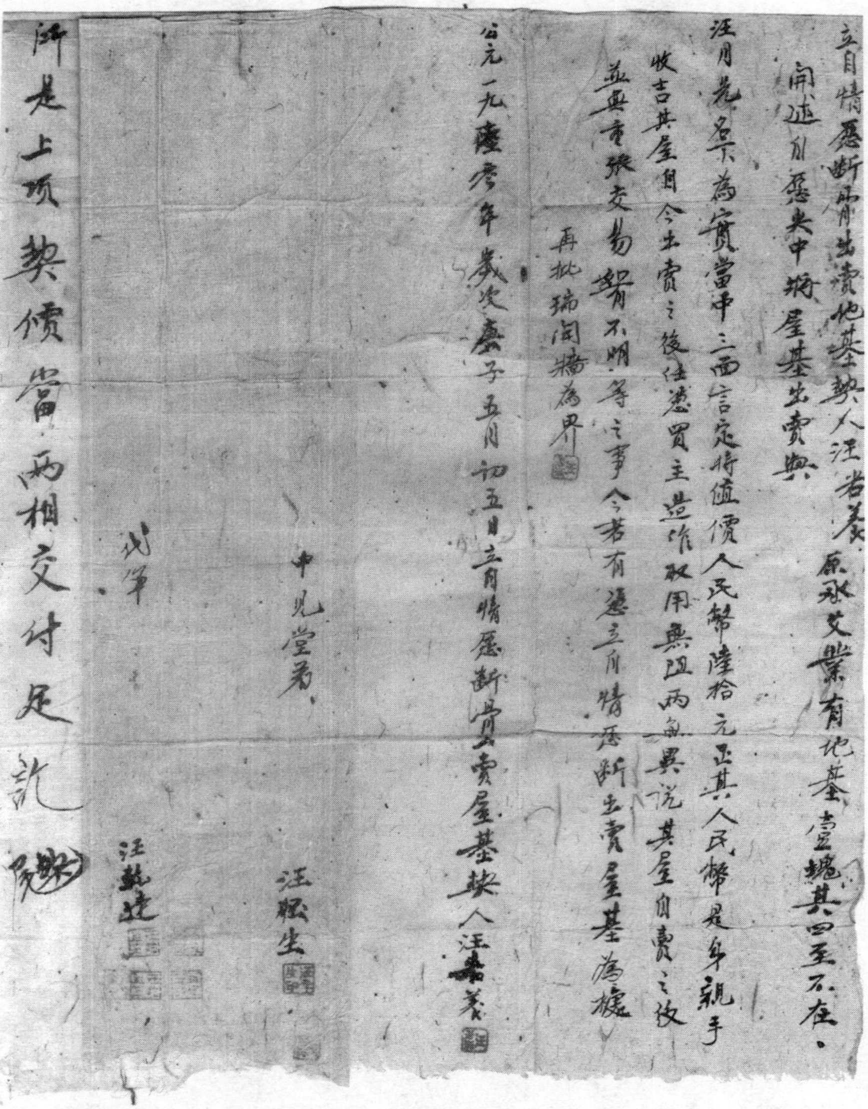
立自情愿斷骨出賣地基契人汪岩養，原承父業有地基壹塊，其四至不在、
開述，自愿央中將屋基出賣與
汪月先名下為實，當中三面言定時值價人民幣陸拾元正，其人民幣是身親手
收吉，其屋自今出賣之⺀後任憑買主造作取用，無阻，兩無異說，其屋自賣之⺀後
並無重張交易、來歷不明等之⺀事，今者有憑，立此情愿斷出賣屋基為據。
再批瑞間墻為界
公元一九六零年歲次庚子五月初五日立自情愿斷骨出賣屋基契人汪岩養
中見堂弟 汪松生
代筆 汪[illegible]
即是上項契價當兩相交付足訖

大鄣山乡鄣山通元村 9 · 一九六〇年 · 断骨卖地基契 ·
汪岩养卖与汪月先

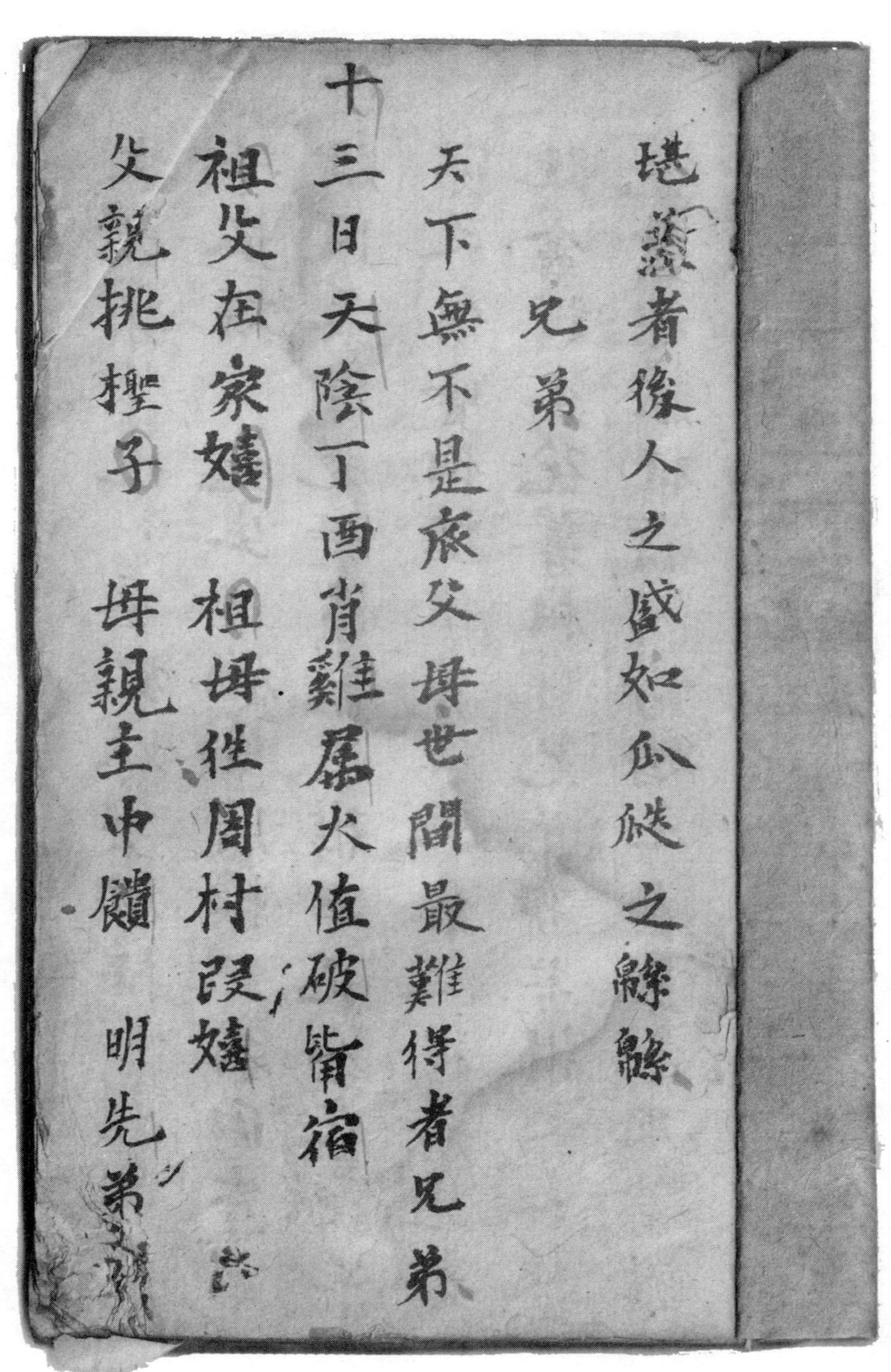

大郭山乡郭山通元村 55-1 · 排日账

文先弟懷抱　金釵妹學針指　銀釵ナ
坦底嬉　先生在館自膳輪泡茶丙太弟
頃貽同氣之光毋傷手足雅玉昆金友羨兄
弟之俱賢伯壎仲箎謂兄弟之相應兄弟
既翕謂之花蕚相輝兄弟聯芳謂之棠棣
競秀患難相顧似鶺鴒之在原手足分離
如雁行之折翼元方季方俱盛德祖太邱
稱為難兄難弟宋郊宋祁俱中元當時人
號為大宋小宋荀氏兄弟得八龍之佳譽
河東伯仲有三鳳之美名
十四日天雨戊戌肖犬屬木值危参宿
祖父在家嬉　祖母往周村踐嬉

大鄣山乡鄣山通元村 55-2 · 排日账

父親在家　毋親主中饋　明先弟年幼
女先弟懷抱　金釵妹學針指　銀釵地
底嬉　先生在雝自膳輪泡茶丙太弟
東征破斧周公大義滅親遇賊爭死趙孝以
身伐弟煮豆燃萁謂其相害斗粟尺布譏
其不容兄弟閱牆即弟之鬭很天生羽翼

謂兄之相親姜家大被以同眠宋君灼艾
而分痛田氏分財忍瘁庭前之荊樹夷齊
讓國共採首陽之薇薇雖曰安甯之日不
知友生其實凡今之人莫知兄弟
十五日天晴己亥肖猪厲木值成井宿共
祖父在家嬉　祖毋往周村嬉曰顏力刎

大鄣山乡鄣山通元村 55-3 · 排日账

父親姓清華同漢高兄亨雲公　姓清華
母親主中饋　明先弟年幼　文先弟懷
抱　金釵妹學斟指　銀釵妹地底嬉
先生在館自攜　輪兩太弟泡茶
（夫婦）　夫婦
孤陰則不生獨陽則長故天地配以陰陽
男以女為室女以男為家故人生偶以夫
婦陰陽和而後雨澤降夫婦和而後家道
成夫謂妻曰拙荊又曰内子妻稱夫曰藁
砧又曰良人賀娶妻曰榮諧伉儷留物與
妻曰歸遺細君受室即是娶妻納寵謂人
娶妾正妻謂之嫡衆妾謂之庶稱人妻之子

大鄣山乡鄣山通元村 55-4 · 排日账

曰尊夫人稱人妻曰如夫人結髮係是初
婚續絃乃是再娶婦人重婚曰再醮男子
無偶曰鰥居如鼓瑟琴夫妻好合之謂
十六日天陰庚子肖鼠屬土值收鬼宿
祖父同清雲兄擻鑪收傑祖母往周村段
嬉父親同漢高兄鄭雲公翟擢子回家

母親主中饋　明先弟弟年幼　文先弟
懷抱金釵妹學針指銀釵妹地底嬉
先生在館自膳輪丙太弟泡茶
琴瑟不調夫妻反目之詞牝雞司晨比婦
人之主事河東獅吼譏男子之畏妻殺妻
求將吳起何其忍心　蒸梨出妻曾子善全

大鄣山乡鄣山通元村 55-5 · 排日账

孝道張敞為妻畫眉媚態可哂 董氏封
夫封髮貞節堪誇冀郤欽夫妻相敬如賓
陳仲子夫婦灌園食力不棄糟糠宋弘回
光武之語舉案齊眉梁鴻配孟光之賢蘇
蕙織迴文樂昌分破鏡
十七日天晴辛丑肖牛屬土值開柳宿
祖父同祖母往周村陡嬉 父親同青丈
兄掬巔收篠 母親主中饋 明先弟年
幼文先弟懷抱金鉥妹學針指 銀釵妹
地床嬉 先生在館自膳輪丙太弟泡茶
是夫婦之生離張瞻炊臼夢莊子鼓盆歌是
夫婦之死別鮑宣之妻提甕出汲雅得須

大鄣山乡鄣山通元村 55-6 · 排日账

從之道齊御之妻窺御激夫可稱內助之
賢可怪者買臣之妻因貧求去不思覆水
難收可醜者相如之妻貪夜私奔但識縴
桐有意要知身修而后家齊夫義自然婦
順
叔姪曰諸父曰亞父皆叔父之輩曰猶子曰
比兒係姪兒之稱阿咸中郎道韞雖稱叔父
十八日 天晴 壬寅肖虎屬金值開星宿
祖父 奇 祖母同周村段孃
父親中來 母親主中饋 明先弟年幼
文先弟懷抱 金釵妹學針指 銀釵妹
地庥嬉 先生在館自膳輪內太 弟迎茶

大鄣山乡鄣山通元村 55-7 · 排日账

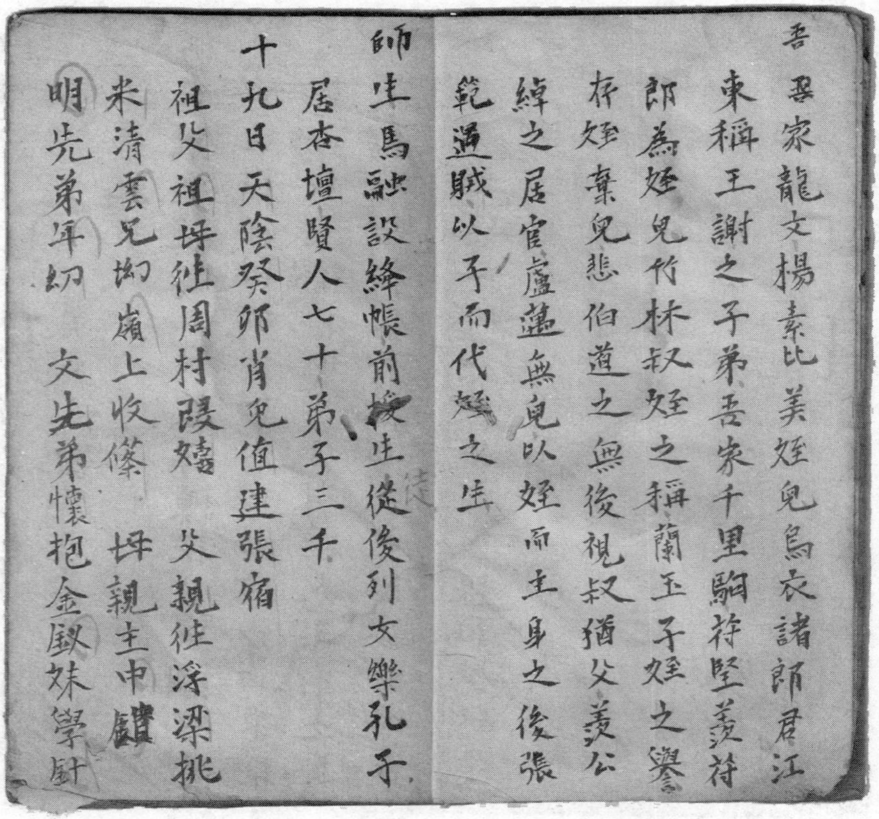
吾
吾家龍文楊素比美姪兒烏衣諸郎君江
東稱王謝之子弟吾家千里駒苻堅羨苻
郎為姪兒竹林叔姪之稱蘭玉子姪之譽
存姪棄兒悲伯道之無後視叔猶父羨公
綽之居官盧蘊無兒以姪而主身之後張
範遇賊以子而代姪之生
師生馬融設絳帳前授生徒後列女樂孔子
居杏壇賢人七十弟子三千
十九日天陰癸卯肖兒值建張宿
祖父祖母往周村暖嬉 父親往浮梁挑
米清雲兒拗嶺上收傑 母親主中饋
明先弟年幼 文生弟懷抱金歐妹學針

大鄣山乡鄣山通元村 55-8 · 排日账

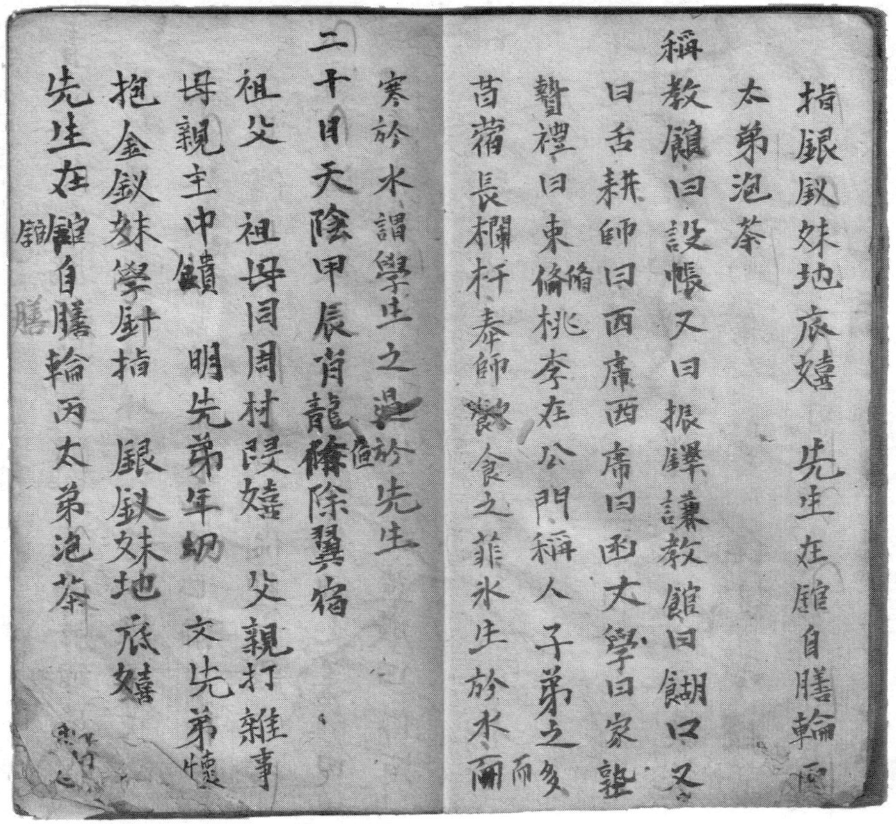

指銀釵妹地底嬉　先生在館自膳輪丙
太弟泡茶
稱教館曰設帳又曰振鐸講教館曰餬口又曰
曰舌耕師曰西席西席曰函丈學曰家塾
贄禮曰束脩桃李在公門稱人子弟之多
苜蓿長欄杆奉師饍食之菲冰生於水而
寒於水謂學生之過於先生
二十日天陰甲辰肖龍除翼宿
祖父　祖母回周村跿嬉　父親打雜事
母親主中饋　明先弟年幼　文先弟懞
抱金釵妹學針指　銀釵妹地底嬉
先生在館自膳輪丙太弟泡茶

大鄣山乡鄣山通元村 55-9 · 排日账

青出於藍而勝於藍謂門下之優於師傳
未得乃門曰宮牆外望稱得秘授曰衣鉢
真傳人稱楊震為關西夫子世稱賀循爲
當世儒宗負笈千里蘇章從師之殷立雪
程門游楊敬師之至弟子稱師之善教曰
如坐春風之中學業感師之造成曰仰沾
時雨之化
朋友賓主取善輔仁皆資朋友往來交際迭
為賓主爾我同心曰金蘭
二十一日天雨乙巳肖蛇值滿軫宿
祖父祖母同周村段嬉　父親在家嬉
母親主中饋　明先弟年幼文先弟

大郭山乡郭山通元村 55-10 · 排日账

金厭妹學斟指　䴡厭妹地底嬉ㄧ嬉
在館自膳輪丙太弟泡茶
朋友相資曰麗澤東家曰東主師傳曰西賓
父所交遊尊為父執己所共事謂之同袍
心志相孚為莫逆老幼相交曰忘年刎頸
交相如與廉頗總角好孫策與周瑜膠漆
相投陳重之與雷義雞黍之約元伯之與
巨卿與善人交如入芝蘭之室久而不聞
其香與惡人交如入鮑魚之肆久而不聞
其臭
二十六日天陰庚戌肖犬屬金值破心房宿
祖父在家嬉　祖母往杜口嬉（上午在杜口　下午由家嬉）　父親

大鄣山乡鄣山通元村 55-11 · 排日账

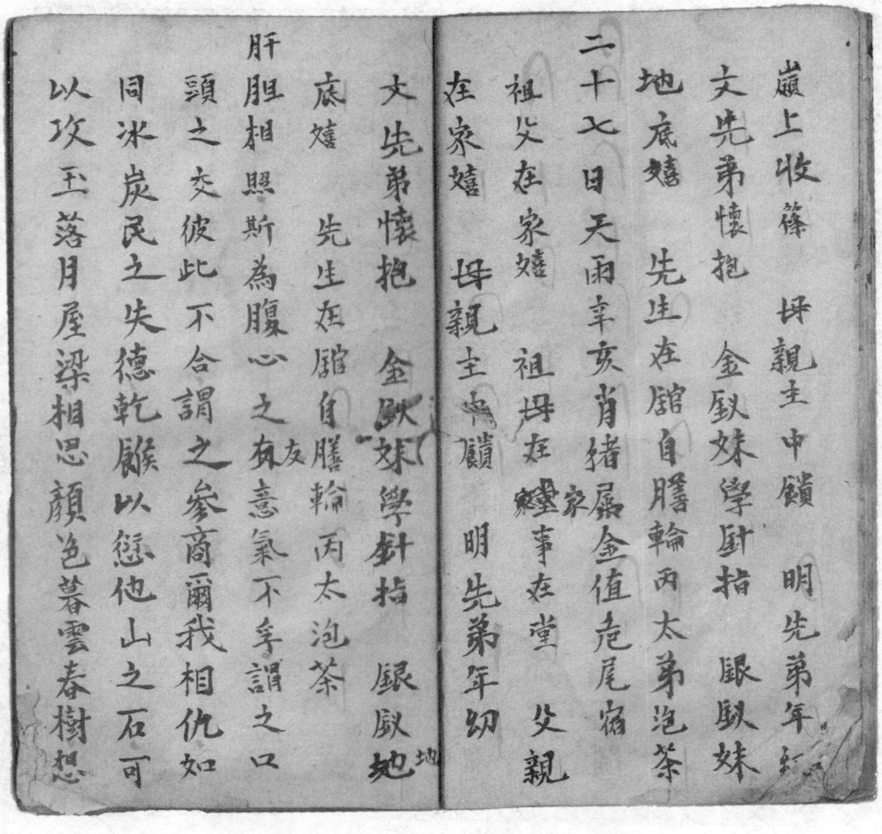

嶺上收篠　母親主中饋　明先弟年幼
丈先弟懷抱　金臥妹學針指　眠臥妹
地底嬉　先生在館自膳輪丙太弟泡茶
二十七日天雨辛亥肖猪屬金值危尾宿
祖父在家嬉　祖母在家事在堂　父親
在家嬉　母親主中饋　明先弟年幼

丈先弟懷抱　金臥妹學針指　眠臥地
底嬉　先生在館自膳輪丙太泡茶
肝胆相照斯為腹心之友意氣不孚謂之口
頭之交彼此不合謂之參商爾我相仇如
同冰炭民之失德乾餱以愆他山之石可
以攻玉落月屋梁相思顏色暮雲春樹想

大鄣山乡鄣山通元村 55-12 · 排日账

望丰仪王阳在位贡禹弹冠以待荐杜伯
非罪左儒宁死不徇君分首分袂叙别之
辞拥篲扫门迎迓之敬陆凯折梅逢驿使
聊寄江南一枝春王维折柳赠行人遂唱
阳关三叠曲

十二十八日天雨壬子肖鼠属木值成宿

祖父鄢启文公看　祖母在堂　父亲
在家嬉　母亲主中馈　明先弟年幼
父先弟怀抱　金钗妹学针指　银钗妹
地底嬉　先生在馆轮内丙太弟泡茶
频来无忌乃云入幕之宾不请自来谓之不
速之客醴酒不设楚王戊待士之意怠

大鄣山乡鄣山通元村 55-13 · 排日账

投轄於井漢陳遵留客之心誠蔡邕倒屣
以迎賓周公握髮而待士陳蕃重徐穉
下榻相延孔子道遇程生傾蓋而與語伯牙
絕絃失子期更無知音之輩管甯割席拒
華歆謂非同志之人分金多與鮑叔獨知
管仲之貧綈袍垂愛須賈深憐范叔之窘

要知主賓聯以情須盡東南之美
二十九日天雨癸丑肖牛屬木值收斗宿
祖父在家嬉　祖母家事在堂　父親在
家嬉　母親主中饋　明先弟年幼　文
先弟懷抱　金釵妹學針指　銀釵[illegible]
庭嬉　先生在館自膳輪丙太　弟[illegible]茶

大鄣山乡鄣山通元村 55-14 · 排日账

朋友合以義當盡切偲之誠

婚姻良緣由夙締佳偶自天成蹇修與柯人斧

皆是媒妁之號冰人與掌判悉是傳言之

人禮須六禮之周好合二姓之好女嫁曰

于歸男婚曰完娶婚姻論財夷虜之道同

姓不婚周禮則然女家受聘禮謂之許纓

新婦謁祖先謂之廟見下定納采皆為行

聘之名女嫁男婚謂了子之願聘儀鴈幣

卜妻曰鳳占

三十日天陰甲寅肖虎屬木水值開牛宿

祖父在家嬉　祖母事家在室　父親在家

嬉　母親主中饋　明先弟年幼幼　丈夫

大郭山乡郭山通元村 55-15 · 排日账

懷抱　金釵妹學針指　銀釵地[illegible]嬉
先生在館自膳輪丙太弟泡茶
成婚之日曰星期傳命之人曰月老下采郎
是納幣合卺係是交杯執巾櫛奉箕箒皆
女家自謙之詞嫺婣訓習內則皆男家稱
女之說綠窗是貧女之室紅樓是富女之
居桃夭謂婚姻之及時摽梅謂婚期之已
過御溝題葉于祐始得宮娥繡幙牽絲元
振幸獲美女漢武帝對景帝論婦欲將金屋
貯嬌韋固與月老論婚始知赤繩繫足朱
陳一村而結好秦晉兩國以成婚
三月小建庚辰
初一日天陰乙卯肖兔屬水值閉女宿

大郭山乡郭山通元村 55-16 · 排日账

祖父在家嬉　祖母家事堂　父親打
事　母親主中饋　明先弟年幼　丈先
懷抱　金釵妹學針指　銀釵妹地底嬉
先生在館自膳輪丙太弟泡茶
藍田種玉雍伯之緣竇滔選婿林甫之女駕
鵲橋以渡河牛女相會射雀屏而中目唐

高得妻至若禮重親迎所以正人始詩始
好逑所以崇王化之原
女
子男子秉乾之剛女子配坤之順賢后稱
女中堯舜烈女稱女中丈夫曰閨秀曰淑
媛皆稱賢女曰閫範曰懿德並美佳人婦
主中饋烹治飲食之名女子歸甯回家

大鄣山乡鄣山通元村 55-17 · 排日账

親之謂何謂三從從父從夫從子何謂四
德婦德婦言婦工婦容
初二日天陰丙辰肖龍屬土值建虛宿
祖父在家嬉　祖母家事在堂
父親打雜事　母親主中饋　明先弟年
幼文先弟懷抱　金釵妹學針指　銀
釵妹地底嬉　先生在館自勝輪志戲弟
泡茶
初三日天晴丁巳肖蛇屬土值除危宿
祖父在家嬉　祖母家事在堂　父親打
雜事　母親主中饋　明先弟年幼　文
先弟懷抱　金釵妹學針指　銀釵妹地

大鄣山乡鄣山通元村 55-18 · 排日账

底嬉　先生在館自膳輪志戲弟泡茶
周家母儀太王有周姜王季有太姫文王有
太姒三代亡國夏桀以妹喜商紂以妲己
周幽以褒姒蘭蕙質柳絮才皆婦人之美
譽冰雪心栢霜操柔孏婦之清聲女貌嬌
嬈謂之尤物婦容嬌媚實可傾城潘妃步
朵朵蓮花小蠻腰纖纖楊柳張麗華髮光
鑑吳絳仙秀色可飧趙飛燕氣馥如蘭吁氣
結成香霧
初四日天陰戊午肖馬屬火值滿室宿
祖父在家嬉　祖母家事在堂　父親摇
磺碘托仁春爺破磺　母親主中饋

大鄣山乡鄣山通元村 55-19 · 排日账

明先弟年幼　文先弟懷抱金釵妹學針
指　銀釵妹地底嬉　先生在膳廳自輪志
戲泡茶
太真泪紅於血滴時更結紅冰孟光力大石
白可擎飛燕身輕掌上可舞至若緹縈上
書而救父盧氏冒刃而衛姑此女之孝者
侃母截髮以延賓封媼殺雞而謝客此女
之賢者韓玖英恐賊穢而自投於穢陳仲妻
恐隕德而寧隕於崖此女之烈者王凝妻
被牽斷臂投地曹令女誓志引刀割鼻此
女之節者曹大家續完漢帙
初五日　天晴己未肖羊屬火值平壁宿

大鄣山乡鄣山通元村 55-20 · 排日账

祖父在家嬉　祖母家事在堂　父親打
雜事　春仁翁破礦(礦)　母親主中饋明先
弟年幼　文先弟懷抱　金釵妹學針指
銀釵妹地底嬉　先生在館自膳輪志盛
弟泡茶口
徐惠妃援筆成文此女之才者戴女之練裳
竹笥孟光之荆釵裙布此女之貧者挪氏
禿妃之髮鄣氏絕夫之嗣此女之妒者賈
女偷韓壽之香齊女致祆廟之燬此女之
淫者東施效顰而可厭無鹽刻畫以難堪
此女之醜者自古貞淫各異人生妍醜不
同是故生菩薩九子母鳩盤茶謂婦態之

大鄣山乡鄣山通元村 55-21 · 排日账

通家好親曰懿戚冰清玉潤丈人女婿同
榮泰水泰山岳母岳父兩號新婿曰嬌客
貴婿曰乘龍聱婿曰館甥賢婿曰快婿凡
屬東牀俱爲半子女子號門楣唐貴妃有
光於父母外甥稱宅相晉魏舒期報於母
家共叙舊姻曰原有瓜葛之親

初七日天晴辛酉宿觜屬火值執吉宿
祖父在家嬉 祖母在堂 父親打
柴覓 仁春爺破礦 母親主中饋明晚
弟年幼丈先弟懷抱金甌學針指跟叔妹
地底嬉 先生在館自膳輪志戲弟泡茶
自謙劣戚曰忝在葭莩之末大喬小喬皆嬉

大鄣山乡鄣山通元村 55-22 · 排日账

變更可畏錢樹子一點紅無廉恥謂青樓
之妓女殊名此固不列於人羣亦可附之
以博笑
初六日天晴庚申肖猴屬木值定奎宿
祖父在家嬉　祖母家事在堂　父親打雜
聿仁春爺破礦　母親主中饋　明先弟
卿年卿女先弟[illegible]　金㪅妹學針指
銀㪅妹地底嫂先生在館自膳輪志戱
弟泡茶地　地
外戚帝女乃公侯主婚故有公主之稱帝壻
非正駕之車乃是駙馬之職郡主縣君皆
宗女之謂儀賓國賓皆宗壻之稱舊好曰

大鄣山乡鄣山通元村 55-23 · 排日账

夫之號連襟連袂亦姨夫之稱蒹葭依玉
樹自謙借葭屬之光蔦蘿施喬松自得(依)附
之斫老幼壽誕　不凡之子必異其生大德
之人必德(得)其壽稱人生日曰初度之辰賀
人逢旬曰生申令旦三朝洗兒曰湯餅之
會周歲試周曰晬盤之期男生辰曰懸弧
令旦女生誕曰設帨仕辰賀人生子曰嵩
嶽降神自謙生女曰緩急非益生男曰弄
璋生女曰弄瓦
初八日天晴壬戌肖犬屬水值破胃宿　胃
祖父　祖母種藤(棠)　父親清文兄做松
柴　母親生中鑽　鐨　明先弟年幼文先弟

大鄣山乡鄣山通元村 55-24 · 排日账

懷抱　金釵妹學針指　腿釵妹地底嬉
先生在舘　自膳輪志盛弟泡茶
夢熊夢羆男子之祥夢虺夢蛇女子之祥夢
蘭叶吉鄭文公之妾生穆公之奇英物稱
奇晋温嶠聞聲知桓公之異姜嫄生稷履
大人之跡而有娀簡狄生契吞玄鳥之卵

而叶孕麟吐玉書天生孔子之瑞玉燕投
懷夢孕張説之奇非陵太子懷胎十四月
而始生老子道君懷孕八十一年而始誕
初九日天雨癸亥肖猪屬水值危昴宿
祖父在家嬉　祖母在堂　父親在家
嬉　母親主中饋　明先弟年幼　文先

大郭山乡郭山通元村 55-25 · 排日账

懷抱　金釵妹學針指　銀釵妹地底嬉
先生在館自膳輪志盛弟泡茶
晚年生子謂之老蚌生珠暮歲登科正是龍
頭屬老賀男壽曰南極星輝賀女壽曰中
天婺煥松柏節操美其壽元之耐久桑榆
暮景自謙老景之無多矍鑠稱人康健瞶

眊自謙老頹黃耇鮐背有壽之徵龍鍾潦
倒年高之狀日月逾邁從自傷悲春秋幾
何問人壽算稱少年曰春秋鼎盛羨高年
曰齒德俱尊行年五十當知四十九年之
非
初十日天雨甲子肖鼠屬金值成畢宿

大鄣山乡鄣山通元村 55-26 · 排日账

祖父在家嬉　祖母家事堂　父親在家
嬉　母親主中饋　明先弟年幼　文先
懷抱　金釵妹學針指　銀釵妹地底嬉
先生在館自膳輪志戩弟泡茶
在世百年那有三萬六千日之樂百歲曰上
壽八十曰中壽六十曰下壽八十曰耋九

十曰耄百歲曰期頤童子十歲就外傅十
三舞勺成童舞象老者六十杖於鄉七十
杖於國八十杖於朝後生固為可畏而高
年尤是當尊
身體百體乃血肉之軀五官有貴賤之別堯
眉分八彩舜目有重瞳耳有三漏大禹之

大鄣山乡鄣山通元村 55-27 · 排日账

奇形臂有四肘成湯之異骨文王龍顏而
虎眉漢高斗胸而隆準孔子之頂若圩文
王之胸四乳周公反握作與周之相垂耳
駢脇爲覇晉之君此皆古聖之英姿不凡
之貴品

十一日天晴乙丑肖牛屬金值收觜宿

祖父在家嬉　祖母事堂　父親雜事
母親主中饋　明先弟年幼　丈先弟懷
抱　金釵妹學針指　銀釵妹地底嬉
先生在館自膳輪志盛弟泡茶
至若髮膚不可毀傷曾子常以守身為大待
人須當量師德貴於唾面自乾讒口中傷

大鄣山乡鄣山通元村 55-28 · 排日账

金可鑠爍而骨可消虐政誅求敲其膚而吸
其髓受人牵制曰掣肘不知羞愧曰厚顏
好生議論曰播唇鼓舌共話衷腸曰促膝談
心怒髮冲冠藺相如之英氣勃勃炙手可
熱唐崔鉉之貴勢炎炎魏雖瘦而天下肥
唐玄宗之自謂口有蜜而腹有刀李林甫
之為人

十二日天陰丙寅肖虎屬火值開參宿
祖父在家嬉　祖母家事在堂　父親打
雜事　母親主中饋　明先弟年幼　文
先弟懷抱　金叔妹學針　銀叔妹地底
上嬉　先生在館自膳輪志盛弟泡茶

大鄣山乡鄣山通元村 55-29 · 排日账

趙子龍一身都是膽周靈王初生便有鬚來
俊臣注醋於囚鼻法外行兇嚴子陵加足
於帝腹忘其尊貴久不屈茲滕郭子儀尊居
宰相不為米折腰陶淵明不拜督郵斷送
老頭皮楊璞得妻送之詩新剝雞頭肉明
皇愛貴妃之乳纖指如春筍媚若秋波肩
曰玉樓眼名銀海淚曰玉筯頂曰珠庭歇
擔曰息肩不服曰強項丁謂與人拂鬚何
其諂也
十三日天陰丁卯肖兔屬火值閉井宿
祖父舂米　祖母家事在堂　父親舂米
擔穀　倩篾匠做家伙　母親主中饋

大鄣山乡鄣山通元村 55-30 · 排日账

明先弟年幼　文先弟懷抱金叙妹學尉
指騠騍叙妹地底嬉　先生在館自膳
輪忘盛弟泡茶奉身在學教堂
彭樂戩腸決
彭樂戩腸決戰不亦勇剩劊肉醫瘡權濟目
前之急傷心捫足計安衆將之心漢張良
躡足附耳東方朔洗髓伐毛尹繼倫契丹
稱為黑面大王傅堯俞宋后稱為金玉君
子土木形骸不自粧飾鐵石心腸秉性堅
剛叙會晤曰得挹芝眉叙契闊曰久違顏
範請女客曰奉迓金蓮邀朋友曰敢掖玉
趾侏儒謂人身矮魁梧謂人魏奇

大郭山乡郭山通元村 55-31 · 排日账

十四日 天雨戊戌（辰）肖龍屬木值建鬼宿
祖父在家嬉 祖母家事在堂 父親在
家嬉 母親主中饋 明先弟年幼 文
先弟懷抱 金叔妹學針指 銀叔妹地
底嬉 先生在館自膳 輪志哉弟泡茶
龍章鳳姿廊廟之彥 麞頭鼠目草野之夫

恐懼過甚曰畏首畏尾 感佩不忘曰刻骨
銘心 貌醜曰不颺 貌美曰冠玉 足跛曰蹣
跚 耳聾曰重聽 期期艾艾口訥之稱 喋喋
便便言多之狀 可嘉者小心翼翼 可鄙者
大言不慚 腰細曰柳腰 身小曰雞肋 笑人
齒缺曰狗竇大開 譏人不決曰鼠首僨事

大郭山乡郭山通元村 55-32 · 排日账

口中雌黃言事而多改移皮裏春秋心中
自有褒貶
十五日天雨己巳肖蛇蛇屬木值除柳宿
祖父在家嬉　祖母家事在堂　父親在
家嬉母親主中饋　明先弟年幼　丈先
弟懷抱　金叔妹學針指　跟叔嬉地底

嬉　先生在館自膳輪志成弟泡茶
唇亡齒寒謂彼此之失依足上首下謂尊卑
之顛倒所為得意曰吐氣揚眉待人誠心
曰推心置腹心荒曰靈臺亂醉倒曰玉山
頹睡曰黑甜臥曰息偃口尚乳臭謂世人
年少無知三折其肱謂醫士老成諳練西

大鄣山乡鄣山通元村 55-33 · 排日账

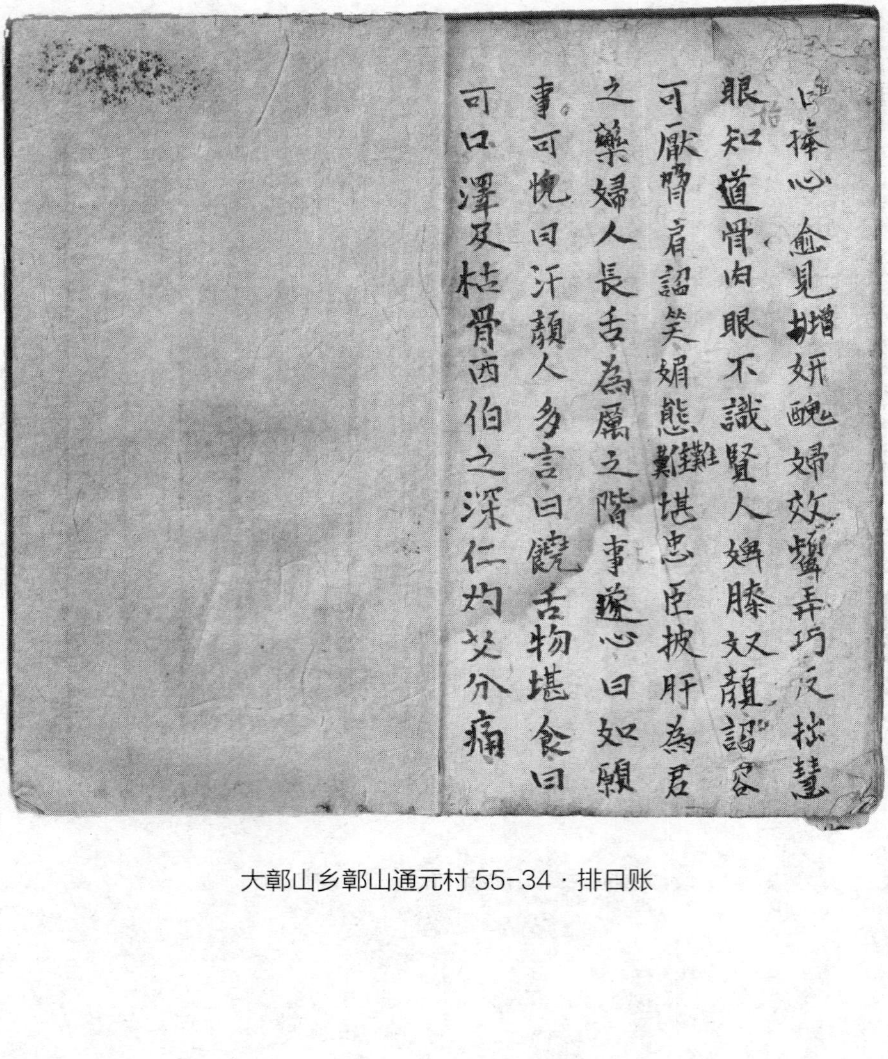
捧心愈見增妍醜婦效顰弄巧反拙慧
眼知道骨肉眼不識賢人婢膝奴顏諂容
可厭脅肩諂笑媚態難堪忠臣披肝為君
之藥婦人長舌為厲之階事遂心曰如願
事可愧曰汗顏人多言曰饒舌物堪食曰
可口澤及枯骨西伯之深仁灼艾分痛

大郭山乡郭山通元村 55-34 · 排日账